投资与理财

（第2版）

主　编	张惠兰	安伟娟		
副主编	袁雅莉	王静文	郭　佳	沈　丽
参　编	田艳霞	陈　冉	王建辉	张　娜
	贾玉洁	曹晓惠	杨凯茹	赵　静
	庞洪秀	魏　冬	李素其	田　静
	胡生夕	王炳吉	么伟伟	

北京理工大学出版社
BEIJING INSTITUTE OF TECHNOLOGY PRESS

内 容 简 介

伴随新一轮科技革命和产业变革，金融领域产生了新业态、新职业、新岗位，通金融、懂科技、谙管理的高层次技术技能人才成为行业紧缺。《投资与理财》作为新时代投资理财发展新趋势的一门金融类专业教材，紧扣高职金融类专业教学标准的要求，落实立德树人的根本任务，紧扣互联网金融、理财规划、金融服务与管理领域高素质技术技能人才培养需要，把握职业教育的类型特征和"做中学、做中教"的特点，突出高职金融类专业特点和当前高职院校学生学情新变化，贯穿高职学生发展核心素养的要求和课程核心素养的要求。教材全程贯彻"项目引领、任务驱动、课程育人"的理念，体现"理实一体、突出应用、融入思政"的特征，开展线上线下"混合式"教学，内容涵盖现金理财规划、消费与房地产投资理财规划、教育投资理财规划、保险投资理财规划、投资理财规划、退休投资理财规划、财产分配和传承理财规划以及互联网理财等10个项目以及一系列操作任务，从而使学生在了解投资理财概况的基础上，掌握投资理财在日常学习、生活和工作中的实际应用技能，培养敬业守信与精益求精的职业精神，树立正确的理财意识和义利观，实现专业教育与课程思政的深度融合。

与此同时，本教材对接教育部"1+X健康财富规划师等级证书"和银行业务综合技能大赛理财经理岗位要求及标准并引入教材，落实工作过程系统化理念；在具体的岗位情景和教学项目中，设置理财故事、理财常识、理财测试、理财金语、理财小技巧等特色模块，精心设计课堂实训任务，推动课程改革和"课堂革命"，实现"岗位要求—教材课程—技能大赛—职业证书"的融通，提高学生的劳动素养和工匠精神，培养适应金融行业发展要求的高素质新金融人才。

图书在版编目（CIP）数据

投资与理财 / 张惠兰，安伟娟主编. —2版. --北京：北京理工大学出版社，2022.1（2022.6重印）

ISBN 978-7-5763-0960-7

Ⅰ. ①投… Ⅱ. ①张… ②安… Ⅲ. ①投资-高等学校-教材 Ⅳ. ①F830.59

中国版本图书馆 CIP 数据核字（2022）第 027733 号

出版发行 / 北京理工大学出版社有限责任公司
社　　址 / 北京市海淀区中关村南大街 5 号
邮　　编 / 100081
电　　话 / （010）68914775（总编室）
　　　　　（010）82562903（教材售后服务热线）
　　　　　（010）68944723（其他图书服务热线）
网　　址 / http://www.bitpress.com.cn
经　　销 / 全国各地新华书店
印　　刷 / 三河市天利华印刷装订有限公司
开　　本 / 787 毫米×1092 毫米　1/16
印　　张 / 17.75
字　　数 / 479 千字
版　　次 / 2022 年 1 月第 2 版　2022 年 6 月第 2 次印刷
定　　价 / 79.80 元

责任编辑 / 申玉琴
文案编辑 / 申玉琴
责任校对 / 周瑞红
责任印制 / 李志强

第2版前言

伴随新一轮科技革命和产业变革，金融领域产生了新业态、新职业、新岗位，通金融、懂科技、谙管理的高层次技术技能人才成为行业紧缺。因此，教学要更加注重经济学与金融学、统计学、计算机技术，尤其是大数据、区块链、人工智能等多学科交叉知识，突出现代科技在金融领域的融合应用，培养适应当今金融科技发展所需的复合型专业人才。

本书是"十三五"职业教育国家规划教材修订版，遵循"项目引领、任务驱动、课程育人"的理念，体现"理实一体、突出应用、融入思政"的特征，开展线上线下混合式教学。我们在以下方面开展修订工作。首先，在教材功能上，除了一般教材具有的思想品德教育功能外，还要突出其职业引导功能。以学生为主体，面向学生，将教师的"教学目标"变更为"项目目标"，且加入"思政目标"。学生通过本书了解理财规划师职业，树立正确的价值观、择业观，形成良好的职业道德和职业意识。其次，在教材内容的遴选方面，本书更突出教学内容的实用性和实践性，坚持以职业能力为本位，以应用为目的，以必需、够用为度，满足职业岗位的需要，与相应的职业资格标准或职业技能等级证书标准接轨。对接教育部"1+X 健康财富规划师等级证书"和银行综合技能大赛理财经理岗位要求，将财富规划、保险规划和养老规划板块融入教学内容中，以推动"岗课赛证"综合育人。即将"财富规划"板块融入"项目六 投资理财规划"，将"保险规划"板块融入"项目五 保险投资理财规划"，将"养老规划"板块融入"项目七 退休投资理财规划"。与此同时，增加互联网理财部分内容，更加侧重"规划"设计，提升学生分项及整体理财规划能力。再次，在教材内容的组织结构方面，本书贯彻"以全面素质为基础""以职业能力为本位"的教学理念，符合学生的认知规律和技能养成规律，遵循劳动过程的系统化，符合工作过程逻辑，坚持以应用为主线，以适应课程的综合化和模块化的需要。本书将智慧职教 MOOC 学院里的 65 个微课资源包，即精品微课、学案、同步练习、理财小技巧等大量数字化资源以二维码形式嵌入，实现了"随扫""随学""随测"，建成了新形态一体化教材，方便教师开展线上线下混合式教学，同时为读者带来全方位的学习体验。最后，在教材内容的表达、呈现方面，本书契合学生的心理特点和认知习惯，语言简明通顺、浅显易懂，生动有趣、引人入胜。为了提高学习者完成学习任务的主动性，本书还设计了需要系统化思考的学习问题，即"引导问题"，并将"引导问题"作为学习工作的主线贯穿于完成学习任务的全过程，让学生有目标地在学习资源中查找到所需的专业知识，思考并解决专业问题。

本教材的特色和创新之处在于：

第一，落实立德树人，展现课程思政，突出职教特色。每个单元设计，都以立德树人为根本，以社会主义核心价值观教育为主线，将知识点进行课程思政设计，深入挖掘提炼所蕴含的思政要素和德育功能。每个单元以"财思"（理财与思政）开始课程内容的学习，中间辅有案例和知识窗等拓展资源，单元的最后，教授学生一些"理财小技巧"（智慧职教 MOOC 学院上的音频与图片），帮助学生树立正确的理财意识和义利观，将思政元素植入专业课中，让学生入脑入心，实现思政教育与专业教育的协同推进，知识传授、能力培养与价值引领的有机统一。

第二，项目式工作过程设计，实现有效学习和学会工作，构建深度学习管理体系。按照"以学生为中心、学习成果为导向、促进自主学习"思路进行教材开发设计，将"教学材料（为辅）"的特征和"学习资料（为主）"的功能结合，通过学习任务引领，构建深度学习管理体系。把"企业岗位的典型工作任务及工作过程知识"作为教材主体内容，突出如何借助"学习任务"实施理财规划教育教学，提供丰富、适用和引领创新作用的多种类型立体化、信息化课程资源，实现教材多功能作用并构建深度学习的管理体系。

近几年，我们对课程和教材进行了持续的修订及改革，在确定为院级精品课程和智慧职教 MOOC 学院上线过程中，安伟娟、袁雅莉、王静文作为课程主讲教师参与在线课程制作及微课录制工作；在市级课程思政示范校申报和结项及教材再版过程中，沈丽、李素其、田静、胡生夕、王炳吉和么伟伟等提供资料及整理工作。与此同时，我们还要感谢参与第 1 版教材编写的老师。

本书既适合作为高职高专、高职本科和应用型本科高校相关专业的教材，也适合作为金融企业员工入职前的培训材料，还可供对投资理财感兴趣的人士参考和学习。

本书的编写参阅了大量的金融书籍和金融资料，引用了大量专家学者的相关理论观点和数据。另外，对中国工商银行石家庄分行的杨艳行长、河北银行股份有限公司石家庄分公司的尉晨爽经理、河北和谐传承企业管理咨询有限公司的张建华经理参与编写，在此一并表示感谢！由于我们水平有限，不足之处在所难免，敬请各位读者不吝赐教。

目　录

投资理财入门

知识目标：掌握投资理财的概念、特征、分类；了解投资理财的产生与发展并形成初步的认识。

能力目标：能判别投资理财的界定、投资理财的动机和目标；掌握以客户为中心的现代理财服务理念和礼仪规范。

思政目标：树立以客户为中心的现代理财服务理念，培养理财规划师应具备的职业道德素质，树立正确的金钱观、理财观。

单元一　认识投资理财

识记能力目标：投资理财。

理解能力目标：理解投资理财的目标、动机。

应用能力目标：能判别投资理财的界定、投资理财的动机和目标等。

◆理财故事

杯子哲理

杯子故事

◆案例引入

在中国，结婚、买房、子女教育、医疗、养老等所需的大额费用困扰着很多家庭，因此很多人不得不抱着钱生钱的希望早早地进行投资理财。社会上的理财方式有很多，也暗藏着许多陷阱，这让很多人在理财时不得不纠结于理财收益、风险等因素，久久做不出决断。因而如何选择合适的理财方式，保证自己辛苦积攒的钱能够合理地保值增值，又成为困扰人们的问题。那么，如何进行理财规划，则是我们首先要考虑的问题，本门课程就为大家揭晓答案。

人的一生都离不开理财，理财既是金融领域的一个职业或岗位，又是我们运用银行、证券市场等渠道或平台进行财富管理的一项技能，更是现代社会中每一个人生活中的一部分。独立理财人格的形成始于大学生活时期。现代大学通过强化素质教育来实现人的全面发展，而人的全面发展必须具备创造美好生活的能力。

大学时期是一个刚刚开始独立并进入社会的青年为积累财富打基础的起步时期，大学生需要兼具智商、情商和财商，既要"君子爱财，取之有道"，又要"君子爱财，更当治之有道"。

【任务一】 认识投资理财

思考题：

1. 什么是财富？什么是理财？
2. 生活理财与投资理财如何区分？
3. 我们为什么要理财？

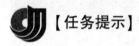 【任务提示】

一、认识投资理财

微课学习：理财是什么？

微课视频　　　　学案　　　　同步练习　　　理财小技巧：理财　　理财小技巧：理财
　　　　　　　　　　　　　　　　　　　　　　第一步——我要　　　第一步——我要
　　　　　　　　　　　　　　　　　　　　　　记账啦！（动图）　　记账啦！（音频）

（一）理财的含义

理财，是指通过对所有的资产和负债的有效管理，使其达到保值增值的目的，是为满足个人和家庭发展需求为目的的经济活动。

理财不仅是一门学问和艺术，而且是一门很难把握的学问和艺术；理财不仅是一门职业，而且是一门门槛较高的职业；理财也是一种生活习惯和方式。

投资理财不等于简单地攒钱、存钱，把钱放在银行里，也不等于简单地炒股（股票买卖）。理财是根据需求和目的将所有财产和负债，其中包括有形的、无形的、流动的、非流动的、过去的、现在的、未来的、遗产、遗嘱及知识产权等在内的所有资产和负债进行积极主动的策划、安排、置换、重组等使其达到保值、增值的、综合的、系统的、全面的经济活动。

俗话说"你不理财，财不理你"就是这个意思。个人和家庭投资理财是为满足个人和家庭发展需求为目的经济活动。

【知识窗】

　　财富：不进行体力劳动（或者家里所有人不进行体力劳动），运用结余所能生存并维持现有生活标准的时间。

（二）理财的分类

微课学习：生活理财与投资理财

| 微课视频 | 学案 | 同步练习 | 理财小技巧：网上记账帮你省钱20%（动图） | 理财小技巧：网上记账帮你省钱20%（音频） |

1. 生活理财

生活理财，主要是指一个将其整个生命周期考虑在内的终生生活及其财务计划，将未来的职业选择、子女及自身的教育、购房、保险、医疗、企业年金和养老、遗产及事业继承以及生活中个人所须面对各种税收等各方面的事宜进行妥善安排，使我们在不断提高生活品质的同时，即使到年老体弱以及收入锐减的时候，也能保持自己所设的生活水平，最终到达终生的财务安全、自主、自由和自在。

一个普通人从学校毕业步入社会后，需要考虑和实现的目标有：买房、买车、旅游、结婚、子女教育以及退休养老，等等。

由此，生活理财涉及我们理财八大规划中的七个方面，即现金规划、消费规划、教育规划、保险规划、税收规划、退休规划以及财产分配与传承规划，投资规划我们将它划分到投资理财里。

2. 投资理财

投资理财就是通过制订财务计划对个人投资性财务资源进行适当管理，并通过不断调整计划以追求财务安全和财务自由为目标的经济活动。投资理财是在个人现有生活目标得到满足以后，追求投资于银行、股票、债券、保险、金融衍生工具、黄金、外汇、不动产以及艺术品等各种投资工具时的最优回报，加速个人、家庭资产成长，从而提高家庭的生活水平和质量。投资理财的核心在于根据个人的投资性资源状况和风险偏好来实现个人的人生目标。

【知识窗】全球华人首富李嘉诚论理财

"30岁以后，投资理财的重要性逐渐提高，到中年时赚多少钱已经不重要，反而是如何管钱比较重要。"

"想成为有钱人，就必须有足够的耐心。理财必须花长久的时间，短时间是看不出效果的。理财是马拉松比赛，而不是百米冲刺。"

（三）投资理财的目的

微课学习：我们为什么要理财

| 微课视频 | 学案 | 同步练习 | 理财小技巧：在生活中要学会记账（动图） | 理财小技巧：在生活中要学会记账（音频） |

理财就是为明天生活做好准备……准备好未来要花的钱，包括养老、子女教育、医疗，等

等。具体来讲，赚钱就两种模式，人赚钱与钱赚钱，钱赚钱是较高的境界，也是想要提前退休一定要做到的事。退休前要问自己三个问题：① 想不想提前退休（希望早些可以有持续的收入来维持生活）？② 退休靠政府是否可以维持退休前的生活水平？③ 想不想退休时要人养？

【小链接】

近些年比较流行的一句话是——你可以跑不赢刘翔，但是你一定要跑赢CPI。

用在理财上，这是非常合适的一句话。但是，这句话有点问题。什么问题呢？大家说刘翔是什么项目？是短跑项目。那么理财是一个什么项目？理财是一个长跑的过程。所以，拿刘翔跟理财来比的话，有点不合适，最好是换成王军霞。你可以跑不赢王军霞，但是你一定要战胜CPI。那么，这句话放在今年我们再看一下，好像就更合适了。为什么这么说呢？如果我们从年初开始投资股市的话，恐怕到年底能够保本就不错了，更不要说战胜CPI了。如果你在楼市买房，你想今天抛出去获利这种可能性也比较小。那么存银行也跑不赢CPI，所以想在短跑的过程当中跑赢CPI是一件很困难的事情。

【任务二】 认识投资理财的动机和目标

思考题：

1. 你支持消费优先还是投资优先？为什么？

2. 财务安全与财务自由是一回事吗？区别在哪里？

3. 如何制定投资理财目标？你制定的原则是什么？

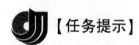 **【任务提示】**

二、投资理财的动机

活动一：分组辩论投资理财的动机

案例 1.1.1：王先生和张先生 10 年前是大学本科的同班同学，大学毕业后都从事财务工作。工作 5 年后，两人都存储了 30 万元人民币，并在这一年都花掉了这 30 万元。王先生在广州购买了一套房，张先生购买了一辆"奥迪"牌小汽车。5 年后的今天，王先生的房子，市值 60 万元。张先生的汽车，市值只有 5 万元。两人目前的资产明显有了很大差异，但他们的收入都一样，而且有同样的学历、同样的社会经验，为何两人财富不一样？

讨论：对本单元案例 1.1.1 中两种不同的理财观进行分组辩论。

A. 赞成张先生的消费优先理财观的理由有：

① _____

② _____

③ _____

B. 赞成王先生的投资优先理财观的理由有：

① _____

② _____

③ _____

个人投资理财的动机也就是人们管理个人财务资源的原因，具体来说，可能是财富增值所带来的能力的证明，也可能是个人价值的体现，或者是通过理财得到周围人的羡慕和家庭生活的改善，甚至奉献社会等。

投资理财动机可以概括地分为理性动机与感性动机。其中，理性动机包括获得收益、资金流动、防范风险、融资便利；感性动机包括被他人赞美、被社会承认及自我满足等。理财者个人只有把握好自己的理财动机，认识到自己的理财侧重点，才能在理财过程中实现自己的愿望，达到理财的目标；而理财中介机构则只有对客户需求与动机进行充分的研究，才能在个人理财中为客户提供满意的产品和服务。

三、投资理财的目标

活动二：讨论投资理财目标

案例 1.1.2：某市张先生，28 岁，本科毕业，现于某汽车公司担任销售主管。家中有 15 000 元现金，活期存款 50 000 元；2 年前存入 5 年期定期存款 40 000 元。为了支持张太太的工作，张先生于 2 年前购买了张太太所在银行代售的债券型基金 30 000 元，平均年化收益率 7.3%。同时，张先生平时还喜欢炒股，1 年前购买了 A 股票 20 000 元、B 股票 30 000 元，其中到现在 A 股票上涨了8.27%，B 股票下跌了 4.16%。平时张先生还喜欢收藏画作，3 年前花 25 000 元购入的一幅名家作品，现已升值 6%。张先生觉得自己现有的资产配比毫无逻辑，希望能够调整目前的投资结构，以获得更高的投资收益，所以希望理财顾问可以提供一个合适的解决方案。

讨论：作为一个理财规划师，请为张先生提供合适的理财服务。请讨论分析案例 1.1.2 中张先生投资结构存在的问题。

微课学习：财务安全与财务自由

| 微课视频 | 学案 | 同步练习 | 理财小技巧：养成良好的理财习惯（动图） | 理财小技巧：养成良好的理财习惯（音频） |

个人投资理财追求两大目标：财务安全和财务自由。

理财观不同，财务安全的含义也不同。从生活理财角度看，所谓财务安全就是指现有的财务资源足以应对现在和未来的生活支出。从投资理财角度看，所谓财务安全就是指要保障个人财务资源原有价值不受损失。财务安全是个人投资理财所追求的第一层次目标；只有实现财务安全，才能达到人生各阶段收入支出的基本平衡。

从生活理财角度衡量一个人或家庭的财务安全，主要通过以下内容来判断：① 是否有稳定、充足的收入；② 个人是否有发展潜力；③ 是否有充足的现金准备；④ 是否有适当的住房；⑤ 是否购买了适当的财产和人身保险；⑥ 是否有适当、收益稳定的投资；⑦ 是否享受社会保障；⑧ 是否有额外的养老保障计划。

从投资理财角度看，衡量一个人或家庭的财务安全，主要通过财务安全度指标来判断，其计算公式如下：

$$财务安全度=投资性资产市场价值/投资性资产原值×100\%$$

财务安全度一般是用来衡量个人投资性资产保值能力的一个指标。如果财务安全度大于 100%，则表示个人投资性资产保值能力强；反之，则表示个人投资性资产保值能力弱。

案例1.1.3：刘某某年1月1日拥有金融资产共计60万元，到同年12月31日，这些金融资产价值达到了66万元，则刘某这些金融资产安全度为66/60×100％＝110％。这说明刘某的资产保值能力较好。

所谓财务自由，是表示个人在不用为一份薪水而工作的前提下其财务资源就可以满足个人生活所需的状态，但并不是指个人拥有大笔的实际物质财富才能达到。财务自由是个人理财所追求的第二层次目标。

财务自由度是家庭理财中一项很重要的指标。如果一个人靠购买基金和炒股的收益完全可以应付家庭日常支出，工资可以基本不动，那么这个人的财务自由度就高，即使以后失业了也不会对家庭生活造成太大影响。如果一个人除了工资之外几乎没有任何理财收入，则只能完全依赖工作吃饭了，在工作上不能有任何闪失。因此，要提高家庭财务自由度指标就要及早树立理财意识。财务自由度计算公式如下：

财务自由度＝投资性收入（非工资收入）／日常消费支出×100％

财务自由度一般是用来衡量个人财务自由程度的一个指标。如果财务自由度大于100％，则表示个人财务自由度大；反之，则表示个人财务自由度小。

案例1.1.4：张某今年55岁，家庭每月消费支出为5 000元，现拥有投资性资产共计100万元，预计每年能带来8万元投资收益，则该家庭的财务自由度为：8/（0.5×12）×100％＝133.3％。这说明该家庭个人财务自由度大。

四、投资理财目标的制定和实现

（一）理财目标类型

明天你想干什么？无论你相信与否，这一答案会牵涉到个人理财目标的制定问题。一般来说，理财目标的类型可分为短期、中期、长期目标。短期目标是个人在一年左右或类似时间段内所要实现的目标，如为度假计划或偿还小额债务而储蓄。中期目标的时间范围为2～5年。长期目标则涉及5年以上的财务规划，如确保有足够的退休收入、为子女的大学教育费用进行储蓄、购买房屋等。

长期目标的制定应与短、中期目标相协调。短期目标的制定和实现通常是实现长期目标的基础。例如，制定短期目标是储蓄一笔资金用来支付房屋的首付，而这将成为实现拥有住房这一长期目标的基础。

获取更多职业训练这一目标与储蓄资金用来支付每年一次的汽车保险费这一目标有所不同。与消耗性物品相关的理财目标通常具有周期性，并且其所涉及的物品，如食品、衣服、娱乐服务等，都会被较快地消耗掉。而耐用性物品的理财目标通常不具有周期性，涉及设备、汽车、体育设备等有形资产。与此相反的是，有关无形物品的理财目标往往为许多人所忽略，而这类目标却可能与个人的人际关系、健康、教育和休闲娱乐等息息相关。

（二）目标制定的原则

俗话说：如果不知道目的地的话，那么你就永远不可能到达目的地。目标制定是理财决策的关键。个人的理财目标是对个人消费、储蓄和投资活动进行规划、实施和评价的基础。有效的理财目标应具备以下特征：

① 现实性：与收入和生活状况相符。例如，你们现在是一位全日制在校学生，那么每年买一辆新车的计划可能并不现实。

② 具体量化：明确的目标有助于规划的制定和实现。例如，相较于"积累投资基金"，"在三年中积累一笔5 000元人民币的投资基金"这一目标能为制定规划提供更清晰的指导。

③ 制定时间表：必须明确各个目标的具体完成时间，究竟是三年还是五年。时间表有助于

衡量目标实现的进程。

④ 行为导向：理财目标是进行各项理财活动的基础。例如，"减少信用卡债务"也许便意味着减少信用卡的使用。

◆理财技巧

理财第一步——我要记账啦！

"月光族"并不全是挣钱少不够花，而往往是不能理性消费。通过记账搞清楚钱是怎样花出去的，才会避免大手大脚乱花钱。通过记账也许很快就能成为精明的理性消费者，把钱花在刀刃上，用更少的钱做更多的事。社会学家调查发现，经济纠纷是家庭破裂的重要原因之一，特别是成员较多的大家庭，日常生活的开支需要家庭主要成员共同负担。若是时间长了，不记家庭账，就难免会互相猜疑，你说我出钱少，我说你吝啬，或者怪持家长辈偏心。如果有一本流水账，谁挣多少、谁花多少一目了然，家庭成员自然也就无话可说。

如何记账？

1. 不能是简单的流水账，要分账户、按类目

记账贵在清楚记录钱的来去，每个人生活资源有限，每一方面的需要都要适当满足，从平日养成的记账习惯，可清楚得知每一项目花费的多寡，以及需求是否得到适当满足。通常在谈到财务问题时有两种角度：一种是钱从哪里来，是收入的观念；另一种是钱到哪里去，是支出的观念。每日记账必须清楚记录金钱的来源和去处，也就是会计学所称的"复式记账"。记账要分收、支两项，每项里再细分，比如支出最简单的分类可分为衣、食、住、行、用、通信、育、乐、其他支出等九大类（可视个人需要再加以细分）。另外，有些人虽然每天都记账，记的却是糊涂账，也就是只记录总额，而没有记录细项。举例来说，如果到超市购物共消费 1 234 元，应该将每个购物细项分类记录下来，千万不能只记下花了 1 234 元，这样不仅无法了解金钱流向，记账的目的也会大打折扣。

2. 记账要收集单据

如果说记账是理财的第一步，那么集中凭证单据一定是记账的首要工作，平常消费应养成索取发票的习惯。平日在收集的发票上，清楚记下消费时间、金额、品名等项目，如单据没有标识品名，最好马上加注。此外，银行扣缴单据、捐款、借贷收据、刷卡签单及存、提款单据等，都要一一保存，最好摆放到固定地点。凭证收集全后，按消费性质分类，每一项目按日期顺序排列，以方便日后的统计。

3. 勿因钱少而不记

美国知名理财专家戴维·巴哈曾提道："每天少喝两杯拿铁，30 年就省 7 000 万元。"也就是说，每天看似不起眼的琐碎开销，经年累月却会变成可观的支出，而这些日常生活中的非必要开销即被称为"拿铁因子"。记账的原则就是滴水不漏，任何一笔小钱都要记录下来，因为日常生活中常有些不容易被注意到的开销，比如一杯可乐、一张 DVD 光盘，长久累积下来，也不是一笔小数目，通过记账便可轻松察觉这些"拿铁因子"。

4. 记账要及时、连续、准确

及时就是保证记账操作的及时性。记账及时性就是最好在收支发生后及时进行记账。这样做好处有：① 不会遗漏，因为时间久了，很可能就忘了这笔收支，就算能想起，也容易引起金额等的误差，对记账的准确性不利。② 对某些余额比较敏感的账户，如信用卡账户、委托银行付款的账户，采用及时记账就可保证实时监视账户余额，如透支额等。如发现账户透支或余额不够，便可及时处理，减少不必要的利息支出或罚款。③ 可及时反映出理财的效果。如果是采用软件记账或网络账本记账，一般能进行实时收支统计分析，给理财提供依据。

对于第一次接触记账的人来说，记账的确是一项烦琐的工作，甚至让人想打退堂鼓。如果每花

一笔钱就拿出记账本，生怕漏记了哪一笔，结果会让自己整天变得紧张兮兮。其实不妨花任何钱都拿发票或收据，每天分别在中午及晚上各结算一次，如此一来就不会因为随时要记账而觉得麻烦。

记账的连续性就是必须保证记账是连接不断的。不要三天打鱼两天晒网，一时心血来潮，就想到记账；一时心灰意冷，就放弃不理。理财是一项长久的活动，必须要有长远的打算和坚持的信心。

记账的准确性就是保证记账记录正确。一是记账方向不能错误，如收入和支出搞反了。二是收支分类恰当。每笔记账记录都必须指定正确的收入分类，否则分类统计汇总的结果就会不准确。对综合收支事项，需进行分拆（分解），如某笔支出包括了生活费、休闲、利息支出，最好分成三笔进行记账。三是金额必须准确，最好精确到元。四是日期必须正确。收支日期就是业务发生日期。特别是跨月的情况，最好不要含糊，因为进行年度收支统计时，需按月汇总。

单元二　个人投资理财规划

学习目标

识记能力目标：投资理财规划。

理解能力目标：个人投资理财的规划及流程。

应用能力目标：能应用一定的原理进行个人投资理财规划，能按照个人投资理财规划的工作流程开展相应的工作，进而对个人投资理财形成初步的认识。

◆理财常识

你拥有FQ吗？

国际上的一项调查表明，几乎100%的人在没有自己的理财规划的情况下，一生中损失的财产从20%到100%不等。因此，作为一个现代人，如果不具备一定的理财知识，其财产损失是不可避免的。国家景气监测中心公布的一项调查表明，约有70%的居民希望得到理财顾问的指导。本文就是让我们每一个人树立起正确的理财观念，积极地投入到丰富多彩的理财生活中去。

理财就是少贪一杯酒，少吸一根烟，少买一件不必要的衣服，少花一元可以少花的钱，理财就是一种生活方式的改变。

一个生活在现代社会的人，面临着诸多压力，虽然机会到处都是，但并不代表你处处都能成功。若要真正能够顺顺利利地生活，确实需要具备各方面的素质。

IQ——智商，能使你聪明。

EQ——情商，能使你事业成功。

FQ——Financial Quotient，理财智商，代表你管理金钱的能力。

你能否管理好现有的财富？你能否利用好这些财富，为你带来更多的效益？你能否利用以钱赚钱的方法，让你的财富增值？你能否留住这些财富？

最重要的一点是：这些财富能否给你带来幸福和欢乐，而不是沉重的负担。若要真正成为富有的人，则需要IQ、EQ和FQ三方面结合。

真正富有的人，除了拥有金钱上的财富外，还应拥有时间上、精神上的财富，即他们懂得合理地运用自己的时间，科学地管理自己的金钱，并享受努力的成果。

要成为富有的人，你还缺什么？

要成为一个高财商的人，首先要弄明白什么是财富。当然马上就会有人说，财富不就是钱吗？金光闪闪的黄金、厚厚的人民币以及巨额的银行存款。当然，我们不否认这都是财富的一种体现。而财商的精神要旨在于如何去管理金钱，成为金钱的主人，而不是成为金钱的奴隶！"有钱不是万能的，没有钱是万万不能的。"我们不仅要学会用钱赚钱，而且要在财务安全和财务自由中体现人生的快乐，这才是理财的真谛！

◆案例引入

现在的社会分配已经不再是计划经济时代的政府全部包干的平均分配时代，必须通过投资理财增加自己的财富，满足自身不断增长的物质和文化需求。但在开始理财前，我们必须明确以下几个问题：

①在一生中，我们如何分配自己的财富，才能保证生活永远富足，不会面临窘境？

②我们应具备哪些素质和技能，才能达到理财的需要？

③个人理财需要考虑哪些内容？

④我们应从哪些方面着手开始理财？

本单元将为你解决上述个人投资理财开始时面临的疑惑，为你的投资理财活动热身。

【任务】 认识个人投资理财规划

思考题：

1. 个人投资理财规划包括哪些内容？

2. 投资理财规划流程有哪些？

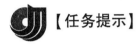 【任务提示】

一、个人投资理财规划

（一）个人投资理财规划的定义

个人投资理财规划，是指运用科学的方法和特定的程序为个人制定切合实际、具有可操作性的某方面或综合性的财务方案。

个人投资理财规划的目的在于使个人在不断提高生活品质的同时，即使到年老体弱以及收入锐减的时候，也能保持自己所设定的生活水平，最终达到终身财务安全和自由的目标。个人投资理财规划是一个评估个人各方面财务需求的综合过程，由专业理财人员通过明确个人客户的理财目标，分析个人的生活、财务现状，从而帮助个人制定出可行的投资理财方案的一种综合性金融服务。

（二）个人投资理财规划的具体内容

个人投资理财规划主要包括现金理财规划、消费和房地产投资理财规划、教育投资理财规划、保险投资理财规划、税收理财规划、投资规划、退休投资理财规划、财产分配与传承理财规划。

1. 现金理财规划

现金理财规划是对家庭或者个人日常的、日复一日的现金及现金等价物进行管理的一项活动。现金理财规划的作用在于满足日常现金需要，满足计划外现金消费——紧急备用金。现金理财规划的目的在于确保足够的资金来支付计划中和计划外的费用，并且使消费模式处于预算限制之内。

2. 消费和房地产投资理财规划

消费理财规划是基于一定的财务资源下，对家庭消费水平和消费结构进行规划，以达到适度消费、稳步提高生活质量的目标。

家庭消费理财规划主要包括住房消费规划、汽车消费规划、子女教育消费规划以及信用卡与个人信贷消费规划等。保持家庭财富增长的重要原则是"开源节流"，在收入一定的情况下，如何做好消费支出规划对一个家庭整个财务状况具有重要的影响。家庭消费支出规划的目的是要合理安排消费资金，树立正确的消费观念，节省成本，保持稳健的财务状况。家庭消费支出规划是理财业务不可或缺的内容，如果消费支出缺乏计划或者消费计划不得当，家庭很可能支付过高的消费成本，严重者甚至会导致家庭出现财务危机。

房地产投资理财规划，是指资本所有者将其资本投入到房地产业，以期在将来获取预期收益的一种理财活动。对于一般投资者而言，住宅投资和商铺投资是主要方向，尤其是住宅投资。

3. 教育投资理财规划

教育支出既是一种消费支出，也是一种投资支出。教育不仅可以提高人的文化水平与生活品位，也可以增加受教育者的人力资本。教育投资理财规划包括本人教育规划和子女教育规划两种，自我完善和教育后代都是人生重要的内容，而子女教育规划又分为基础教育规划和高等教育规划。

教育投资理财规划的步骤是：首先，要对教育需求和子女的基本情况进行分析，以确定当前和未来的教育投资资金需求；其次，要分析收入和资产状况，确定教育投资资金的来源；最后，应当分析教育投资资金来源与资金需求的差距，并寻求恰当的投资工具以投资收益弥补教育资金差距。

4. 保险投资理财规划

保险与人生是密不可分的。人生有悲有喜，当不幸的事情发生时，总不免要花钱消灾，但仅靠平时储蓄或社会救济可能还不够。此时可以通过既经济又实惠的保险制度加以规划。保险投资理财规划是指通过对风险的识别、衡量和评价，并在此基础上选择与优化组合各种风险管理技术，对风险实施有效控制和妥善处理风险所致损失的后果，以尽量小的成本去争取最大的安全保障和经济利益的行为。

保险投资理财规划的基本步骤是：首先，确定保险的标的，也就是确定保险对象的财产和人的寿命或身体状况；其次，确定保险需求缺口，也就是确定保险事故发生时所需要的资金与个人为防范事故发生已经储备的资金的缺口；最后，确定保险产品和保险期限以弥补保险需求缺口，满足个人保障的需求。

5. 税收理财规划

税收理财规划是指纳税人为了减轻税收负担和实现涉税零风险而采取非违法手段，对自己的经济活动事先进行的策划安排。个人税收理财规划是指在纳税义务发生前，通过对纳税主体的经营、投资、理财等经济活动的事先筹划和安排，充分利用税法提供的优惠和差别待遇，以减轻税负，达到整体税后利润最大化的过程。

税收理财规划主要包括以下内容：

其一，避税规划，是指纳税人采用非违法手段，利用税法中的空白获取税收利益的规划。纳税规划既不违法也不非法，与纳税人不尊重法律的偷税、逃税行为有着本质区别。

其二，节税规划，是指纳税人在不违背立法精神的前提下，充分利用税法中固有的起征点、减免税等一系列的优惠政策，通过对筹资、投资和经营等活动的巧妙安排，达到少缴税甚至不缴税的目的的规划。

其三，转嫁规划，是指纳税人为了达到减轻税负的目的，通过价格调整将税负转嫁给他人承担的经济行为。

其四，实现涉税零风险，是指纳税人账目清楚，纳税申报正确，税款缴纳及时、足额，不会出现任何关于税收方面的处罚，即处在税收方面没有任何风险，或风险极小可以忽略不计的一种状态。这种状态的实现，虽然不能使纳税人直接获取税收上的好处，但却能间接地获取一定的经济利益，而且这种状态的实现，更有利于企业的长远发展与规模扩大。

6. 投资规划

投资规划是根据个人投资理财目标和风险承受能力，为个人制定合理的资产配置方案，构建投资组合来帮助个人实现理财目标的过程。投资规划是个人理财规划的一个组成部分，而且，投资也是实现其他财务目标的重要手段。如果没有通过投资实现资产增值，个人可能没有足够的财力资源来完成诸如购房、养老等生活目标。因此，投资规划对于个人理财规划有重要的基础性作用。

投资规划的步骤是：首先，确定投资目标，也就是投资服务的对象，投资达到金额和准备投资的资金以及投资时间；其次，确定投资组合，包括选择投资产品、确定每种投资产品的投资比率；最后，评估投资风险，调整投资组合。

7. 退休投资理财规划

退休投资理财规划是为保证个人在将来有一个自立、有尊严、高品质的退休生活，而制定的一个从现在就开始积极实施的投资理财规划方案的过程。退休后能够享受自立、有尊严、高品质的退休生活是一个人一生中最重要的财务目标，因此，退休投资理财规划是个人理财规划中不可缺少的部分。

退休投资理财规划的步骤是：首先，设定退休生活目标，也就是确定退休后的生活方式和所需生活费用等；其次，确定退休前的每年储蓄资金，就是根据退休后的收支差确定退休时所需准备的储蓄资金，再根据退休时所需准备的储蓄资金和退休前的风险承受能力，确定退休前的每年储蓄资金；最后，制定退休投资产品方案，确定投资组合和投资比率等。

8. 财产分配与传承理财规划

财产分配与传承理财规划是人生需要妥善安排的一个重要事项。从形式上看，制定财产分配与传承理财规划能够对个人及家庭财产进行合理合法的配置；从更深的层次看，财产分配与传承理财规划为个人和家庭提供了一种规避风险的保障机制，当个人及家庭在遭遇到现实中存在的风险时，这种规划能够帮助客户隔离风险或降低风险带来的损失。

在实际生活中，个人及家庭可能遭遇的风险主要有以下几类：

其一，家庭经营风险。对于其成员共同从事商业经营的家庭来讲，经营收益是该家庭的主要收入来源，维持着整个家庭的正常生活，而一旦该经营实体受到商业风险的冲击，整个家庭的经济状况就有可能急转直下，严重地威胁到家庭成员的正常生活、教育、工作等。

其二，夫妻中一方或双方丧失劳动能力或经济能力的风险。夫妻是家庭组织的核心，如果其中一方或者双方均丧失了劳动能力，如工伤、意外事故，造成身体残疾，或者丧失了经济能力，如对外欠债导致被追索等情形，都会导致家庭经济支付能力的下降，影响家庭的正常生活。

其三，离婚或者再婚风险。离婚意味着夫妻关系的结束和一个家庭的解体，无论对家庭还是夫妻任何一方都会产生重大的影响，其中最突出的方面就体现在对家庭财产如何分割上。现实生活中经常会发生这样的情况，即离婚时，夫妻其中一方有转移、隐匿、变卖财产侵害另一方财产权益的行为，导致受害一方生活质量下降及经济能力减弱等不良结果。

其四，家庭成员的去世风险。家庭成员去世后，其遗留财产的分配会使得家庭其他成员个人的财产增加或者减少，对整个家庭财产也会产生影响。同时，由于多数家庭没有事先立遗嘱的意识，遗产分割很容易在家庭内部产生纠纷，即使有的立了遗嘱，也会因为遗嘱内容表述不清，而在执行过程中出现财产被恶意侵吞或者不按照遗嘱人意愿进行分配等情况。

以上种种家庭及个人遭遇的风险都是不确定的、不可预测的，这些风险一旦发生，就会对个人及家庭的经济能力产生不利影响。如果能够在风险发生之前采取相应措施，就可以最大限度地消除或减少其可能造成的不利影响。财产分配与传承理财规划就具有这样的风险隔离、减少损失的功能。

（三）步骤

活动：根据案例实施个人投资理财规划

步骤1：明确当前个人财务状况

首先明确当前有关收入、储蓄、生活开支以及债务的个人财务状况。列出当前资产负债表以及各项开支明细表是进行理财活动的基础。

案例 1.2.1：凯蒂计划在接下来的两年内完成其大学学业。为了支付学费，她从事两份兼职。如今，她拥有 700 美元的存款，信用卡的未偿还债务为 640 美元，应偿的学生贷款为 2 300 美元。凯蒂在进行个人理财过程中还需要掌握哪些信息？

你自己生活中的例子：_____

_____

步骤 2：制定个人理财目标

个人应该对自己理财的价值观和目标进行周期性的分析，旨在对理财意愿和需求做出区分。他人可以为你的理财目标提供建议，但你必须自行做出最终决定。从将当前的所有收入都用于消费，到实施储蓄或投资计划来获取未来的经济保障，这些都可以成为个人理财的目标。

案例 1.2.2：凯蒂在接下来两年中的主要理财目标是完成大学学业，并维持目前的债务水平或减少债务。还有哪些目标也适合于凯蒂？

你自己生活中的例子：_____

_____

步骤 3：了解各种理财途径

充分了解自己究竟有多少种选择，对于决策而言非常重要。尽管许多因素会影响到理财的战略选择，但我们通常可以把理财战略分为以下四类：

（1）维持原理财路径。例如，你也许认为既定的每月存款额度仍然是合适的。

（2）扩展原理财路径。例如，你可能选择增加每月的存款额。

（3）改变原理财路径。例如，你也许决定投资于货币市场账户，而非将钱存入普通储蓄账户。

（4）开辟新理财路径。例如，你也许决定每月节缩支出，从而付清信用卡债务。

并非所有的财务决策都存在上述四种情况。然而，它们的确涵盖了可能的行动路径。例如，如果你停止全职工作去上学，那么你必须明确"开辟新理财路径"这一类型中其他可供选择的行动途径。在决策中，创造性对于有效选择尤为重要。对于所有的可能途径进行全盘考虑，有助于个人作出有效而满意的决策。例如，大多数人都认为去上班或上学需要购置一辆车，然而其实他们还应该考虑其他选择，如搭乘公共交通、合伙搭车、租车、合伙买车、使用公司的车等。

请记住，当你决定不采取任何行动时，你相当于选择了"不作为"，这可能是一个危险的选择。

案例 1.2.3：为实现目标，凯蒂有以下几种选择：她可以减少开支，或寻找酬劳更高的兼职，或是使用积蓄来偿还部分债务。除此之外，她还有哪些选择？

你自己生活中的例子：_____

_____

步骤 4：选择

选择理财方案时，你需要综合考虑生活状况、个人理财观以及当前财务状况等因素，对可能的行动途径进行评估。家中被抚养人的年龄会对你的储蓄目标产生什么样的影响？你如何使用闲暇时间？利率的调整会对你的财务状况产生什么影响？

（1）选择的结果。任何决策都包含了对其他选择的放弃。例如，决定投资股票这一决策可能意味着你必须放弃度假。去全日制学校读书这一决策则可能意味着你不能进行全职工作。机会成本便是做出某项选择时你所放弃的其他选择。虽然机会成本并非总能用金钱来衡量，然而你还是失去了所放弃资源（时间或金钱）的价值。

（2）风险评估。每个决策都包含了不确定性。选择大学学业或是职业领域都带有一定的风险。如果你不喜欢或是无法在该领域找到工作怎么办？另一些决策所包含的风险较小，如将资金存入储蓄账户、购买小件物品等。这类选择带来重大损失的概率不大。

在许多决策中，风险的识别和评估较为困难。我们通常所需考虑的主要风险如下：

① 物价上涨带来的通货膨胀风险，它导致购买力下降。

② 资金价格变化带来的利率风险，它直接影响到你借款时的支出和投资或储蓄时的收益。

③ 失业或疾病等原因导致的收入风险。

④ 包含有形和无形因素的个人风险，这些因素将导致诸如健康和安全等方面的不理想状况。

⑤ 流动性风险，即难以将具有潜在高收益的房产或投资兑换成现金或出售，如果强行兑现或出售，会遭受大幅贬值。

评估风险的最佳途径便是基于自身和他人的经验收集信息，并利用各种理财信息渠道。

（3）理财信息渠道。决策过程中的每一个步骤都需要相关信息的支持。除书本之外，帮助你进行投资理财决策的常见信息资源包括：① 网络；② 银行、保险公司、证券公司、投资公司等金融机构；③ 报纸、杂志、电视和广播等媒体资源；④ 理财师、保险代理、投资顾问、信贷咨询师、律师和报税师等财务专业人员。

案例 1.2.4：凯蒂在对其他可能的理财途径进行评估时，应当同时考虑到自己的短期和长期状况。她应该考虑哪些风险和机会成本？

你自己生活中的例子：＿＿＿＿＿＿＿＿＿＿＿＿＿＿＿＿＿＿＿＿＿＿＿＿＿＿＿＿＿＿＿＿＿

＿＿＿

步骤 5：个人理财行动计划的制订和实施

这一步骤涉及制订行动计划，明确实现理财目标的途径。例如，你可以通过减少开支或是利用加班增加收入的方式来增加储蓄金额。实施个人理财行动计划需要外界的帮助。例如，保险机构可以为你提供购买财产或人寿保险的服务，投资代理人可以为你提供购买股票、债券或共同基金的服务。

案例 1.2.5：凯蒂决定减少课业负担，增加工作时间，以此来减少债务并增加储蓄金额。这一选择的优缺点是什么？

你自己生活中的例子：＿＿＿＿＿＿＿＿＿＿＿＿＿＿＿＿＿＿＿＿＿＿＿＿＿＿＿＿＿＿＿＿

＿＿＿

步骤 6：计划的评估和修改

理财规划是一个动态过程，执行理财规划并不意味着理财规划的完成。你需要周期性地对理财决策进行评估。每年对财务状况至少进行一次全面的回顾和总结。个人、社会和经济因素的变化可能要求你对计划进行更频繁的评估。

当生活事件影响到你的财务需求时，你可以根据理财程序进行相应的修改。经常性地审视决策过程，有助于你进行有效的调整，使理财的目标及其执行情况和你的生活现状协调一致。

案例 1.2.6：在接下来的 6 个月到 12 个月中，凯蒂应重新对其财务、个人和教育状况进行评估。当出现何种情况时，凯蒂可能需要对其个人理财行动计划进行相应调整？

你自己生活中的例子：＿＿＿＿＿＿＿＿＿＿＿＿＿＿＿＿＿＿＿＿＿＿＿＿＿＿＿＿＿＿＿＿

＿＿＿

二、个人投资理财规划的工作流程

微课学习：理财规划流程

微课视频

学案

同步练习

理财小技巧：要有目的，要有执行力（动图）

理财小技巧：要有目的，要有执行力（音频）

个人投资理财规划的标准工作流程分为六步：建立客户关系、收集客户信息、分析客户财务状况、制定理财方案、执行理财方案、持续理财服务。

（一）建立客户关系

能否建立客户关系直接决定了个人投资理财规划业务的开展。建立客户关系的方式有很多，主要包括电话交谈、网络沟通、书面交流和面对面交谈等。在建立客户关系过程中沟通技巧很重要，不但要注意口语沟通技巧、书面沟通技巧，还要懂得运用各种非语言的沟通技巧，包括眼神、面部表情、身体姿势、手势等。另外，理财规划师作为专业人士，在与客户交谈时要尽量使用专业化的语言。在涉及投资回报率等财务指标时，尽量不要给出确定的、承诺的表示，以免因此承担不必要的法律责任。

（二）收集客户信息

个人投资理财规划方案是在对客户信息非常了解的基础上作出来的。只有全面、准确地了解客户信息，个人理财规划方案才会尽可能接近客户的实际。理财规划师收集的客户信息包括客户的财务信息、非财务信息和客户的理财目标。

收集客户信息时要注意采用数据调查表的方式进行，收集完后要注意保存。

（三）分析客户财务状况

客户现行的财务状况是达到未来财务目标的基础，理财规划师在提出具体的理财计划之前必须客观地分析客户的现行财务状况，并对客户未来的财务状况进行预测。客户的财务状况分析主要包括客户家庭资产负债表、现金流量表和财务比率分析，以及未来财务状况的预测。其中，资产负债表分析包括客户家庭资产和负债在某一时点的基本情况；现金流量表分析是指对客户在某一时期的收入和支出进行归纳汇总，为进一步的财务现状分析与理财目标设计提供基础资料；财务比率分析包括结余比率、投资与净资产比率、清偿比率、负债比率、即付比率、负债收入比率和流动性比率等。

（四）制定理财方案

理财规划师在了解客户信息和理财目标的基础上，诊断出客户的财务问题后，在考虑目前和未来宏观经济发展状况的前提下，为客户制定整体理财方案。理财方案一般以个人投资理财建议书的方式表示。初步的理财规划方案可以有几种，最终的理财方案由理财规划师和客户共同选定。

（五）执行理财方案

为了确保理财规划的执行效果，理财规划师应当遵循三个原则：准确性、有效性和及时性，而且还要制订理财规划的执行计划。在执行计划中，要确定理财计划的实施步骤，确保匹配的资金来源和实施时间表。在执行计划过程中，理财规划师还应注意以下问题：

（1）不论是在实施计划制订的过程中还是在完成之后，都应当积极主动地与客户进行沟通，让客户亲自参与到实施计划的制订和修改过程中来。

（2）执行理财规划必须首先获得客户的执行授权。

（3）妥善保管理财规划的执行记录。

理财方案本身也不是一成不变的，当理财方案的假设前提或客户的财务状况发生重大变化时，理财方案需要随时调整。

（六）持续理财服务

理财服务并不是一次完成的，需要不断地调整修改才能达到客户的理财需求。由于理财规划持续的时间较长，未来的预估不可能完全准确，客户的经济条件、理财目标等也会发生变动，因此，理财方案也需随之变化。理财规划师应当根据新情况不断调整方案。通常情况下，理财规划至少每年修正一次，如果客户所投资的是高风险的产品，则需要每季度或每半年就调整一次。持续理财服务包括定期对理财方案评估和不定期的信息服务和方案调整。

◆ 理财技巧

合理的投资理财组合

说到理财有方，一定要得法，在理财中有一种非常重要的方法就是要设计合理的理财组合，这样才能有效地增值财富。下面的几种组合是根据不同家庭的实际列出的，希望能给大家一些实用的建议。

投资"一分法"——适合于贫困家庭。选择现金、储蓄和债券作为投资工具。

投资"二分法"——适合于低收入者。选择现金、储蓄、债券作为投资工具，再适当考虑购买少量保险。

投资"三分法"——适合于收入不高但稳定者。可选择55%的现金及储蓄或债券，40%的房地产，5%的保险。

投资"四分法"——适合于收入较高，但风险意识较弱、缺乏专门知识与业余时间者。其投资组合为：40%的现金、储蓄或债券，35%的房地产，5%的保险，20%的投资基金。

投资"五分法"——适合于财力雄厚者。其投资比例为：现金、储蓄或债券30%，房地产25%，保险5%，投资基金20%，股票、期货20%。

单元三　货币时间价值

学习目标

识记能力目标：货币时间价值的计算方法与年金的计算方法。

理解能力目标：单利法与复利法的不同；普通年金与预付年金的不同；每种收益率计算的适用范围。

应用能力目标：应用年金公式为个人进行投资、融资规划。

◆ 理财测试

管大钱 VS 管小钱

能将一个家安排得井井有条的家庭主妇是否能打理好一个万人公司？虽然古训道"一屋不扫何以扫天下"，但管理一个小家庭和进行大宗投资需要的能力是不尽相同的。管理家庭可能更需要条理性和耐心、细心，而管理一个大公司，决定一笔投资或者公司的发展方向则需要敏锐的战略眼光和超人的胆识。

你知道自己到底适合掌管多少钱吗？请随以下测验的指引来探索你更具备哪些方面的才能吧。

1. 我喜欢读历史书
　　是 至第 3 题　　否 至第 2 题
2. 我讨厌熨衬衣
　　是 至第 3 题　　否 至第 5 题
3. 我关心时事，特别是政治经济类新闻
　　是 至第 4 题　　否 至第 5 题

4. 我喜欢尝试对我来说比较困难的任务
　　是 至第 6 题　　否 至第 9 题
5. 我乐于向人求助
　　是 至第 6 题　　否 至第 7 题
6. 我经常阅读专业书籍，即使它非常枯燥
　　是 至第 7 题　　否 至第 8 题

7. 我喜欢与人电话交流

   是 至第8题　　否 至第9题

8. 我有很多好朋友

   是 至第10题　　否 至第12题

9. 我沉默寡言

   是 至第11题　　否 至第13题

10. 我在人际交往方面游刃有余

    是 至第12题　　否 至第6题

11. 我喜欢穿休闲服胜于穿正装

    是 至第12题　　否 至第13题

12. 我喜欢与上司沟通

    是 至第14题　　否 至第13题

13. 我有制订计划的习惯

    是 至第17题　　否 至第14题

14. 我有多种信息渠道

    是 至第15题　　否 至第16题

15. 我喜欢把办公桌收拾得一尘不染

    是 至第17题　　否 至第18题

16. 我关心别人的看法

    是 至第11题　　否 至第18题

17. 我对不同意见有宽容的肚量

    是 至第18题　　否 至第19题

18. 我深信成功是迟早的事情

    是 至第20题　　否 至第19题

19. 我注重培养与工作有关的技能

    是 至第20题　　否 至第21题

20. 我喜欢把家里布置成安静舒适的地方

    是 至第21题　　否 至第23题

21. 我总给自己留下独处的时间

    是 至第22题　　否 至第23题

22. 我明白自己的局限

    是 至第27题　　否 至第25题

23. 做事前我已经做好迎接失败的准备

    是 至第24题　　否 C型

24. 我只与我认为重要的人来往

    是 至第25题　　否 至第26题

25. 我对成功率在50%的冒险最感兴趣

    是 至第27题　　否 至第26题

26. 我有长远的职业目标

    是 至第27题　　否 B型

27. 我经常进行反思

    是 A型　　否 至第26题

评价：

A型——适合管理"大钱"的人：你有优秀的思维能力和计划反思能力，但最重要的是，你很有思想，有创造力和敏锐的洞察力，同时你也有足够的雄心和能力去经营一大笔投资。

B型——适合管理"小钱"的人：你头脑里的小算盘的确是打得很好，你能把小额投资和一个家庭管理得有条有理，但你缺少发现给予的眼睛，所以你还需要进一步的提高才能为更大的投资做出决定。

C型——适合花钱而不管钱的人：钱到你手里往往更多地满足于吃喝玩乐，你从来不担心明天，也没有什么宏图伟业，因此你要做的就是找一个人来帮你管钱，并定期支取你的花费。

◆案例引入

我们将资金锁在柜子里，这无论如何也不会增值。在资金使用权和所有权分离的今天，资金的时间价值仍是剩余价值的转化形式。一方面，它是资金所有者让渡资金使用权而获得的一部分报酬；另一方面，它是资金使用者因获得使用权而支付给资金所有者的成本。资金的时间价值是客观存在的经济范畴，越来越多的企业在生产经营决策中将其作为一个重要的因素来考虑。在企业的长期投资决策中，由于企业所发生的收支在不同的时点上，且时间较长，如果不考虑资金的时间价值，就无法对决策的收支、盈亏做出正确、恰当的分析评价。

【任务一】 认识货币时间价值

思考题：

1. 机会成本是什么？

2. 什么是货币时间价值？

3. 货币时间价值是用绝对值还是相对值表示更合适？

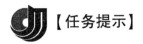

【任务提示】

一、机会成本

你注意到了吗？在作任何一种选择时，你总是会放弃一些东西。在每个投资理财决策中，你总是会放弃一些东西来追求你认为更有价值的另一些东西。例如，你可能会放弃当前消费，转而为未来消费或长期的经济保障进行投资，或者你也可能选择使用信用支付的方式在当前购买昂贵的物品，这意味着你未来收入的用途被部分锁定。

机会成本，即个人在经济决策中所放弃的价值。这一成本通常被称为决策中的交换，并非总能以金钱来衡量。机会成本应视个人资源和经济资源而定。

（一）个人机会成本

重要的个人机会成本之一是时间成本，因为如果进行某项活动，就可能因此而没有时间再进行其他活动。用于学习、工作或购物的时间便不能再用以进行其他活动。其他个人机会成本与健康有关。不良的饮食习惯、缺少睡眠或者缺乏锻炼可能会导致疾病，导致不能进行正常的工作或学习，增加了卫生保健的开支，削弱了经济保障。如同经济资源一样，人们需要对自己的个人资源，如时间、精力、健康、能力、知识等进行管理。

（二）财务机会成本

人们总是在各类财务决策中进行选择。在选择时，必须考虑资金的时间价值。所谓资金的时间价值，就是指资金由于获取利息而增值。选择将一元人民币进行投资而非利用其进行当前的消费，这将会带来资金的增值。每次进行消费、储蓄、投资或借款时，都应当将资金时间价值视为一种机会成本。消费掉储蓄账户中的资金便意味着利息的减少；然而利用该笔资金所购买物品的重要性也可能远甚于失去的利息。

二、货币时间价值

微课学习：什么是货币时间价值

| 微课视频 | 学案 | 同步练习 | 理财小技巧：积累你的原始资金，越早越好（动图） | 理财小技巧：积累你的原始资金，越早越好（音频） |

货币时间价值，也称为资金时间价值，是指货币经历一定时间的投资和再投资所增加的价值。比如，银行存款年利率为5%，现在将1元钱存入银行，1年后连本带利就可以得到1.05元。也就是说，在1年的时间里1元钱发生了0.05元的增值，不同时间单位货币的价值不相等，今天1元钱的价值大于1年后1元钱的价值。所以，不同时点上的货币收支不宜直接比较，必须将它们换算到相同的时点上，才能进行大小的比较和有关计算。

（一）货币增值的原因

货币能够增值，首要的原因在于它是资本的一种形式，可以作为资本投放到企业的生产经营当中，经过一段时间的资本循环后，会产生利润。这种利润就是货币的增值。因此，如果货币不参与生产经营，而是像海盗一样被藏匿于某个孤岛上，显然不会发生增值。

（二）货币时间价值的形式

货币时间价值可分为两种形式：绝对数形式和相对数形式。在绝对数形式下，货币时间价值表示货币经过一段时间后的增值额，它可能表现为存款的利息、债券的利息，或股票的股利等。在相对数形式下，货币时间价值表示不同时间段货币的增值幅度，它可能表现为存款利率、证券的投资报酬率、企业的某个项目投资回报率等。

请计算：

案例 1.3.1：企业在 2015 年年初投资 2 000 万元，用于某生产项目投资，2016 年年底该项目投入运营，2017 年该项目的营业现金流入 3 000 万元，购买材料、支付员工工资 1 500 万元，支付国家税金 300 万元，则该投资项目三年内货币时间价值是多少？

案例 1.3.2：在 2015 年年初，企业有两个投资方案可供选择：一是项目投资，如上例；二是证券投资，需投资 200 万元，预计 3 年后本利和可达 450 万元。试比较两个方案的货币时间价值。

问：哪个方案更优？为什么？

在现实生活中，财务管理更偏向于相对数，因为它便于人们将两个不同规模的决策方案进行直接比较。案例 1.3.2 中比较货币时间价值的绝对值显然不恰当，因为二者的原始投入不同，所以比较相对数显然更有价值。但在特定情况下（比如两个方案是互相排斥方案），就可能采用绝对数。

【任务二】 货币时间价值的计算

思考题：

1. 单利和复利的区别是什么？其计算公式是什么？

2. 现值和终值的区别是什么？其计算公式是什么？

3. 什么是年金？

4. 先付年金和后付年金的区别是什么？其计算公式是什么？

5. 什么是永续年金？其计算公式是什么？

【任务提示】

三、货币时间价值计算

（一）一次性收付款的货币时间价值计算

企业财务管理中收付款的次数很多，金额也不一致，因此货币时间价值的计算比较复杂。下面我们讨论一次性收付款的货币时间价值计算。

1. 单利和复利

微课学习：单利与复利

微课视频　　　　学案　　　　　同步练习　　　理财小技巧：学习投　　理财小技巧：学习投
　　　　　　　　　　　　　　　　　　　　　　　资理财知识（动图）　资理财知识（音频）

在货币的时间价值计算中，有两种计算方式：单利和复利。

（1）单利

所谓单利，是指在计算利息时，每一次都按照原先融资双方确认的本金计算利息，每次计算的利息并不转入下一次本金中。

案例 1.3.3：张某向李某借款 1 000 元，双方商定年利率为 5%，3 年后归还，按单利计算本利和。

用单利方式计算利息时，隐含着这样的假设：每次计算的利息并不自动转为本金，而是借款人代为保存或由贷款人取走，因而不产生利息。

（2）复利

所谓复利，是指每一次计算出利息后，即将利息重新加入本金，从而使下一次的利息计算在上一次的本利和的基础上进行，即通常所说的利滚利。

案例 1.3.4：上例中，如张某与李某商定双方按复利计算利息，则张某 3 年后应得的本利和是多少？

用复利方式计算利息时，隐含着这样的假设：每次计算利息时，都要将计算的利息转入下次计算利息时的本金，重新计算利息。这是因为，贷款人每次收到利息，都不会让其闲置，而是重新贷出，从而扩大自己的货币价值。

比较单利和复利的计算思路和假设，我们可看出复利的依据更为充分、更为现实。因为如果贷款人是一个理性人，就应该追求自身货币价值的最大化，当然会在每次收到贷款利息时重新将这部分利息贷出去生息。因此，在财务管理中，大部分决策都是在复利计算方式下考虑投资收益和成本的。

我国银行储蓄系统的利息计算采用单利方式，但这并不影响复利计算方式的科学性，因为储户一旦在储蓄存款利息到期后，总会将其取出使用或继续存款，从而保证货币资金的继续运转。从这个角度我们可以说，即使银行采用单利计算利息，我们在现实生活中仍然可以按复利安排生活。

2. 终值的计算

微课学习：现值与终值

| 微课视频 | 学案 | 同步练习 | 理财小技巧：有多少钱理多少财 A（动图） | 理财小技巧：有多少钱理多少财 A（音频） |

终值是指现在存入一笔钱，按照一定的利率和利息计算相当于将来多少钱。在日常生活中有许多属于终值计算的问题。

案例 1.3.5：张先生最近购买彩票，中奖 100 000 元，他想将这笔钱存入银行，以便将来退休时使用，设张先生还有 10 年退休，如按年存款利率 2% 计算，10 年后按单利和复利分别计算张先生退休时能拿多少钱？

终值的计算有两种方式：单利和复利。

（1）单利的终值计算方式

设现有一笔资金，共计金额为 P，存期为 n 年，年利率为 i，则 n 年后的终值 FV_n 为：

$$FV_n = P + P \cdot i \cdot n = P(1 + i \cdot n)$$

（2）复利的终值计算方式

设现有一笔资金，共计金额为 P，存期为 n 年，年利率为 i，则 n 年后的终值 FV_n 为：

$$FV_n = P(1+i)^n$$

式中，$(1+i)^n$ 在财务管理学中被称为复利终值系数，用 $FVIF_{i,n}$ 表示，它是计算复利终值的主要参数。其中 i 是计算货币价值的利息率，n 是货币到期时间长度。人们可以用专门的程序在计算机中计算出来，以避免手工计算的麻烦。

3. 现值的计算

所谓现值，是指将来的一笔收付款相当于现在的价值。

案例1.3.6：王先生的孩子三年后要上大学，需要的学费四年共计约 60 000 元。如果按银行的利息率每年 2% 计算，按单利和复利分别计算，王先生现在要存入银行多少钱，才能保证将来孩子上学无忧？

现值的计算也有两种方式：单利和复利。

（1）单利的现值计算方式

在单利条件下，一笔现在的存款 P，在存期为 n、年利率为 i 的情况下，相当于 n 年后 $P(1+n \cdot i)$ 的金额，因此，n 年后的一笔款项 FV，相当于现在的价值应为 $FV/(1+n \cdot i)$。因此，在单利的计算方式下，n 年后的一笔款项，在利率为 i 的条件下，其现值 PV 的计算公式如下：

$$PV_n = FV \cdot [1/(1+n \cdot i)]$$

（2）复利的现值计算方式

【知识窗】复利的现值计算实例

比如，小李的朋友问小李，如果不考虑通货膨胀，1年后的100元钱和2年后的100元钱谁更大，大多少？

首先我们无法直接比较两笔款项的绝对值，因为它们不属于同一时间，含有不同的货币时间价值，只有把它们折算为现在的价值，也就是它们分别相当于现在多少钱，才能进行绝对数比较。

1年后的100元相当于现在多少钱，要看市场货币随时间增值的程度，也就是利息率的大小，利息率越大，则1年后100元相当于现在的货币金额就越小。假设1年的利息率为2%，设1年后100元相当于现在的 x 元，则必然有 $x(1+2\%) = 100$，$x = 98.04$ 元。同样的道理，在复利条件下，设2年后100元相当于现在的 x 元，则必然有 $x(1+2\%)^2 = 100$，$x = 96.12$ 元。因此，在1年期的利率为2%的情况下，2年后的100元比1年后的100元价值小，相当于少现在的 1.92 元。

在复利条件下，一笔现在的存款 P，在存期为 n、年利率为 i 的情况下，相当于 n 年后 $P(1+i)^n$ 的金额，因此 n 年后的一笔款项 FV，相当于现在的价值应为 $FV/(1+i)^n$。因此，在复利的计算方式下，n 年后的一笔款项，在利率为 i 的条件下，其现值 PV 的计算公式如下：

$$PV_n = FV \cdot [1/(1+i)^n]$$

式中，$1/(1+i)^n$ 在财务管理学中被称为复利现值系数，用 $PVIF_{i,n}$ 来表示。其中 i 是计算货币价值的利息率，n 是货币到期时间长度。由于计算复利现值系数在 n 增大时比较复杂，人们通常用计算机编制程序计算。

（二）年金的货币时间价值

微课学习：什么是年金？

| 微课视频 | 学案 | 同步练习 | 理财小技巧：有多少钱理多少财 B（动图） | 理财小技巧：有多少钱理多少财 B（音频） |

在日常经济生活中，我们经常会遇到有企业或个人在一段时期内定期支付或收取一定量货币的现象。比如，大学生在大学四年中，每年要支付金额大致相等的学费；租房户要支付大致相同的租金。这种现金的收付与平常的一次性收付款相比有两个明显的特点：一是定期收付，即每隔相等的时间段收款或付款一次；二是金额相等，即每次收到或付出的货币金额相等。在财务管理学中，我们把这种定期等额收付款的形式叫做年金（Annuity）。

1. 后付年金的货币时间价值计算

微课学习：后付年金的现值与终值

| 微课视频 | 学案 | 同步练习 | 理财小技巧：开源节流（动图） | 理财小技巧：开源节流（音频） |

后付年金又称普通年金，是指每次收付款的时间都发生在年末。比如，张先生于某年 12 月 31 日购买了 B 公司发行的 5 年期债券，票面利率为 5%，面值为 1 000 元，利息到期日为每年 12 月 31 日。则张先生将在随后 5 年每年的 12 月 31 日收到 50 元的利息。这 5 年中每年的 50 元利息，对张先生来说，就是后付年金。又如李先生是一个孝子，每年年末都要孝敬父母 2 000 元，这 2 000 元对李先生和他的父母来说也都是后付年金。

后付年金的货币价值计算有两个方面：后付年金的终值和现值。

（1）后付年金的终值

要计算后付年金的终值，首先必须弄清它的含义。

案例 1.3.7： 小王是位热心于公益事业的人，自 2015 年 12 月底开始，他每年都要向一位失学儿童捐款。小王向这位失学儿童每年捐款 1 000 元，帮助这位失学儿童从小学 1 年级读完九年义务教育。假设每年定期存款利率都是 2%，则小王 9 年捐款在 2023 年年底相当于多少钱？

小王的捐款可用图 1-1 表示。

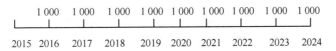

图 1-1　小王的捐款

图 1-1 中，每个结点的 1 000 元表示每年年底的捐款，9 年捐款的终值相当于将 2015—2023 年每年年底的捐款 1 000 元都计算到 2023 年年底终值，然后再求和。后付年金的终值，主要是指

将每笔年终收付的款项计算到最后一笔收付款发生时间的终值，再计算它们的和。设有一项后付年金，它的期限为 n，金额为 A，利率为 i，则可用图 1-2 表示。

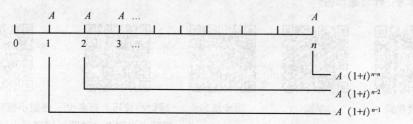

图 1-2　后付年金的终值

分别计算每一年收付款的终值，则

第 1 年收付款终值 $FV_1 = A(1+i)^{n-1}$

第 2 年收付款终值 $FV_2 = A(1+i)^{n-2}$

……

第 n 年收付款终值 $FV_n = A(1+i)^{n-n}$

年金终值 $FV_A = FV_1 + FV_2 + \cdots + FV_n = A(1+i)^{n-1} + A(1+i)^{n-2} + \cdots + A(1+i)^{n-n}$

$$= A[(1+i)^{n-1} + (1+i)^{n-2} + \cdots + (1+i) + 1]$$

按上式计算年金终值，比较复杂，我们可以计算出它的简化公式如下：

$$FV_A = A[(1+i)^n - 1]/i$$

式中，$[(1+i)^n - 1]/i$ 在财务管理学中被称为后付年金终值系数，用 $FVIFA_{i,n}$ 表示。由于计算比较复杂，人们一般用计算机编制程序计算。

案例 1.3.8：（矿石开发招标问题）A 国矿业公司决定将其西南部的一处矿产开采权公开拍卖，因此它向世界各国煤炭企业招标开矿。B 国的 M 公司和 C 国的 S 公司的投标书最具有竞争力。M 公司的投标书显示，该公司如取得开采权，从获得开采权的第 1 年开始，每年年末向 A 国矿业公司缴纳 10 亿美元的开采费，直到 10 年后开采结束。S 公司的投标书表示，该公司在取得开采权时，直接付给 A 国矿业公司 40 亿美元，在 8 年后开采结束，再付给 60 亿美元。如 A 国矿业公司要求的开矿年投资回报率达到 15%，问 A 国矿业公司应接受哪个公司的投标？

（2）后付年金的现值

后付年金的现值计算在现实生活中也比较常见。

案例 1.3.9：钱小姐最近准备买房，看了好几家开发商的售房方案，一个方案是 A 开发商出售一套 100 平方米的住房，要求首期支付 10 万元，然后分 6 年每年支付 3 万元，年底支付。钱小姐很想知道每年付 3 万元相当于现在多少钱，以方便她与现在 2 000 元/平方米的市场价格进行比较。

在财务管理学中，计算后付年金的现值，就是将后付年金的每一笔收付款折算为现值再求和。设有一笔后付年金，每年收付款金额为 A，期限为 n 期，利率为 i，则后付年金的现值如图 1-3 所示。

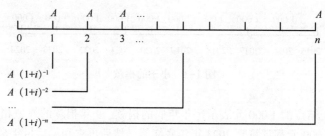

图 1-3　后付年金现值

如图 1-3 所示，后付年金现值 $PV_A = A(1+i)^{-1} + A(1+i)^{-2} + \cdots + A(1+i)^{-n}$

按照以上公式计算显然比较麻烦，我们可以对该公式进行推导。将上述等式两边同时乘以 $(1+i)$，得

$$(1+i)PV_A = \left[A(1+i)^{-1} + A(1+i)^{-2} + \cdots + A(1+i)^{-n} \right](1+i)$$
$$= \left[A + A(1+i)^{-1} + A(1+i)^{-2} + \cdots + A(1+i)^{-n+1} \right]$$
$$PV_A = A\left[1-(1+i)^{-n} \right]/i$$

如果不用数学推导，我们从年金的终值公式也能算出年金现值公式。设有一笔后付年金，每年收付款金额为 A，期限为 n 期，利率为 i，则年金终值为 $FV_A = A\left[(1+i)^n - 1\right]/i$。将该终值折算为现值，则 $PV_A = \{A\left[(1+i)^n - 1\right]/i\}(1+i)^n = A\left[1-(1+i)^{-n}\right]/i$。

上式中，$\left[1-(1+i)^{-n}\right]/i$ 在财务管理学中被称为年金现值系数，用 $PVIFA_{i,n}$ 表示，比如 $PVIFA_{6\%,6}$ 表示 $\left[1-(1+6\%)^{-6}\right]/6\%$。由于计算比较复杂，人们可以通过计算机编制程序进行计算。

2. 先付年金的货币价值计算

微课学习：先付年金的现值与终值

| 微课视频 | 学案 | 同步练习 | 理财小技巧：积累
信用记录（动图） | 理财小技巧：积累
信用记录（音频） |

与后付年金不同，先付年金是指每次收付款的时间不是在年末，而是在年初。先付年金在现实生活中也比较常见。比如，租房户每月在月初支付房租，学生在学期开学支付学费，等等。先付年金货币价值的计算包括两个方面：终值和现值。

（1）先付年金终值

先付年金的终值和后付年金终值的计算相似，都是将每次收付款折算到某一时点的终值，然后再将这些终值求和。但由于先付年金和后付年金的收付款时间不同，因此二者的计算方法有所区别。我们首先将二者的货币收付时间用图 1-4、图 1-5 表示。

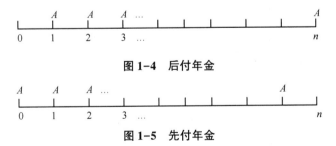

图 1-4　后付年金

图 1-5　先付年金

从图 1-4、图 1-5 中我们可以看出，先付年金和后付年金相比，相当于整个现金收付向前提前了一年，因此与后付年金相比，先付年金的终值要大一个年度的复利增加。我们现在推导先付年金的终值计算公式。

从图 1-6 可以看出，先付年金的终值 $FVAD = \{A\left[(1+i)^n - 1\right]/i\}(1+i)$，即先付年金与后付年金相比，只增加了一个 $(1+i)$ 的乘数。

案例 1.3.10：（专营权使用费问题）孙女士在邻近的城市中发现一种品牌的火锅餐馆生意很火爆，她也想在自己所在的县城开一个火锅餐馆，于是找到业内人士进行咨询。花了很多时间，

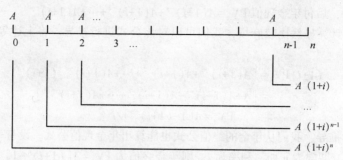

图1-6 先付年金终值

她终于联系到了火锅餐馆的中国总部，总部工作人员告诉她，如果她要加入火锅餐馆的经营队伍，必须一次性支付50万元，并按该火锅品牌的经营模式和经营范围营业。孙女士提出现在没有这么多现金，可否分次支付，得到的答复是如果分次支付，必须从开业那年起，每年年初支付20万元，付3年。三年中如果有一年没有按期付款，则总部将停止专营权的授予。假设孙女士现在身无分文，需要到银行贷款开业，而按照孙女士所在县城有关扶持下岗职工创业投资的计划，她可以获得年利率为5%的贷款扶持，孙女士现在应该一次支付还是分次支付呢？

（2）先付年金现值

先付年金现值和后付年金现值的计算相似，都是将每次收付款折算到现在的现值，然后再将这些现值求和。但由于先付年金和后付年金的收付款时间不同，因此二者的计算方法有所区别。我们用图1-7来表示先付年金的现值计算。

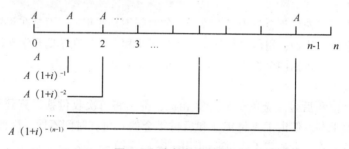

图1-7 先付年金现值

因为先付年金首次支付在年初，因此可以将它看成是现值，价值为 $A(1+i)^0$。从第二年年初到第 $n-2$ 年年初支付的年金，相当于第1年年末到 $n-1$ 年年末的后付年金，因此可以将这部分按 $n-1$ 年的后付年金现值计算。由此可得先付年金的现值为：

$$PVAD=A+A[1-(1+i)^{-n+1}]/i=A\{1+[1-(1+i)^{-n+1}]/i\}$$

案例1.3.11：（住房补贴问题）周教授是某高校院士，一日接到一家上市公司的邀请函，邀请他作为公司的技术顾问，指导开发新产品。邀请函的具体条件如下：

① 每个月来公司指导工作一天；② 每年聘金10万元；③ 提供公司所在A市住房一套，价值80万元；④ 在公司至少工作5年。周教授对以上工作待遇很感兴趣，对公司开发的新产品也很有研究，决定应聘。但他不想接受住房，因为每月工作一天，只需要住公司招待所就可以了，这样住房无须专人看守，因此他向公司提出，能否将住房改为住房补贴。公司研究了周教授的请求，决定每年年初给周教授20万元房贴。收到公司的通知后，周教授又犹豫起来。如果向公司要住房，可以将其出售，扣除售价5%的契税和手续费，他可以获得76万元；而若接受房贴，则每年年初可获得20万元。假设每年存款利率为2%，则周教授应如何选择呢？

3. 永续年金

微课学习：什么是永续年金？

| 微课视频 | 学案 | 同步练习 | 理财小技巧：善用理财预算（动图） | 理财小技巧：善用理财预算（音频） |

一般的年金都有一个有限的期限，但在现实生活中，有些年金很难确定它的收付款何时结束。比如一个股东持有一个企业的股票，如果该企业每年每股股利相同，那么只要该企业不被清算，这种股利总会支付下去，很难确定它的最后期限。我们将这种无限期定额收付的年金称为永续年金。永续年金的货币价值计算有两个方面：终值和现值。

（1）永续年金的终值

永续年金的终值可以看成是一个 n 无穷大的后付年金的终值，则其计算如下：

$$\mathrm{FV}_{A(n=\infty)} = A\big[(1+i)^n - 1\big]\,/i$$

当 n 趋向无穷大时，由于 A、i 都是有界量，$(1+i)^n$ 趋向无穷大，因此 $\mathrm{FV}_{A(n=\infty)} = A\big[(1+i)^n - 1\big]/i$ 趋向无穷大。

（2）永续年金的现值

永续年金的现值可以看成是一个 n 无穷大的后付年金的现值，则其计算如下：

$$\mathrm{PV}_{A(n=\infty)} = A\big[1-(1+i)^{-n}\big]/i$$

当 n 趋向无穷大时，由于 A、i 都是有界量，$(1+i)^{-n}$ 趋向无穷小，因此 $\mathrm{PV}_{A(n=\infty)} = A\big[1-(1+i)^{-n}\big]/i$ 趋向 A/i。

案例 1.3.12：（奖学金问题）归国华侨吴先生想支持家乡建设，特地在祖籍所在县设立奖学金。奖学金每年发放一次，奖励每年高考的文理科状元各 10 000 元。奖学金的基金保存在县中国银行支行。银行一年的定期存款利率为 2%。问：吴先生要投资多少钱作为奖励基金？

◆理财技巧

巧用逆向思维理家财

有个故事几年前曾广为流传：某证券公司的散户股民几乎人人赔钱，只有门口看自行车的老太太赚了个盆满钵满，于是大家纷纷向她讨教炒股秘方。她说，门口的自行车就是我炒股的"指数"，自行车少、股市萧条的时候我就买股票，自行车多、人人都抢着买股票的时候我就清仓。这个故事讲了一个"随大流不赚钱，反其道而为之才能发财"的道理。实际上，这位老太太不知不觉中运用了逆向思维。在如今理财渠道日趋增多、操作难度相对增大的情况下，巧用逆向思维科学理财，会取得非同一般的收益。

◆不妨抛弃"绝对稳健"，适当"投机倒把"

目前，储蓄仍然是老百姓理财的主渠道。其收益虽然较为稳妥，但当前利率是历史上较低的时期，活期利率仅为 0.35%，一年定期仅为 1.5%，如此低的收益很难抵御物价上涨所带来的货币贬值风险。因此，接受新鲜事物快的中青年投资者不妨抛弃传统"钱存银行最稳妥"的观念，适当进行一些有风险但收益相对较高的"投机"类理财。除了炒股、炒金、炒期货、购买房产等投资方式以外，当前单是可以从银行办理的就有开放式基金、炒汇、分红保险等多个品种，许多银行和证券公司还联合推出了"保利理财"等委托业务，这些投资方式的综合收益多数会高于银行储蓄。另外，近年来广大金银币投资者获利也非常丰厚，如果个人具有一定的钱币知识，不妨在价位合适时买入金银币，等价位上涨时再"倒卖"出手。

◆不妨抛弃"从众心理"而"另辟蹊径"

多数人在理财中存有"从众心理"，见大家都炒股，不管自己对股票是否了解，便一哄而上，全民皆"股"。一家公司推出一项高利集资，虽然不是公开办理，但其利率高达 8%，并且很多人已经拿到了分红收益，于是一传十，十传百，许多人在对公司经营缺乏了解的情况下争相参加。相对趋之若鹜的"从众"者，小赵则颇有主见，无论炒股的朋友怎么劝，参加集资分红的朋友如何动员，他总是按照自己的判断，另辟蹊径进行理财。去年，经过分析和衡量，他发现某某开放式基金的投资价值较大，在该基金无人问津的情况下购买了 2 万份，结果不到一年的时间，连分红加上基金净值的增长，收益超过了 10%，而盲目参加集资的不但没有拿到 8% 的收益，差点连本钱也损失了。所以，理财不能盲目随大流，而是应结合自身的实际制订理财计划，平心静气地理自己的财。

◆不妨抛弃"分散投资"而"孤注一掷"

经历过炒股赔钱的人往往会对分散投资更加深信不疑。对于风险类的投资，"不把鸡蛋放在一个篮子里"确实能达到分散和减少风险的目的，但如果一味地去刻意"分散"有时会适得其反。老张和老李都是稳健型的投资者，但老张遵循分散投资的原则，对各种投资方式都感兴趣，朋友承诺以高息向他借款，他明知有风险，但又怕错过这个发财机会，便借出了 1 万元，后来朋友的厂子破产倒闭，借款也鸡飞蛋打——虽然这 1 万元只是他"分散投资"的一部分，但与其他国债、储蓄、炒股等方式综合，他理财的年收益几乎是零。而老李见国债不缴纳利息税，并且支取还可以享受相应档次的利率，他认为这种方式既稳妥，收益又高，便"孤注一掷"，把家中所有的积蓄都买了国债，到期时的年收益接近 3%。由此看出，收益较高、完全稳妥的情况下可以"孤注一掷"，同时，不能像老张那样为了分散而分散，涉入自己没有把握的高风险投资领域。

◆不妨抛弃"勤俭节约"而"能挣会花"

伊索寓言中有这样一个故事：一位富人把金子藏在花园的树下，每周挖出来自我陶醉一番，然而有一天他的金子被一个发现他秘密的贼偷走了，此人捶胸顿足，痛不欲生。邻居们都来看他，并询问："你从来没有花过钱吗？"他回答："没有，我只是每周挖出来看看而已。"邻居告诉他，有没有这些钱对他来说都是一样的。现在，这种"富人"在我们的生活中也有不少，理财的最终目的是使全家人的生活质量不断提高，如果和这位富人一样，只攒钱，不花钱，那即使他的年收益再高，攒的钱再多，也不能算得上是科学理财，最多只能说他"很能攒钱"。因此，理财计划中要有消费计划，在保证正常家庭开支的情况下，适当加大旅游、文化、子女教育类的消费。这样，生活质量提高了，投资者才会有更多的精力、动力和信心去赚更多的钱。

◆实训考核

目标：熟练运用时间价值计算方法进行投资价值分析。

任务：完成投资产品投资分析。

资料：你很想买一台计算机，但现在没有能力支付。那台计算机标价为 7 790 元/台。销售人员注意到了你看标签时的表情，因此他为你提供了一个分期付款的购买建议。方案一：首付 380 元，以后每月支付 380 元，总共需支付 24 次，这样你可以把计算机搬回家；方案二：利用银行贷款，月利率为 1%，每月月末供款，共两年，这样也可以把计算机抱回家。

要求：你会采用银行贷款还是分期付款？为什么？请拿出笔、纸和计算器等动手进行分析和判断。

首先，明确判断依据。

（1）_____。
（2）_____。
其次，分析过程。

_____
_____
_____
_____。

最后，作出判断：应选择银行贷款还是分期付款？_____。

单元四　生命周期理财

学习目标

识记能力目标：生命周期理论的含义；家庭生命周期所分的阶段及每个阶段的特点。

理解能力目标：生命周期理论对个人投资理财的意义。

应用能力目标：应用生命周期理论设定理财目标；采用 Excel 软件计算投资收益。

◆ 理财金语

★开源节流是永远的理财法则。"大富由天，小富由俭"，享受生活的同时，作出适当节流，财富就会慢慢聚积起来。

★经济发展层次越高，产业分工也就越细致。这就意味着，只要有市场竞争，"配角经济"永远有其生存和发展的空间。

★无论你多大年龄，为子女教育、养老投资的最佳时间就是当下。

◆ 案例引入

西方有句谚语，说人的一生有两大悲哀：一是活得太久；二是去得太早。如果从经济角度来理解这句话：活得太久，那么在年轻时靠工作积累的财富有耗尽的可能，越是长寿，越会担心生活的财务安排；去得太早，则可能让家人承担过多的生活负担，降低家人的生活质量。鉴于此，投资理财的需求应运而生。

投资理财随"生命周期"而改变：年轻时有冒风险的资本，可以从事中、高风险投资；年纪大了则逐步考虑落袋为安，保证有质量的晚年生活。

【任务一】根据生命周期进行理财

思考题：

1. 什么是生命周期？生命周期与理财有什么关系？
2. 不同生命周期阶段的理财决策是一样的吗？
3. 不同生命周期阶段的理财顺序是什么？
4. 哪些因素会影响你的理财决策？

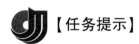 【任务提示】

一、生命周期理论

活动一：讨论影响个人理财决策的因素（填写表 1-1）

表 1-1　理财影响因素、目标和行动

年龄	婚姻状况	家庭成员的数量和年龄	工作状况
●18~24 岁 ●25~34 岁 ●35~44 岁 ●45~54 岁 ●55~64 岁 ●65 岁及以上			
常见理财目标和行动			
●获得适宜的职业训练 ●制定一个有效的财务记录体系 ●制订一个周期性的储蓄和投资计划 ●积累一笔适量的应急资金 ●适量购买适宜的保险 ●制定并实施一份灵活的预算方案 ●评估和选择适宜的投资 ●制定和实施退休目标规划 ●制定遗嘱和财产转移规划			
人生阶段理财			
人生阶段	青年阶段	成长阶段	黄金阶段	退休阶段
年龄			
社会阶段			
财务能力			
风险承受			
投资目的			

活动二：根据案例讨论分析个人投资理财需求

案例 1.4.1：35 岁同龄的陈某和刘某的年薪都是 9 万元，陈某独身并且没有家庭负担，而刘某已婚还有两个 10 岁和 6 岁的小孩，刘某的妻子目前做酒店服务员工作，每年收入 1.8 万元，刘某的岳母同他生活在一起，负责带小孩。试分析陈某和刘某的财务需求。

A. 按照生命周期理论，陈某的理财需求有哪些?

请按照先后顺序列出陈某的理财需求。

① _____。

② _____。

③ _____。

④ _____。

⑤ _____。

B. 按照生命周期理论，刘某的理财需求有哪些?

请按照先后顺序列出刘某的理财需求。

① _____。

② _____。

③ _____。

④ ＿＿＿＿＿＿＿＿＿＿＿＿＿＿＿＿＿＿＿＿＿＿＿＿＿＿＿＿＿＿＿＿＿＿＿。

⑤ ＿＿＿＿＿＿＿＿＿＿＿＿＿＿＿＿＿＿＿＿＿＿＿＿＿＿＿＿＿＿＿＿＿＿＿。

(一) 生命周期理论概述

生命周期理论是由弗兰克·莫迪利阿尼和布伦伯格在 1954 年建立的。该理论认为生命是有限的，可以区分为依赖、成熟、退休三个阶段。一个人一生的财富累积状况，就像驼峰的形状，财富在年轻时很少，赚钱之后开始成长累积；到退休之前的中年岁月，财富累积达到最高峰；退休之后，则开始降低。在财富的累积中，可能会有遗产或赠予，因此莫迪利阿尼的模型中也纳入了这项因素。根据莫迪利阿尼的估计，可能有 20% 的财富是来自遗产与赠予，但剩下的 80% 都是个人的积累。莫迪利阿尼与布伦伯格关于驼峰式的财富分配模型有一项重要发现，那就是把所有个别的储蓄加总，即不再着眼于个别家庭，而是整个经济体系时，虽然不同国家里的每个人在生命周期中都有相同的行为，但各国的总和财富（总和储蓄）却大相径庭。换言之，有的国家没有任何储蓄，有的国家却数量可观，因为国家总和储蓄的主要决定因素并不是所得，而是经济成长。一个国家的成长愈快速，用以储蓄的所得也会愈高；成长愈慢，储蓄也将愈少。假如没有成长，那么总的储蓄率将为零。

(二) 生命周期理论与个人投资理财

微课学习：生命周期与理财

| 微课视频 | 学案 | 同步练习 | 理财小技巧：定时积极的存款（动图） | 理财小技巧：定时积极的存款（音频） |

人的生命是有限的，在这有限的生命中，理财将伴随人生的每个阶段。而在每个阶段，每个人的财务状况、获取收入的能力、财务需求与生活重心等都会不同。与此相应，其理财的目标也会有所差异，所以针对不同的阶段需采用不同的理财策略。我们把由几个不同阶段组成的人的一生称为生命周期，相应地，针对家庭即有家庭生命周期的概念，即家庭是由不同的阶段组成。一般来说，可以把家庭的生命周期分为五个阶段：青年单身期、家庭形成期、家庭成长期、家庭成熟期、退休养老期。

1. 青年单身期

青年单身期是指参加工作至结婚的时期，一般为 2~8 年。在这段时期，人们刚参加工作，收入比较低，消费支出大。这段时期的主要任务是提高自身素质和技术水平。这段时期理财的重点是增加储蓄，培养未来的获利能力。而财务状况是资产较少，可能还有负债（如银行贷款、父母借款），甚至净资产为负数。

此阶段的投资理财优先顺序为：节财计划→资产增值计划→应急基金→购置住房。

2. 家庭形成期

家庭形成期是指从结婚到新生儿诞生时期，一般为 1~5 年。这一时期是家庭的主要消费期，经济收入增加而且生活稳定，家庭已经有一定的财力和基本生活用品。为提高生活质量往往需要较大的家庭建设支出，如购买一些较高档的用品；贷款买房的家庭还需一笔大开支——月供款。因此，这段时期理财的重点是合理安排家庭建设支出。这段时期可以适当进行投资，但最好选择一些安全稳健的投资品种。

此阶段的投资理财优先顺序为：购置住房→购置硬件→节财计划→应急基金。

3. 家庭成长期

家庭成长期是指从子女出生直到大学毕业的时期，一般为20年左右。在这一阶段里，家庭成员不再增加，家庭成员的年龄都在增长，家庭的最大开支是保健医疗费、学前教育、智力开发费用。同时，随着子女的自理能力增强，父母精力充沛，又积累了一定的工作经验和投资经验，投资能力大大增强，可以进行有一定风险的投资。但在这个时期的后几年，由于要准备子女上大学的费用，所以应投资一些流动性好的理财品种，避免高风险的投资，保证资金的流动性，合理安排子女的教育和生活开支。

此阶段的投资理财优先顺序为：子女教育规划→资产增值管理→应急基金→特殊目标规划。

4. 家庭成熟期

家庭成熟期是指子女参加工作到家长退休为止这段时期，一般为15年左右。这一阶段里父母自身的工作能力、工作经验、经济状况都达到高峰状态，子女已完全自立，债务已逐渐减轻，理财的重点是扩大投资。在该阶段的后期，因为要面临退休，所以，应提前考虑退休以后的生活安排和投资。

此阶段的投资理财优先顺序为：资产增值管理→养老规划→特殊目标规划→应急基金。

5. 退休养老期

退休养老期是指退休以后的时期。这一时期的主要内容是安度晚年，理财的重点在于生活支出的安排、资产的保全。在这段时期的后期还应做好财产的传承安排。

此阶段的投资理财优先顺序为：养老规划→遗产规划→应急基金→特殊目标规划。

（三）影响个人投资理财决策的因素

到底是什么因素决定了我们的经济命运？这似乎很显然，决定我们经济命运的通常不是我们选择了哪些共同基金或者哪些股票，相反，非经济因素发挥了巨大作用。所以，投资者在管理自己的钱财的时候，应该考虑到这些非经济因素对个人经济状况的影响。

1. 健康状况

正如有孩子会对你的经济状况产生巨大影响一样，你的健康情况也同样至关重要。特别是，如果你能够对自己的寿命长短很有把握的话，你就能作出比别人精明得多的经济方面的决定。

"太多的人在62岁时就把自己的社会保障金领取出来，这意味着他们所拿到的钱只有他们在70岁时领取的钱的一半，"蒙大拿州的理财策划师鲍伯·弗瑞说，"如果你相信自己能活得比较长的话，最好在60多岁的时候花掉投资组合中相当大的一部分钱，这样，就能从70岁开始从与通货膨胀率挂钩的社会保障金账户中获得更多的钱。"

2. 家庭问题

抚养孩子是两大影响家庭经济状况因素中的一个。那另一个呢？很不幸，是离婚。如果你想让自己的钱财顷刻间减少一半的话，没有什么比离婚更直接的办法了。

这并不意味着，因为钱财的缘故，你就应该忍受不幸福的婚姻。但是，你会发现，多次婚姻将使你极难达到自己的经济目标。

实际上，大的人生变故几乎都会使你的经济状况受到影响。比如，你想到新的城市去寻找一份新工作，即便这份工作的薪水比以前的要高，你还是有可能在经济上遭受损失。

家庭变故也会对你的经济状况产生巨大的影响。想想看，如果夫妻双方因为害怕引起争执，没有一方会对另一方的花费提出异议的话，会有怎样的结果？再想想你父母的理财态度是不是至今仍然对你有所影响呢？

3. 护理保险

如果你已经超过65岁，从某种程度上说，你大概有43%的可能性会住在疗养院里。不过，你住在疗养院里的时间可能会很短。

既然如此，为什么还要那样麻烦地购买长期护理保险呢？虽然大多数人住疗养院的时间会很短，但也有很小一部分人要在那里住上 5 年或 10 年，甚至可能更长的时间。疗养院一年大约要花掉 20 万元，对这些人来说无疑是笔致命的费用。

哪些人可能需要长期的疗养院护理呢？在疗养院的时间超过 5 年的人当中，有 60%～75% 的人患有痴呆症，其中又以老年痴呆症为主。

理财专家建议，如果你发现自己的家族谱系中曾有人患过痴呆症的话，那就应该认真考虑一下购买长期护理保险，否则，你只需购买短期护理保险。

4. 对投资的看法

正如你努力从更开阔的角度看待自己的经济状况，你也可以用同样的方法看待你的投资组合。如果你在股市里损失了一大笔钱，那么你可以这样安慰自己：你自己比你的投资组合要有价值得多。

也许你最有价值的资产是你的收入。试想一下，如果你的年收入是 5 万元的话，要从 10 年期的国债中获得这样的收益（假设国债收益率为 2%），你需要投入 100 万元人民币。

同样，你必须投资很大一笔钱，才能获得从社保账户和企业年金计划中得到的相当数额的退休收入。从这两个来源获得收入就像是你的投资组合中持有两只高价值的债券。的确如此，如果你想估算退休后自己到底能拥有多少资产的话，以上两项可以计算在内。

【任务二】 利用 Excel 软件进行理财计算

思考题：

1. 如何利用 Excel 软件计算某项投资的未来值？有没有其他方法计算？
2. 如何利用 Excel 软件计算投资的净现值？有没有其他方法计算？
3. 如何利用 Excel 软件计算贷款分期偿还额？有没有其他方法计算？
4. 如何利用 Excel 软件计算某项投资的现值？有没有其他方法计算？

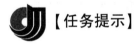 **【任务提示】**

二、利用 Excel 软件进行理财计算操作

活动三：利用 Excel 软件进行理财计算操作

案例 1.4.2：刘某两年后需要一笔学习费用支出，计划从现在起每月月初存入 2 000 元，如果按年利 2.25%，按月计息（月利为 2.25%/12），那么两年以后该账户的存款额会是多少呢？

案例 1.4.3：假设开一家计算机经销店，初期投资 200 000 元，而希望未来五年中各年的收入分别为 20 000 元、40 000 元、50 000 元、80 000 元和 120 000 元。假定每年的贴现率是 8%，（注意：一开始投资的 200 000 元并不包含在参数中，因为此项付款发生在第一期的期初，而各年收入发生在期末）假设该店营业到第六年时，要重新装修门面，估计需 40 000 元，则六年后该店投资的净现值是多少？如果期初的投资发生在期末，则投资的净现值是多少？

案例 1.4.4：需要 10 个月付清的年利率为 8% 的 10 000 元贷款的月支额为多少？

案例 1.4.5：假设要购买一项保险年金，该保险可以在今后 20 年内于每月月末回报 600 元。此项年金的购买成本为 80 000 元，假定投资回报率为 8%，那么该项年金的现值为多少？

在理财的过程中经常要进行比较复杂的计算，一般通过手工计算难度比较大，也比较烦琐。因此，人们总结了一些方法，发明了一些有益的计算工具，主要包括财务计算器、货币时间价值系数表以及 Excel 软件等。

在 Excel 中提供了许多财务函数，且可以用于一般的财务计算，如确定贷款的支付额、投资

的终值或净现值，以及债券或息票的价值。与理财关系紧密的财务函数大体有三类：投资计算函数、偿还率计算函数、债券及其他金融函数。它们为财务分析提供了极大的便利。在本书中，凡是投资的金额都以负数形式表示，收益以正数形式表示。

（一）Excel 软件财务函数中常见的参数

Excel 软件财务函数中常见的参数如下：

终值（FV）：在所有付款发生后的投资或贷款的价值。

期间数（NPER）：为总投资（或贷款）期，即该项投资（或贷款）的付款期总数。

付款（PMT）：对于一项投资或贷款的定期支付数额。其数值在整个年金期间保持不变。通常，付款包括本金和利息，但不包括其他费用及税款。

现值（PV）：在投资期初的投资或贷款的价值。例如，贷款的现值为所借入的本金数额。

利率（RATE）：投资或贷款的利率或贴现率。

类型（Type）：付款期内进行支付的间隔，如在月初或月末，用 1 或 0 表示。

日计数基准类型（Basis）：Basis 为 0 或省略代表 US(NASD) 30/360，Basis 为 1 代表实际天数/实际天数，Basis 为 2 代表实际天数/360，Basis 为 3 代表实际天数/365，Basis 为 4 代表欧洲 30/360。

（二）投资计算函数

在投资计算函数中，我们将重点介绍 FV、NPV、PMT、PV 函数。

1. 某项投资的终值（FV）

微课学习：利用 Excel 软件计算某项投资的终值

| 微课视频 | 学案 | 同步练习 | 理财小技巧：金字塔式储蓄法（动图） | 理财小技巧：金字塔式储蓄法（音频） |

FV 函数基于固定利率及等额分期付款方式，求得某项投资的终值。其语法形式为 FV(rate, nper, pmt, pv, type)。其中，rate 为各期利率，是一固定值。nper 为总投资（或贷款）期，即该项投资（或贷款）的付款期总数。pv 为各期所应付给（或得到）的金额，其数值在整个年金期间（或投资期内）保持不变，通常包括本金和利息，但不包括其他费用及税款。pv 为现值，或一系列未来付款当前值的累积和，也称为本金。如果省略 pv，则假设其值为零，type 为数字 1 或 0，用以指定各期的付款时间是在期初还是期末，如果省略 type，则假设其值为零，表示付款时间在期末。

下面以案例 1.4.2 为例来说明。

FV 函数公式写为：FV(2.25%/12, 24, -2000, 0, 1)，计算的结果为 49 141.34 元，如图 1-8 所示。

	A	B
1	数据	说明
2	2.25%	年利率
3	24	付款期总数
4	-2000	各期应付金额
5	0	现值
6	1	各期的支付时间在期初
7	公式	说明（结果）
8	FV(A2/12, A3, A4, A5, A6)	￥49 141.34

图 1-8　案例 1.4.2 的计算结果

操作：

① 打开 Excel 软件，输入下列数据，如图 1-9 所示。

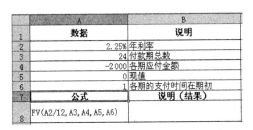

图 1-9 输入数据

② 单击"插入"菜单后，单击"函数"选项，如图 1-10 所示。

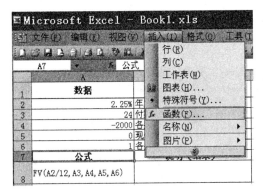

图 1-10 单击"函数"

③ 进入"插入函数"对话框，然后在"或选择类别（C）"中选择"财务"项，如图 1-11 所示。

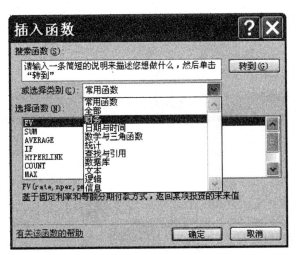

图 1-11 选择"财务"

④ 在"财务"项下的"选择函数（N）"下选择"FV"项，单击"确定"按钮，如图 1-12 所示。

⑤ 出现"函数参数"对话框，如图 1-13 所示。

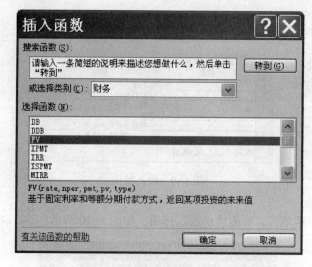

图 1-12　选择"FV"

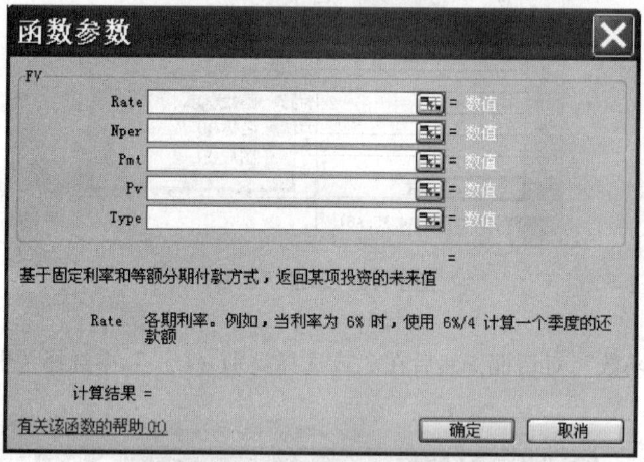

图 1-13　"函数参数"对话框

⑥ 将函数公式中的各项单击录入到相应的位置，如图 1-14 所示。

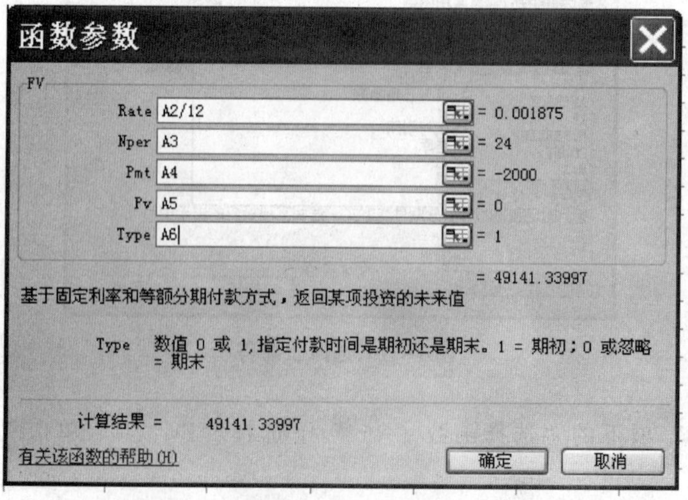

图 1-14　录入数字

⑦ 单击"确定"按钮后，即可得出图1-8的结果"￥49 141.34"。

2. 投资的净现值（NPV）

微课学习：利用Excel软件计算投资的净现值

| 微课视频 | 学案 | 同步练习 | 理财小技巧：十二存单法（动图） | 理财小技巧：十二存单法（音频） |

NPV函数是一项投资所产生的未来现金流的折现值与项目投资成本之间的差值。投资的净现值是指未来各期支出（负值）和收入（正值）的当前值的总和。

NPV函数语法形式为PV（rate，value1，value2，…）。其中，rate为各期贴现率，是一固定值；value1，value2，…代表1到29笔支出及收入的参数值，value1，value2，…所属各期间的长度必须相等，而且支出及收入的时间都发生在期末。需要注意的是，NPV按次序使用value1，value2，…来注释现金流的次序，所以一定要保证支出和收入的数额按正确的顺序输入。如果参数是数值、空白单元格、逻辑值或表示数值的文字表示式，则都会计算在内；如果参数是错误值或不能转化为数值的文字，则被忽略；如果参数是一个数组或引用，只有其中的数值部分计算在内，则忽略数组或引用中的空白单元格、逻辑值、文字及错误值。

3. 贷款分期偿还额（PMT）

微课学习：利用Excel软件计算贷款分期偿还额

| 微课视频 | 学案 | 同步练习 | 理财小技巧：五张存单法（动图） | 理财小技巧：五张存单法（音频） |

PMT函数基于固定利率及等额分期付款方式，返回投资或贷款的每期付款额。其语法形式为：PMT（rate，nper，pv，fv，type）。其中，rate为各期利率，是一个固定值；nper为总投资（或贷款）期，即该项投资（或贷款）的付款期总数；pv为现值，或一系列未来付款当前值的累积和，也称为本金；fv为终值，或在最后一次付款后希望得到的现金余额，如果省略fv，则假设其值为零（例如，一笔贷款的终值即为零）；type为1或0，用以指定各期的付款时间是在期初还是期末，如果省略type，则假设其值为零。

4. 某项投资的现值（PV）

微课学习：利用Excel软件计算某项投资的现值

| 微课视频 | 学案 | 同步练习 | 理财小技巧：组合存储法（动图） | 理财小技巧：组合存储法（音频） |

PV 函数用来计算某项投资的现值。年金现值就是未来各期年金现在的价值的总和。如果投资回收的当前价值大于投资的价值，则这项投资是有收益的。其语法形式为：PV（rate，nper，pmt，fv，type）。其中，rate 为各期利率；nper 为总投资（或贷款）期，即该项投资（或贷款）的付款期总数；pmt 为各期所应支付的金额，其数值在整个年金期间保持不变，通常 pmt 包括本金和利息，但不包括其他费用及税款；fv 为终值，或在最后一次支付后希望得到的现金余额，如果省略 fv，则假设其值为零（一笔贷款的终值即为零）；type 为 1 或 0，用以指定各期的付款时间是在期初还是期末，如果省略 type，则假设其值为零。

◆ 理财技巧

余钱太少——如何走出消费误区？

在超市，"促销"和"特价"是常有的事。如果"活动商品"正好是生活必需品或的确喜欢的话，那倒无可厚非，"买一送一"也未尝不是件好事。但是如果你贪便宜买了一大堆没用的商品，那么麻烦事就来了。购买便宜货必须遵循"实用"原则，再便宜的东西买多了，不光占用了资金，也形成了一种新的浪费。比如熟食品和半成品卖场，鸡鸭鱼肉样样俱全，如果买回去的食品一次吃不完便放进冰箱，过两天拿出来一看，已不新鲜了，只好扔掉。另外也要警惕"店家推荐"现象。

也不要太相信商品上的标签。例如，"低脂"不等于"没脂肪"。食物商品标签上写的"低脂"意思是该商品脂肪含量低于标签上无此说明的同类商品，也许其脂肪相差幅度只有 1%～2% 那么一丁点儿。因此，不要被"低脂"二字模糊了视线，而想当然地认为，购买这类食品会帮助自己减肥。同理，"脱脂"当然也不是说，产品中绝对无脂肪。擦亮双眼，不要被产品外包装上的"花言巧语"愚弄。

小结

本项目主要介绍了投资理财以及投资理财规划、货币时间价值、生命周期理财。

习题

一、案例分析题

案例：处于二人世界的小两口是再买一套房，还是投资其他？

股市火了，房价高了。对于有投资能力的人来说，现在的市场时机是再好不过了，但是在高风险下，越来越多的人在股市和房市间徘徊，尤其对处于职业起步阶段的年轻人来说，如果资本充裕，是该入市，还是买房？

案例的两位主角现在的基本情况是：

小两口现住某市。

两个人月薪共 23 000 元，月结余在 13 000 元左右。

李雯今年 23 岁，本科刚刚毕业，在一家合资企业做人力资源专员，月薪 3 000 元，有五险一金。

张勇 28 岁，在一家知名网站做技术经理，月薪 2 万元，有四险一金。

去年二人买了一套 105 平方米的房子，月供 3 300 元。二人去年刚结婚，暂时还没有生子的计划。

今年二人把全部的积蓄 30 万元投资做股票，到现在每个月基本保持 10% 的收益，鉴于当前股市风险较大，做房地产的姐姐建议李雯把股市的钱抽出来购买一套 120 平方米、每平方米

20 000 元的三居室。李雯陷入两难，不知是否该将炒股的钱拿来买房，希望能有理财师为其把把关。

二、实训操作题

目标：形成基本理财观。

任务：用理财理论解决投资问题。

资料：假设企业、银行和政府在同一时间分别发放五年期债券，债券的面值同为 1 000 元，利率同为 4%：第一张债券按面值发行，到期一次还本付息；第二张债券发行价格为 800 元，到期还本，持有至到期都不付息；第三张债券每年付息一次，到期还本。

要求：用货币时间价值和收益与风险概念指明三张债券的发行主体。

现金理财规划

知识目标：了解现金及现金等价物、现金理财规划的相关概念；掌握资产负债表和现金流量表的含义、结构、指标及作用；了解现金理财规划的意义；理解现金财务问题诊断依据，掌握现金理财规划方法及工具。

能力目标：能根据客户提供的资料编制财务报表，并能通过资产负债表和现金流量表对客户财务问题进行分析及诊断，能运用现金理财规划方法、使用现金理财规划工具。

思政目标：建立紧急备用金的居安思危意识，树立过犹不及的中庸思想。

单元一　现金规划目标和现金财务问题诊断

识记能力目标：现金、现金等价物、现金规划的含义；人们持有现金的动机；流动性比率及工作收入中断的表现形式。

理解能力目标：现金规划的意义；确立现金规划目标中的"具体""可行"的意义；资产流动性与收益性的关系及建立紧急备用金的必要性。

应用能力目标：正确确立现金规划目标；了解进行现金规划需考虑的因素；能根据客户的实际情况，确定适合客户的流动比率，为客户建立紧急备用金。

◆理财实践

对于刚刚进入大学的同学来说，离开父母，拥有固定的生活费，开始自己支配金钱的生活，本应是惬意的，但实际并非如此。很多同学在前半个月花钱没有计划大手大脚，后半个月却过上了紧衣缩食的日子，这就是典型的不会理财的表现。

目前，很多大学生一个月的生活费大约是 1 000 元，如何合理分配这笔钱，直接影响到一个月的生活情况。

希望同学们能够在自己的规划下，用有限的生活费满足正常的生活需要，使自己的生活多姿多彩，最好能有部分节余，作为毕业时的一笔小小的创业资金。希望同学们对财富的控制和管理能力能得到大幅度提高。

◆ 案例引入

"放在桌上的现金"（cash on the table），是西方经济学家最常使用的隐喻，它喻指人们错过获利的机会。

用中国人的话讲，"放在桌上的现金"就是"压在床板下的钱"，之所以说它错过了获利机会，是因为货币具有时间价值。货币的时间价值，是指当前所持有的一定量货币，比未来获得的等量货币具有更高的价值。也就是说，今天的 10 万元比 10 年后的 10 万元更值钱。

到底值多少呢？如果这笔钱压在床板下，10 年来，假设平均每年的通货膨胀率为 3%，相对于目前的购买力水平，你 10 年后只能购买到相当于目前价值 70 000 多元的物品，也就是说你平白损失了 20 000 多元。如果这笔钱放在银行，假定每年的利率为 1.98%，则 10 年后总值为 121 660 元；如果存 5 年定期，年利率为 2.79%，5 年后本利再存 5 年，年利率不变，则总值为 1 316 766 元。

然而，不可忽略的是，在日常生活中，人们又不得不错过一些获利的机会，放弃获得更高收益的投资，而"放一笔钱在桌子上"。预期收入的不确定性会使得人们丧失抵御生活中闪失的能力，因此，必须要准备一些应急现金，以比较小的机会成本，来防止因中断投资或无法收回现金而带来的损失。

【任务一】 认识现金理财规划

思考题：

1. 什么是现金？
2. 什么是现金等价物？
3. 什么是现金规划？
4. 你持有现金的动机是什么？

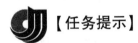 【任务提示】

一、现金的含义

微课学习：现金类资产及现金规划

| 微课视频 | 学案 | 同步练习 | 理财小技巧：不要什么都用信用卡付账（动图） | 理财小技巧：不要什么都用信用卡付账（音频） |

现金，是指立即可以投入流通的交换媒介。在金融活动中，现金的含义实际上有狭义和广义之分。狭义的现金一般包括持有的现金以及可以随时用于支付的存款。广义的现金通常包括狭义的现金和现金等价物。而现金等价物则是指期限短、流动性强、易于转换成已知金额现金、价值变动风险较小的投资。它一般包括储蓄账户、支票账户、货币市场账户、其他短期投资工具等。它具有普遍的可接受性，可以有效地立即用来购买商品、货物、劳务或偿还债务。它是流通性最强的资产，是可任意支配使用的纸币、硬币。

从本质上看，现金最重要的特征就是流动性强，方便支付。因此，只要满足这一本质要求，无损失或损失很少价值就转换为现金的，都可以视为现金。

现金类资产是能在短期内变现的资产，具有流动性要求高、安全性要求低和收益性要求低的特点。根据现金的用途和需求量，一般需准备一到两个月用于日常开支准备的现金、三到六个月用于意外开支准备的现金或用于投资准备的越多越好的现金。

现金持有方式按流动性和收益可分为现钞（不能增值、安全性差）、活期存款（有持有成本、收益低、有诈骗风险）、三个月定期存款（收益和安全性高、存取比较麻烦），以及货币市场基金（流动性好、持有成本低、收益和安全性都较高）。

现金类资产应综合持有，一般生活费以现钞和活期存款形式持有，紧急备用金以三个月定期存款形式持有，对于暂时不用的资金需求以货币市场基金形式持有。

二、现金理财规划的意义

现金理财规划是为满足个人或家庭短期需求而进行的管理日常的现金及现金等价物和短期融资的活动。现金理财规划中所指的现金等价物是指流动性比较强的活期储蓄、各类银行存款和货币市场基金等金融资产。

从项目一中我们知道每个生命周期的规划有不同的侧重点，但是现金理财规划是每个周期或者家庭模型都不可避免的，可以说现金理财规划是个人或家庭理财规划中最重要的部分，无论日常消费，还是买房买车、上学投资，都要在家庭现金流中体现出来。

现金理财规划是个人或家庭理财规划中的重要组成内容之一，也是较为核心的部分。个人或家庭持有现金主要是为了满足日常开支、预防突发事件和投机性需要。生命中不可避免会发生一些意外事情，如失业、不可预测的费用发生及一些好的投资机会出现，因此保留一定的现金是必要的。持有一定的现金不仅可以提供一个必要的缓冲，还能减少为支付意外事件发生的费用而被迫在不好的时机出售正在进行投资的资产的可能性，从而保障个人和家庭生活质量和状态的持续性稳定。现金理财规划对个人财务管理来说是非常必要的。现金理财规划的目的就在于确保有足够的资金来支付计划内和计划外的费用，并且该消费是在预算限制之内的。现金理财规划是否科学合理将影响其他规划能否实现。因此，做好现金理财规划是整个投资理财规划的基础，能否做好现金理财规划将对理财规划方案的制定产生重要影响。一般来说，在现金理财规划中有这样一个原则，即短期需求用手头现金满足，预期的或将来的需求则可以通过各种储蓄或短期投资、融资工具来满足。

【任务二】 明确现金理财规划目标及考虑因素

思考题：

1. 现金理财规划的目标有哪些？

2. 我们进行现金理财规划需要考虑的因素有哪些？为什么？

【任务提示】

活动：确立现金理财规划目标案例分析

案例 2.1.1：王华夫妇结婚已经 4 年了，但因为居无定所，所以一直没有生孩子。一年前，他们刚用首付款 6 万元、贷款 25 万元（10 年期）置了新家。虽然家里每月 5 500 元的收入不算高，其中还贷款每月就要 3 220 元，但有 6 万元的银行存款"垫底"，还可以坚持下来。就在王华夫妇准备要孩子时，她所在的公司却倒闭了。虽然可以安心在家生孩子，可少了每月 2 000 元的收入。王华夫妇马上就对家里的经济状况悲观起来。

根据案例提供的资料，请为王华夫妇确立合适的现金规划目标。

三、确立现金理财规划目标和现金理财规划需考虑的因素

（一）确立现金理财规划目标

有研究表明，有些人一生穷困，其中一个主要的原因就是他没有立下成为富人的目标。对于一艘没有航行目标的船来说，任何方向的风都是逆风。因此，成功理财应从设立目标开始。

现金理财规划作为个人理财规划的第一步，其目的在于理性分析个人与家庭的财务目标（收入、支出、投资收益等）与人生目标（养老投资理财规划、保险投资理财规划、子女留学计划等）之间的平衡关系，如每月需存入多少钱，每年需达到多少投资收益等。因此，现金理财规划就是合理、有效地处理和运用钱财，让自己的花费发挥最大的效用，以达到最大限度地满足日常生活需要的目的。从技术的角度看，就是根据开源节流的原则，增加收入，节省支出，用最合理的方式达到一个家庭所希望实现的经济目标。这些目标包括基本目标和期望目标。基本目标即维持正常生活水平，包括日常饮食消费、居住消费、交通费用和税费等。这一目标的实现就是增加能随时转变为现金的流动资产的数额，最有效途径之一就是通过储蓄。期望目标包括购房买车、储备教育投资，以保障未来、安排退休后的晚年生活等。要实现期望目标必须积累足够的资金，要积累资金就需要储蓄和投资。因此，现金理财规划的目标之一就是确定储蓄额，即根据各项目标所需资金总额，在考虑货币时间价值的情况下计算出以后各年的储蓄额，据此求出的当年储蓄额为当年最低储蓄标准。当然，储蓄额的正确计算一定要建立在合理、可行的理财目标基础之上。

【知识窗】确立理财规划目标的原则

在确立理财规划目标时，一个很重要的原则是：所有的目标必须"具体""可行"。

"具体"意味着：

（1）理财目标一定要明确、量化。

（2）对自己家庭的财务状况力求了解得全面准确，切忌好高骛远，不切实际，防止在理财过程中顾此失彼。

（3）家庭理财要将稀缺的货币资源用得其所，为家庭创造更大的效用和收益。

"可行"意味着：

努力可以达到。如果竭尽全力仍难以达到的目标最好不要列入规划。

需要注意的是，现金理财规划不是"死"的，它应该有一定的灵活性，那就是每年至少对理财规划进行一次"体检"，以便根据实际情况的改变而进行相应的调整。

（二）现金理财规划考虑的基本因素

微课学习：现金理财规划需要考虑的因素

| 微课视频 | 学案 | 同步练习 | 理财小技巧：整合财富资源（动图） | 理财小技巧：整合财富资源（音频） |

理财规划师在现金理财规划中既要保证客户资金的流动性，又要考虑现金的持有成本，即通过现金理财规划使短期需求用手头现金来满足，预期的现金支出通过各种储蓄或短期投资、融资工具来满足。在进行现金理财规划时应考虑以下因素。

1. 持有现金及现金等价物的机会成本

对于金融资产来说，通常流动性和回报率是呈反方向变化的。现金及现金等价物具有很高的流动性，高流动性也意味着收益率较低。由于机会成本的存在，持有收益率较低的现金及现金等价物就意味着放弃了持有收益率较高的投资品种的机会。因此要在资本的流动性和收益之间进行权衡。

2. 对金融资产流动性的要求

一般来说，个人或家庭进行现金理财规划源于对资产流动性的需求，而流动性需求又源于以下三个动机。

（1）交易动机

交易动机，即个人或家庭通过现金及现金等价物进行日常的交易活动。由于收入和支出在时间上常常无法同步，因而个人或家庭必须有足够的现金及现金等价物来维持日常的生活开支需要。一般来说，个人或家庭的收入水平越高，交易数量越大，其为保证日常开支所需要的货币量也就越大。

（2）预防动机

预防动机，即个人或家庭为了预防意外支出而持有现金及现金等价物的动机，如个人为应对可能发生的事故、失业、疾病等意外事件而需要提前预留一定数量的现金及现金等价物。如果说交易动机产生的现金及现金等价物的需求是由于收入与支出间缺乏同步性，那么预防动机则归因于未来收入与支出的不确定性。一般来说，个人或家庭对现金及现金等价物的预防需求量主要取决于个人或家庭对意外事件的看法，而且预防需求量和收入也有很大关系。

（3）投资动机

投资动机，即个人或家庭为把握投资机会获得较大收益而持有现金及现金等价物的动机。

当然，持有的现金及现金等价物总额并不等于将各种动机所需的现金及现金等价物相加，前者往往小于后者。

【任务三】现金财务问题诊断

思考题:

1. 什么是流动性比率?
2. 为什么要建立紧急备用金?
3. 如何建立紧急备用金?
4. 紧急备用金的衡量指标有哪些?

【任务提示】

活动:个人现金财务问题诊断案例

案例2.1.2:刘华今年26岁,就职于一家设计公司做平面设计,每月应发工资为3 000元,另经营淘宝小店,月收入在2 000元左右,无保险和公积金,没买任何保险和理财产品,目前不需要供养父母。其老公29岁,和她在同一家公司做室内设计师,计薪方式是月薪+提成。目前他的月薪3 000元(不包括提成),提成按设计费40%计算,年收入在20万元左右,没买任何保险和理财产品。他俩每年给父母5 000元,有一个3岁的孩子在读幼儿园,暂时由父母带。他俩目前有活期存款6万元,商品房一套(毛坯房,现空置),现值50万元,无贷款。每月花销:① 家庭生活开支1 000元;② 购物、逛街等消费1 000元;③ 房租1 000元;④ 小孩费用1 000元。

根据案例提供的资料,请为刘华夫妇进行紧急备用金规划。

(1) 计算流动性比率并分析:_____

_____。

(2) 计算失业保障月数和意外或灾害承受能力并分析:_____

_____。

(3) 确定紧急备用金数额及储备方式:_____

_____

_____。

四、现金财务比率指标:流动性比率

微课学习:现金财务比率指标

微课视频	学案	同步练习	理财小技巧:人情投资 很重要(动图)	理财小技巧:人情投资 很重要(音频)

流动性比率是指个人或家庭的流动性资产与每月支出的比率,它反映个人或家庭支出能力的强弱。资产流动性是指支出在保持价值不受损失的前提下变现的能力。流动性强的资产能够

迅速变现而价值不减损，现金及现金等价物是流动性最强的资产；流动性弱的资产不易变现或在变现的过程中不可避免地损失一部分价值，日常用品类资产的流动性显然较弱。流动性比率用公式表示如下：

$$流动性比率=流动性资产/每月支出$$

一般来说，资产的流动性与收益性呈反方向变化，即流动性较强的资产其收益性较低，而收益性较高的资产其流动性往往欠佳。个人或家庭为了满足日常开支、预防突发事件，有必要持有流动性较强的资产，以保证有足够的资金来支付短期内计划中和计划外的费用。但个人或家庭又不能无限地持有现金类资产，因为过强的流动性会降低资产的收益能力，不利于家庭财产的增值。因此，对于工作稳定、收入有保障的个人或家庭来说，资产的流动性并非其首要考虑的因素，因而可以保持较低的资产流动性比率，而将更多的流动性资产用于扩大投资，从而取得更高的收益。而对于那些工作不稳定、收入无保障的个人或家庭来说，资产流动性显然要比资产收益性重要得多，因此需保持较高的资产流动性比率。通常情况下，流动性比率应保持在3左右，即流动性资产可以满足三个月的开支。

五、紧急备用金

微课学习：怎样建立紧急备用金

| 微课视频 | 学案 | 同步练习 | 理财小技巧：学习
金融知识 打好
理财基础（动图） | 理财小技巧：学习
金融知识 打好
理财基础（音频） |

古人云："天有不测风云，人有旦夕祸福。"一个人在日常生活中经常会遇到一些意料不到的问题，如生病、受伤、伤残、亲人死亡、天灾、失窃、失业等，这些都会使个人财产减少。在计划经济年代，国家通过福利政策，几乎承担了城市居民生老病死的一切费用，人们的住房、养老、教育、医疗、失业等费用负担很小。改革开放以后，居民开始越来越多地承担以上费用和风险。为抵御这些不测与灾害，必须进行科学的理财规划，合理地安排收支，以求做到在遭遇不测与灾害时，有足够的财力支持，顺利渡过难关。

（一）建立紧急备用金的必要性

在正常的收入与支出范围内，一个人或家庭每月或多或少都有结余，但是当收入突然中断或支出突然暴增时，此时若没有一笔紧急备用金可动用则会捉襟见肘，陷入一时的财务困境。在家庭经济生活中，紧急备用金始终扮演着一个十分重要的角色。它是家庭经济生活的润滑剂、缓冲器和平衡器。

1. 应对失业或丧失劳动能力（失能）导致的工作收入中断

失业后能否顺利找到工作，与当时的经济环境和经济周期有关。职场经济景气时3个月内要找到与原待遇类似的工作不难，不景气时一年半载还找不到工作是常事。因此为应对失业的紧急备用金，至少应准备3个月的固定支出，较保守者可准备6个月，除了家庭必须保持温饱以外，不能因为一时的失业，无法偿还银行借款本金利息，让自己信用受损，影响长期的购车、买房计划。

因意外伤害或身心疾病因素导致暂时无法工作，在保险术语上称为"丧失劳动能力"。丧失劳动能力的时间视受创或疾病的严重程度而定。虽然可以投保残疾收入保险来获取生活费用需求，但残疾收入保险主要保证的是长期丧失劳动能力的风险，因此最少也有 3 个月的免责期间，也就是说丧失劳动能力的前 3 个月没有理赔金，必须自己负责，因此必须准备至少 3 个月免责期固定支出的紧急备用金。而未投保残疾收入险者，则以准备 6 个月为宜，更长的应对时间可以是 1 年。

2. 应对紧急医疗或意外灾变所导致的超支费用

因为自己或家人需要紧急医疗或因为天灾、被盗等导致财产损失，需要重建或重购支出时，一时的庞大支出可能远超出当时的收入能力，此时也要有一笔紧急备用金才能应对这些突发的状况。紧急备用金具体需要多少，取决于每个家庭的具体情况，在我国目前的社会收入水平下，中等收入家庭以 3 个月家庭支出为宜。因为收入中断与意外超支费用现象，有可能同时发生，因此所需要的紧急备用金额度应为两者相加，而非取其高者。

（二）建立紧急备用金的方法

建立紧急备用金的方法有两种：一是流动性高的活期存款、短期定期存款或货币市场基金、短期银行理财产品；二是利用备用贷款额度，如银行贷记卡（信用卡）或消费额度贷款等。

1. 机会成本方面的比较

以存款建立紧急备用金的机会成本是，因为保持资金的流动性而可能无法达到长期投资的平均报酬率。以两者的报酬率差异为 5% 计，这 5% 就是紧急备用金存款的机会成本。假设每个月固定支出为 6 000 元，准备 5 个月的支出为紧急备用金共 30 000 元，则一年 5% 的差异的机会成本为 30 000×5% = 1 500（元）。如果把所有的钱都拿去做长期投资，短期急用时抛售可能会有资本损失，因此应以救急贷款来应付。如果此时短期信用贷款的年利率为 12%，额度亦为 30 000 元，则机会成本为 30 000 元×12%÷12 = 300 元，即每月需付 300 元的利息。因此如果信用期为 5 个月，借款利息也达到 1 500 元。因存款准备的机会成本是相对的，如果当时投资环境不佳，持有现金才是上策，此时机会成本可能为 0。而把贷款当作紧急备用金，一旦动用就要支付高利息，当存款利率与短期信用贷款利率的差距越大时，如以部分资金保证流动性，则以存款当作紧急备用金的诱因就越大。如果事故一旦发生后，借款持续的时间较短，因为紧急备用额度是有支用才按日计息，利率虽高，但如借用的时间短，就可以用经常性收支余额还清，负担也不会太大。紧急备用金是为了应对紧急情况，而中长期债券流动性稍差，不包括在紧急备用金的来源中。紧急备用金通常以存放在银行的活期储蓄账户为主，但由于投资报酬率相当低，因此，备用金够用就好，占用过多会让多出的资金错失其他较佳的投资机会。

2. 两者搭配的方式

最好的方式是两者搭配，各作为紧急备用金的一部分。如月固定支出为 5 000 元，拟定的紧急备用金为 6 个月的固定支出 30 000 元，此时可以把 10 000 元放在活期存款当作第一笔紧急备用金，另外再与银行商定贷款额度 20 000 元。如当月收入无法应对当月支出时，10 000 元的活期存款额度也可以随时挪用应急，待有收支结余时再补回。当一时的大笔支出连 10 000 元的存款余额也不够应急时，就要用预先设定的贷款额度。虽然支付较高的利率，但如果时间不会太长，则整体来说此种搭配较为稳健。

（三）衡量紧急备用金应变能力的指标

微课学习：衡量紧急备用金应变能力的指标

| 微课视频 | 学案 | 同步练习 | 理财小技巧：安全第一，收益第二（动图） | 理财小技巧：安全第一，收益第二（音频） |

衡量紧急备用金应变能力的指标包括失业保障月数和意外或灾害承受能力。

1. 失业保障月数

失业保障月数的计算公式为：

$$失业保障月数 = 存款、可变现资产或净资产 / 月固定支出$$

其含义是，万一在失业或失能的状况下，现有的存款、可变现资产或净资产可支撑几个月的开销。依照保障的资产范围，可分为存款、可变现资产与净资产三项，相应的，有存款保障月数、可变现资产保障月数和净资产保障月数三项指标。其中，可变现资产包括现金、活期存款、定期存款、股票、基金等，不包括汽车、房地产、古董、字画等变现性较差的资产。固定支出除生活费用开销以外，还包括房贷本息支出、分期付款支出等已知负债的固定现金支出。失业保障月数的指标越高，表示即使失业也暂时不会影响生活，可审慎地寻找下一个适合的工作。

存款保障月数的计算公式为：

$$存款保障月数 = 存款 / 月固定支出$$

最保守的保障，要有3个月时限。

可变现资产保障月数的计算公式为：

$$可变现资产保障月数 = 可变现资产 / 月固定支出$$

可变现资产保障月数可定为6个月，需要用钱的时候，除存款外，还可能需要变现基金或股票。其中，3个月的部分是因应暂时失业、丧失劳动能力、医疗意外支出的紧急备用金，应以现金、活期存款、定期存单为主，变现时不会有太大损失。另外3个月的部分可以基金、股票为主，一旦需要，可以在几天内变现，不过变现时根据当时的市场行情，可能会有所损失。

净资产保障月数的计算公式为：

$$净资产保障月数 = 净资产 / 月固定支出$$

当持续失业时不仅要取出存款、变现基金或股票，还可能卖掉个人使用资产，还清房贷后以余额支应生活费用。净资产保障月数应定为12个月以上。

请计算：

张先生有存款2万元，股票4万元，自住房屋价值60万元，贷款40万元，若月固定支出为1万元，则存款保障月数、可变现资产保障月数和净资产保障月数分别是多少？

---

2. 意外或灾害承受能力

意外或灾害承受能力的计算公式为：

$$意外或灾害承受能力 = （可变现资产 + 保险理赔金 - 现有负债） / 基本费用$$

保险包括人身保险（寿险及意外险）及财产险（房屋险或家财险）。不管是亲人突然身故还是遭遇天灾导致房屋毁损，都会影响到家庭财务的顺利运作。需要准备几年的生活费，视若有变故需要多久才能从失去亲人或财产的阴影中重新站立而定，短则5年，最长可达10年。如果意外或灾害承受能力大于1，表示万一发生灾变承受能力较高；若小于1，则表示发生灾变后的损失将影响家庭短期生活水准及居住环境；如果比率为负数，说明该家庭并无任何保险，因此当资产减损时负债依旧，将无力重建家园。

如发现灾变承受能力偏低时，最快的改善方式是加保寿险、意外险、房屋险或家财险。以此比率为1计算，合理的寿险保额 = 5~10年的生活费 + 现有负债 - 可变现资产，若觉得寿险过高，则可以意外险代替。

◆理财技巧

超市购物误区

1. 广告上宣传的震撼价格

千万别以为你有"广告免疫功能"。广告无处不在，从电视到广播，从邮箱到报纸杂志，再到公交站台，即使再"顽固"的消费者也很难抵挡住广告的狂轰滥炸。啤酒、洗发水和巧克力的广告制作得聪明机智。尽管你不爱喝酒，家里还有一瓶没开封的啤酒，或备用的洗发水，可见广告已在不知不觉中深入你大脑中的某个角落，当你一眼瞧见货架上"熟悉的"广告商品时，好奇心就会油然而生。这就是广告的力量。我们要提高警惕，不因广告而上当。

2. 认清便宜货

（1）检查商品日期

在购买食品的时候，千万要看清生产日期和保质期。过期产品切勿购买。当消费者回到家才发现刚买的食品过了期的时候，大多数人都不会为此专程跑回超市兴师问罪，要求索赔。

（2）检查商品内容

一般来说，商品的外包装上应该明确说明产品中的成分。如果你对某些物品过敏，那么在购买商品的时候更应该仔细察看，尤其是食品。另外也别被产品的外包装欺骗——掂一掂就可以知道这些商品究竟是否物有所值。

（3）自己打包商品

购买已经包装好的食品一定要谨慎。自己挑选自己包，还要检查商品的新鲜度。

3. 电脑打出来的小票也会错

核对发票是为了避免收银员将所购物品的数量或价格打错而造成的疏忽。当场核对，发现问题当场解决，以免离开柜台后说不清楚。

单元二　现金理财规划方法

学习目标

识别能力目标：资产负债表、现金流量表的含义；资产负债表的结构，现金流量表的结构。
理解能力目标：成功预算的特点；资产负债表揭示的财务状况；现金流量表提供的信息。
应用能力目标：能根据客户提供的资料编制财务报表，通过分析为客户提供理财建议。

◆理财测试

你参加一场宴会，当服务生端着果汁给你，而托盘里的杯子有着不同分量的果汁的时候，你会选择哪一杯？

A. 空杯，正准备要倒入　　　B. 半杯　　　C. 七分满　　　D. 全满

参考答案：

A. 你是一个对金钱欲望非常强的人，但是你却常常搞不清楚自己到底有多少钱，所以你是一个很会赚钱的穷人。

B. 你是一个做事非常谨慎的人，所以对金钱的处理也是同样的谨慎，因此你是一个对钱欲望不强的人。

C. 你是一个凡事都会留后路的人，自制的能力很强，且不会轻易进行危险的金钱交易，所以你是一个对金钱欲望强烈也善于支配的人。

D. 你是一个非常贪婪的人，对于所有的东西都想尽收眼底，对金钱的欲望极强，贪婪。

盈利质量、资产质量、现金流：财务报表分析的三大逻辑切入点

亚伯拉罕·比尔拉夫云：财务报表犹如名贵香水，只能细细品尝，不可生吞活剥。厦大管理学院会计系教授、厦门国家会计学院副院长、财政部会计准则咨询专家、财政部独立审计中方咨询专家组成员、上海证交所上市公司专家委员会委员、上市公司会计审计问题专家技术组成员黄世忠一向痛斥造假，他认为盈利质量、资产质量、现金流是财务报表分析的三大逻辑切入点。

从利润表入手，分析盈利质量。通过销售收入及利润的成长性和波动性，体现主营业务收入创造现金流量的能力、市场份额增长情况以及创造现金流量的稳定性。毛利率也是盈利质量分析的重要方面，因为它表明管理层可用于研究开发、广告促销，从而提高企业品牌和知名度，保证企业可持续增长的能力。从资产负债表入手，分析资产质量。企业破产的大部分原因是资产出了问题，资产质量分析一方面通过考察流动资产和固定资产占资产总额的比重，来考察企业的财务弹性。如果固定资产的比重较高，而且较多的是专用设备，在行业竞争加剧的情况下，企业将面临较高的退出壁垒。另一方面要检查资产的"含金量"，"真金白银"和陈年老账、变价存货占资产的比重，可体现企业发生潜在损失的风险。从现金流量表着手，对自由现金流量进行分析。这是报表分析三大逻辑切入点中最重要的一个环节。当前，财务分析的教科书大多关注的是经营活动产生的现金流量。经营活动产生的现金流量固然重要，但并不代表企业可自由支配的现金流，因为企业只有保证自己为持续经营而进行必要投资的前提下，才能把钱用于还本付息、为股东派发股利。对经营规模变动不大，而且是资本密集型的企业而言，自由现金流的最简单计算公式是经营活动产生的现金流量减去企业用于更新、改造固定资产所需投入的现金流量。

【任务一】 编制个人家庭财务报表

思考题：

1. 个人家庭财务报表包括哪些报表？与企业财务报表一样吗？
2. 如何编制个人家庭资产负债表？如何进行分析？
3. 如何编制个人家庭现金流量表？如何进行分析？

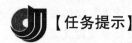 【任务提示】

活动：案例计算

案例2.2.1：今年45岁的李先生在某律师事务所担任专职律师，每月税后收入为8500元。李先生的妻子孙女士今年也是45岁，是一所中学的高级教师，每月税后收入约为4800元。他们唯一的儿子今年17岁，读高中三年级。李先生的父母目前都住在农村，由于有李先生弟弟的照料，李先生倒也比较放心。为出行方便，李先生贷款10万元买了一辆总值16万元的家庭经济型轿车，贷款期限为5年，利率为5.5%，采用等额本金方式还款，明年1月李先生将偿还第4个月的车贷。李先生一家都很谨慎，所以他们目前在银行的各类存款有10万元，包含去年全年取得银行利息约1800元（税后）；他们还有总价约15万元的国债，去年全年收到利息5500元；除此之外，他们还买了总价约12万元的债券基金和信托产品，这为他们每年带来约6000元的税后投资收益。李先生目前住房的市场价值已经升至75万元。

除了每月需要偿还的车贷以外，李先生一家每月的生活开支保持在3500元左右。每个月李先生还要向父母汇去600元的生活费。李先生的保险意识很好，曾请专业人士进行过保险规划（忽略保险分红收入），每年保费支出约为13000元，保险单现金价值为10万元。李先生会不定

期地携全家到外地旅游，去年为此花掉了 5 000 元。为应付日常需要，李先生家里备有 1 500 元的现金。注：各项财务信息截至去年 12 月 31 日，数据采集时间为今年 1 月 10 日。根据以上资料，完成以下问题：① 李先生的家庭资产负债表（见表 2-1）中"流动资产"一栏的数值；② 李先生的家庭资产负债表中"投资资产"一栏的数值；③ 李先生的家庭资产负债表中"总资产"一栏的数值；④ 李先生的家庭资产负债表中"净资产"一栏的数值；⑤ 李先生的家庭现金流量表（表 2-2）中"还款支出"一栏的数值；⑥ 李先生的家庭现金流量表中"净现金流量"一栏的数值；⑦ 计算净资产投资比率并分析；⑧ 计算总支出负债率并分析；⑨ 计算偿付比率并分析；⑩ 计算收支比率并分析；⑪ 计算储蓄比率并分析。

表 2-1　家庭资产负债表

姓名：　　　　　　　　日期：　　年　　月　　日　　　　　　　　　　　　　　元

项目	金额	项目	金额
流动资产			
现金及存款			
流动资产小计		长期负债	
投资资产		教育贷款	
货币市场基金		房屋贷款	
股票基金		家庭贷款	
股票		汽车贷款	
应税债券		长期负债小计	
免税债券		流动负债	
收藏品		信用卡透支额	
投资资产小计		应交税金	
固定资产		其他应付账款	
住房现值		流动负债小计	
汽车现值		负债总计	
家具		净资产	
其他资产		负债与净资产之和	
固定资产小计			
资产总计			

表 2-2　家庭现金流量表

姓名：　　　　　　　　日期：　　年　　月　　日至　　月　　日　　　　　　元

现金流入		现金流出	
项目	金额	项目	金额
工资		固定支出	
奖金		生活费	
津贴		水电煤气费	
稿酬		子女教育费	
存款利息		保险费	
房租		还贷支出	
现金股利		变动支出	
债券利息		零花钱	
收回股票本金		医药费	
收回债券本金		旅游费	
对外举债取得的现金		交往应酬费	
馈赠		购买衣服	
救济		购买家电	
遗产继承		购买礼物	
合计		捐赠	
		合计	
		净现金流量	

一、个人或家庭财务报表

在理财开始之前，先要了解家庭财务现状，这就相当于财富旅行的起点。如果没有健康的财务现状，则一切美好的财务未来都无从谈起。因此学习投资理财，首先要学会阅读简单的财务报表。个人或家庭的财务报表包括资产负债表、现金流量表和收支预算表。

（一）资产负债表

微课学习：如何编制个人家庭资产负债表

| 微课视频 | 学案 | 同步练习 | 理财小技巧：了解平台背景（动图） | 理财小技巧：了解平台背景（音频） |

资产负债表是反映个人或家庭在某一时点的财务状况的财务报表，资产和负债之差是净资产，因此又称净资产表。其计算公式如下：

$$净资产（财富）=资产（所管理的经济资源）-负债（债务）$$

由这个等式而来的数据可以确定个人或家庭目前的财务状况。编制资产负债表就是要确定这三项，并且把相应的项目归入到其中的某一项中去的工作。

1. 资产负债表的编制

个人或家庭资产负债表包括三大块，即资产、负债和净资产，所以资产负债表的编制可分三个步骤进行。

（1）列出资产大项

只要具有货币价值，任何经济要素都可以成为资产。无论是用现金购买的，还是贷款购买的，都可以划归为资产。尽管一个人的某项资产还未偿清欠款，如按揭贷款买房，但可以认为该资产已经属于个人所有，应该被列入资产负债表中。根据资产的流动性，个人或家庭拥有的资产可以分为流动资产、固定资产和投资资产三大类。

① 流动资产，指现金和能够很方便地转换成现金的资产，包括现金和银行存款。这类资产流动性非常强，可以马上用于现在的消费。

② 固定资产，指物化的资产，而非不能够动的资产，包括住房现值、汽车现值、耐用消费品，如家电、家具等（家电、家具应为折旧后的价值）。

③ 投资资产，包括股票、基金、债券等。

需要注意的是，资产的价值并非是一成不变的，而是波动的，所以在编制资产负债表时，需依据当时市价对资产进行评估。如你在 4 月 5 日以每股 8 元的价格买入某只股票，而当你编资产负债表时该股的市场价格是每股 10 元，那么该项资产的价值应以编表时的价格即每股 10 元来计算。但是由于评估的目的只是要编制相对合理的资产负债表，所以，在许多情况下，并不一定要进行专业评估。

（2）列出负债大项并确定其数额

负债指的是个人目前所承担的债务。因此，负债会导致今后资金的流出。通常，负债可分为流动负债（也被称为短期负债）和长期负债。从编制资产负债表当日算起，一年内需要偿清的负债被认为是流动负债；从编制资产负债表当日算起，超过一年后才需要偿清的负债被认为是长期负债。

① 流动负债，指必须在短期内偿付的债务，通常为偿还期限短于一年的债务，包括应付信用卡透支、医疗欠费、应交公共事业费、应交税金等。

② 长期负债，指偿还期限在一年以上的债务，包括汽车贷款、住房贷款及教育贷款等。

资产负债表中列在负债一栏的数额表示在某一特定时点编表人所欠的数额，因此只能列示贷款剩余本金的数额，不包括所要偿付的利息。

（3）计算净资产

净资产是总资产与总负债之差。通常，在人的一生中，个人的净资产是不断增加的。例如，一个20岁出头刚参加工作的上班族，他的财务状况非常简单，主要是适量的现金和储蓄，以及少额债务（或根本没有债务）。因此，他的净资产很少。但对于一个30岁的人来说，他肯定会有更多的资产，这些资产包括数额更多的现金、投资资产以及固定资产。他的净资产可能会增加，也可能由于负债增多而降低。

2. 资产负债表分析

微课学习：个人家庭资产负债表分析

| 微课视频 | 学案 | 同步练习 | 理财小技巧：关注平台动态　掌握行业信息（动图） | 理财小技巧：关注平台动态　掌握行业信息（音频） |

（1）资产负债表结构分析

一般来说，资产负债表结构分析主要包括以下分析内容。

① 资产项目分析。如前所述，在一般情况下，家庭资产可以分为流动资产、投资资产和固定资产。流动资产是高流动性、低收益（有时甚至没有什么收益）的资产，主要满足家庭日常消费需要，在通常情况下，其数额应至少满足家庭三个月的开支。投资资产有较高的风险，因此应根据个人或家庭经济情况合理调整持有比例，经济繁荣时持有比例高些，经济萧条时持有比例低些。固定资产在一般家庭中占有较大比例，虽然不带来收益，却是日常生活所必需的。其中汽车、家具等带有折旧特点的固定资产持有比例不能太高，而带有升值特点的房地产的持有比例也不是越低越好，因为它不仅可以实现保值增值，而且在特殊情况下，还可以满足现金需求。

② 负债项目分析。负债是由家庭过去的经济活动而产生的现有责任，这种责任的结算将会引起家庭经济资源的流出。在通常情况下，家庭总负债要小于家庭总资产，否则说明家庭现时财务状况非常糟糕，若不及时采取改善措施，可能会面临被债权人清算的危险。

③ 净资产分析。净资产是总资产与总负债之差，一般来说，其数值应为正，并且不低于一定数额。增加净资产的主要方法是开源节流，包括增加储蓄、减少消费、增加投资及其他物品的价值、减少负债等。

④ 资产负债总体结构的动态分析。在进行资产负债结构分析时，要将资产、负债、净资产联系起来综合分析，并要注意分析其演变状况。另外，还要注意利用以下三个重要公式：

$$资产－负债＝净资产$$
$$以成本计价的期末净资产－期初净资产＝当期储蓄额$$

以市价计价的期初期末净资产差异＝储蓄额＋未实现资本利得（－损失）＋资产评估增值（－资产评估减值）

从上面的公式可以看出，增加资产和减少负债都是增加储蓄的途径，两者都会使净资产增加。但在储蓄和净资产不变的情况下，资产和负债也会发生变化，如借一笔钱来投资，使资产、负债同时增加，将到期存款用来还债，使资产、负债同时减少。

（2）比率分析

资产负债表中各项之间的比例关系可以作为了解财务状况的指标。

总资产负债率：即负债与总资产的比率。这一比率用来反映客户债务负担情况和还债能力，是家庭综合还债能力的晴雨表。其计算公式为：

$$总资产负债率＝总负债/总资产$$

这一比率的数值范围为0~1，一般情况下应将其控制在0.5以下。如果比率>0.5，说明家庭负债比例过高，超过家庭的承受能力，家庭存在发生财务危机的可能；如果比率<0.5，说明负债比例适宜，家庭有能力承担。

净资产投资比率：这一指标反映了一个家庭通过投资增加财富，实现目标的能力。随着家庭的成长，这一比率应不断提高，以保证净资产有合理的增值率。其计算公式为：

$$净资产投资比率＝投资资产/净资产$$

一般认为，投资与净资产的比率保持在0.5以上为好，但对于年轻人来说，这一比率通常较低，应保持在0.2左右。这一比率是反映一个家庭越来越穷还是越来越富的重要指标。

偿付比率：这个指标也是用来衡量家庭的综合还债能力。其计算公式如下：

$$偿付比率＝净资产/总资产$$

如果该比率>0.5，说明负债比例适宜，家庭有能力承担；如果该比率<0.5，说明家庭负债比例过高，超过家庭的承受能力，家庭存在发生财务危机的可能。

偿付比率过高或过低都不合适。如果客户的偿付比率很高，接近1，意味着该客户可能没有充分利用自己的信用额度，应通过借款来进一步优化其财务结构。当然，如果偿付比率太低，也意味着客户现在的生活主要靠借债来维持，一旦债务到期或者经济不景气时，客户的资产会出现损失，则可能资不抵债。

（二）现金流量表

资产负债表反映的是在某一固定时点一个家庭或个人资产和负债的状况，是一种静态状况的反映。但是每一天都是运动的，每一天发生的事件都会影响一个家庭或个人的资产、负债及净资产的状况。对于这种动态的财务状况的监控，可以使用现金流量表，它揭示了资产和负债是如何形成的。

个人或家庭的现金流量，是指某一时间内个人或家庭现金流入和流出的数量。现金流量表是指概括个人或家庭某段时间内现金收入和支出的财务报表，是一段时间内收到和付出现金的记录，例如在一个月之内或是一年之内。通过现金流量管理掌握及分析自身收入和支出的细节情况、减少不必要的支出、形成有节制的消费习惯，进而实现保证高质量生活水平的目标。

1. 现金流量表的编制

微课学习：如何编制个人家庭现金流量表

| 微课视频 | 学案 | 同步练习 | 理财小技巧：实地考察（动图） | 理财小技巧：实地考察（音频） |

人从出生到死亡都有取得收入和进行支出的活动。怎样能够保持收入大于支出，或者至少做到收支平衡呢？我们需要了解收入是如何来的，又是如何花出去的。与资产负债表一样，现金

流量表也包含三大块，即现金流入、现金流出和净现金流量，所以现金流量表的编制也可分三个步骤进行。

（1）确定现金流入

现金流入可以分为工作收入、理财收入以及资产负债调整的现金流入。工作收入包括薪金、佣金与奖金等，是人力资源创造出来的收入，通常较为稳定，但存在失业与失能的风险。理财收入主要是房租、股利以及投资利得等以金钱或已有财产衍生出来的收入，但有投资风险。资产负债调整的现金流入，包括借入款、资产变现以及债权回收款等。

（2）确定现金流出

根据支出特点，现金流出包括固定支出和变动支出。固定支出是指无法减少的支出，如生活费、房租费、水电费、子女教育费、保险费、还贷支出等。变动支出是指这些支出每月都可能发生变动，如零花钱、医药费、娱乐费、旅游费、交往应酬费及购买衣物的支出、购买礼物的支出、购置家电的支出等，每项因人而异，可以包含不同的内容。其中，固定支出多为可控制支出，变动支出多为不可控制支出。另外还可按支出去向分为生活支出、理财支出和资产负债调整支出。生活支出是用于衣食住行、文化娱乐、医疗健身等日常生活方面的开支；理财支出是用于借款利息、投资手续费、保险费等方面的支出；资产负债调整支出是用于偿还债务和投资方面的现金流出。

（3）计算净现金流量

净现金流量是现金流入与现金流出之间的差额。这一差额可能为正，也可能为负。其计算公式如下：

某段时间内的现金流入–某段时间内的现金流出＝净现金流量（盈余或赤字）

若净现金流量>0，表明该月的现金流入大于现金流出，个人或家庭在日常有一定的积累，可以进行储蓄和投资；若净现金流量＝0，表明该月的现金流入等于现金流出，即收支平衡，个人或家庭在日常无积累；若净现金流量<0，表明该月的现金流入小于现金流出，即本月入不敷出，个人或家庭需动用原有的储蓄或者要向他人借款。

通过不同时期个人和家庭现金流量表的对比，可以获得现金流入、流出的变动额度，并从变动的总体趋势上把握个人和家庭的财务状况。但是如果个人没有保存财务记录的习惯，不能收集财务信息，编制报表将很困难。

2. 现金流量表分析

微课学习：个人家庭现金流量表分析

| 微课视频 | 学案 | 同步练习 | 理财小技巧：小额先试水缓步且慢行（动图） | 理财小技巧：小额先试水缓步且慢行（音频） |

（1）收支结构分析

一般来说，收支结构分析主要包括以下分析内容。

① 收入结构分析。不同的收入来源结构决定了家庭收入的稳定性和成长性，所以，收入结构分析对于理财规划而言，处于基础地位。理财规划师应通过计算各类收入占总收入的比例，借以掌握客户收入的特征，根据客户的家庭类型，发现其收入方面存在的问题和改善的余地。例如刚参加工作的年轻人只有工作收入，很少有理财收入；而退休的老人社保收入和理财收入居多，几乎没有工资收入。因此，工作期间应逐步以理财收入代替工作收入，两者的结构状况可以在一

定程度上预示着家庭未来的财务状况。

②支出结构分析。理财规划师应根据客户的现金流量表计算各项支出占比及分类支出占比，以发现支出方面存在的问题，并提出改进方案和措施。

③储蓄结构分析。收支差额即净现金流量为正，它反映当期的储蓄规模。对储蓄结构进行分析时，注意运用下面三个公式：

$$工作收入-生活支出=生活储蓄$$
$$理财收入-理财支出=理财储蓄$$
$$现金流量变动=生活储蓄+理财储蓄+资产负债调整的现金净流入$$

生活储蓄在工作期内应为正数，如果为负数，则表明入不敷出，若没有随时可变现的流动性资产或借入款支撑，日常生活将难以维持。理财储蓄在购车、购房及缴纳保费阶段常呈现为负数，但退休后，只应有理财收入而没有理财支出。用正的理财储蓄应对负的生活储蓄，才能实现财务独立，否则需要通过变现投资或处理资产的现金流入来支撑消费。

现金流量表除可以作为衡量个人或家庭是否合理使用其收入的工具之外，还可以为制定个人投资理财规划提供以下帮助：有助于发现个人消费方式上的潜在问题；有助于找到解决这些问题的方法；有助于更有效地利用财务资源。

（2）财务比率分析

通常，财务比率分析主要包括以下内容。

①收支比率：即支出与收入的比率，是现金流量表的主要评价指标。其计算公式如下：

$$收支比率=支出/收入$$

若该比率>1，说明本期支出超过收入，应控制支出，以使收支平衡；若该比率=1，说明本期支出等于收入；若该比率<1，说明本期支出小于收入，可以再进行投资。

对于收支平衡的控制，可以通过"开源""节流"两条途径实现。在遭遇"开源"困难时，个人和家庭理财需更重视"节流"。但同时也必须注意的是，在"节流"的同时，要避免以下三种倾向：一是"过分节流"，看似积攒下不少财富，实则忽视了"开源"，从而失去了获取更多财富的可能性；二是节俭有可能让人安于现状，没有动力去投资理财；三是消费上的节俭派生出投资方面的过分保守和稳健。

②储蓄比率：储蓄比率是客户现金流量表中的盈余和收入的比率，它反映了客户控制其开支和能够增加其净资产的能力。为了更准确地体现客户的财产状况，这里一般采用的是客户的税后收入。其计算公式如下：

$$储蓄比率=盈余/税后收入$$

在美国，受高消费、低储蓄观念的影响，居民的储蓄率普遍偏低，平均在0.05~0.08。在中国，这个比率普遍较高，一般该比率应当大于0.1。但现在城市当中也有一些"月光族"，也就意味着他们的储蓄比率几乎为零。

（三）收支预算表

资产负债和现金流量表分别从静态和动态两个方面反映个人或家庭的财务状况，但对个人或家庭财务管理而言，只有这两种报表还不够，还需要编制个人或家庭收支预算表。

编制收支预算表的目的在于对未来生活作出规划，以现有财务状况为基础对未来收支进行合理计划，以实现各项生活目标。预算能把常见的财务问题，例如滥用信用、缺乏常规储蓄规划等的发生概率降至最低。收支预算表的编制分六个步骤。

1. 确定理财目标

确定理财目标对未来的规划、理财方向起着重要的影响。理财目标是对未来活动的规划，不同的阶段不同收入的家庭有着不同的理财目标。在实现理财目标的过程中，预算表可以起到很重要的作用。预算不仅是计划在未来一段时间里打算做什么，而且还是通过对花费和储蓄的计划来实现理财目标的主要工具。

2. 预测收入

预测收入一般以一个月为一个预测期，这是因为许多需要付的费用如租金、按揭还款、公用事业费等都是每月结清的。在确定可用收入时，只应计算那些确实能够得到的收入，投资分红、获得捐助及礼品等自身无法控制的，不可预期的收入在尚未收到之前不应该考虑在内。如果收入比较规律，即每月取得一次收入，那么预算相对容易；但是如果收入是不规律的，如每月取得多次收入或收入根据季节不同而有所变化，那么预算会变得困难一些。在这样的情况下，可以按照过去一年的状况来对未来一年的情况进行预测。在预测时采取相对保守的方式更为稳妥一些，这样可以避免对自身的财务资源做出过于乐观的估计，导致因支出过度而陷入财务困境。

3. 留足备用金

中国有句古话："养儿防老，积谷防饥。""积谷防饥"虽然老套，却也经典。未雨绸缪，防患于未然，是为了保障生活品质在遭遇突发情况时不至于措手不及。专家建议，手中的备用金应该能够应付3~6个月的生活费用支出。当然，备用金的数量应根据个人的生活状况和工作稳定性程度而有所变化。3个月的备用金对于拥有稳定工作和收入的人是适用的，但对于只拥有临时性工作的人，则应有足够应付6个月生活支出的备用金。

4. 支出预算

支出预算通常要参考以前期间的支出情况，或以此为依据，再考虑通货膨胀、利率变化等因素。如果上一年度或前一个月的各项支出均有详细的记录，那么新一年度或下一个月的支出预算就比较容易做了。但如果没有记录，那么就需要从固定支出入手，再考虑一些变动支出，编制支出预算。固定支出预算是预算的一个重要组成部分，在当期预算中是必须保证的。对变动支出的预算相对困难一些，变动支出随家庭状况、时间、健康、经济条件及其他因素的变化而波动。这一部分的支出往往要占到个人或家庭支出的50%以上。

如果对支出进行分项目预算的结果是总支出预算超过了收入预算，就需要压缩可以控制的支出。年度支出预算的计算公式如下：

$$年度支出预算 = 年度收入 - 年储蓄目标$$

5. 记录实际的收入与支出并计算与预算的差异

对实际的收支情况进行记录，将实际发生的数据填到预算表的相应位置。通过对实际数额与预算数额的比较，可以直观地了解资金理财的效果。在预算表内，把每个月对应的收入与支出对比，情况肯定会有所不同，有的月份收入大于支出，有的月份支出大于收入。

预算与实际的差异分析应注意以下几点：总额差异的重要性大于细目差异；要定出追踪的差异金额或比率门槛；依据预算的分类个别分析。刚开始做预算时若差异很大，应每月选择一个重点项目进行改善，而不是各个项目同时进行改善。

6. 定期检查并调整收支预算

和大多数决策活动一样，预算是持续的、循环往复的过程，因此必须定期检查并根据实际情况调整预算。例如，在该预算执行了3个月后，实际盈余大大超过预算，就可以调高以后时间的支出或增加储蓄、购买股票、债券及其他投资，从而增大资产增值的机会；相反，预算出现短缺则需要缩减开支，增加收入来源。

总之，应根据经济形势的变化和通货膨胀的状况来估计未来的收入、支出的变化，同时注意财务预算应与个人或家庭状况、生活阶段的财务目标密切相连。

> **【知识窗】成功预算的特点**
>
> （1）设计合理：成功的预算需要对未来有所计划，立足于现实，了解和预期切实可用的财务资源，在作预算时需要所涉及的人员参与其中，这样做出来的预算才能够真正起到指导的作用。

（2）贴近实际：预算是建立在现实的基础之上的，预算的目的并不是阻止对生活的享受，而是在现有资源条件的限制下，最大限度地利用好这些资源，实现想实现的目标。所以既不要因为预算而有意识地削减正常的生活开支，同时也不要超出自己资源的限制，把预算的目标定得太高。

（3）灵活机动：预算是对未来的财务计划，而未发生的事情总是存在着变动的可能性，存在着一定程度的不确定性。因此预算要留有一定余地，能够随着生活支出的变化进行调整和修订。对于某些事件要有所预期，同时要有一定的措施，例如小孩的降生，需要增加额外的费用。

（4）沟通清晰：在家庭范围内，预算的制定和执行都不是某一个人的事情，因此要和预算所涉及的人进行充分的沟通，让所有参与人都有所了解。只有大家都认同并执行该预算，预算才是有意义的、可执行的。

【任务二】 现金理财规划

思考题：

1. 如何进行现金规划？你的规划思路是什么？
2. 不同收入来源的家庭的现金规划一样吗？

 【任务提示】

活动：分组讨论以下不同家庭的现金理财规划的收入特点，并提出相应理财建议

案例2.2.2：为普通雇员、公司业务员及经纪人、个体经营者、自由职业者、小型私营企业主、大型私营企业主和下岗及其他再就业者家庭拟订现金理财计划。

二、现金理财规划方法

微课学习：现金理财规划方法

微课视频　　　　学案　　　　同步练习　　　理财小技巧：专业　　理财小技巧：专业
　　　　　　　　　　　　　　　　　　　　　风控是刚需（动图）　风控是刚需（音频）

【知识窗】一个家庭在日常生活中应该预留现金的影响因素

1. 持有现金的成本。把钱放在手头总会有利息损失，损失越大，持有成本就越高。
2. 紧急备用金的必要性。人们面临着失业、工作能力的丧失、医疗或意外灾害等各种风险，一旦有紧急情况发生，手边的现金可以帮助自己渡过难关。
3. 风险偏好程度。风险偏好程度高的家庭，可以预留较少的现金。
4. 非现金资产的流动性。如果一个家庭除了现金外，大量的资产是房产等流动性差的资产，则需预留较多现金。
5. 现金收入来源及稳定性。家庭中工作人员较多，工作稳定性较好并有除工作收入之外的其他收入来源，如房屋租金收入等，则可预留较少现金。
6. 现金支出渠道及稳定性。如果家庭意外大项支出较少，开支稳定，则可预留较少现金。

现金的支出是满足生存、享乐、发展的需要。一般而言，家庭支出分为生活支出与理财支出。其中，生活支出包括衣食住行和娱乐医疗，理财支出包括贷款利息、保费与投资费用支出。现金支出规划需要根据家庭人口数算出要维持日常生活需求，需要有多少基础收入才能应对各项基本支出。基本消费支出中不包括房贷，若考虑退休因素，要加上为退休准备的储蓄；若考虑子女的高等教育，还要准备教育基金储蓄。

对现金规划进行分析时，应注意运用以下公式：

基础收入=期望水准的生活费用需求×家庭人口数

应有收入=基础收入+买房本息负担+退休金储蓄+教育储蓄

房价=期望平方米数×家庭人口数×期望地区的房屋单价

退休金储蓄=期望水准的生活费用需求×2人×退休后生活年数(20年)÷

离退休年数(假定退休金投资回报率等于通货膨胀率)

教育储蓄金=未成年子女数×期望水准的教育费用÷

离子女上大学的年数(假设投资报酬率等于学费上涨率)

> **请计算：**
> 40岁的许先生想要达到中等生活水平，同时要实现预支付买房、两个子女10年后上大学以及20年后自己退休三大理财目标，所需的费用为多少？

对于储蓄的累积而言，降低生活支出比增加工作收入通常更容易些，其效果也更大一些。比如说，对所得税边际税率为20%的人而言，增加1 000元的收入税后只能增加800元，若支出不变，储蓄增加额为800元；但若收入不变，支出减少1 000元，则储蓄就可以增加1 000元。一般可以下列方式降低生活支出：增加储蓄；省吃俭用，少上餐馆，少买衣服，不买短期用不到的东西；善用折扣，在打折时才下手，同样的东西可以较低价格购得；可多用大众运输工具，如公交车、火车，可节省交通费；制定支出预算，大额消费或旅游应事前计划，按预算执行；使用公共资源，以逛公园、上图书馆的方式节省休闲支出。

◆理财技巧

数码产品消费的误区

数码产品的种类非常多，我们以最常见的手机为例，这些消费误区也普遍适用于其他数码产品。

1. 过分迷恋品牌和跟风最新型号的手机

由于市场上手机的品牌和种类繁多，而且许多最新型号的产品定价较高，如果我们过分追求品牌和跟风，最后的结果可能是花了高价钱后，并不能得到相应的产品品质保证。

2. 型号相同，价格未必相同

我们首先应该多去逛几家卖场，并可上网查询，货比三家以此来得到最低的价格。其次，新的机型正以更快的速度出现，比它们的前辈功能要丰富得多，这将意味着今天最昂贵的机型在未来几个月中价格将可能大幅缩水。

3. 售后服务很重要

即使是最好的手机，如果服务跟不上也会使它的性能黯然失色。选购手机的第一步是选择合适的服务提供商，理想的是选择在当地能提供最好的服务、名声最佳的服务商。

4. 价格高，质量未必好

手机的价格越昂贵，并不代表接收信号和音质会更好。其昂贵的价格往往建立在手机的附属功能上，例如声控拨号、内置调制解调器等。

5. 手机购买场所很重要

现在手机市场上，假货、水货泛滥成灾，特别是那些个体私营业者进货渠道不正规，为了获得利润，他们就用假货、水货来压低市场的价格，如果我们购买了这些水货手机后，不但不能保证正常使用，而且以后也无处去维修，因为各大手机生产商对假货、水货手机是不保修的。因此，应该到正规场所去购买手机。

以上观念是消费者选择手机时常有的错误认识，而且有这些错误观念的消费者数量惊人，甚至可以说，缺乏行家指导的消费者可能都会有这样或者那样的认识误区。

单元三　现金理财规划工具

学习目标

识别能力目标：现金理财规划的一般工具及融资工具；我国目前储蓄种类及储蓄技巧。

理解能力目标：信用卡的融资功能；现金理财规划常犯的错误。

应用能力目标：应用各种储蓄技巧进行现金理财规划；应用各种融资工具进行现金理财规划。

◆ 理财实践

如果我们手边有暂时不用但随时有可能要花的钱，或者时间周期不能确定使用的钱，你将如何处置这笔钱？是存到银行的活期账户上？还是放到某个货币市场购买基金？有没有哪些理财产品能让这笔钱得到充分的利用，避免闲置，又能获取收益？现金理财规划是家庭理财规划中最基础的一个规划，它在家庭的各个阶段都需要，那么现金理财规划工具有哪些呢？

◆ 案例引入

现金理财规划方案（样式）如表2-3所示。

表2-3　现金理财规划方案

第一部分　客户情况和理财目标
　一、基本情况
　个人基本信息
　姓名：
　性别：
　年龄：
　婚姻状况：
　职业：
　二、财务状况
　（一）日常收支情况
　（二）家庭资产负债情况
　三、理财目标
　四、风险偏好
第二部分　投资规划建议

【任务一】 区分现金理财规划的各种工具

思考题：

1. 现金理财规划的一般工具有哪些？

2. 现金理财规划的融资工具有哪些？

3. 我国目前储蓄种类、储蓄技巧有哪些？

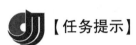 【任务提示】

一、现金理财规划工具

（一）现金理财规划的一般工具

微课学习：现金理财规划的一般工具

| 微课视频 | 学案 | 同步练习 | 理财小技巧：欲壑难填（动图） | 理财小技巧：欲壑难填（音频） |

由于个人或家庭的理财规划中，现金理财规划既能够使所拥有的资产保持一定的流动性，满足个人或家庭支付日常家庭需要的费用，又能够使流动性较强的资产保持一定的收益，因此，在确定何为现金理财规划的工具时，应以流动性为主要考虑的因素，在此基础上考虑具有一定的收益性。现金理财规划的一般工具包括：现金、储蓄、货币市场基金。

1. 现金

现金是现金理财规划的重要工具。现金的用途是应付生活日常所需、预防意外支出、帮助亲戚朋友及投机之需，因此应以流动性为主要考虑因素，在此基础上考虑收益性。与其他的现金理财规划工具相比，现金有两个突出的特点：一是现金在所有金融工具中流动性最强。在国际货币基金组织对货币层次的划分中，现金位于第一层次。二是持有现金的收益率低，在通货膨胀条件下，现金不仅没有收益，反而会贬值。在这种情况下，人们之所以持有现金，是为了追求现金流动性，但在客观上损失了一定的收益。手头的现金通常以能够满足日常正常生活开支即可。

2. 储蓄

在投资理财盛行的今天，许多人忽视了合理储蓄在理财中的重要性，不少人错误地认为只要理好财，定期储蓄就不重要了。其实，每月的储蓄是投资资金源源不断的源泉，只有持之以恒地储蓄，才能确保理财规划的逐步顺利进行。

（1）储蓄业务的种类

目前，国内储蓄机构的储蓄业务一般包括：活期储蓄、定活两便、整存整取、零存整取、存本取息、个人通知存款、定额定期。

① 活期储蓄：一元起存，多存不限，储蓄机构发给存折，凭折存取，开户后可随时存取，按季结息，即按结息日挂牌活期利率计息，每季末月的 20 日为结息日。未到结息日清户时，按清户日挂牌公告的活期利率计息到清户前一日止。

活期储蓄是居民储蓄存款中最基本和最重要的一种形式，适于居民小额的随存随用的生活零用结余存款。一般将月固定收入（如工资）存入银行卡或存折作为日常待用款项，供日常开支。

② 定活两便：一般 50 元起存。存期不满三个月，按活期计息，存期三个月以上不满半年的，按三个月定期存款利率打六折计息；存期半年以上不满一年的，按半年定期存款利率打六折计息；一年以上无论存期多长，均按一年期存款利率打六折计息。上述各档次均不分段计息。这种储蓄方式主要是支取日确保存期大于或等于三个月，以免利息损失。这种方法将多余的现金存起来可以取得比活期账户多的利息。

③ 整存整取：约定存期，到期一次性支取本息。一般 50 元起存，多存不限，存期分三个月、半年、一年、两年和三年，到期凭存单支取本息。存期越长，利率越高。储户还可以根据本人意愿办理定期存款到期约定或自动转存业务。

④ 零存整取：每月固定存额，一般 5 元起存，存期分一年、三年，存款金额由储户自定，每月存入一次，中途如有漏存，应在次月补存，未补存者，到期支取时按实存金额和实际存期计息。它适用于较固定的小额存款积累方法。但是，这一储种较死板，绝不能漏存，否则前功尽弃。假如每月存 50 元，一年到期几百元，来年作基金定期定投每月 100 元，经过长期规划今后所获得的收益也是可观的。

⑤ 存本取息：一次存入本金，金额起点一般为 5 000 元。存折记名，可预留印鉴或密码，可挂失。存期分为一年、三年。开户时由银行发给储户存折，约定每一个月、三个月或半年领取一次。取款时储户凭存折到原开户行填写取款凭证后领取本金。如到期日未领取，以后可随时领取。整存零取不得部分提前支取。将固定的现金以存本取息形式存起来，然后将每月的利息以零存整取的形式存起来，这种方法可以获得较多的利息收入。为免除每月跑银行存取的麻烦，可与银行约定"自动转息"业务。

⑥ 个人通知存款：是指存款人在存入款项时不约定存期，支取时需提前通知金融机构，约定支取日期和金额方能支取存款的一种储蓄方式。根据储户提前通知时间的长短，分为 1 天通知存款与 7 天通知存款两个档次。1 天通知存款必须提前 1 天通知约定支取存款，7 天通知存款必须提前 7 天通知约定支取存款。通知存款的币种为人民币。个人通知存款的最低起存金额为 5 万元，最低支取金额为 5 万元，存款人需一次性存入，可以一次或分次支取。

⑦ 定额定期：这是一种存款金额固定、存期固定的定期储蓄业务，简称"双定"。这种储蓄事先在存单上印有存款金额，通常有 10 元、20 元、50 元、100 元、500 元、1 000 元等。随着社会经济的发展，存单面额有不断加大的趋势。该储蓄由于事先印好面额，因此存取手续较为简便，有利于提高工作效率，方便储户。定额定期储蓄存期为一年，到期凭存单支取本息，可以过期支取，也可以提前支取。一次取清，不办理部分支取。利率和计算方法与整存整取定期储蓄相同。存单上不记名、不预留印鉴，也不受理挂失，可以在同一市县辖区内银行营业网点通存通取。

活动：用阶梯储蓄法完成一项案例分析

案例 2.3.1：王小姐，26 岁，在某中学任教，月收入 3 500 元左右，有银行存款 10 000 元，每月生活开销 1 000 元，逛街买衣服每月 2 000 元，交通费每月 500 元，是彻彻底底的"月光族"。单位提供"三险一金"。父母均有退休金和医疗保障，身体健康，短期内无须照顾。请问：王小姐如何告别"月光族"，做理财人？

根据案例提供的资料，按照阶梯存储法为王小姐制定理财方案。

① _____ ；

② _____ ；

③ _____ 。

（2）储蓄存款技巧

储蓄存款技巧主要有以下几点：

① 阶梯存储法：如果把钱存成一笔多年期存单，一旦利率上调就会丧失获得高利息的机会，如果把存单存成一年期，利息又太少，为此可以考虑阶梯存储法。此法流动性强，又可以获得高利息。

具体步骤是：如果手中有 5 万元，可分别用 1 万元开一年期存单，1 万元开两年期存单，1 万元开三年期存单，1 万元开四年期存单，1 万元开五年期存单，一年后，就可以用到期的一万元再去开设一个五年期存单，以后年年如此。五年后，手中所持有的存单全部为五年期，只是每个存单到期的年限不同，依次相差一年。这种储蓄方法既可以跟上利率调整，又能获取五年期存款的高利息，适合家庭为子女积累教育基金和未来子女的婚嫁资金等。

② 存单四分存储法：如果现在有 1 万元并且在一年内有急用，并且每次用钱的具体金额时间不确定，那么最好选择存单四分存储法，即把存单分为四张，即 1 000 元一张、2 000 元一张、3 000 元一张、4 000 元一张。这样一来，假如有 1 000 元需要周转，只要动用1 000元的存单便可以了，避免了需要 1 000 元也要动用"大"存单的情况，减少了不必要的损失。

③ 交替存储法：如果有 5 万元，不妨把它分为 2 份，每份2.5 万元，分别按半年期、一年期存入银行。若半年期存单到期，有急用便取出，若不用便按一年期再存入银行，以此类推。每次存单到期后都存为一年期存单，这两张存单的循环时间为半年，若半年后有急用可取出任何一张存单。这种储蓄方法不仅不会影响家庭急用，还会取得比活期更高的利息。

④ 利滚利存储法：利滚利存储法又称"驴打滚存储法"，即存本取息储蓄和零存整取储蓄有机结合的一种储蓄法。

具体步骤是：假如有 3 万元，可以把它存成存本取息储蓄，一个月后取出存本取息储蓄的第一个月利息，再用这一个月的利息开设一个零存整取储蓄户，以后每个月把利息取出后存入零存整取储蓄，这样不仅存本取息得到利息，而且其利息在参加零存整取后又取得利息，此种储蓄方法只要长期坚持就会有丰厚回报。

3. 货币市场基金

货币市场基金是一种功能类似于银行活期存款，而收益却高于银行存款的低风险投资产品。它为个人及企业提供了一种能够与银行中、短期存款相替代，相对安全、收益稳定的投资方式。它既可以在提供本金安全性的基础上，为投资者带来一定的收益，又具有很好的流动性。就流动性而言，货币市场基金的流动性很好，甚至比银行 7 天通知存款的流动性还要好。前者 T+1 或 T+2 就可以取得资金，而后者则需要 T+7。货币基金有类似于活期存款的便利。今天赎回（T日），资金最快明天（T+1 日）上午 10 点以前到账。就安全性而言，根据我国《货币市场基金管理暂行规定》，货币市场基金只能投资于货币市场工具，如投资于现金、1 年以内（含 1 年）的银行定期存款、大额存单、剩余期限在 397 天以内（含 397 天）的债券、剩余期限在 1 年以内（含 1 年）的债券回购、期限在 1 年以内（含 1 年）的中央银行票据及中国证监会、中国人民银行认可的其他具有良好流动性的货币市场工具，同时规定不得投资于股票、可转换债券、剩余期限超过397天的债券、信用等级在AAA级以下的企业债券及中国证监会、中国人民银行禁止投资的其他金融工具。投资品种的特性基本决定了货币基金本金风险接近于零。就收益率而言，货币市场基金的收益率远高于7天通知存款。货币基金没有认购费、申购费和赎回费，只有年费，总成本较低。货币市场基金本身流动性很强，同时收益高于活期存款，免征利息税，是理想的现金规划工具，现已成为人们的首选。

在做现金理财规划时，通常以如下的方式配置现金及现金等价物的比例，即将客户每月支出3~6倍的额度在现金规划的一般工具中进行配置，其中1/3以直观现金形式保存，2/3以活期储蓄和货币基金形式存在，这样安排既兼顾了流动性，又能够获得一定的收益性，是比较合适的搭配方案。

（二）现金理财规划的融资工具

微课学习：现金理财规划的融资工具

| 微课视频 | 学案 | 同步练习 | 理财小技巧：努力累积第一桶金（动图） | 理财小技巧：努力累积第一桶金（音频） |

在某些时候，个人或家庭有突然的未预料到的支出，而与此同时，个人或家庭的现金及现金等价物的额度又不足以应付这些支出，临时变现其他流动性不强的金融资产会有一部分损失。这时利用一些短期的融资工具融得一些资金就不失为一个解决紧急问题的好方法。事实上，在个人或家庭的现金规划过程中，个人或家庭往往更重视已有现金及现金等价物的管理和使用，而忽略了个人融资。

适宜于现金理财规划的融资方式主要包括信用卡融资、凭证式国债质押贷款、存单质押贷款、保单质押贷款、典当融资。

1. 信用卡融资

（1）信用卡简介

信用卡是银行或其他财务机构签发给那些资信状况良好的人士，用于在指定的商家购物和消费，或在指定银行机构存取现金的特制卡片，是一种特殊的信用凭证。

（2）信用卡的融资功能

信用卡在扮演支付工具的同时，也发挥了最基本的账务记录功能。再加上预借现金、循环信用等功能，更使信用卡超越了支付工具的单纯角色，具备了融资功能。

信用卡的信用融资功能表现为发卡机构向持卡人核定一个信用额度，在额度内持卡人无须任何存款即可购物消费或提取现金（一般贷记卡取现额度为信用额度的50%）。具体来讲，信用卡的信用融资功能表现在以下几个方面：

① 信用额度：信用额度是指银行根据信用卡申请人的信用记录、财务能力等资料为申请人事先设定的最高信用支付和消费额度。发卡机构将根据持卡人信用状况的变化定期调整信用额度。

② 免费融资：贷记卡持卡人用贷记卡进行透支支付，可享受免息还款期待遇。即持卡人用

贷记卡消费后，从银行记账日至发卡银行规定的到期还款日之间为免息还款期。如果持卡人在发卡机构规定的还款日之前偿还所有消费融资，则享受到免息还款期的优惠。免息还款期由三个因素决定：客户刷卡消费日期、银行对账单日期和银行指定还款日期。例如，张先生申请了某银行信用卡。按发卡行规定，每月 5 日为账单日，23 日为还款日，则该银行就为客户提供了最长为 48 天的免息优惠（各行规定不同）。如张先生在 1 月 4 日消费 1 000 元，则这笔款项计入当月账单，那么免息还款期就是当月 4—23 日这段时间，为 19 天；若张先生在 1 月 6 日消费 1 000 元，则这笔款项计入下月账单，那么到 2 月 23 日才需要偿还这部分透支额。则免息还款期就是 1 月 6 日—2 月 23 日这段时间，为 48 天，在这 48 天里可以免费占用银行的资金，相当于从银行获得了一笔无息贷款，从而解决了张先生的临时资金缺口，实现了提前消费。

需要注意的是，如果贷记卡持卡人在规定的还款日只偿还了最低还款额或未能支付上月所有信用卡消费，或消费金额超过发卡银行批准的信用额度时，则不再享受免息还款期待遇，即从银行记账日起，所有消费金额均要支付利息。发卡银行对贷记卡持卡人未偿还最低还款额和超信用额度用卡的行为，分别按最低还款额未还部分、超过信用额度部分的 5% 收取滞纳金和超限费。

请思考：

王女士持有某银行的信用卡，其信用额度为 10 000 元，上月购买了笔记本电脑，消费金额为 10 680 元，超出了原定 10 000 元的信用额度。近日她收到银行的对账单，其中有"超限费 34 元"。王女士很不解：难道信用卡也会刷爆？

③ 循环信用功能：循环信用是一种按日计息的小额、无担保贷款。持卡人可以按照自己的财务状况，每月在信用卡当期账单的到期还款日前，自行决定还款金额的多少。当持卡人偿还的金额等于或高于当期账单的最低还款额，但低于本期应还金额时，剩余的延后金额就是循环信用余额。持卡人如果在当期选择了循环信用，那么在当期就不能享受免息还款期的优惠。循环信用的利息计算方法为：上期对账单的每笔消费金额为计息本金，自该笔账款记账日起至该笔账款清偿日止为计息天数，日利率为 0.05% 计算利息。

请思考：

李女士的账单日为每月 5 日，到期还款日为每月 23 日。4 月 5 日银行为李女士打印的本期账单包括了她从 3 月 5 日至 4 月 5 日期间的所有交易账务：本月账单周期里李女士仅有一笔消费——3 月 30 日，消费金额为 1 000 元；李女士的本期账单列印"本期应还金额"为 1 000 元，"最低还款额"为 100 元。

若李女士于 4 月 23 日前全额还款 1 000 元，则在 5 月 5 日的对账单中循环利息为多少？若李女士于 4 月 23 日前只偿还最低还款额 100 元，则在 5 月 5 日的对账单的循环利息为多少？

④ 预借现金功能：预借现金（取现）服务是银行为持卡人提供的小额现金借款，满足持卡人的应急之需，让持卡人的资金融通更自在从容。一旦有现金紧急需要，持卡人可持信用卡在自动柜员机 24 小时自由取现。国际卡还可在全球的自动柜员机上方便地提领当地货币。预借现金额度根据持卡人的用卡情况设定，包含在信用卡的信用额度内，具体规定各发卡行不同。此外，

根据中国人民银行的相关规定，每卡每日取现金额累计不得超过人民币20 000元。同时承担按每笔预借现金金额的3%计算的手续费，最低收费额为每笔30元人民币或3美元。预借现金交易不享受免息还款期待遇，自银行记账日起按日利率0.05%计收利息至清偿日止。银行记账日为此笔交易发生日，发卡行按月计收复利。

2. 凭证式国债质押贷款

目前凭证式国债质押贷款额度起点一般为5 000元，每笔贷款不超过质押品面额的90%。凭证式国债质押贷款的贷款期限原则上不超过一年，并且贷款期限不得超过质押国债的到期日；若用不同期限的多张凭证式国债作质押，则以距离到期日最近者确定贷款期限。凭证式国债质押贷款利率，按照同期同档次法定贷款利率（含浮动）和有关规定执行。贷款期限不足6个月的，按6个月的法定贷款利率确定；期限在6个月以上1年以内的，按1年的法定贷款利率确定。另外，银行也会根据客户的不同情况对贷款利率有所调整，贷款利率的下限是基准利率的0.9倍，上限不设。借款人提前还贷，贷款利息按合同利率和实际借款天数计算，并按合同规定收取补偿金。凭证式国债质押贷款实行利随本清。凭证式国债质押贷款逾期1个月以内（含1个月）的，自逾期之日起，按法定罚息率向借款人计收罚息。

3. 存单质押贷款

目前各家商业银行都推出了存单质押贷款业务，且手续简便。借款人只需向开户行提交本人名下的定期存款（存单、银行卡账户均可）及身份证，就可提出贷款申请。经银行审查后，双方签订定期存单抵押贷款合同，借款人将存单交银行保管或由银行冻结相关存款账户，便可获得贷款。有的银行，如中国工商银行存单质押贷款的起点金额为1 000元，最高限额不超过10万元，且不超过存单面额的80%；交通银行要求最高为质物面额的90%。银行借款人如果手续齐备，当天就可以签订合同拿到贷款，不需要任何的手续费。存单质押贷款一般适合于短期、临时的资金需求。贷款利率按照中国人民银行规定的同期贷款利率计算，贷款期限不足6个月的，按6个月的法定贷款利率确定；期限在6个月以上1年以内的，按1年的法定贷款利率确定。优质客户可以下浮10%。如借款人提前还贷，贷款利率按合同利率和实际借款天数计算。

目前，商业银行提供的贷款种类各异，除了上述列举的几种外，还有诸如个人临时贷款、个人房产装修贷款、个人旅游贷款、个人商铺贷款、个人小型设备贷款和个人外汇宝项下存款质押贷款等种类，这里就不再详述。

4. 保单质押贷款

所谓保单质押贷款，是保单所有者以保单作为质押物，按照保单现金价值的一定比例获得短期资金的一种融资方式。目前，我国保单质押贷款存在两种情况：一是投保人把保单直接质押给保险公司，并从保险公司取得贷款，如果借款人到期不能履行债务，当贷款本息达到退保金额时，保险公司终止其保险合同效力；二是投保人将保单质押给银行，由银行支付贷款给借款人，当借款人到期不能履行债务时，银行可依据合同凭保单由保险公司偿还贷款本息。

然而，并不是所有的保单都可以质押的，质押保单本身必须具有现金价值。人身保险合同可分为两类：一类是医疗保险和意外伤害保险合同，此类合同属于损失补偿性合同，与财产保险合同一样，不能作为质押物；另一类是具有储蓄功能的养老保险、投资分红型保险及年金保险等人寿保险合同，此类合同只要投保人缴纳保费超过1年，人寿保险单就具有了一定的现金价值，保单持有人可以随时要求保险公司返还部分现金价值，这类保单可以作为质押物。

此外，保单质押贷款的期限和贷款额度有限制。保单质押贷款的期限较短，一般不超过6个月。最高贷款余额不超过保单现金价值的一定比例，各个保险公司对这个比例有不同的规定，一般在70%左右；银行则要求相对宽松，贷款额度可达到保单价值的90%。期满后贷款一定要及时归还，一旦借款本息超过保单现金价值，保单将永久失效。目前保单贷款的利率参考法定贷款的利率，同时，保险公司和银行根据自身的情况，具体确定自己的贷款利率。

5. 典当融资

典当是指当户将其动产、财产权利作为当物质押或者将其房地产作为当物抵押给典当行，交付一定比例费用，取得当金，并在约定期限内支付当金利息、偿还当金、赎回当物的行为。

办理出当与赎当，当户均应当出具本人的有效身份证件。当户为单位的，经办人员应当出具单位证明和经办人的有效身份证件；委托典当中，被委托人应当出具典当委托书、本人和委托人的有效身份证件。出当时，当户应当如实向典当行提供当物的来源及相关证明材料。赎当时，当户应当出示当票。所谓当票，是指典当行与当户之间的借贷契约，是典当行向当户支付当金的付款凭证。

当物的估价金额及当金数额应当由双方协商确定。房地产的当金数额经协商不能达成一致的，双方可以委托有资质的房地产价格评估机构进行评估，估价金额可以作为确定当金数额的参考。典当期限由双方约定，最长不得超过6个月。

【任务二】 制定现金理财规划方案

思考题：
1. 现金理财规划的流程是什么？
2. 现金理财规划方案大致包括哪些内容？

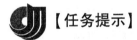 **【任务提示】**

活动：案例分析，并形成报告

案例 2.3.2： 王先生是某房地产公司的一个部门经理，月薪10 000元，年终奖60 000元；他的妻子李女士是某公司会计，月薪6 000元，年终奖10 000元。他们的固定房产有两套，位于某市，价值200万元，目前自住。两人去年以分期付款方式购入另一套200平方米房产，8 000元/平方米，首付比例为30%，利率为6.12%，20年期，采用等额本息方式，月供约为6 000元，目前市场价格为300万元，现已装修完毕准备出租，预计租金为1万元/月。王先生有一爱车，市价18万元。他们的儿子一岁两个月，他们给儿子购买了儿童保险，大约是2 000元/年。儿子的奶粉、服装，两人的吃穿和日常开销，每月总计家庭支出为8 000元。两人均有公司上的社保，此外无其他保险品种。两人持有股票市值25万元左右，目前收益还不错。家中还有闲余资金20万元，包括现金2万元，活期存款3万元，定期五年的存款10万元、十年的5万元。王先生的父母身体状况良好，有退休金。李女士父母也有退休金，暂时不需要两人供养。两人都是"90后"，都是典型的"奔奔族"（"奔奔族"是网络流行语，指目前中国社会压力最大、最热爱玩乐却最拼命工作的族群）。

根据案例提供的资料，对王先生家的财务状况进行分析，并为其制定现金理财规划方案。

① 将王先生家每月支出3~6倍的额度在现金规划的一般工具中进行配置。

_____

_____。

② 向王先生介绍现金理财规划的融资方式，解决超额的现金需求。

_____

_____。

③ 形成现金理财规划报告，交付王先生。

_____

_____。

二、现金理财规划流程

微课学习：现金理财规划流程

微课视频	学案	同步练习	理财小技巧：可以通过做兼职来增加收入（动图）	理财小技巧：可以通过做兼职来增加收入（音频）

在分析客户现金需求的基础上，理财规划师接下来的工作就要着手进行现金理财规划了。在规划的过程中，既要使资产的配置保持一定的流动性，又要实现一定的收益。

一般来说，现金理财规划可分为以下三步。

1. 将客户每月支出 3~6 倍的额度在现金理财规划的一般工具中进行配置

在为具体客户确定其个人（或家庭）现金及现金等价物的额度时，应根据不同客户家庭的收入、支出的稳定情况，将其现金或现金等价物的额度确定为个人（或家庭）每月支出的 3~6 倍。现金及现金等价物的额度确定后，还需要对个人（或家庭）的金融资产进行配置。具体而言，就是让金融资产在现金、各类银行存款、货币市场基金等金融产品间进行配置。例如，可以将现金及现金等价物额度的 1/3 以现金的形式保存，而另外 2/3 的部分则以活期储蓄和货币市场基金的形式存在。由于这部分资金额度较少，因此具体的配置比例可以根据个人或家庭的偏好来进行。

2. 向客户介绍现金理财规划的融资方式，解决超额的现金需求

理财规划师将客户的流动资产在现金理财规划的一般工具中进行配置之后，应将各种融资方式向客户做一下介绍。在介绍的过程中，应注意比较各种融资方式之间的区别，这些区别体现在融资期限、额度、费用、便捷程度等方面。

在制定客户现金理财规划方案的过程中，理财规划师需要熟知现金理财规划的工具。特别是在目前状况下，各种新的理财规划工具层出不穷，理财规划师更应及时详尽掌握新的现金理财规划工具的运用及其优缺点。

3. 形成现金理财规划报告，交付客户

经过以上工作程序，充分了解、分析客户需求并选择适当工具，满足需求的现金理财规划方案就制定完成了。接下来，理财规划师应根据客户要求完成相应的结尾工作。如果客户仅进行现金理财专项规划，则形成现金理财规划报告，交付客户。如果客户需要综合理财规划服务，则将现金理财规划部分作为分项规划之一纳入综合理财规划建议书中，待各分项规划全部完成后再交付客户。

◆理财技巧

攒更多的钱——开源节流

家庭用水要尽量做到一水多用。例如，淘米水可以用来洗菜，有利于去除蔬菜表面的农药，也可以留下来洗脸，既可节水又可美容；洗菜、洗衣服的水，直接倒掉很浪费，可以按水的干净程度分装成几只桶，较脏的用来冲厕所，干净一些的水可以用来浇花，而最干净的则用来拖地；洗澡水、洗衣水、洗脸水、洗脚水可用于冲厕；将卫生间里水箱的浮球向下调整 2 厘米，每次冲洗可节水近 3 升，按家庭每天使用 4 次算，一年可节约水 4 380 升。

用微波炉做米饭更省电，一般电饭锅的功率是 900 瓦，用时 20 分钟，耗电 0.3 度；而微波炉的功率是 700 瓦，用时是 7 分钟，耗电不到 0.1 度。微波炉做的米饭颗粒完整，整体软硬适中；而电饭锅做的米饭有的地方软，有的地方硬，而且时常还有煳锅的现象。用微波炉做米饭很容易，将米倒入微波炉专用的玻璃煮锅里，倒入适量清水，盖好盖子，将放米和水的玻璃煮锅放入微波炉，中高火，定时 7 分钟。

◆作业

实训 1：活期存款案例计算

目标：能准确地计算活期存款的本利和。

任务：完成一项活期存款案例。

资料：某客户在某年 1 月 8 日存入一笔 123 456.67 元的活期存款，假设年利率为 0.36%。

要求：计算一年后该笔存款的本利和。

实训 2：定活两便储蓄存款案例计算

目标：能准确地计算定活两便储蓄存款的利息。

任务：完成一项定活两便储蓄存款的案例。

资料：某客户在某年 7 月 31 日存入 10 000 元定活两便存款，若该客户于下一年的 3 月 10 日全部支取。支取日，银行确定的半年期整存整取利率为 1.89%。

要求：计算该客户能获得的利息。

小结

本项目主要介绍了现金、现金等价物、现金规划、持有现金的动机、流动性比率、工作收入中断的表现形式，以及资产负债表、现金流量表、资产负债表的结构，现金规划的一般工具，现金规划的融资工具和我国目前的储蓄种类及储蓄技巧。

习题

一、单选题

1. 关于货币市场基金不正确的说法是（   ）。

   A. 货币市场基金的流动性很好，甚至比银行 7 天通知存款的流动性还要好

   B. 货币市场基金的风险小

   C. 货币市场基金是指仅投资于货币市场工具的基金

   D. 一般来说，申购和认购货币市场基金没有最低资金要求

2. 关于现金规划中的交易动机说法不正确的是（   ）。

   A. 满足支付日常的生活开支而持有现金的动机

   B. 个人的收入水平越高，交易数量越大，所以日常开支的货币量就越大

   C. 为了预防意外支出而持有现金的动机

   D. 出于交易动机而持有的货币量水平决定于收入水平、生活习惯等

3. 张先生突然有一笔没有预期到的支出，额度为 50 000 元，下列最不可行的解决支出的方式是（   ）。

   A. 在二级市场出售已经跌至谷底的股票

   B. 采用信用卡透支的方式，解决一部分需要

   C. 将股票质押到典当行进行贷款

   D. 利用保单借款

4. （　　）不能作为现金等价物。

　　A. 活期存款　　　B. 货币市场基金　　　C. 各类存款　　　　D. 股票

5. 根据货币市场基金的规定，（　　）是货币市场基金可以投资的对象。

　　A. 一年以内的银行存款、大额存单　　　B. 股票

　　C. 剩余期限超过 397 天的债券　　　　D. 信用等级在 AAA 级以下的企业债券

6. 在整个理财规划中，（　　）规划处于十分重要的地位，该规划是否科学合理影响其他规划的实现，因此，做好该规划是理财规划的必备基础。

　　A. 投资规划　　　B. 养老规划　　　　C. 教育保障　　　　D. 现金保障

7. 某客户信用卡的对账单日期为每月 10 日，指定还款日为每月 28 日，如果客户在本月 5 日消费 2 000 元，则（　　）。

　　A. 无论什么时候还款，都可享受免息期

　　B. 没有免息期

　　C. 如果 28 日之前还款，可以享受免息期

　　D. 如果 28 日以后还款，也可以享受免息期

8. 如果客户每月收入、支出情况都非常稳定，那么理财规划师通常会建议其流动性比率应保持在（　　）左右。

　　A. 1　　　　　　　B. 3　　　　　　　　C. 6　　　　　　　　D. 10

9. 高女士拥有一张招商银行的信用卡，该发卡行规定每月的对账单日为 5 日，指定还款日为 23 日。如果高女士在当月 4 日消费 2 000 元，免息还款期为（　　）天。

　　A. 19　　　　　　B. 56　　　　　　　C. 50　　　　　　　　D. 30

10. 接上题，如果高女士在当月 5 日消费 2 000 元，免息还款期为（　　）天。

　　A. 48　　　　　　B. 30　　　　　　　C. 20　　　　　　　　D. 56

11. 王女士拥有中信银行信用卡，该卡对账日为每月 10 日，指定还款日为每月 25 日。如果王女士在 4 日消费 4 000 元，免息还款期（　　）天。

　　A. 25　　　　　　B. 30　　　　　　　C. 40　　　　　　　　D. 21

12. 个人活期存款按（　　）结算利息。

　　A. 月　　　　　　B. 季　　　　　　　C. 半年　　　　　　　D. 年

13. 下列关于个人通知存款的说法不正确的是（　　）。

　　A. 根据客户提前通知时间的长短，分为 1 天和 7 天通知存款两个档次

　　B. 最低起存金额 5 万元

　　C. 最低支取金额 5 万元

　　D. 支取时不需要提前通知金融机构

14. 流动性与收益性是评价金融资产的指标，下列说法不正确的有（　　）。

　　A. 对于金融资产，通常流动性与收益性是呈反方向变化的，高流动性意味着收益率较低

　　B. 现金和现金等价物的流动性较强，收益率也相对较低

　　C. 由于货币时间价值的存在，持有收益率较低的现金和现金等价物就等于丧失了持有收益率较高的投资品种的货币时间价值

　　D. 对于金融资产，通常流动性与收益形势呈同方向变化

15. 现金是现金规划的重要工具，下列说法不正确的是（　　）。

　　A. 现金在所有的现金规划工具中流动性最强

　　B. 持有现金的收益率低

　　C. 持有现金的收益率高

D. 通常情况下，由于通货膨胀现象的存在，持有现金不仅没有收益率，反而会发生贬值

16. 关于现金规划的说法不正确的是（　　）。

A. 现金规划是为满足个人或家庭短期需求而进行的管理日常现金以及现金等价物和短期融资的活动

B. 现金等价物是指流动性比较强的活期储蓄、各类银行存款以及货币市场基金等

C. 现金规划能使客户所拥有的资产保持一定的流动性

D. 将资产在现金规划的一般工具中进行配置能够使资产保持较高的收益性

17. 关于信用卡说法不正确的是（　　）。

A. 必须有良好的信用记录，银行才愿意核发信用卡

B. 使用信用卡进行短期融资涉及多种费用，如年费、利息、手续费等

C. 持卡人的融资期限最好控制在免息期内

D. 最好采取预借现金的方式进行短期融资

18. 下列关于保单质押的说法，不正确的是（　　）。

A. 保单质押贷款，是保单所有者以保单作为质押物，按照保单现金价值的一定比例获得短期资金的一种融资方式

B. 投保人可以将保单直接质押给保险公司，并从保险公司取得贷款

C. 投保人可以将保单质押给银行，从银行取得贷款

D. 所有保单都可以质押，医疗保险和意外伤害保险合同也可以质押

19. 整存零取是事先约定存期，整数金额一次存入，分期支取本金，到期支取利息的定期储蓄，该储蓄适合（　　）的客户。

A. 存款在一定时期内不需要动用，只需要定期支取利息作为生活零用

B. 将闲置资金转为定期存款，如果活期账户因为消费或支取现金不足时将定期存款自动转为活期存款

C. 有整笔较大款项收入并且在一定时期内分期陆续支取使用

D. 有整笔较大款项收入并且在一定时期内全额支取使用

20. 定活两便储蓄是一种不约定存期，一次性存入、一次性支取的储蓄存款。老刘春节前取得了 30 000 元奖金，计划给孩子 9 月份作为学费用，由于担心投资可能亏损，于是进行了定活两便储蓄，则届时他的利息收入为（　　）。

A. 根据活期利率实际天数计算　　　　B. 根据定期利率实际天数计算

C. 根据半年整存整取利率计算　　　　D. 根据半年整存整取利率的 60% 计算

二、案例分析题

表 2-4 为万先生一家的每月平均支出。

表 2-4　万先生一家的每月平均支出

家用固定电话费	100 元	万先生手机费	500 元
万太太手机费	130 元	上网费	360 元
水电费	300 元	购买日常生活用品开支	300 元
交通开支	2 500 元	休闲娱乐等开支	500 元
每月寄给万先生父母	1 000 元	每月寄给万太太父母	1 000 元

1. 理财规划师在为万先生制定现金规划方案时，建议万先生准备的现金或现金等价物的额度为（   ）元。

  A. 10 000   B. 15 000   C. 30 000   D. 50 000

2. 理财规划师在为万先生制定现金规划方案时，建议万先生选择的现金理财规划工具中不包括（   ）。

  A. 定额定期储蓄 B. 股票   C. 现金   D. 货币市场基金

三、实训操作题

目标：熟练运用时间价值计算方法进行投资价值分析。

任务：完成某投资产品投资分析。

资料：甲企业发行三年期债券，面值为 10 000 元，利率为 5%，到期一次还本付息，债券发行价格为 10 500 元；乙企业同期也发行三年期债券，面值为 10 000 元，利率为 4.2%，债券按面值发行，每年付息一次。

要求：如果你是投资者，你如何做出选择？请说明原因。

消费与房地产投资理财规划

知识目标：掌握消费理财规划、消费购买决策的过程、购买行为的动机、房地产投资理财规划的主要内容，购房筹资规划、房地产投资理财规划的意义，以及住房抵押，房地产投资交易相关费用。

能力目标：能进行消费支出的理财规划；能对租房与购房进行比较；能进行房地产投资理财规划。

思政目标：树立正确的得失观念，形成从经济角度进行权衡利弊分析的意识。

单元一　家庭消费理财规划

识记能力目标：消费理财规划；消费购买决策的过程；购买行为的动机。

理解能力目标：消费者收集信息的来源；如何进行理性消费。

应用能力目标：运用所学的消费理财规划理论处理生活中的各种消费；运用消费购买决策理论评价购物方案进行理性消费。

◆**理财常识**　　　　　　**四个落伍的理财价值观**

要注意以下四种理财方式已经跟不上时代了，却还仍然存在于中国民间。仔细看看你或者你的父辈是否属于以下四种类型："蚂蚁族""蟋蟀族""蜗牛族""乌鸦族"。

"蚂蚁族"属于先牺牲后享受。曾经有这样一个关于中国老太与美国老太的故事，中国老太，活到60岁终于存够了买房的钱；而美国老太，活到60岁终于把买房的钱还清了。中国老太就属于"蚂蚁族"，这类人一辈子忙碌，有一点钱就存进银行，他们的生活过得勤俭节约，努力赚钱却不舍得享受，总想着把钱存起来将来过好日子。可毕竟人生苦短，没必要太苛求自己。年轻的时候舍不得买漂亮衣服，年老的时候就算你存够了钱，能买得起最漂亮的衣服，你也不再有资本去穿了。这又何必呢？

"蟋蟀族"属于先享受后牺牲。蟋蟀整个夏天都在唱歌玩乐，不曾为将来的生活做过打算，以至于到了冬天的时候，它们无法像储备丰富的蚂蚁那样挨过寒冷的冬天，只能饿死。这也就是我们前面讲到的"月光族"和"借光族"。

"蜗牛族"就是那种一辈子都为了一套房子而辛苦的人，是典型的"房奴"，以购买房屋作为最主要的理财目标。为了供一套房子，哪怕每天吃馒头就咸菜，他们也乐在其中。建议这类人理智买房。

乌鸦以它们的慈爱闻名，一切都为了后代着想，因此属于"乌鸦族"的投资者，他们的理财目标就是为了儿女，理财的动机就是为了让子女未来能够接受高等教育。由于现在的教育费用越来越高，一般工薪家庭的大部分收入都投入到这部分中去，自己留不下什么钱为以后的生活做保障，因此建议这类人先要留一些资源给自己。

过去我们常说"吃不穷，穿不穷，不会算计一生穷"，但如今社会不断进步，生活水平日益提高，勤俭持家、使劲攒钱的老观念已经落伍了。能挣会花日渐成为最流行的理财新观念。

"能挣"就是要"生财"，许多人都在发挥个人特长经商或谋取兼职等，广开财源。设想一下，如果你不懂生财之道，那么你就像无源之水、无本之木。生财之道的最高境界是让钱生钱和让别人替你赚钱。合理的生财之道能使我们手中有了一笔积累之后，遇到好的投资机遇，才不会因一贫如洗而与其失之交臂。

"会花"就是挣钱后要科学打理。你口袋里有钱了，但是钱用得不是地方，该用钱的地方没花，不该用钱的地方胡乱花，使钱像流水一样又从兜里流走，钱就发挥不出应有的作用。因此，合理用财是管理艺术的最佳表现，是聚财之道的延伸。

◆ 案例引入

随机请几位学生回答他们家中的家电、家庭摆设、自己使用的手机在购买过程中，谁是提议者，决策过程中受谁意见影响，谁最后购买和使用。

引导、启发学生在所回答问题中归纳、区分出一个购买决策中的5种角色。

发起者：是指首先提出或有意想购买某一产品或服务的人。

影响者：是指其看法或建议对最后决策具有一定影响的人。

决策者：是指在是否买、为何买、哪里买等方面的购买决策做出完全或部分最后决定的人。

购买者：是指实际进行采购的人。

使用者：是指实际消费或使用产品或服务的人。

典型的产品支配形式如下：

丈夫支配型：人身保险、汽车、电视机及其他耐用消费品。

妻子支配型：洗衣机、地毯、家具、厨房用品。

共同支配型：度假、住宅、户外娱乐。

找出购买的决定者，从而采取有针对性的广告宣传和销售服务，以诱导影响消费者，争取决定者，促使购买行为的实现。

【任务】 家庭消费理财规划

思考题：

1. 你消费购买前会做哪些准备工作？

2. 你消费购买决策过程是怎样的？

【任务提示】

活动：分组讨论比尔·盖茨的消费观

案例 3.1.1： 我们都知道微软公司的创始人比尔·盖茨吧，听说他曾蝉联《福布斯》美国富翁榜首富，但我们不知道的是，富可敌国的比尔·盖茨生活很俭朴，对于自己的衣着，他从不看重它们的牌子或是价钱，只要穿起来感觉舒服就可以。他没有自己的私人司机，公务旅行坐经济舱，还对打折商品感兴趣。盖茨曾说过："我要把我所赚到的每一笔钱都花得很有价值，不浪费一分钱。"

> **请思考：**
> 对以上的消费观念，你持何看法？

讨论：对本单元案例中比尔·盖茨的消费观进行分组辩论。

（1）赞成的理由

① _____。

② _____。

③ _____。

（2）不赞成的理由

① _____。

② _____。

③ _____。

人生需要消费，消费需要规划。所谓消费理财规划，说得通俗一些，大到个人购房置地，小到吃饭穿衣，一切与花钱消费有关的事项都可以归入消费理财规划的范围；说得专业一些，消费理财规划是对个人、家庭的消费资源进行合理的、科学的、系统的管理，使个人、家庭在整个生活过程中保持消费资源的财务收支平衡，最终达到终身的财务安全、财务自由的过程。可见，任何涉及个人消费性资源的活动都属于消费规划的范畴。

在消费购买决策过程中，理性的消费者产生合理的消费行为，因而其消费决策也应当是理性的。然而，理性的消费决策不是一蹴而就的，必须经过购物前的准备、评价购物方案、方案选择这些过程，最后才进入购买行为，并且在购买之后还要反馈购买感受。

一、购物前的准备

微课学习：消费购买前的准备工作

微课视频　　学案　　同步练习　　理财小技巧：改掉　　理财小技巧：改掉
　　　　　　　　　　　　　　　　消费恶习（动图）　　消费恶习（音频）

收入像河流，财富像水库，而购物消费就是它们的出口。因此，我们在消费前应做好充分的准备，避免收入和财富从出口毫无节制地任意流出。要做好购物前的准备，首先要明确我们的购买动机，然后搜集信息为制定购物方案做准备。

（一）明确购买动机

消费者购买动机多种多样、千变万化，各种动机错综复杂、相互交织。但一般认为，购买动机可分为生存、享受、发展、刺激和惠顾五种。

1. 生存动机

生存动机是消费者纯粹为了满足其生存需要而激发的购买动机。人具有饥、渴、寒、暖、行、止等各种生理本能，与此相适应会产生各种生理的需求。例如，消费者在饥时而思食，为御寒而择衣，患病求医、养儿育女也需要消费各种商品。这是人类在现代社会形成各种消费行为的最本源的动机。

2. 享受动机

享受动机是基于消费者对享受物质的需求而产生的购买动机。人们在满足吃、喝、穿、住、行等基本生活需要之外，衍生了享受的需要。人们不仅要吃饱穿暖，还要吃得科学营养、穿得美观漂亮；不仅有栖身之所，还要住得宽敞舒适。在现代人的生活中，享受性购买动机越来越成为支配人们购买活动的主动力。

3. 发展动机

发展动机是基于消费者对发展的需要而引起的购买动机。人们的发展需要包括体力和智力两个方面。体力发展需要主要有提高身体素质、强壮体魄、免除疾病等；智力发展需要有学习科学知识、提高智力水平、掌握劳动机能等。

4. 刺激动机

刺激动机是基于消费者对同伴或企业的信号刺激而产生的消费动机。同伴的消费信号的刺激包括"有意炫耀"所引起的消费攀比、"标新立异"引起的消费模仿、"自我形象"引起的消费显示以及"归属需要"所引起的团队消费，这些从消费者内部所接受的消费信号都将使消费行为获得充足的激励，以至在消费者内部存在着一种"消费竞争"的热潮。除此之外，企业也常常推出富有刺激性的"尊贵消费""新潮消费""有奖消费""体验消费"，以吸引消费者参加。

5. 惠顾动机

惠顾动机是基于消费者对情感和理智的经验，对某种商品、品牌或商标、厂商的特殊信任和喜爱而产生的习惯性重复购买的动机。由此类动机驱使的购买行为具有经常性和习惯性等特点。惠顾动机往往产生于商品货真价实、服务周到、商品和企业信誉良好、商店环境美观、品种齐全、购买便利等。

总之，由于消费者的性别、年龄、职业、经济条件和心理素质等，以及购买环境、购买方式、商品类别、供求状况、服务质量等方面的不同，都会出现购买行为的差异现象。所以，明确消费者的购买动机，必须结合现实情况，结合消费者自身的言谈行为特点，以及对商品的心理反应等方面进行具体分析，并在此基础上搜集打算购买的商品信息。

（二）收集信息形成购物方案

消费者形成了购买某种商品的动机后，如果不熟悉这种商品的情况，往往就要先收集信息。这时，消费者会增加对有关广告、谈话等的注意，比以往更注意相关商品的信息，还可能会通过查阅资料、向亲友和熟人询问情况的方式，积极地搜寻信息。

一般来说，消费者获得信息有以下四种来源：① 个人来源，即从家庭、朋友、邻居和其他熟人处得到信息。② 商业性来源，即从广告、售货员介绍、商品展览与陈列、商品包装、商品说明书等得到信息。③ 公众来源，即从报刊、网络等大众宣传媒介的客观报道和消费者团体的评论得到信息。④ 经验来源，即通过触摸、试验和使用商品得到信息。

从消费者的角度看，由企业控制的商业性来源信息起着通知的作用，其他非商业性来源信息起着验证和评价的作用。

消费者所要收集的信息主要有三个方面：① 恰当的评估标准。例如，某消费者欲购买一部手机，首先要确定所要购买的手机应具有哪些特征。这些特征便是评估的标准。消费者一般先根据自己的经验判断一部理想的手机应具备哪些特征。一旦感到自己经验有限，他就会向朋友打听，查阅网络评价、报刊，或向销售人员征询。② 已经存在的各种解决问题的方法，如目前有多少种手机在市场上出售。③ 各种解决问题的方法所具备的特征，如目前市场上各种手机的款式、功能、厂牌信誉、价格等。

消费者所面临的可解决其问题的信息是众多的，他们一般会对各种信息进行逐步筛选，直至从中找到最为适宜的解决问题的方法。消费者一般不可能收集到有关产品的全部信息，他们只能在其知晓的范围内进行选择；而对于其所知晓的信息进行比较筛选后，会挑出其中一部分进行认真的选择；最终又会在它们中间选出两三个进行最后的抉择，直至作出购买决策。在逐步筛选的过程中，每进入一个新的阶段都需要进一步收集有关产品更为详细的资料和信息。如果某一产品在这一选择过程中被首先淘汰，除其不适应消费者的需要之外，很大程度上是由于所提供的信息资料不够充分。

经过收集信息，消费者逐步缩小了对将要购买的商品进行品牌选择的范围。余下的供选择的品牌，就是消费者在下个阶段评价的对象。

二、评价购物方案

微课学习：消费购买决策过程

| 微课视频 | 学案 | 同步练习 | 理财小技巧：记账审视花费，不忘省钱（动图） | 理财小技巧：记账审视花费，不忘省钱（音频） |

在广泛的信息搜寻之后，消费者将会对已经熟识的几种产品与服务和将要进行的消费进行评价，与能满足需要的各种方案进行比较和评估。以购买轿车为例，消费者评价他们所要购买的轿车将分别形成安全性、经济性、性价比、舒适性、排气量、款式、颜色等指标。当然，消费者对汽车的这些指标评价并不都是同等重要的，它们在消费者心目中有不同的权重。例如，有些消费者注重轿车的舒适性、安全性，而大部分的消费者却注重性价比。因此，虽然消费品自身有客观的标准和功能指标，但消费者个人的评价却是千差万别的，因为这牵涉到消费者的情感（情绪好恶、期望高低、感性强弱的差别）、消费者的态度（信念是否牢固、意向是否坚定等），以及消费者的个性（即消费者个体的独特性、自我满足感、形象差异性、个人价值实现程度和生活方式的取向程度）等因素的实现程度。

例如，以品牌决策为例，小王准备购买笔记本电脑，通过收集信息，他会对市场上现有的各种笔记本电脑的若干品牌形成初步认识，这些品牌便进入了他的"知晓范围"。然后他会依据一定的标准，作进一步的选择，只考虑更少的一部分品牌，这部分品牌便进入了他的"考虑范围"。对"考虑范围"内的各个品牌，经过比较，会留下更少的几个供选择，这几个品牌便进入了他的"备选范围"。经过反复比较，权衡得失，小王最后决定购买某品牌的笔记本电脑。

三、选购商品

消费者通过评价购物方案会剔除一些备选商品，对某一品牌的产品产生偏爱，并准备采取购买行动。该阶段是消费者购买过程的关键阶段。消费者在该阶段真正购买商品之前，容易受两种因素的干扰：第一种因素是别人的态度；第二种因素是意外情况因素。别人的态度对消费者购买决策的影响程度取决于两个方面：一是别人对自己偏爱的产品的否定程度；二是消费者对别人意见的接受程度。其他人如果在消费者准备进行购买时提出反对意见或提出了更有吸引力的建议，有可能使消费者推迟购买或放弃购买。他人态度影响力的大小主要取决于两点：反对的强烈程度及其在消费者心目中的地位。反对越强烈，或其在消费者心目中的地位越重要，其对消费者购买决策的影响力也就越大；反之，就比较小。在消费者准备进行购买时所出现的一些意外变故也可能使消费者改变或放弃购买决策。例如，消费者家中突然有人生重病需要大量治疗费用，消费者突然失去工作或稳定的收入来源等，都是一些有可能改变消费者购买决策的突变因素。所有这些意外情况因素都会使消费者改变原来的购买意念，从而影响其选购商品。

四、购买后的活动

消费者购买了商品，并不意味着消费者购买行为的结束。消费者购买商品后，往往会通过使用，或家庭成员与亲友的评判，对自己的购买选择进行检验和反省，形成购买后的感受。其中，最主要的感受就是满意还是不满意。

感到满意的消费者会向他人进行宣传和推荐该产品，并且自己也可能重复购买。感到不满意的消费者行为较复杂，如果不满意的程度较低或商品的价值不大，消费者有可能不采取任何行动。但是如果不满意的程度较高或商品的价值较大，消费者一般会采取以下两种行动：一是到商场要求对商品进行退换，将不满意的情况告诉亲戚朋友，以后再也不购买该品牌或该企业的商品等；二是将其不满意的情况公布于众，如向消费者协会投诉、向新闻媒体披露，甚至告上法庭。这种情况下，一般是商品的安全问题严重或商家没有妥善处理退换工作。图3-1展示了消费者购买后的感觉及行为特征。

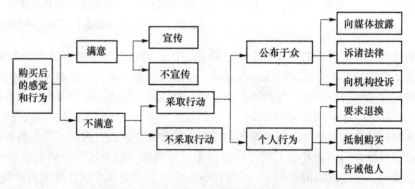

图3-1 消费者购买后的感觉和行为特征

在消费购买决策的过程中，作为消费者一定要做好购物前的准备工作。例如，在消费前收集信息，做好预算；消费过程中用环保的眼光选购商品，理性消费；最后还要总结消费经验，保护自己的合法消费权益。

在物质生活水平提高后，消费者需要注重精神上的追求，适度消费，养成理性购物的好习惯。人的一生就是在不断地赚钱和花钱，消费是人们生活中的一种必不可少的活动，所花的钱是否值得要取决于自己。现在的青年朋友们的消费观念大多追求时尚，如果没有学会适度消费和合理理财，一味追求高层次的消费，心存享乐主义，那么生活会变得拮据。

◆理财技巧

省钱大比拼——日常生活省钱窍门

日常生活中应坚持的守则是：能免就免，该省则省；若非实在需要，再便宜也不得浪费。节省不是抠门，而是一种生活态度，更是环保的表现。

1. 省水

洗碗的时候，很多人都有个习惯，就是将洗洁精倒进水槽或者洗碗盆里，这样洗洁精就会被稀释，不但清洗效果不好，而且也很浪费。所以，最好是将洗洁精直接涂抹在餐具上，搓完再一起过水清洗。

洗衣时不管是手洗还是机洗，一定要先用少量水加洗涤剂或肥皂、洗衣粉等充分浸泡一段时间，先洗去污渍，再用清水漂洗若干次。机洗时水位不要定得太高，要利用程序控制选择合适的水位段，一般以刚淹没衣物为宜。洗衣粉、洗衣液要适量，过量的洗衣粉不会使衣物干净多少，只会增加漂洗难度和次数。

2. 省电

用完洗衣机、电视等电器，人离开时要注意拔掉插头，不然电流流通依旧会耗电。

冰箱冷藏室设在5℃，冷冻室设为-6℃，处于最佳工作状态，也最省电。冰箱最好放在通风、阴凉处，距离墙面要在20厘米以上，这样有助于散热；尽量减少冰箱的开门次数，缩短开门时间；太热的东西不要立即放入冰箱；冰箱内的东西不要放得太满；水果、蔬菜及水分较多的食物，要用塑料袋或保鲜膜包好后再放入。

单元二　房地产投资理财规划

学习目标 ///

识记能力目标：住房规划的主要内容；购房筹资规划，住房规划的意义；住房抵押的含义；房地产投资交易相关费用。

理解能力目标：家庭居住规划的内容、方法和程序；房产投资的优势和劣势；分析租房的成本和收益；计算购买住房的成本、房地产投资回报。

应用能力目标：能运用目前我国（自用）住房贷款的主要种类及操作方式进行住房规划；能运用筹资理论进行购房筹资规划；能运用相关理论进行出租房和出售房决策。

◆理财故事

房产预售

朝鲜战争结束后，霍英东就预料到，香港航运事业的繁荣，必然会带来金融贸易的发展，而这又将促进商业及住宅楼的开发。于是他抢先把经营重点转向了房地产开发。1954年12月，霍英东拿出自己的120万港元，另向银行贷款160万港元，在香港铜锣湾买下了他的第一幢大厦，并创办了"立信建筑置业有限公司"。开始，他也和别人一样，自己花钱买旧楼，拆了后建成新楼逐层出售。这样当然可以稳妥地赚钱，可是由于资金少，发展就比较慢。他苦苦地思索改革房地产经营的方法，却没有结果。

有一天，有个老邻居到工地上找他，说是要买楼。霍英东抱歉地告诉他，盖好的楼已经卖完了。邻居指着工地上正在盖的楼说："就这一幢，你卖一层给我好不好？"

霍英东灵机一动，说："你能不能先付定金？"

邻居笑着说："行，我先付定金，到盖好后你把我指定的楼层给我，我就把钱交齐。"两人就这样成交了。

这个偶然的事件，却使霍英东得到了启发。他立刻想到，他完全可以采取房产预售的方法，利用购房者的定金来盖新房！这个办法不但能为他积累资金，更重要的是还能大大推动销售！

因为，房产的价格是非常昂贵的，要想买一幢楼，就得准备好几十万元的现金，一手交钱，一手接屋，少不得一角一分，拖不得一时一刻。当时只有少数有钱人才能买得起房产，所以房地产的经营也就不可能太兴旺。现在霍英东采取的房产预售的新办法，只要先交付10%的定金，就可以购得即将破土动工兴建的新楼。也就是说，要买一幢价值10万港元的新楼，只要付1万港元，就可以买到所有权，以后分期付款。这对于房地产商人来说，好处是显而易见的。利用人们交付的现金，他们原来只够盖一幢楼的钱，现在就可以同时动手盖10幢楼，发展的速度大大加快。对于购买房产的人来说，也是有利的。先付一小笔钱，就可以取得所有权，待到楼房建成时，很可能地价、房价都已上涨，而已付定金的买方只要把房产卖掉，就有可能赚一大笔钱！因此，很快就有一批人变成了专门买卖楼房所有权的商人，这就是后来香港盛行的"炒楼花"。

这一创举使霍英东的房地产生意顿时大大兴隆起来，一举打破了香港房地产生意的最高纪录。当别的建筑商也学着实行这个办法时，霍英东已经赚到了巨大的财富。人们不得不承认他创造性的经营方式。他当上了香港房地产建筑商会会长，会内有会员300名，拥有香港70%的建筑生意。所以有人把霍英东称为香港的"土地爷"！

霍英东采取的房产预售新方法，只要先交付10%的定金，就可以购得即将破土动工兴建的新楼。这对于房地产商人来说，可以通过这种借鸡生蛋的方式，来弥补资金的不足。

◆ 案例引入

很多购房者在准备买房的时候，总是不知道该注意哪些事项。其实我们除了要看开发商的资质、房屋户型、小区绿化等方面外，还要重视房子的地段。那么，地段好的房子的判断依据是什么？其实我们可以从楼盘的宣传单上看出一些门道。一般而言，地段好就意味着周边的配套设施齐全，不管是生活还是工作都比较便利。比如在城市里面，好地段周边通常有成熟的交通配套、成熟的医疗配套、成熟的学区配套、成熟的商业配套，甚至是成熟的企业配套，可以解决购房者所有的城市资源需求，生活方便，子女的教育也有着落。与此同时，房子的增值空间以及未来市场上的流动性和变现能力也是我们选购房子要考虑的因素。

【任务一】 制定房地产投资理财规划

思考题：
1. 什么是住房规划？
2. 你如果没有房子，你是会选择购房，还是租房？你的决策依据是什么？
3. 你如果有一套闲置的房子，你会选择出售，还是出租？你的决策依据是什么？
4. 如果你要买房，你买房的钱可以从哪里筹措？

【任务提示】

活动一：分组讨论房地产投资理财规划的不同观念

案例3.2.1： 在某市机关工作的李帅男和在外企工作的张玫倪打算结婚，两人对于如何购置新房产生了矛盾。小李说应先根据当前的经济实力买个小点的房子，等以后有能力了，再买个大些的。而小张认为应该一步到位，新房应该气派、宽敞、舒适漂亮，所以应该贷款或借钱买个大房子，否则就不买房子，先租房结婚。可小李不同意，说："租房结婚底气不足，而贷款买房是为银行和房地产商打工，天天勒紧裤腰带，月月都为月供而发愁，这种生活真的很没意思。"两人商量不通，闹了矛盾。

其实，小李和小张关于房子的矛盾很普遍。因为人需要衣、食、住、行，其中住是关键。房子是老百姓的命根，俗话说"金窝银窝不如自己的狗窝"，买房是人生的一件大事。

那么，怎样在目前众多的房地产项目中挑选到适合自己的房子呢？更重要的是，该如何进行家庭居住规划呢？是买房、租房、换房，还是建房？根据专家的建议，家庭住房规划要根据自己的经济实力、居住年限、生活方式以及未来房价的走势，甚至有时还要根据结婚成家时对方的态度。

请你作为局外人给将要结婚的小李和小张就住房方面的问题提些建议。

讨论：对本案例中家庭住房规划的观念进行分组辩论。

A. 买房应具备哪些条件？

① _____。

② _____。

③ _____。

B. 买什么样的房？

① _____。

② _____。

③ _____。

C. 如何买房？

① _____。

② _____。

③ _____。

一、房地产投资理财规划的意义

【知识窗】房地产业格言
　　第一是地段，第二是地段，第三还是地段。

房地产包含房产和地产，即房屋和土地两个概念。所谓房地产投资，是指资本所有者将其资本投入到房地产业，以期在将来获取预期收益的一种经济活动。

房地产投资包括五个方面：住宅投资、商铺投资、写字楼投资、车位投资和楼层投资。

在这五个投资方向中，最传统的就是住宅投资。楼层投资是用于整体开发的投资，比如整租给其他人做商业用途，或者是开一些经济型酒店等。对于一般投资者而言，住宅投资和商铺投资是主要方向，尤其是住宅投资。住房规划包括买房、租房、换房、建房、卖房的规划。规划是否得当会影响资产负债状况和现金流量的方向。

房地产投资理财规划中比较重要的是住宅规划，即住房规划。住房规划流程如图3-2所示。随着人们生活水平的提高，居住环境的改善，家庭成员对居住的空间需求和环境需求也在改变，但对居住氛围、居住场所的追求是没有变的。因此针对租房还是购房、换房还是建房以及购房的融资方案、房贷还款计划、家庭成员的数量等都是住房规划中要考虑的问题。

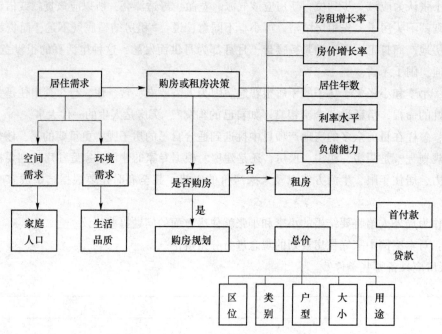

图3-2 住房规划流程

微课学习：什么是住房规划

微课视频 　　　学案 　　　同步练习 　　理财小技巧：利用 　　理财小技巧：利用
　　　　　　　　　　　　　　　　　　　　促销或网购，购置 　　促销或网购，购置
　　　　　　　　　　　　　　　　　　　　大物件（动图）　　大物件（音频）

　　对任何人来讲，购买住房都可能是一生中的一件大事。普通老百姓可能要用其一生的积蓄，而且可能一生中的许多年都要为还银行贷款而奋斗。所以对家庭住房规划一定要得当。家庭住房规划不当可能导致以下结果：一是没有住房规划的观念，难以制订合理的行动计划；二是未能量入为出，圆梦功败垂成；三是陷入低首付陷阱，购买了自己买不起的房子；四是成为房奴，一生都为还房贷而奋斗，直至变老。而合理的住房规划既能满足不同时期的居住需求，又不会背上沉重的债务负担；既能满足居住的需求，又能满足其他生活需求；既能使家庭财务平稳，又能使生活水平稳步上升。

　　活动二：分组讨论买房和租房的好处

　　讨论：请对案例3.2.1中的李帅男和张玫倪关于买房和租房的争论进行分析，结合本单元所学内容，联系你周围的现实，进行分组辩论：打算成家的年轻人应该买房还是租房？

　　A. 买房的好处：

① _____。

② _____。

③ _____。

B. 租房的好处：

① _____。

② _____。

③ _____。

二、购房和租房决策

微课学习：购房与租房决策

| 微课视频 | 学案 | 同步练习 | 理财小技巧：压缩人情消费的开支（动图） | 理财小技巧：压缩人情消费的开支（音频） |

购房不像子女教育与退休一样具有不可替代性，对买不起房子的人而言，租房也是不错的选择。购房与租房的居住效用相近，差别在于购房者有产权，因而有使用期间的自主权，而租房者有时会面临房东要求搬家的窘境。

租房与购房何者更加划算，牵涉到拥有自己房产的心理效用与对未来房价的预期。因购房者可期待房地产增值的利益，而租房者只能期待房东不要随时涨房租。因此同一个标的物可租可售时，不同的人可能会在租房和购房之间作不同的选择。购房与租房应如何抉择，可以用年成本法与净现值法来计算。

（一）年成本法

购房者的使用成本是首付款的占用造成的机会成本以及房屋贷款利息，而租房者的使用成本是房租。购房（或租房）者在进行决策时就会比较购房和租房成本的大小，选择成本小的方案。

案例 3.2.2：王先生看上了一间 80 平方米位于某市的一处房产，房产开发商可租可售。若是租，房租每月 3 000 元，押金 3 个月。购则总价 80 万元，首付 30 万元，利率 6% 的房屋抵押贷款。王先生租房与购房的成本分析如下（假设押金与首付款的机会成本是一年的存款利率 3%）。

租房年成本：3 000×12+3 000×3×3% = 36 270（元）

购房年成本：30×3%+50×6% = 3.9（万元）= 39 000（元）

看起来租房比购房年成本低 2 730 元，或每月 227.5 元，租房比较划算。不过还要考虑以下因素：

（1）房租是否会每年调整

购房后成本固定，而且租与购的月成本只差 227.5 元，只有月租的 7.6%，因此只要未来房租的调整幅度超过 7.6%，则购房比租房划算。

（2）房价升值潜力

若房价未来看涨，那么即使目前算起来购房的年居住成本稍高，未来出售房屋的资本利得也足以弥补居住期间的成本差异。以上例而言，租房年居住成本率 = 3.6 万元÷80 万元 = 4.5%，购房年居住成本率 = 3.9 万元÷80 万元 = 4.875%，差距只有 0.375%。若计划住 5 年，0.375%×5 = 1.875%，只要房价可能在 5 年内涨 2% 以上，购房仍然比较划算。如果房价不断探底，大家都预期房价会进一步下跌而宁可租房也不愿购房，则租房居住成本高于购房成本的情况也有可能发生。因此租房与购房究竟何者划算，当事人对未来房价涨跌的主观判断仍是决定因素。

（3）利率的高低

利率愈低，购房的年成本愈低，购房就会愈划算。如果预期房贷利率进一步降低，而房租保持不变，则租房与购房的居住成本的差异会逐渐降低，可以考虑通过购房满足居住需求。

（二）净现值法

净现值法是考虑在一个固定的居住期内，将租房及购房的现金流量还原为现值，比较两者的现值，支付的净现金流越小越好。

案例 3.2.3：王先生看中一处房产。若是租，房租每年 30 万元。王先生确定要在该处住满 5 年。购则总价 800 万元，假设 5 年后售房所得为 1 000 万元。以存款利率 6% 为机会成本的计算依据，请分析王先生是租房划算还是购房划算。

1. 租房的净现金流量现值

房租每年 30 万元，租期 5 年，以存款利率 6% 为机会成本计算依据，按照净现值法计算可得出租房净现金流量现值为：

$$P = 年金 30 万元 \times 标准年金现值系数(n=5, i=6\%)$$
$$= 30 \times (P/A, 6\%, 5) = 30 \times 4.212\,4 = 126.37(万元)$$

2. 购房净现金流量现值

购房净现金流量现值应该等于 5 年后售房净所得的现值减去购房现值，而 5 年后售房净所得的现值为：

$$P = 5 年后售房所得 1\,000 万元 \times 标准复利现值系数(n=5, i=6\%)$$
$$= 1\,000 \times (P/F, 6\%, 5) = 1\,000 \times 0.747\,26 = 747.26(万元)$$

购房净现金流量现值 = 5 年后售房净所得的现值 − 购房现值 = 747.26 − 800 = −52.74（万元）

购房净现金流量现值远远小于租房的净现金流量现值，因此购房比租房划算。

此时的购房或租房决策，主要取决于当事人对 5 年后房价涨幅的主观看法。

净现值法考虑居住年数，值得参考的决策标准是，如果不打算在同一个地方住 3 年以上，最好还是以租代购。因为 3 年内房租再怎么调涨，仍会低于房贷利息的负担，若购房后装修只住 3 年，则折旧成本太高，而期待房价不断飙升是相当不切实际的。此外，若每次没住多久就要换房，房屋的交易成本，如共同维护基金、契税、律师费、保险费等合计起来也要房价的 3% 以上。再加上自用住宅会比租用的住宅舍得装修，除非房价在 3 年内大幅上涨，否则计入中介及装修等费用后的净现值流出应该都会比房租高。一个简单的法则是，在一个地方住越久，用净现值法计算的购房比租房划算的机会越大。

三、出租房和出售房决策

闲置房屋是出租还是出售要视房屋的新旧、地段的好坏、房地产政策等综合因素而定，也就是要综合考虑房产的价格。影响房产价格的因素很多，具体可归为以下四个方面：其一，自然因素，主要是指房地产所处的位置、地质、地势、气候条件和环境质量等因素。需要说明的是，房地产中的地段概念，不仅指其自然地理位置，而更多的是指房地产的经济地理位置、环境地理位置和文化地理位置。交通状况和所在地的基础设施建设也是影响房地产价格的重要因素。其二，经济因素，主要有供求状况、物价水平、利率水平、居民收入和消费水平。由于利率水平是资金的使用成本的反映，利率上升不仅带来开发成本的提高，也将提高房地产投资者的机会成本，因此会降低房地产的社会需求，导致房地产价格的下降。但是，房地产价格受多种因素的影响，在市场投机状况严重或利率水平过低的情况下，利率的上升并不必然产生房地产价格的下降。其三，行政因素，指影响房地产价格的制度、政策、法规等方面的因素，包括土地制度、住房制度、城市规划、税收政策与市政管理等方面。其四，社会因素，主要有社会治安状况、居民法律意识、人口因素、风俗因素、投机状况和社会偏好等方面。此外，房产价格还受房屋质量、开发商实力、物业管理状况和采光度等因素的影响。

对于出租房还是出售房决策，投资者要全面了解以上的宏观和微观因素。特别应当注意的是房地产政策风险。当经济过热，政府采取紧缩的宏观经济政策时，房地产业通常会步入下降周期，房地产价格降低，房产有损失的风险。

其计算和以上购房和租房决策中的年成本法和净现值法相同，这里不再赘述。

活动三：分组讨论中低收入家庭如何买房

讨论：中低收入家庭如何买房？

（1）银行贷款

① 住房公积金贷款。

_____○

② 个人住房商业性贷款。

_____○

③ 个人住房组合贷款。

_____○

（2）利用政策选择低价房

① 安居房。

_____○

② 平价房。

_____○

③ 经济适用房。

_____○

四、购房规划和购房筹资规划

微课学习：购房规划与筹资

| 微课视频 | 学案 | 同步练习 | 理财小技巧：计划采购（动图） | 理财小技巧：计划采购（音频） |

购房是人生大事，必须进行周密的规划，以确定个人（或家庭）负担得起的房屋总价、单价和区位。

（一）购房规划

1. 购房规划的基本步骤

购房规划的基本步骤如图 3-3 所示。

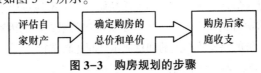

图 3-3 购房规划的步骤

首先，为避免"买房增加生活负担"这一风险，购房前，先对自家的财产做周密细致的评估，根据自己的经济能力找出相应的地段和楼盘，要比找完房子再算价钱明智得多。

其次，要根据自家财产和还款能力确定购房的总价和单价。确定购房的总价主要看购房者可负担的首付款以及可负担的房贷总额的能力；确定购房的单价主要看购房者对房屋的区位、结构等的选择。

最后，购房后的家庭收支状况，在计算家庭收入时应侧重固定可靠的来源，如工资、银行存款利息、债券利息等；家庭支出包括每月的月供费用、物业管理费、水电煤费、电话费、其他正常生活开支、娱乐教育费用等。据专业理财人士测算，如果购房还贷支出只占家庭总收入的30%以下，应该是安全的。例如，如果家庭月收入5 000元，每月的房款月供应该不超出1 500元。但如果收入预期增长前景比较看好，也可以适当提高比例。

2. 购房规划的基本方法

购房规划的基本方法有以下几种：

（1）以储蓄及缴息能力估算负担得起的房屋总价

以储蓄及缴息能力估算负担得起的房屋总价的计算公式如下：

可负担的首付款＝目前年收入×收入中负担首付和房贷的比率上限（或称为储蓄率上限）×年金终值系数（n＝离购房年数，r＝投资报酬率或市场利率）+目前净资产×复利终值系数（n＝离购房年数，r＝投资报酬率或市场利率）

可负担的房贷总额＝目前年收入×复利终值系数（n＝离购房年数，r＝预计的收入成长率）×收入中负担首付和房贷的比率上限×年金现值系数（n＝贷款年限，i＝房贷利率）

$$可负担的房屋总价＝可负担的首付款+可负担的房贷总额$$

案例3.2.4：王先生年收入为10万元，预计的收入成长率为3%。目前资产为15万元，40%为储蓄首付款与负担房贷的上限，打算5年后购房，投资报酬率为10%，贷款年限为20年，利率为6%。王先生一家的净资产中负担首付的比率上限为40%。

届时可以负担的房价为多少？首付款部分和贷款部分各是多少？

（2）可负担房屋的单价

可负担房屋的单价的计算公式如下：

$$可负担房屋单价＝可负担房屋总价÷需求平方米数$$

应买多少平方米的房子，取决于家庭人口数及空间舒适度的要求。若5年以后才买房子，则以届时需同住的家庭人口数计算所需平方米数。例如，三室两厅的格局，除基本的卧室、厨卫之外，再加上功能性的书房或家庭影院，所需平方米数更多。家庭成员平均每人若有50~80平方米的空间，就可以享受宽敞舒适的家居生活。以三口之家的王先生为例，如果理想的住家是四室两厅，那么以150平方米规划，其可负担购房单价为：101.8万元÷150平方米＝6 800元/平方米。

（3）购房环境需求——区位决定单价

房价取决于两个因素：一是区位；二是面积大小。区位的生活机能越强，单价越高；房子越大，总价越高。房子的大小主要取决于居住成员的数目，需要多少房间才够用，可伸缩的弹性较小。但不同区位的房子单价差距甚大，因此需考虑总负担能力，在可接受的居住平方米数下，选择住得起的地区。环境需求要考虑的重点，包括所居住社区的生活品质、离上班地点或子女就学地点远近，以及学区考虑（否则子女读书会有额外的支出）等。区位是决定房价最重要的因素，应考虑承受能力，在交通所需油料、时间成本与房价的差异所产生的利息成本之间比较选择。

购房需求规划模拟试算如表3-1所示。

表 3-1　购房需求规划模拟试算表

项目	代号	说明	举例	备注
家庭人数	A	需同住人数	3 人	
每人所需平方米数	B	以 50~80 平方米假设	50 平方米	
届时拟购房平方米数	C	=A×B	150 平方米	
目前年收入	D	加上年终奖金	10 万元	
负担首付和房贷的储蓄率上限	E	以 20%~50%假设	40%	
现有的整笔投资额	F	首付款投资准备金	15 万元	
投资报酬率假设	G	以 3%~10%假设	10%	
拟多少年后购房	H	以多少年后可迁入计算	5 年	
复利终值系数	I	$=(1+i)^n(n=H,i=G)$	1.611	$n=5$，$i=10\%$
年金终值系数	J	$=[(1+i)^n-1]/i(n=H,i=G)$	6.11	$n=5$，$i=10\%$
可筹备首付款	K	=F×I+D×E×J	48.6 万元	
预计的收入成长率	L	以 2%~5%假设	3%	
购房当年收入累积数	M	$=D×(1+i)^n(n=H,i=L)$	11.59 万元	$n=5$，$i=3\%$
年收入中可负担本利摊还额的上限	N	=M×E	4 640 元	
拟本利摊还年数	O	最少 5 年，最长 30 年	20 年	
房贷利率	P	5%~8%	6%	
年金现值系数	Q	$=[1-(1+i)^n]/i(n=O,i=P)$	11.47	$n=20$，$i=6\%$
可负担房贷总额	R	=N×Q	53.2 万元	
可负担购房总价	S	=K+R	101.8 万元	
可负担购房单价	T	=S÷G	6 800 元	
可选择购房区位	U	依各区位行情	本市三环以内	
房贷占总价乘数	V	=R÷S，应小于银行规定的最高贷款比例 80%	52.3%	

（二）购房筹资规划

对多数人来说，买房的花销太大，很少有人可以一次性付清所有的购房款项，因此，个人或家庭的居住规划中另外一个重要问题是关于购房筹资的规划。

1. 关于抵押的概念和术语

抵押融资是一种传统的借钱买房的方式。然而，许多人连抵押贷款合同上的基本术语都不是很清楚。他们只知道住房抵押是每月要偿还相同金额的一种固定资产贷款，其月还款额会根据利率的变化而增加或减少，但并不十分清楚它是怎么计算出来的。绝大多数人还知道他们要连续 15~30 年每月向贷款人还款，之后才可以"完完全全"拥有他们的房子。在这期间，一旦中断每月还款，他们就有可能失去自己的房子。这些描述基本上是正确的，但不是抵押的准确含义。

抵押被定义为一种以还贷为前提条件的、从借款人到贷款人的对资产权利的转移，该权利是对由借款人享有赎回权的债务偿还的保证。也就是说，当个人/家庭以抵押贷款方式购得住房时，房屋的产权实际已经转移给贷款银行，个人/家庭只能在贷款债务全部还清后才能重新获得对该房产的产权。这种从贷方重新获得产权的权利叫做担保赎回权。因此，抵押实质上并不是一种贷款，而是一种对贷款的担保形式（根据我国《民法通则》的定义，担保是指法律规定或者当事人约定的确保合同履行，保障权利人利益实现的法律措施。目前《民法通则》中规定的担保形式一共有五种：保证、抵押、质押、留置和定金。其中，保证是指保证人和债权人约定，当债务人不能履行债务时，保证人按照约定履行债务或者承担责任的行为。抵押是指债务人或者第三人不转移对财产的占有，将该财产作为对债权的担保。抵押物一般是不动产，也可以是动产。质押是指债务人或者第三人将其财产移交债权人占有，将该财产作为债权的担保。质押一般分为动产质押和权利质押。留置是指债权人按照合同约定占有债务人的动产，债务人不按照合同约定的期限履行债务，债权人有权留置该财产，以该财产折价或者以拍卖、变卖该财产的价款优先受偿。典型的可以行使留置权的合同有：保管合同、加工承揽合同和运输合同。定金是由合同一方当事人预先向对方当事人交付一定数额的货币，以保证债权实现的担保方式。债务人履行债务以后，定金应该收回或者抵作价款；给付定金的一方如果没有履行债务，无权要求返还定金，收受定金的一方，如果没有履行债务，应该双倍返还定金。

> **【知识窗】**
>
> 预付款：预付款是一种支付手段，其目的是解决合同一方周转资金短缺。预付款不具有担保债权的履行的作用，也不能证明合同的成立。收受预付款的一方违约，只需返回所收款项，而无须双倍返还。
>
> 订金：根据我国现行法律的有关规定，订金与定金具有不同的性质。如交付订金的一方主张订金的权利，法院是不予支持的。一般情况下，交付订金与交付预付款性质相同。如收受订金的一方违约，只需退还所收受的款项，而无须双倍返还。
>
> 定金：在订立房屋买卖合同时，为保证合同的履行，规定由买方先付给卖方一定数额的金钱。合同履行后，定金应当收回，或抵作价款。给付定金方如不履行合同就失去定金所有权，无权索要定金。接收定金方如不履行合同，应当双倍返回定金。这样，当事人从经济利益上考虑，也会促使自己认真履行。

总之，订金、预付款和定金都能起到预先给付的作用，但具有担保作用并能证明合同成立的只有定金。签订合同时投资者要谨慎区别三者的性质，防止落入圈套蒙受损失。

因此，除非购房者可以一次付清全部购房款项，否则一个通过抵押融资购房的个人或家庭在拥有了一座新房子以后，并不会立即拥有房屋的产权。事实上房子的产权归抵押贷款银行所有，购房者拥有的只是对房屋占有和使用以及未来赎回产权的权利。

抵押交易的双方分别被叫做抵押人和抵押权人。抵押人是提供保证以获得贷款的人，也就是购房者。抵押人得到贷款，占有房产（注意：占有权只是法律上定义的完整的所有权中的一部分。根据我国民法通则的定义，完整的财产所有权包括占有权、使用权、收益权和处分权四大权利。）抵押权人就是借钱给抵押人，并获得房产的产权直到贷款被完全清偿为止的贷款人。

2. 住房抵押贷款的偿还

（1）偿还方式

住房抵押贷款的偿还方式一般有以下三种：

① 满期偿还，是指借款者在贷款期满时一次性偿还贷款的本金和利息。

② 分期偿还，是指借款者在贷款期内，按一定的时间间隔，分期偿还贷款的本金和利息。

③ 偿债基金，是指借款者每期向贷款者支付贷款利息，并且按期另存一笔款项，建立一个基金，在贷款期满时这一基金恰好等于贷款本金，一次性偿还给贷款者。

第一种方式十分简单，可以根据贷款额、贷款利率以及贷款期限计算。对于通过建立偿债基金到期一次性偿还本金、分期偿还利息的还款方式，由于在我国各大银行提供的各种个人住房抵押贷款产品中还不常见，也不在此专门介绍。这里介绍贷款分期偿还中遇到的主要精算问题，即每期贷款偿还金额的计算，贷款偿还一段时间以后如何计算贷款余额的问题，每次平均摊还本利这种还款方式中如何划分本金和利息的问题，以及借款期间银行贷款利率发生变化后如何计算新的摊还额的问题。

（2）每期偿还金额

对于每期贷款偿还金额的计算，视偿还方式而定。

贷款买房一般有两种选择方式：等额本金和等额本息。

① 等额本金的含义及计算公式。

等额本金又称利随本清、等本不等息还款法，是指贷款人将本金分摊到每个月内，同时付清上一交易日至本次还款日之间的利息。

这种还款方式相对等额本息而言，总的利息支出较低，但是前期支付的本金和利息较多，还款负担逐月递减。

其计算公式如下：

每月还本付息金额=（本金/还款月数）+（本金−累计已还本金）×月利率

每月本金=总本金/还款月数

每月利息=（本金−累计已还本金）×月利率

还款总利息=（还款月数+1）×贷款额×月利率/2

还款总额=（还款月数+1）×贷款额×月利率/2+贷款额

等额本金的特点：每月的还款额不同，呈现逐月递减的状态；它是将贷款本金按还款的总月数均分，再加上上期剩余本金的利息，这样就形成了月还款额。所以等额本金法前期的还款额多，然后逐月减少，越还越少。

等额本金适合的人群：等额本金法因为在前期的还款额度较大，而后逐月递减，所以比较适合在前段时间还款能力强的贷款人，当然一些年纪稍微大一点的人也比较适合这种方式，因为随着年龄增大或退休，收入可能会减少。

等额本金的利弊：等额本金贷款采用的是简单利率方式计算利息。在每期还款的结算时刻，它只对剩余的本金（贷款余额）计息，也就是说未支付的贷款利息不与未支付的贷款余额一起作利息计算，而只有本金才作利息计算。

② 等额本息的含义及计算公式。

等额本息又称为定期付息，即借款人每月按相等的金额偿还贷款本息，其中每月贷款利息按月初剩余贷款本金计算并逐月结清。

由于每月的还款额相等，所以，在贷款初期每月的还款中，剔除按月结清的利息后，所还的贷款本金就较少；而在贷款后期因贷款本金不断减少、每月的还款额中贷款利息也不断减少，每月所还的贷款本金就较多。

其计算公式如下：

每月还本付息金额=［本金×月利率×（1+月利率）贷款月数］/［（1+月利率）还款月数−1］

每月利息=剩余本金×贷款月利率

还款总利息=贷款额×贷款月数×月利率×（1+月利率）贷款月数/

［（1+月利率）还款月数−1］−贷款额

还款总额=还款月数×贷款额×月利率×（1+月利率）贷款月数/［（1+月利率）还款月数−1］

等额本息的特点：每月的还款额相同，从本质上来说是本金所占比例逐月递增，利息所占比例逐月递减，月还款数不变，即在月供"本金与利息"的分配比例中，前半段时期所还的利息比例大、本金比例小，还款期限过半后逐步转为本金比例大、利息比例小。

等额本息适合的人群：等额本息每月的还款额度相同，所以比较适宜有正常开支计划的家庭，特别是年轻人，而且随着年龄增大或职位升迁，收入会增加，生活水平自然会上升；如果这类人选择等额本金的话，前期压力会非常大。

等额本息的利弊：等额本息贷款采用的是复合利率计算。在每期还款的结算时刻，剩余本金所产生的利息要和剩余的本金（贷款余额）一起被计息，也就是说未付的利息也要计息，这好像比"利滚利"还要厉害。在国外，它是公认的适合放贷人利益的贷款方式。

因此，在传统还款方式下，贷款周期越长，等额本息贷款就要比等额本金贷款产生越多的利息。所以，如果借款人无法调整（或选择）还款方式的话，贷款周期越长的借款人，越应该选择等额本金贷款。

注意：对于借款人来讲，管理好自己的贷款是一项非常重要的理财项目。因此，重要的是根据自己的经济收入来制订财务目标和还款计划，而不是一定要比等额本金贷款节省利息。而等额本息贷款加上额外还款方法能够帮助借款人灵活地理财。

（3）贷款余额

贷款余额又称为时刻 0 的贷款余额，是指按贷款利率计算的分期偿还款项的现值，其实就是贷款的本金。在实务中，很有必要了解除了 0 时点之外各个时刻上的贷款余额。如果借款人在某一个时点决定提前还款，不论是一次性提前偿还所有的剩余本息，还是缩短原定的平均摊还期、增加每次摊还的金额，都需要计算这个时点上的贷款余额。因为，这个贷款余额就是一次性提前偿还所有的剩余本息的额度（如果银行不加征提前还款的罚息的话）。另外，这个贷款余额也是今后计算增加了的平均摊还额的依据。

分期偿还债务的各期偿还款形成了一种年金形式，有关分期偿还的许多问题，都可以通过年金的形式进行分析。

【任务二】 房地产投资回报的计算

思考题：

1. 考察房产是否值得投资的关键是什么？
2. 能否用公式进行简单计算衡量？

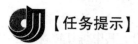 【任务提示】

五、房地产投资回报的计算

了解影响房地产升值的因素，能帮助投资者更准确地选择房地产项目。那么如何知道自己投资的房地产回报的价值是多少呢？我们提供三种基础的价值计算方式。

（一）投资回收期计算

投资回收期考虑了租金、价格和前期的主要投入，可以估算资金回收期的长短。其计算公式为：

投资回收期=（首期房款+期房时间内的按揭款）/［（月租金-按揭月供款）×12］

通常来说，回收年数越短越好，合理的年数在 8~10 年。

如果随着房贷支出增加，而租金没有变化，则可能出现延长回收期而导致投资失败。

在业内，投资回收期可划分为两种：一是即刻回报型；二是培养回报型。

即刻回报型：通常是指购买的房产位于周边配套完善、交通发达、商业氛围非常成熟的地区，不需要培育，购买后出租即可获得可观的租金回报。但此类房产通常需求的资金量较大，资金门槛相对较高。

培养回报型：通常是指位于非传统的商业核心区，但是在市政规划、消费人群增长等方面，都有着比较良好的前景，而这个过程便是培养的过程。这类房产通常售价较低，但可以放长线钓大鱼，从长期看往往可以获得比即刻回报型更高的投资回报率。

（二）租金回报率计算

如果有足够的资金可以直接买房，不需贷款，则可以计算租金回收率。其计算公式为：

租金回报率＝[（税后月租金－每月物业管理费）×12]/购买房屋总价

利用这个公式可以得到投资房产的每年的回报率。比如前一个案例中月租金是 3 100 元，物业费是 100 元，则租金回报率为 18%。

通过上述公式可以大致清楚自己投资的房地产项目有没有价值，从而判断是否继续出租还是卖房。因为若租金回报率为 12%，而还贷的利率却高达 15%，那么实际上最佳投资选择应该是出售，这样可以一次性将成本收回，另外还能赚一笔利润。

（三）15 年国际通用评估物业法

15 年国际通用评估物业法也是国际专业理财公司评估物业的常用方法，其计算方法主要是以 15 年为期比较房产购买价格。

如果该房产的年收益×15 年＝房产购买价，该物业物有所值；

如果该房产的年收益×15 年>房产购买价，该物业尚具升值空间；

如果该房产的年收益×15 年<房产购买价，该物业价值已高估。

比如有一处房产，投资者在购买时的总价是 30 万元，每年的收益是 3 万元，每年收益 3 万元×15 年＝45 万元>30 万元，则可以认为该房产有投资价值。

在计算获取房产收益当中，表面上看房屋租金的高低可以大体决定整体的房产年收益，殊不知出租年收益的高低并非完全取决于月租金的高低，还与房屋出租空置时间的长短紧密相连。

例如，王先生和刘女士在同一区域各有一套两居室出租，按市场价该区域的两居室为 1 500 元/月，空置期一个月。

由于王先生的租价是每月 1 600 元/月，比市场价高出 100 元/月，导致其出租空置期达到了两个月。而刘女士按市场价出租，只空置了一个月后就租了出去。虽然王先生的月租金要高于刘女士，但如果按照全年的收益来计算的话，刘女士的收益高出王先生（1 500×11－1 600×10）＝500 元。因此，要将空置时间合理转化成有效收益。

以上是三种常用的房产投资估算方法，有的只需进行简单的预测和分析即可帮助投资者快速做出判断，有的还需要进行专业性的投资分析，计算另外一些指标以增加可靠性。比如，一个地段好的房产可能现在的租金回报率不高，但具有较佳的升值前景，或者一套普通住宅能够享受税收减免，一定程度上能够弥补过高的租金乘数。

以上三种计算方法只能作为简单的房产价值评估手段，并不具备严格的通用性。这其中并没有考虑到如通胀、人民币升值等具体问题在内。因此，该方法适用于对房产作出大致的价值参考判断。

◆理财技巧　　**省钱大比拼——日常生活省钱窍门**

省纸

充分利用白纸，尽量使用再生纸，用过一面的纸可以翻过来做草稿纸、便条纸。拒绝接受那些随处散发的宣传物，制造这些宣传物既会大量浪费纸张，又会因为随处散发、张贴而破坏市容卫生。再生纸是用回收的废纸生产的。1 吨废纸＝800 千克再生纸＝17 棵大树。在很多国家使用再生纸已经成为时尚，人们以出示印有"再生纸制造"的名片为荣耀，以表明自己的环保意识和文明教养。

废品回收

不少废塑料可以还原为再生塑料，而所有的废餐盒、食品袋、编织袋、软包装盒等都可以回炼为燃油。1 吨废塑料＝600 千克汽油。每张纸至少可以回收两次。办公用纸、旧信封信纸、笔记本、书籍、报纸、广告宣传纸、纸箱纸盒、纸餐具等在第一次回收后，可再造纸印制成书籍、稿纸、名片、便条纸等。铝制易拉罐再制铝，比用铝土提取铝少消耗71%的能量；回收一个玻璃瓶节省的能量，可使灯泡发亮4小时。

小结

本项目主要介绍了消费理财规划、消费购买决策的过程、购买行为的动机，以及房地产投资理财规划的主要内容、购房筹资规划、房地产投资理财规划的意义、住房抵押。

习题

一、不定项选择题

1. 从消费信贷比较发达的国家来看，住房、汽车、信用卡消费信贷是消费信贷的主要形式，其中信用卡的特点是（   ）。
   A. 先消费，后还款
   B. 可以将钱存在信用卡里获得利息
   C. 可以提取现金以解燃眉之急，而且免息
   D. 可以利用信用卡分期付款
   E. 具有记账功能

2. 理财师在制定消费支出时，先确定购房目标，购房目标主要包括（   ）。
   A. 计划购房时间   B. 房地产开发商
   C. 届时房价   D. 希望的居住面积
   E. 政府变动

3. 以下关于等额本息还款方式说法正确的是（   ）。
   A. 适用于收入稳定的家庭
   B. 公务员、教师适合采用该方法
   C. 目前绝大多数采用该方法
   D. 借款人还款操作比较简单，等额支付月供方便安排每月收支
   E. 等额本息还款操作相对简单

4. 目前我国商业银行开办的住房消费信贷主要包括（   ）。
   A. 公积金贷款   B. 商业贷款   C. 国家贷款   D. 组合贷款
   E. 交叉贷款

5. 对于一般家庭而言，购买汽车也是一笔大的开支，需要合理规划。目前汽车消费信贷的种类有（   ）。
   A. 个人公积金贷款   B. 个人商业性贷款
   C. 组合贷款   D. 汽车金融公司贷款
   E. 以上都不对

6. 软件设计师张先生最近购买了一套总价为50万元人民币的住房。由于他工作刚3年，积蓄不足，所以他按最高限80%向银行申请了贷款，20年期，贷款利率为5.5%。如果采用等额本息还款方式，张先生每月需还款（   ）。
   A. 3 539.44元   B. 2 751.55元   C. 2 539.44元   D. 2 851.55元

7. 接上题，如果采用等额本金还款方式，张先生第一个月需还款（   ）。
   A. 3 539.44元   B. 3 751.50元   C. 3 500.00元   D. 3 700.00元

8. 住房贷款的偿还方式有（　　　）。

    A. 等额本息还款法　　　　　　　　　　B. 等额本金还款法

    C. 等额递增还款法　　　　　　　　　　D. 等额递减还款法

9. 租房目前成为很多人迫于现实的无奈选择，但其实租房对于购房来说有一些优点，其优点主要体现在（　　　）。

    A. 负担较轻　　　　　　　　　　　　　B. 灵活方便，比较自由

    C. 可有效节省部分交通费用　　　　　　D. 归属感强

    E. 安全感强

10. 小丽刚刚参加工作，月收入 3 000 元，计划明年 9 月份结婚，并在明年购买一套小户型房子。她适合的还款方式是（　　　）。

    A. 等额本金　　　　B. 等额本息　　　　C. 等额递增　　　　D. 等额递减

11. 房屋月供占借款人税前收入的比例，合适的区间为（　　　）。

    A. 20%～30%　　　B. 25%～30%　　　C. 30%～38%　　　D. 33%～38%

12. 关于住房公积金说法错误的是（　　　）。

    A. 贷款利率比商业银行低　　　　　　　B. 对贷款对象有特殊要求

    C. 提供经济收入证明　　　　　　　　　D. 贷款额度一般比商业银行高

13. 理财规划师应给（　　　）推荐等额本金还款法，因为这种方法随着时间的推移，还款负担会逐渐减轻。

    A. 目前收入高但预计将来收入减少的人

    B. 收入和支出都很稳定的公务员

    C. 初期还款能力强，并希望在还款初期归还较多款项来减少利息支出的人

    D. 面临退休的人

    E. 父母条件比较好的大学生

14. 张先生和马先生同时各购买了一辆小轿车，但是张先生是通过银行贷款购买，而马先生则是通过汽车金融公司贷款购买。下列关于汽车贷款利率的说法中错误的是（　　　）。

    A. 银行和汽车金融公司都提供汽车贷款

    B. 一般情况下，通过银行进行汽车贷款的利率高于通过汽车金融公司贷款的利率

    C. 通过汽车金融公司进行贷款相对比较容易

    D. 通过汽车金融公司进行贷款缴纳的其他杂费少于通过银行进行的汽车贷款

15. 理财师应对客户的财务状况进行分析，以（　　　）估算负担得起的房屋总价以及每月能负担的费用。

    A. 储蓄以及缴息的能力　　　　　　　　B. 储蓄与投资能力

    C. 投资与缴息能力　　　　　　　　　　D. 收入增长与投资能力

16. 住房消费是指居民为取得住房提供的休息、娱乐等而进行的消费，其实现形式可以是租房，也可以买房，按照国际惯例，住房的消费价格常常是由（　　　）来衡量的。

    A. 税后单位面积价格　　　　　　　　　B. 租金价格

    C. 税前单位面积价格　　　　　　　　　D. 税后经过调整后的单位面积价格

17. 购房目标包括客户家庭计划购房的时间、（　　　）和届时房价三大要素。

    A. 希望的居住面积　　　　　　　　　　B. 实际使用面积

    C. 房子所在区位　　　　　　　　　　　D. 购房的环境需求

18. （　　　）是指已在银行办理个人住房贷款的借款人在还款期间，由于住房出售等原因，

房屋产权和按揭贷款需同时转让给他人，并由银行为其做贷款转移手续的业务。

    A. 个人住房转按揭贷款   B. 个人住房贷款

    C. 个人住房再按揭贷款   D. 个人住房按揭贷款

19. 关于住房公积金贷款的说法错误的是（　　　）。

    A. 各地区公积金管理中心制定的贷款期限不同，一般最长不超过30年

    B. 公积金贷款对贷款人的年龄限制不如商业银行个人住房贷款那么严格

    C. 公积金贷款还款灵活度相对较低

    D. 公积金贷款对还款对象有特殊要求

20. 根据经验数据显示，贷款购房价最好控制在年收入的（　　　）倍以下。

    A. 5   B. 6   C. 10   D. 15

二、案例分析题

案例一：王先生年收入为15万元，每年的储蓄比率为40%。目前有存款2万元，打算5年后买房，假设王先生的投资报酬率为15%。王先生买房时准备贷款20年，假设房贷利率为6%。

1. 王先生可负担的首付款为（　　　）。

    A. 44.48万元   B. 28.66万元   C. 27.34万元   D. 28.34万元

2. 王先生可负担的贷款为（　　　）。

    A. 99.64万元   B. 37.56万元   C. 68.8万元   D. 50.7万元

3. 王先生可负担的房屋总价为（　　　）。

    A. 82.04万元   B. 81.9万元   C. 113.28万元   D. 79.8万元

4. 房屋贷款占总房价的比率为（　　　）。

    A. 46%   B. 70%   C. 61%   D. 80%

5. 假设王先生计划购买100平方米的房子，则可负担的房屋单价为（　　　）。

    A. 8 204元   B. 11 328元   C. 8 210元   D. 7 980元

6. 理财规划师在给王先生做住房消费规划时，为避免王先生因为还房贷而陷入财务危机，按照经验测算，贷款购房房价最好控制在年收入的（　　　）倍。

    A. 6   B. 5   C. 7   D. 10

案例二：徐先生现年45岁，在一家知名外资企业担任部门经理，每月工资收入为17 000元。由于徐先生现住地与上班地点相距较远，加之公司附近小区可能有较好的升值空间，他决定在公司附近再买一套住房。徐先生经过慎重考虑看中了一套总价90万元的二居室新房，为此准备向银行贷款60万元。

7. 徐先生每月享受的个人所得税免征额为800元，则徐先生每月应纳个人所得税（　　　）。

    A. 2 865元   B. 3 240元   C. 4 050元   D. 2 675元

8. 如果贷款期限为30年，贷款利率为5.5%，则在采用等额本息还款方式的条件下，每月还款额为（　　　）。

    A. 3 540.27元   B. 3 440.27元   C. 4 127.32元   D. 3 406.73元

9. 如果采用等额本金方式，则利息总额为（　　　）。

    A. 475 575元   B. 496 375元   C. 605 346元   D. 590 246元

10. 在采用等额本金还款方式的条件下，第二个月的还款额为（　　　）。

    A. 4 355.03元   B. 4 716.67元   C. 4 409.03元   D. 4 416.67元

11. 在采用等额本金还款方式的条件下，倒数第二个月的还款额为（　　　）。

    A. 1 681.94元   B. 1 981.94元   C. 1 674.31元   D. 1 764.31元

12. 等额本息还款方式与等额本金还款方式所支付的利息总额之差是（　　　）。

    A. 130 250元   B. 125 021元   C. 130 049元   D. 127 562元

三、实训操作题

目标：了解公积金贷款和商业贷款。

任务：通过具体案例计算公积金贷款和商业贷款的利息差。

资料：李先生在某地区从开发商处购得一套 100 平方米、单价为 6 000 元的现房，李先生首付 20 万元，贷款 40 万元，贷款期限为 15 年。李先生以前在银行及电信等各部门没有不良信用记录。

要求：

1. 计算李先生在商业贷款和公积金贷款两种贷款方式下各自的月供。

2. 计算李先生在商业贷款和公积金贷款两种贷款方式下的总利息。

3. 公积金贷款可以为李先生节省多少利息支出？（等额本息还款法）

教育投资理财规划

项目目标

知识目标：掌握教育投资理财规划的含义、分类、流程、步骤等内容；了解教育目标总费用的构成；掌握教育投资产品的种类。

能力目标：能进行消费支出的理财规划；能对租房与购房进行比较；能进行房地产投资理财规划。

思政目标：培养正确的教育理念，树立教育投资理财规划的意识。

单元一　教育投资理财规划入门

学习目标

识记能力目标：教育投资理财规划；教育投资理财规划的分类；子女教育投资理财规划的流程和步骤。

理解能力目标：教育投资理财规划的意义；子女教育金规划应坚持的原则；子女教育投资理财规划与一般理财规划的区别。

应用能力目标：分析确定子女的教育目标；培养教育投资理财规划的意识，能清晰地设定教育投资理财规划的步骤。

◆理财故事　　　　　　　　　　**从书本中找到的致富方法**

洛克菲勒于 1839 年出生，他虽然进入学校读书的机会不多，但他善于把握学习时间，阅读了大量的书籍，加上头脑十分机敏，到了十多岁时，他已考虑自己怎么创业致富了。为了寻找致富之路，他辛辛苦苦地打工挣钱，很不容易积攒到 5 美元，他决定将这 5 美元用于购买书籍，希望从书本中找到致富的方法。

一天，他在一份晚报上看到了出售《发财秘诀》的巨幅广告，他便连夜赶到书店去购买这本求之不得的书。拿回家急忙拆开包装严密的《发财秘诀》，哪知书内空无他物，全书仅印有"勤俭"两个大字。

洛克菲勒大失所望，十分生气，把书扔到地上，马上想去书店找老板算账，控告他及作者骗人。但当时时间已很晚，他估计书店已关门了，所以准备第二天再去。

那天晚上，洛克菲勒一夜辗转不能入睡，起初是对书的作者和书店生气，怒斥他们为什么要以如此简单二字印书骗人，使他辛苦赚来的5美元血汗钱浪费在这"骗术"上！后来，夜已深了，他的火气也慢慢降下。他想，为什么作者仅用两个字出版一本书呢？为什么又选用"勤俭"这两个字呢？他想呀想，越想越觉得勤俭是人生立世和致富的根本通路，他终于大彻大悟。

想到这里，他赶紧把书本从地上捡起来，深深地吻了它一下，然后端正地摆在卧室的书桌上，作为他的奋斗创业座右铭。从此，他努力地打工，埋头苦干，把每天挣来的钱，除了部分交给家里外，其余一分也不乱花，全部积蓄起来，准备作为以后创业之用。

洛克菲勒如此坚持了5年，辛辛苦苦地积攒了800美元，他用这笔钱开创了他的事业。就是这样，他一步步努力，最后成了石油大王。

确实，坚实的财富是需要努力和节俭才能追求到的，同时也需要时间和毅力。具有节俭的耐性和毅力，利用积蓄的钱发挥作用，由此便可得到许多意想不到的赚钱机会。

◆ 案例引入

养一个孩子需要花多少钱？2022年2月，著名人口经济学家、携程联合创始人兼董事局主席梁建章，通过网络媒体发布了《中国生育成本报告2022版》。此报告一出就在网上引起热议。报告显示，我国家庭养育一个孩子到18岁的平均成本为48.5万元，是人均GDP的6.9倍。除此之外，虽然我国法律规定18岁成年，父母没有义务抚养已满18岁的子女，但实际上大多数年满18岁的子女都仍在上学，且大学的学费和生活费仍然是父母支付。根据报告显示，在我国，平均一个孩子大学四年的平均养育成本为14.2万元。也就是说，一个家庭将孩子抚养至大学毕业，平均养育成本为62.7万元。而这只是全国平均养育成本。如果在一线大城市养孩子，费用则更高。

资料来源：根据《中国生育成本报告2022版》整理，https://baijiahao.baidu.com/s？id=1725421105118931369&wfr=spider&for=pc

【任务】 认识教育投资理财规划

思考题：

1. 为什么要进行教育投资理财规划？

2. 如何进行教育投资理财规划？

【任务提示】

一、教育投资理财规划的意义

微课学习：教育投资理财规划的意义何在

| 微课视频 | 学案 | 同步练习 | 理财小技巧：延缓损耗性开支（动图） | 理财小技巧：延缓损耗性开支（音频） |

知识就是力量，知识就是财富，这是至理名言。知识也能改变一个人的命运。而要获得知识，其主要途径就是接受教育，也就是进行人力资本的投资。但是，教育的费用却在不断地增加，子女教育费用将成为家庭中仅次于购房的一项支出。曾有人估算，现在一个小孩在国内读到大学毕业，不包括生活费，学费在15万元左右；如果出国留学，仅留学费用就在30万~60万元不等。因此，根据家庭的财务状况提前对子女的教育进行规划意义重大。

（一）子女教育支出的持续时间长，金额大

子女从小到大受教育的年限在20年左右，因此总金额可能比购房支出还要多。特别是大学阶段，家庭费用会猛增一倍到几倍，按当时平稳的收入状态，可能无法应付这种阶段性的持续高支出。为避免到时收入跟不上支出，需要提前进行规划，争取在大学前能准备好充足的费用。

（二）子女教育支出是不可协商的，没有时间弹性，也没有费用弹性

子女到了一定的年龄就要上学（如18岁左右上大学），不能说今年收入减少了，就延到明年再上学，或者说钱不够，先交一部分，以后再双倍补上。并且各阶段的学费相对固定，这些费用对每一个学生都是相同的，不会因为家庭的经济条件而有所差异。费用不足的结果只有终止教育。为避免这种情况，只有事先做好规划，为教育专门锁定一笔经费，未到期绝不挪用。

（三）教育支出增加快，并且教育积蓄可能会受通货膨胀等因素的影响而不断缩水

教育支出的增长率比一般物价增长率要高。多年后的教育支出费用可能是现在的多倍，而现在的现金经过多年的通货膨胀，到时会贬值。只有让教育金的收益增长速度超过通货膨胀的速度，教育金才能谈得上保值和增值。因此，需要进行充分规划，寻找良好的途径，使现有资金保值和增值，并保持收益的稳定性，以抵御通货膨胀和学费的高速增长。

（四）子女教育费用无法准确预测，应及早从宽规划

在子女小的时候很难知道其在经济独立前需要花费多少教育金，因为这与子女的资质、注意力与学习能力有很大关系。学习自觉而资质较好的子女与漫不经心而资质一般的子女，在求学期间所花费的家教、补习和生活费用等支出差距会很大。如果子女在美术、音乐等才艺方面很有天分的话，所需要的教育资金更是惊人。所以应该尽早多做准备，以免将来因子女的教育支出而导致家庭财务陷入困境，甚至耽搁子女的前程。多余的教育基金可转为自己的退休资金或作为子女的创业基金。

子女教育的重要性无须多言，每个家长都望子成龙、望女成凤，教育目标的实现与购房、养老一样需要巨额的资金。但是目前的在职者当中，有用于退休规划强制储蓄的个人养老金账户，也有用于购房规划强制储蓄的住房公积金账户，唯独没有专门针对子女教育的强制性储蓄账户。所有的子女教育金都必须靠自己自觉准备，这就要求尽早树立教育投资理财规划的意识。

二、教育投资理财规划的分类

微课学习：个人教育规划与子女教育规划

微课视频　　　　学案　　　　同步练习　　　理财小技巧：学会　　理财小技巧：学会
　　　　　　　　　　　　　　　　　　　　　投资自己（动图）　　投资自己（音频）

教育投资理财规划是指为实现预期教育目标所需要的费用而进行的一系列资金投资管理活动。根据教育对象不同，教育投资理财规划可分为个人教育投资理财规划和子女教育投资理财规划两种。自我完善和教育后代都是人生重要的内容。

个人教育是指个人接受政治、经济、文化、科学、技术、生活等方面的继续教育、培训教育和社会文化生活教育，是个人自我完善和终身学习的重要形式，是提高个人素质、提高劳动生产率、提高个人生活质量的重要途径。现代社会竞争激烈，个人需要不断充电，提高专业水平，增强工作能力，积极寻求升职或转换更高收入工作的机会。个人教育主要可以通过自学、培训和进修等方式进行，比如通过学习英语，获取职业资格证书，攻读在职 MBA、硕士或博士学位等方式，增加自身资本，为以后发展奠定基础。

子女教育又可分为基础教育和大学教育，无论是何种教育消费，其使用的规划技术都十分相似。大学教育费用普遍很高，对其进行理财规划的需求也最大。

个人教育投资理财规划在消费的时间、金额等方面的不确定性较大，子女教育投资理财规划通常是个人或家庭投资理财规划的核心。因此，本单元主要讨论子女教育投资理财规划。

活动：完成设定教育投资理财规划案例操作

案例 4.1.1： 赵女士和丈夫王先生今年都已 30 岁，计划明年生个宝宝，两人月收入均万余元，加上每年的奖金，年收入约 30 万元。家庭目前有自住房一套，价值 120 万元，房贷支出每月约 3 500 元，日常生活开支每月需 5 000 元，夫妻俩人均已购买了医疗、人寿保险，保额充足，保费支出每月约 1 500 元，家庭资产状况优良。目前，夫妇俩将闲置的资金全部投入股市，面对动荡的投资市场，赵女士今年的收益不甚理想。面对即将出生的宝宝，赵女士希望做出一个合理的家庭理财规划，既能有效规避风险，又能积累家庭财富，同时还能为宝宝的教育积累资金。作为一个理财规划师，请为赵女士提供合适的理财服务。

请列出教育投资理财规划的步骤：

① _____。

② _____。

③ _____。

④ _____。

⑤ _____。

三、教育投资理财规划的步骤

微课学习：教育投资理财规划步骤

| 微课视频 | 学案 | 同步练习 | 理财小技巧：你的家人也许是你最大的财务负担（动图） | 理财小技巧：你的家人也许是你最大的财务负担（音频） |

丰富的知识有助于个人成功，而相关行业知识的掌握除了个人的博闻强记外，接受培训或教育是一个重要的途径。目前，许多人都意识到了这一点，加大了对人力资本的投资。然而，教育费用的迅速增加对整个社会，尤其是低收入家庭和中等收入家庭造成了相当大的压力，因此，根据家庭的经济状况提前对子女教育进行财务规划是非常必要的。

合理进行教育投资理财规划，首先要确定家庭计划、育儿计划和子女教育目标规划，如图 4-1 所示。家庭子女数、生活品质和教育目标直接决定所需的子女抚育和教育金数额。应根据子女的兴趣爱好、学习能力等实际情况，确定适合子女发展的目标，如希望子女上什么类型的学校，未来将要接受的教育程度是大学或是研究生，甚至更高的层次，选择在国内上学或出国接受教育等。还要综合考虑各类学校、各国各地区学校的特点，如学校地理位置、师资力量、专业水平、学费高低等。因为在中国，不同类型的学校收费不同，而不同国家的学校收费更是存在巨大差异，甚至同一个国家同一所大学收费也可能因所学专业不同而有所差异。

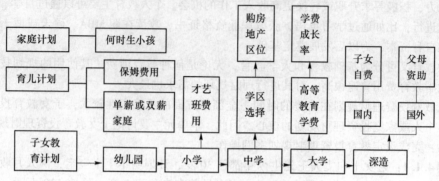

图 4-1 子女教育投资理财规划流程图

确立了子女的教育目标后，就要有针对性地引导子女朝这个既定方向发展，并进行良好的财务规划，只有这样才能保障目标的实现。那么，如何制定最佳的教育投资理财规划的方案？这必须根据个人家庭财产状况、收入能力、承受风险能力，以及子女教育目标进行综合分析。在进行规划的过程中，通常需要经过以下步骤。

（一）估算子女教育费用

根据子女的当前年龄、当前生活和受教育地的消费水平、教育收费水平，计算出子女接受高等教育前所需的教育金总额。然后依据子女的教育目标以及设定的通货膨胀率，分析子女未来大学教育费用的变动趋势，计算出未来子女入大学时所需的费用总额。在确定子女大学教育费用时，要充分考虑到个人的家庭情况，确立教育消费计划时间和大学类型。如果家庭经济状况很好，经济收入较强，并有计划将来送子女出国接受教育，则子女教育所需的费用将大幅增加。

（二）设定教育投资规划目标

教育投资规划目标的设定主要包括计算子女教育金缺口、设定投资期间和设定期望报酬率三个方面的内容。

1. 计算子女教育金缺口

将现有资产与子女教育所需总费用进行比较，就可以计算出教育资金的缺口。

2. 设定投资期间

设定投资期间也就是准备教育金的期间，它取决于两个因素：一是开始进行教育投资的时间；二是未来需要支付教育费用的时间。这两个时点之间的时间段，即为投资期间。投资期间越长，储蓄的压力就越小。

3. 设定期望报酬率

按照计算出来的资金缺口以及可以利用的投资期间，即可计算出期望达到的投资报酬率。如果不能达到该报酬率，那么到时将不能够积累足够的教育资金，教育目标就难以实现。

（三）规划教育投资组合

为了获得期望的报酬率，应结合家庭收支情况和风险承受能力，综合运用教育储蓄、基金、教育保险和子女教育创业信托等工具来满足资金需求，规划出最合适的子女教育投资组合方案。

教育投资理财规划应注意风险承受度和收益问题，在子女的不同年龄段应选择不同的投资产品。子女年龄尚小或尚未出生时，其教育支出还不多，而从这一阶段的年龄、收入及支出等状况来看，个人的风险承受能力较强；而且距子女上大学的时间还很长，通货膨胀可能导致财富缩水的效果特别明显，所以这个阶段可充分利用时间优势，做出积极灵活的理财规划。可以选择以长期投资为主，以中、短期投资为辅，较多地选择风险和收益都较高的积极类投资产品，而保守类产品所占投资比重应较低，如以股票型、混合型基金配合一定的储蓄性保险产品。随着子女的不断成长，则应相应地调整理财规划中积极类产品与保守类产品的比例，提高资金的安全性和流动性，如减少股票的投资比重，加入平衡性和保本保息的银行类理财产品或债券型基金。

（四）执行与定期检查

子女教育基金计划制订后就要严格执行，坚持专款专用。生活中往往会出现由于买车、买房、医疗等支出过大动用了孩子的教育金的情况，这样孩子的教育金受到影响不说，其他的目标也不一定能实现。严格执行子女教育基金计划还需定期检查落实情况，并根据情况适当调整计划。最好每年作一次评估，计算当年的教育金筹备额和收益率回报，将结果和预期进行比较，以达到预期目标为准。如果未达到预期目标，则应适当提高来年的投资额或相应的收益率，以保证目标如期实现。

◆理财技巧

节流——爱"拼"才会赢

"拼客"成为流行词，指的是几个人甚至成百上千人集中在一起共同完成一件事或活动，AA制消费，目的是分摊成本、共享优惠、享受快乐并可以从中交友。

这些年，从两家人拼着接送孩子上学回家，两个人拼着合租一套房解决住宿，到拼餐、拼车、拼游、拼购、拼卡、拼宠物、拼学、拼友、拼职，等等，"拼客"成了年轻人字典里的常用词。"拼客"们将求实惠、求方便、求节俭的精神发挥得淋漓尽致。

下面是媒体上报道的"拼客"一族——刘小姐的故事，让我们一起分享一下。

来深圳3年的江西人小刘就是一位"拼客"爱好者，从来深圳的第一天就开始了"拼客"生活，从最初跟同事"拼房"居住，去年开始"拼车"上班，到现在与小区居民"拼购"水果，与朋友"拼玩"玩遍深圳周边地区；甚至小区论坛网页上，还有大家一起涂写的日志，在网上叫"拼博"！

小刘喜欢看时尚杂志，但这类杂志价格不菲，一个月买几本就是一笔不小的开支。于是，她找来志同道合的姐妹，每人买一本，大家轮流看，不仅省钱，还丰富了谈资，增进了感情。

让小刘印象最深刻的是，几个同事现在经常"拼卡"。天气热的时候，几个同事拼了游泳卡。游泳一次要花60元，价格很高，包月卡900元，可是有时一个星期只去一次，又不划算，于是她又想到了"拼卡"。3个人合购一张月卡900元，30次，每次30元，比单次便宜一半，时间可以自由选择，又可以避免一次大"出血"。初次尝到甜头后，一帮人经常拼美容卡、购书卡，享受折扣。

这几位网友只是"拼客"中的"一小撮"。现在，在各大论坛上，各种形式的"拼客"层出不穷，有网友写道：

"拼车"——不再为挤公车烦恼；

"拼房"——房东房客一家亲；

"拼卡"——告别"月光族"；

"拼吃"——少花钱尝更多美味；

"拼玩"——携手纵横玩天下；

"拼友"——相逢何必曾相识；

"拼学"——三人行必有我师；

"拼读"——让读书生活多姿多彩；

"拼创"——三个臭皮匠顶个诸葛亮。

单元二　教育投资理财规划需求分析

学习目标

识记能力目标：教育目标总费用的构成；教育金支出增长率和教育投资报酬率；教育投资产品种类；教育保险，教育保险的种类；子女教育金信托。

理解能力目标：各个阶段子女教育需求的不同特点；教育储蓄的优势及局限性；教育保险的优势及局限性；选择教育保险应考虑的问题；子女教育金信托的优点及适用的情形；子女教育投资产品组合的原则和方法。

应用能力目标：收集各个教育阶段学杂费资料，掌握分析和估计各阶段教育资金需求的基本方法。

◆理财测试　　　　吃鱼位置可测你花钱态度

生猛海鲜上桌啦！摆在你面前的是一条大石斑，鲜美无比，看的口水都快流出来了，赶快拿起筷子，下手为强。可是，该从哪个地方下手呢？

A. 鱼头　　　B. 鱼腹（中间段）　　　C. 鱼尾　　　D. 没有特定的地方，到处乱吃

测试结果：

A. 你是对看中的东西不得手便誓不罢休的乐天派人物。平常较节省，偶尔也会大量采买，不过频率并不高，因为，能让你看中的东西并不是很多。

B. 你是百货公司花车大减价中最受欢迎的盲目购物者，尤其是对吃的、穿的更是一点也不吝啬，只要喜欢就掏钱买，所以，常成负债累累的可怜虫。

C. 你是标准的铁公鸡，即使买碗泡面都还要考虑到底是买碗装的，还是袋装的。你说够不够小气？

D. 你做事漫无目的，花钱的态度也很无所谓，所以，常把钱交给别人处理。

◆案例引入　　　　为什么要进行子女教育规划？

一、教育值得投资，但关键在于规划

2000年诺贝尔经济学奖得主詹姆斯·赫克曼认为：在中国，如果考虑对社会产出的贡献，而不仅仅是个人收入，教育投资潜在回报率高达30%～40%，高于物质资本投资的回报率（20%），也高于美国等发达国家的教育投资回报率（15%～20%）。经济学家振聋发聩的言论让国人开始领略到教育投资的魅力。

而1992年诺贝尔经济学奖得主加里·贝克尔对家庭经济运转情况的研究中认为，孩子实际上就是家庭的最重要的产品，他们既是一种"耐用消费品"，又是一种"耐用生产品"。父母都希望自己的孩子是最有价值的"耐用生产品"，而不仅仅是"耐用消费品"。"耐用生产品"如姚明、丁俊晖，但那是可遇不可求的。

学者们的研究说明，用于子女教育的支出并非是一种简单的消费性支出，而是一种生产性投资，即教育投资，它将增加子女的知识和技能，并为了子女能获得较大的职业适应性、较多的就业机会、较高的收入等教育投资的收益。

理财专家指出，如果从小学开始算起，国内培养一个大学生的平均开销需要15万～20万元，按照现在大学生平均月薪和增长速度来计算，5～7年就可以收回投资，所以哪怕是单独从个人收入的角度来看，教育投资也还是划算的，但鉴于目前教育投资的风险在不断增加，而其边际效用却不断在减少，因此孩子能否成为有价值的"耐用生产品"，关键还是在于做好子女教育投资的规划。

二、子女高等教育期间的开支属于阶段性高支出，不事先准备，届时的收入将难以应付

民间调查机构数据表明，中国家庭子女教育的支出比重已接近家庭总收入的三分之一，城乡贫困人群中有40%~50%的人提到，"家里穷，是因为有孩子要读大学"。而相关资料表明，从支付能力看，中国现阶段大学支出更是世界其他最高大学支出国家的3倍以上！国家教育部的一位原副部长坦言："现在的大学学费已经超过了老百姓的经济承受能力，是有点高了。"

一项关于大学学费占家庭年收入比重的网络调查数据显示，有42.89%的大学生选择70%以上；有25.79%的选择50%~70%；认为学费占到家庭年收入30%~50%的有20.26%；认为学费占到家庭年收入30%的仅有11.05%。面对如此高额的阶段性高支出，拮据的家长们只能未雨绸缪、事先准备，否则就将面对东挪西借、负债累累，不仅严重影响到家庭生活品质的急剧下降，并可能会影响到孩子的大学学业和成长。

另外，家庭准备子女高等教育经费的阶段，与父母准备自己退休经费的时期高度重叠，因此应避免顾此失彼。以子女高等教育期间可能长达6年来计算，43~54岁为支付子女高等教育经费的高峰期，但此时也是自己准备退休经费的黄金期。有些父母为了送子女出国念书，耗费的资源更多，没有留下足够的金钱为自己准备退休经费。

三、高等教育学费的上涨率高于通货膨胀率，储备教育资金的报酬率要高于学费增长率

从《中国生育成本报告2022版》中，我们可以看到，虽然中国法律规定18岁是成年年龄，父母没有义务抚养已满18岁的子女，但实际上大多数大学生的学费和生活费仍然依靠父母支付，所以还需要估算大学四年的养育成本。公立大学的学费随专业的不同而有所不同，一般为每学年5 000~8 000元，个别专业（例如艺术、音乐表演等专业）每学年8 000~10 000元。民办大学的学费一般为每学年1.2万~2万元。住宿费每学年800~2 000元左右。公立大学和民办大学平均每学年学费按1万元计算，住宿费按每年1 500元计算，生活费按每月2 000元计算，则大学本科期间每年的养育成本为：

10 000+1 500+24 000＝35 500元，四年共142 000元。

按国内外的经验，这种高等教育费用的增长速度仍将远远高于国民人均收入增长或通货膨胀率，理财专家保守估计今后20年每年按5%~8%的速度增长。因而父母在规划子女教育费用时，应充分考虑通胀因素。即使为子女准备的教育费用过多了，多余的钱还可以当作父母自己未来的退休经费，从而降低退休后对子女的依赖程度。

四、子女教育金是最没有时间弹性和费用弹性的理财目标，因此更要预先规划，才不会有因财力不足而阻碍子女上进心的遗憾

子女的教育投资规划与退休规划和购房规划相比，最缺乏弹性。退休规划若财力不足，降低退休后的生活水平还熬得过去；购房规划若资金不够，选择地点偏远一点、房价较低的地段还可以将就；但子女的教育投资规划，因为缺乏时间弹性，且学费也相对固定，因此务必要提早准备。

【任务】家庭教育投资理财规划需求分析

思考题：

1. 你觉得子女教育的目标有哪些？

2. 要实现教育目标需要有哪些花费的项目？按现在物价算，大概要有多少钱才能实现你所制定的教育目标？

3. 如果要实现你所制定的教育目标，这些钱从哪里来？

【任务提示】

活动一：完成中年夫妻的子女出国留学教育规划

案例4.2.1：一对中年夫妻双方年龄均在45岁左右，有个孩子在念高二，17岁。家庭现有存款约20万元，夫妻双方每月收入共6 000元，可以存3 000元。这对夫妻想从现在开始做理财

规划，以使孩子可以到英国去念大学。为了达到这个目标，他们需在两年后储备至少30万元人民币。那么，怎么才能做到呢？

活动二：完成子女大学教育规划

案例4.2.2： 蔡先生打算为儿子小明准备大学教育基金。现在离小明上大学还有12年，目前上大学的总花费（学费加食宿费等）约为10万元，假设每年费用的涨幅为5%，投资年报酬率为8%，则每年至少需要投资多少万元才可供小明就读大学无忧？

一、教育目标总费用

微课学习：教育目标总费用分析

| 微课视频 | 学案 | 同步练习 | 理财小技巧：适当"投机倒把"（动图） | 理财小技巧：适当"投机倒把"（音频） |

在现代社会中，良好的教育无疑会给个人的成功带来优势。统计数字表明，美国一个有大学文凭的人比没有的人一生要多收入100万美元。从这个角度看，教育投资是个人财务规划中最具有回报价值的一种，它几乎没有任何负面的效应。那么，需要投入多少资金才能满足子女教育的需要呢？为了做到未雨绸缪，进行合理的教育投资理财规划，首先要了解当前的教育收费水平和增长情况，对子女教育所需资金进行估算。

目前的教育费用主要包括学前教育、小学、初中、高中、大学、研究生等教育费用和其他支出，有的家庭还会选择让子女出国接受教育。

（一）学前教育——幼儿园费用

俗话说："三岁看大，七岁看老。"现在早教的观念越来越深入人心，家长们都不愿看到自己的子女输在起跑线上，可以说不惜下血本投资。因此，幼儿园的收费也是水涨船高，许多家长都投诉幼儿园收费贵过大学，给家庭经济造成很大压力。幼儿园收费主要包括捐资助学费、保教费以及兴趣班费等。

（二）小学、初中及高中教育费用

根据《中华人民共和国义务教育法》《中华人民共和国教育法》和其他有关法律法规，各省都会结合本省实际制定相应的中小学收费标准。一般来说，按照费用的不同用途划分为学校收费和学校代收代管费。

学校收费项目包括：小学、初中杂费，高中学费，借读生借读费，普通高中计划外学生培养费，取暖费和住宿费。

学校代收代管费项目包括：国务院和省教育行政部门统一发行和批准使用的教学用书的费用，初中毕业生中考报名考务费，普通高中会考报名考务费，高考报名考务费和体检费。

（三）大学教育费用

大学学费主要包括学习费、住宿费、生活费等费用。其中，还包括军训、军训服装费、保险费、班费等。每个大学的收费标准和收费项目都不一样，具体收费以各学校规定为准。一般而言，包括以下内容：

第一，在学习上，需要缴纳各种考试的报名费，比如四六级、计算机一二级考试、教师资格考试、普通话水平测试等，还有书费。

第二，大学的生活成本。生活成本主要是指吃饭的成本和衣服、日用品的成本。没有具体标准，根据个人情况决定。一部分费用是宿舍用的水电。

第三，其他费用。大学的其他费用主要是指刚入学参加军训时的军训服装费、班费，以及党费和团费等。

据统计，我国大学生（除师范、军校等院校）的学费已从 1995 年的 800 元左右上升到 2021 年的 6 000 元左右，住宿费由 1995 年的 270 元左右上升到 1 200 元左右。一些特殊专业如艺术类专业、中外合作办学专业等的学费则在万元以上。专科学校特别是民办性质学校的许多专业学费都在万元以上。这样大学期间一年的费用约为 30 000 元。

（四）研究生教育费用

根据国家关于完善研究生教育投入机制的有关意见，从 2014 年秋季学期起，高等学校向所有纳入全国研究生招生计划的新入学研究生收取学费。研究生学费标准根据年生均教育培养成本的一定比例，综合考虑培养层次、学习方式、学科特点、专业属性、办学质量、当地物价水平及受教育者的经济承受能力等因素确定。不同地区、不同培养单位、不同专业的学费标准可以有所区别。其中，全日制学术型硕士研究生、博士研究生的学费标准，现阶段分别按照每生每学年不超过 8 000 元、10 000 元确定，加上每年 1 200 元左右的住宿费，则按最高 10 000 元学费计算，三年研究生的教育费用为 33 600 元。

（五）其他费用

除了上述学杂费、择校费、借读费等费用外，课外书、兴趣班和家教的费用也是一大笔开支。

我们知道未来社会需要人们不仅要具有良好的人际交往、组织协调、合作创新等多种能力，更需要具备发展潜能以及和谐发展的个性，由此就出现了培养德、智、体、美、情、财的兴趣班。"不能让孩子输在起跑线"使得许多家长给孩子报了各种各样兴趣班，如果报十多个兴趣班，一年下来就要好几万，甚至更多。

（六）出国留学费用

在愈演愈烈的就业竞争中，传统的应试教育比起富有创新精神、开阔视野的教育观念，很难适应日益国际化的大市场，发展中的企业需要思路敏捷、活跃、有影响力的人才，拥有国际视野和流利的外语将成为孩子未来竞争的重要砝码。因此，为了追求更好的教育条件，让子女长见识、学知识，越来越多的家长热衷于送子女出国留学。但是，出国留学所需要的庞大费用，只有极少数高收入或高资产的父母能支付得起。

一般来说，出国留学前期费用包括雅思或托福的考试费用、院校申请费、材料费、签证费等；中期费用包括保险费、交通费、设备费等费用；国外求学阶段的费用包括学费、生活费、教材费等费用。出国留学费用总计大概在 50 万~100 万元。

如今的教育费用正处在持续增长的阶段，如果没有前期准备，那么到时候付不起孩子的学费的情况很可能发生。当然，由于子女教育开销的差异性相当大，因此，必须针对个人所在地区的实际收费情况、个人对子女的期望，以及家庭的经济承受能力，选择是否借读、择校，是否上兴趣班、请家教，甚至是否上私立学校或出国留学，以制定详尽科学的教育规划。

二、教育投资产品

微课学习：教育投资产品

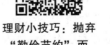

微课视频　　学案　　同步练习　　理财小技巧：抛弃　理财小技巧：抛弃
　　　　　　　　　　　　　　　　"勤俭节约"而　　"勤俭节约"而
　　　　　　　　　　　　　　　　"能挣会花"（动图）　"能挣会花"（音频）

子女的教育投资理财规划涉及对投资产品的选择，目的是达到最稳妥的教育投资。因此，教育投资应以稳健为主，教育投资理财规划应重视长期的零风险或低风险的投资产品。目前，主要的教育投资产品有教育储蓄、教育保险、子女教育金信托以及以上投资产品的组合优化投资等。

（一）教育储蓄

为了鼓励城乡居民以储蓄存款方式为其子女接受非九年义务教育积累教育资金，中国人民银行《教育储蓄管理办法》规定：除邮政储蓄机构外，办理储蓄存款业务的各金融机构均可以开办教育储蓄。教育储蓄拥有储户特定、存期灵活、总额控制、利率优惠、利息免税的特点。

教育储蓄最大的优势在于可以零存整取定期储蓄，却享受整存整取利息，同时还可以免除个人利息所得税（自2007年8月15日起由20%下调至5%，自2008年10月9日起暂免征）。对于条件具备者，教育储蓄是一种不错的投资产品。

合理使用教育金储蓄的优惠政策，运用零存整取的方式储蓄，可同时达到增息节税和帮助子女储备教育金的目的。

（二）教育保险

相对于教育储蓄，教育保险在投保的限期和投保的金额的可操作性方面要灵活得多。子女教育保险就像一个子女的成长设计师和规划师，能够帮助家长为子女建立一份长期的教育保障计划，让小学、中学、大学每个阶段都有足够的经济实力支撑和保证孩子顺利成长。

子女教育保险是用保险的办法协助父母为其子女积累教育费用，保证子女教育"专款专用"的险种，起到一种强制储蓄的作用，避免银行储蓄时因家庭需要随时取现而耽误子女教育的进程。教育保险是分多次给付的，回报期相对较长，一般都是在孩子上初中、高中或大学的特定时间里才能提取教育金。教育保险投资年限通常最高为18年（高中和初中更短），越迟购买，由于投资年限短，保费越高，从投入产出比来看越早投资越划算。从表4-1中可以明显看出同种险种保险金额一样时，投保年龄越早，收益越大。

表4-1　某寿险公司的"年金保险"利益演示　　　　　　　　%

收益情况 投保年龄	12岁领取 （初中教育金）	15岁领取 （高中教育金）	18岁领取 （大学教育金）	25岁领取 （创业基金）	60岁后每年领取 （养老基金）
0~9岁	10	15	25	50	男13，女12
10~12岁	0	15	25	50	男13，女12
13~15岁	0	0	25	50	男13，女12

目前，市面上的少儿教育金保险很多，通常是孩子一出生就可以投保，但保障的时间、保险金的给付项目的差别非常大。家长在选择教育金保险时需要做到"量体裁衣"，根据自己的收入情况和对子女的预期选择险种，要注意从实际的教育费用需求出发，进行功能和价格两方面的分析，选择了功能之后，对比同类产品的价格，从而选择性价比最优的产品。通常购买需求之外的保障必然会多交保费，增加不必要的经济负担。如果从孩子小学起就缴纳高学费，可以选择跨度大的保险，如涵盖从初中到大学教育金的保险；如果没有读研或其他深造计划，可重点考虑支付高中和大学教育经费的教育险，而不是那种大学之后领取生存金的保险；如果家庭经济条件较充裕，或读高中前孩子教育费用支出较少，则可重点投保大学后领取保险金的教育保险。另外，选择教育金保险时还需考察附加保障及额外收益，家长们要有一定的前瞻性，提前一步考虑其他方面的保障，选择可附加意外险、重大疾病险、住院医疗保险等更具竞争力的保险产品或保险计划。

至于教育保险的支出，需根据家庭的承受能力进行设计。孩子教育支出在家庭支出中应保持一定比例。一般来说，教育保险与其他教育理财支出相加，以家庭收入的10%左右为佳。

（三）子女教育金信托

信托是一种财产交付管理的机制，受严格的法律保障。所谓信托，是指委托人基于对受托人的信任，将其财产权委托给受托人，由受托人按委托人的意愿以自己的名义，为受益人的利益或者特定目的，进行管理或者处分的行为。子女教育金信托是指家长通过信托机构进行投资理财规划（例如，投资境内外基金等），待资产累积到一定程度时，在子女的未来教育某一条件成立时（例如，子女某阶段学业毕业），将信托的资产转移给子女（可分阶段实行），让子女未来的教育和生活更有保障。子女教育金信托的流程如图4-2所示。

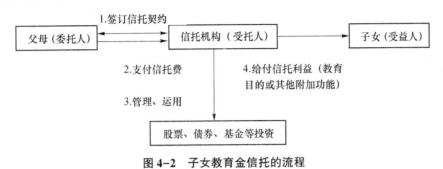

图4-2　子女教育金信托的流程

信托业在国外十分发达，就金融资产规模而言，信托与银行、保险分庭抗礼，三分天下。对待子女的教育成长之路，国外家长普遍为子女设立基金会或者是实施信托计划。而国内在这一方面意识则比较薄弱，主要在于国内信托业诞生较晚，经营不够规范，相对而言，信托业是我国金融四大业中最为薄弱的一环，发展滞后。随着近年来投资市场的逐渐理性，信托理财以其收益高、稳定性好的优势越来越受到投资者的青睐。

一般来说，子女教育金信托比较适合的对象：

（1）有一定经济基础，但家庭结构差异较大（如老夫少妻型）的家庭。一旦父亲去世，留下较年轻的母亲，将难以照顾下一代。这种情况下提前签订教育金信托甚至创业信托，就可以保障子女的财产管理或经济来源，避免子女不当挥霍，或者别人觊觎保险金或遗产的麻烦。

（2）夫妻离婚时，针对离婚后未成年子女的教育问题，可以以离婚前夫妻共有财产，聘请专业的信托公司，以子女为受益人，建立一份子女教育金信托或子女教育创业金信托，保障父母离婚后子女的教育和生活的费用。

（3）对于计划送子女海外留学的家长，海外信托是监护子女的最佳工具。为了让孩子得到更好的教育，增加将来就业创业的实力，很多有条件的家长选择将孩子送到发达国家去留学，并且越来越趋向低龄化。但是许多子女出国留学时心智尚不够成熟，缺乏很好的自控能力，因此选择海外子女教育创业金信托是合适可靠的方式。

（四）投资产品的组合优化

选择合适的投资产品，确保子女未来教育得以顺利完成，这对于望子成龙、望女成凤的中国家长们而言确实是值得好好思考的问题。就目前而言，单一的教育投资产品很难同时满足家长期望的收益率和保障功能或其他的附加功能，这就需要选择合适的教育投资产品的组合。

教育投资最重要一点是合理考虑风险、收益以及投资期限，在子女不同的年龄段应选择不同的投资。在投资前，先要计算子女达到自己预期目标的教育金的缺口，设定投资期限和期望收益率，然后需根据家庭的风险承受能力，选择较合适的投资产品的组合。一般而言，如果子女还在婴幼儿时期，离上大学还有很长时间，则应该考虑通胀造成明显的财富缩水的情况，可选择积极、中长期的投资产品，如教育保险、基金等，既有保障，又有高收益；如果子女已经初中毕业，则应该选择注重当期收益的投资产品，例如，高配息的债券型基金、教育储蓄等；如果子女欲出国留学的，则子女教育创业金信托是很好的产品。

下面以普通家庭的教育投资理财为例作一下分析。

王先生，29岁，政府机关的公务员；妻子孙女士26岁，在某杂志社担任美术编辑。两人税后工资合计12 000元。2017年夫妻俩喜得贵子，儿子现在暂由双方父母照顾，宝宝聪明可爱。

（1）夫妻俩希望至少在经济上能支持儿子出国留学，如果不出的话，这笔钱也能将来留给孩子作为创业基金或者结婚使用。

（2）夫妻俩不想让父母太过劳累，希望能聘请家政人员协助照顾儿子。

（3）夫妻俩希望能培养孩子一项特长，并从小能把孩子的英语基础打好。

夫妻俩打算使用20万元积蓄专门为孩子制作一份教育规划。

根据以上目标，可分析如下：

子女教育规划有一定的周期性，在孩子3周岁前，虽然不需要支出幼儿园的入托费，但是这个阶段抚育金的比例一般较大，保姆、奶粉、童装、玩具这些支出一样都少不了，而随后幼儿园、小学、初高中教育金支出呈现递减趋势，抚育金渐渐平稳，当子女进入大学阶段甚至出国留学的这个时期，教育金和抚育金都会出现大幅度增加，家庭的财务压力一般也到了最大的一个时期（表4-2）。

表4-2　模拟子女成长过程中教育金与抚育金支出

年龄	教育阶段	教育金	抚育金	说明
0~2岁			2 000元/月[1]	
3~6岁	幼儿园	24 000元/学年	1 500元/月	
7~12岁	小学	20 000元/学年	1 500元/月	中关村三小
13~15岁	初中	10 000元/学年	1 500元/月	人大附中
16~18岁	高中	10 000元/学年	1 500元/月	人大附中
18~22岁	大学	80 000元/学年	5 000元/月	出国留学[2]

注：① 暂不考虑保姆费用支出；
② 出国留学支出每年2万美元（暂按照人民币汇率7.0计算）。

为更好体现子女教育规划的严谨性与可实施性，设定的学费增长率高于通货膨胀和工资增长率，模拟相关重要参数假设如表4-3所示。

表4-3　相关重要参数假设

学费增长率	每年4%	通货膨胀率	每年4%
收入增长率	每年3%	无风险收益	每年3%

表4-4中，预计王先生家庭子女教育支出的长期比例维持在46.3%，在儿子19岁出国之前家庭教育支出比例基本上低于30%，此期间王先生家庭如果没有房屋贷款类似的负债，家庭收支结构较为合理。当儿子19岁出国后，家庭经济压力陡增，因此需制定相应规划弥补出国留学的教育金筹备。

表 4-4　理财规划前的现金流量表　　　　　　　　　万元

年龄	年份	说明	教育金	抚育金	教育支出	家庭收入	教育支出占比/%
0	2017			-2.40	-2.40	14.40	16.7
1	2018			-2.50	-2.50	14.83	16.8
2	2019			-2.60	-2.60	15.28	17.0
3	2020	幼儿园	-2.70	-2.02	-4.72	15.74	30.0
4	2021		-2.81	-2.11	-4.91	16.21	30.3
5	2022		-2.92	-2.19	-5.11	16.69	30.6
6	2023		-3.04	-2.28	-5.31	17.19	30.9
7	2024	小学	-2.53	-2.37	-4.90	17.71	27.7
8	2025		-2.63	-2.46	-5.10	18.24	27.9
9	2026		-2.74	-2.56	-5.30	18.79	28.2
10	2027		-2.85	-2.66	-5.51	19.35	28.5
11	2028		-2.96	-2.77	-5.73	19.93	28.8
12	2029		-3.08	-2.88	-5.96	20.53	29.0
13	2030	初中	-1.67	-3.00	-4.66	21.15	22.0
14	2031		-1.73	-3.12	-4.85	21.78	22.3
15	2032		-1.80	-3.24	-5.04	22.43	22.5
16	2033	高中	-1.87	-3.37	-5.24	23.11	22.7
17	2034		-1.95	-3.51	-5.45	23.80	22.9
18	2035		-2.03	-3.65	-5.67	24.52	23.1
19	2036	大学	-16.85	-12.64	-29.50	25.25	116.8
20	2037		-17.53	-13.15	-30.68	26.01	117.9
21	2038		-18.23	-16.67	-31.90	26.79	119.1
22	2039		-18.96	-14.22	-33.18	27.59	120.2
合计			-110.87	-105.36	-216.23	467.32	46.3

规划思路：王先生对于儿子留学前的教育支出压力可以承受，因此计划使用薪资收入的储蓄部分应对支出，为弥补留学时的高额教育金缺口，设计投资规划针对儿子 19 岁时的目标缺口，再依据王先生对子女教育规划的其他目标顺序调整。

1. 留学资金筹备目标投资组合策略

留学资金筹备目标投资组合策略分析及保险利益演示如表 4-5～表 4-7 所示。

表 4-5　留学资金筹备目标投资组合策略

产品名称	年金保险	证券投资基金
发行机构	A 保险股份有限公司	B 基金管理有限公司
产品简述	客户自保单生效时就开始领取年金直至投保人年满 74 周岁	实施主动资产配置、精选证券投资、金融衍生工具投资等多种积极策略，追求基金资产的持续、稳健增值
适用原因	1. 为王先生增加保额 2. 即缴即领年金，现金流稳定	1. 长期稳定储蓄积累 2. 获取平均市场收益

续表

投资策略	王先生为被保险人，子女作为受益人五年期缴，年缴3万元	每月定额定投1 500元
	按照保险合同，王先生每年可领取固定年金，另外可领取多种方式红利，使用年金红利和自由储蓄办理基金定额定投业务	

表4-6 "年金保险"利益演示

王先生年龄/岁	孩子年龄/岁	缴纳保费/元	年金/元	红利/元
29	1	−30 000	1 890	
30	2	−30 000	1 890	900
31	3	−30 000	1 890	1 800
32	4	−30 000	1 890	2 700
33	5	−30 000	1 890	3 600
34	6		1 890	4 500
35	7		1 890	4 500
…	…		…	…
47	19		1 890	4 500
48	20		1 890	4 500
49	21		1 890	4 500
50	22		1 890	4 500
…	…		…	…
74	46		1 890	4 500
75	47		189 000	9 000

表4-7 "证券投资基金"收益演示[①]

期限/年	定投收益/元			
	5%	10%	15%	20%
1	18 418.3	18 848.4	19 290.5	19 754.2
2	37 778.9	39 670.4	41 682.1	43 822.3
3	58 130.0	62 672.7	67 673.3	73 181.7
4	79 522.3	88 083.7	97 842.6	108 982.4
5	102 009.1	116 155.6	132 861.8	152 637.3
…	…	…	…	…
15	400 933.4	621 705.5	1 002 760.1	1 673 549.9
16	439 864.2	705 654.6	1 183 248.9	2 060 457.0
17	480 786.8	798 394.2	1 392 752.1	2 532 248.1
18	523 803.0	900 844.8	1 635 933.8	3 107 545.9

注：① 如果长期收益率区间在10%~15%，考虑年金保险18年后的现金价值，18年后留学目标可以如期完成。

2. 聘请保姆、培养特长目标投资组合策略

聘请保姆、培养特长目标投资组合策略如表4-8所示。

表 4-8　聘请保姆、培养特长目标投资组合策略

产品名称	股票	银行理财产品	债券型基金
发行机构	A 证券股份有限公司	B 银行	C 基金管理有限公司
产品简述	追求为投资者创造绝对收益，自由资金参与，亏损部分补偿	投资资本市场套利机会、在股指期货正式推出后可进行股指期货套利投资	纯债券基金、可参与新股申购，交易成本低廉，流动性强
适用原因	寄望取得超额收益	安全性较高	收益稳定、流动性好
预期收益	7.12%~20%	5.5%~13%	5%~9%
投资策略	10 万元	5 万元	5 万元
	综合收益率区间为 6.2%~10%		

3. 综合投资组合策略

综合投资组合策略如表 4-9 所示。

表 4-9　综合投资组合策略

理财目标	投资产品类型	投资比例	投资收益
留学金筹备	年金保险	每年 3 万元，缴 5 年	终身年金红利
	证券投资基金	每月 1 500 元	10%~15%
聘请保姆、培养特长	股票	10 万元	6.2%~10%
	银行理财产品	5 万元	
	债券型基金	5 万元	

从表 4-10 中可以看出，规划后子女教育支出比例曲线变得较为平稳，在子女成长过程中并不会因为某一时段造成家庭负担沉重。在满足王先生三个目标后，家庭子女教育支出的比例均值由 46.3% 下降至 39.04%，理财目标最终实现的可能性很大。此后如果需要修正家庭风险保障，应对家庭有可能发生的意外风险做进一步补充，以确保理财规划最终完成。

表 4-10　理财规划后的现金流量表　　　　　　　　　　　　　万元

孩子年龄/岁	必要说明	教育支出	目标支出	投资支出	年金收入	投资收益	薪金收入	家庭收入	教育占比/%
0	聘请保姆	-2.4	-2.00	-3	0.19	1.22	14.4	15.81	27.82
1		-2.5	-2.08	-3	0.28	1.22	14.83	16.33	28.04
2		-2.6	-2.16	-3	0.37	1.22	15.28	16.87	28.23
3	幼儿园	-4.72	-1.12	-3	0.46	1.22	15.74	17.42	33.54
4		-4.91	-1.17	-3	0.54	1.22	16.21	17.97	33.83
5		-5.11	-1.22		0.64	1.22	16.69	18.55	34.10
6		-5.31	-1.27		0.64	1.22	17.19	19.05	34.51
7	小学	-4.9	-1.32		0.64	1.22	17.71	19.57	31.76
8		-5.1	-1.37		0.64	1.22	18.24	20.10	32.18
9		-5.3	-1.42		0.64	1.22	18.79	20.65	32.55
10		-5.51	-1.48		0.64	1.22	19.35	21.21	32.95
11		-5.73	-1.54		0.64	1.22	19.93	21.79	33.36
12		-5.96	-1.60		0.64	1.22	20.53	22.39	33.76

续表

孩子 年龄/岁	必要 说明	教育 支出	目标 支出	投资 支出	年金 收入	投资 收益	薪金 收入	家庭 收入	教育 占比/%
13		-4.66	-1.67		0.64	1.22	21.15	23.01	27.48
14	初中	-4.85	-1.73		0.64	1.22	21.78	23.64	27.84
15		-5.04	-1.80		0.64	1.22	22.43	24.29	28.16
16		-5.24	-1.87		0.64	1.22	23.11	24.97	28.48
17	高中	-5.45	-1.95		0.64	1.22	23.8	25.66	28.83
18		-5.67	-2.03		0.64	1.22	24.52	26.38	29.17
19	大学		-29.5		0.64	32.19	25.25	58.08	50.79
20			-30.68		0.64	32.19	26.01	58.84	52.14
21	出国 留学		-31.9		0.64	32.19	26.79	59.62	53.50
22			-33.18		0.64	32.19	27.59	60.42	54.91
合计		-247.01						632.71	39.04

◆理财技巧

剩点小钱存起来——从储蓄开始

假设你现在手中有 1 万元，打算年内出去旅游一次，需要用钱，但用钱的具体金额、时间并不确定。为让这 1 万元尽可能获取"高利"，可选择四分存储法，即把资金分别存成四张存单，但金额一个比一个大。例如可以把 1 万元分别存成 1 000 元、2 000 元、3 000 元和 4 000元共四张。当然也可以进一步细分成更多的存单。这样一来，假如需要 1 000 元，只要动用1 000 元的存单便可以了，避免了只需要 1 000 元却要动用"大"存单。这样，可减少不必要的利息损失。

◆作业

1. 请计算一下父母从你们上幼儿园开始直到大学毕业总共花费的教育费和生活费。

2. 请调查一下当地的教育收费情况，为自己将来的子女所需要的教育费用做个估算，并通过与自己所花费的教育费用作对比，估算教育支出的增长率。

实训一　教育投资理财规划

◆理财测试

测试你有没有经商头脑，能否有更多的财富值

假设你有十个空的啤酒瓶子，三个空瓶子可以换得一瓶啤酒，那么，你一共可以喝到几瓶啤酒呢？

A. 三瓶　　　　B. 四瓶　　　　C. 五瓶

测试结果：

A. 三瓶。选择三瓶表示你是个老实本分的人，考虑事情通常以最简单、最直接的角度入手。如果经商的话，你可能会错过许多机会。所以，最好还是打消此念。

B. 四瓶。选择四瓶表示你颇具小聪明。在日常生活中时常体现出精明的特点，颇具精打细算的能力，但总的来说，你可能欠缺一点灵活经营的意识。如果经商的话，你可能会占点小便宜，但大的商机可能会擦肩而过。

C. 五瓶。选择五瓶，恭喜你！你是最适合经商的人。你不仅懂得善加运用自己手中的筹码，

甚至知道如何能最大限度地借助外在的力量，以"借鸡下蛋"。建议你立即申请一个执照，开始经商吧。

实训方式：家庭金融资产投资分析、家庭保障分析、家庭财务比率分析、家庭理财目标、理财规划建议、规划结论。

实训内容：普通工薪添丁家庭规划子女教育抚养金。

实训步骤：请按照理财规划报告书，填写相应空缺部分。

普通工薪添丁家庭规划子女教育抚养金

第一部分　理财规划报告书摘要

1. 理财规划目的：以全方位的观点衡量应如何安排投资与保险以及子女教育金的储备等理财目标。

2. 客户背景：添丁家庭。

3. 资产负债状况：总资产180万元，总负债无。资产中生息资产为22万元，其中9%为活期等收益型资产，91%为股票等成长型资产。

4. 收入支出状况：家庭月结余560元，年度性结余20 000元。

5. 理财目标：合理配置家庭资产，规划子女教育抚养金，并完善保险产品配置。

6. 根据客户的情况，建议一年定期检查一次。若家庭事业有重大变化，需要重新制作理财规划报告书。

第二部分　家庭情况

基于您提供的信息，我们通过整理、分析和假设，将您的情况罗列如下。我们将以此为基础开始理财规划。

一、家庭基本情况

家庭现在正处于家庭生命周期的成长期，因家庭经济状况良好，有房有车又无贷，且有一定的金融资产，同时夫妻双方都有稳定的收入来源，在这一阶段中，将会主要把家庭收入用于培育子女和完善家庭保障。

二、家庭财务情况

规划前的家庭财务情况如表4-11~表4-13所示。

表4-11　规划前的家庭资产负债表

××××年10月30日

家庭资产/万元		家庭负债/万元	
现金及活期存款		房屋贷款（余额）	
货币基金	2	汽车贷款（余额）	
股票	20	消费贷款（余额）	
债券		信用卡未付款	
房地产（自用）	150	其他	
房地产（投资）			
黄金及收藏品			
其他	汽车8		
资产总计	180	负债总计	0
净值（资产-负债）		180万	

表4-12　每月收支状况

每月收入/元		每月支出/元	
本人收入	1 600	房屋或房租	240
配偶收入	1 200	基本生活开销	1 200
其他家人收入		衣食行娱乐	2 000
其他收入	1 200	医疗费	0
		子女教育费	0
		其他贷款	0
合计	4 000	合计	3 440
每月结余（收入－支出）		560	

表4-13　年度性收支状况

收入/元		支出/元	
年终奖金	25 000	保险费	5 000
存款、债券利息		产险	
股利、股息		其他	
其他			
合计	25 000	合计	5 000
每年结余（收入－支出）		20 000	

第三部分　家庭状况分析诊断

一、家庭投资风险偏好分析

家庭投资风险偏好分析如表4-14所示。

表4-14　家庭投资风险偏好分析

风险承受能力评分表					
分值	10分	8分	6分	4分	2分	客户得分
年龄	总分50分，25岁以下者50分，每多一岁少1分，75岁以上者0分					47
就业状况	公教人员	上班族	佣金收入者	自营事业者	失业	8
家庭负担	未婚	双薪无子女	双薪有子女	单薪有子女	单薪养三代	6
置产状况	投资不动产	自宅无房贷	房贷<50%	房贷>50%	无自宅	8
投资经验	10年以上	6~10年	2~5年	1年以内	无	6
投资知识	有专业证照	较为了解	自修有心得	懂一些	一片空白	6
总分						81
风险承受态度评分表					
分值	10分	8分	6分	4分	2分	客户得分
忍受亏损	不能容忍任何损失0分，每增加1%加2分，可容忍>25%得50分					20
首要考虑	赚短现差价	长期利得	年现金收益	抗通胀保值	保本保息	4
认赔动作	预设停损点	事后停损	部分认赔	持有待回升	加码摊平	4
赔钱心理	学习经验	照常过日子	影响情绪小	影响情绪大	难以成眠	8
最重要特性	获利性	收益兼成长	收益性	流动性	安全性	8
避免工具	无	期货	股票	外汇	不动产	8
总分						52

风险矩阵如表4-15所示。

表4-15　风险矩阵　　　　　　　　　　　　　　　　　　　%

风险态度	风险工具	风险能力				
		低能力 （0~19分）	中低能力 （20~39分）	中能力 （40~59分）	中高能力 （60~79分）	高能力 （80~100分）
低态度 （0~19分）	货币	70	50	40	20	0
	债券	20	40	40	50	50
	股票	10	10	20	30	50
	预期报酬率	3.40	4.00	4.80	5.90	7.50
	标准差	4.20	5.50	8.20	11.70	17.50
中低态度 （20~39分）	货币	50	40	20	0	0
	债券	40	40	50	50	40
	股票	10	20	30	50	60
	预期报酬率	4.00	4.80	5.90	7.50	8.00
	标准差	5.50	8.20	11.70	17.50	20.00
中态度 （40~59分）	货币	40	20	0	0	0
	债券	40	50	50	40	30
	股票	20	30	50	60	70
	预期报酬率	4.80	5.90	7.50	8.00	8.50
	标准差	8.20	11.70	17.50	20.00	22.40
中高态度 （60~79分）	货币	20	0	0	0	0
	债券	30	50	40	30	20
	股票	50	50	60	70	80
	预期报酬率	5.90	7.50	8.00	8.50	9.00
	标准差	11.70	17.50	20.00	22.40	24.90
高态度 （80~100分）	货币	0	0	0	0	0
	债券	50	40	30	20	10
	股票	50	60	70	80	90
	预期报酬率	7.50	8.00	8.50	9.00	9.50
	标准差	17.50	20.00	22.40	24.90	27.50

　　客户属于高风险承受能力与中风险承受态度的投资人，参照以上的风险矩阵，建议金融资产投资的比例为股票型基金70%，债券30%。投资组合的预期报酬率为8.5%，标准差为22.4%。比照客户的实际投资组合，可将股票比重70%视为投资组合的上限。

二、家庭金融资产投资分析

三、家庭保障分析

四、家庭财务比率分析

1. 总资产负债率＝负债／总资产＝

2. 每月还贷比＝每月还贷额／家庭月收入＝

3. 每月结余比例＝每月结余／每月收入＝

4. 流动性比率＝流动性资产／每月支出＝

通过上述分析我们可以看出：

第四部分　家庭理财目标

一、客户的理财目标

二、家庭理财目标评价

第五部分　理财基本假设与基本假设的依据

本报告的规划时段为今年10月至明年10月，由于基础信息不是很完整，以及未来我国经济环境可能发生变化，为便于我们做出数据翔实的理财方案，在征得您同意的前提下，我们对相关内容做如下假设和预测：

1. 从过去20多年的五轮经济增长周期来看，5%的CPI是温和通胀的下限，结合今年的CPI水平，本规划中以6%为假定值。

2. 最新薪酬调研结果显示，今年某市外企整体薪资涨幅为8.9%，鉴于就业压力的增大，这里假定收入增长率为8%。

3. 货币利率为3%，债券平均收益率为5.74%，股票平均收益率为12%，货币与债券及股票无相关。

第六部分　理财规划建议

一、应急保障金

二、家庭盈余规划

1. 家庭盈余的运用

2. 家庭盈余的投资

（1）您有过一定的投资经历和经验，属于高风险承受能力与中风险承受态度的投资人，参照风险矩阵，建议金融资产投资的比例为股票基金70%，债券30%。投资组合的预期报酬率可达8.5%。今年的股市出现了不可想象的大跌，在大跌之后，基金价格低迷，此时入市也是好时机。在当前的市场形势下，市场预测难度加大，对于专业分析能力不强的一般投资者而言，可采取"核心—卫星"组合策略，即资金主要部分选择业绩和风格波动较小的基金，次要部分选择近期业绩表现较好的基金。建议200 000元股票逐渐建仓至140 000元左右并调整为配置型和指数型基金组合，60 000元配置于国债或者替代型的银行理财产品。每月560元结余可以做指数基金的定投，保险规划详见后述。

（2）孩子抚养费教育金规划。

设定学费增长率为5%，投资报酬率为6%，从初期资产中拨出2万元作为首期投资，每年定期投资1.92万元，以每年的年终奖金即可完成投资，累计教育金资产可以一直支付孩子硕士毕业。各教育阶段目标和达成期限如表4-16所示。

表4-16　各教育阶段目标和达成期限

学程	年支出现值/元	就学年数
幼儿园		3
小学		
初中		
高中		
大学		
硕士		2
博士		4
学费增长率		
投资报酬率/%		
已准备教育金资产/元		
教育金年储蓄/元		
子女当前年龄		
教育规划到		

子女年龄	学程阶段	教育金资产/元	教育金支出/元	教育金净值/元
1				
2				
3				

续表

子女年龄	学程阶段	教育金资产/元	教育金支出/元	教育金净值/元
4				
5				
6				
7				
8				
9				
10				
11				
12				
13				
14				
15				
16				
17				
18				
19				
20				
21				
22				
23				
24				

孩子的教育费用并不仅仅包括学费一项，还有其他形形色色的费用，如果将来孩子要出国留学，还可以利用信贷工具——留学贷款及各种资助（学校的奖学金），这样才能在有限的条件下给子女教育提供足够的财力保障。

三、保险产品配置规划

在家庭保障上，您对孩子的保障十分关注。我们认为，新生儿保障的好坏实际取决于父母的保障。爱自己的孩子首先是为自己买份保险。

1.×先生保险规划

2.×太太保险规划

3. 子女保险规划

第七部分　规划结论

备注：检讨的安排

金融理财师的职责是准确评估客户的财务需求，并在此基础上为客户提供高质量的财务建议和长期的定期检讨服务。客户如果有任何疑问，欢迎随时向金融理财师进行咨询。

根据客户的情况，建议一年定期检讨一次。暂时预约明年 10 月初为下次检讨日期，届时若家庭事业有重大变化，需要重新制作理财规划报告书。

◆理财技巧

投资要一慢二看三通过

"一慢二看三通过"本是一句交通安全用语，其实，在如今百姓投资渠道日趋增多、风险控制难度相对增大的情况下，个人的投资失误如同车祸一般，会给家庭带来较大的经济损失和精神负担。因此，将这一交通安全理论引用到经济生活中，为家庭投资设上三道关口，便能有效避免个人投资理财的"车祸"，确保家庭财产的安全。

一慢：投资之前保持冷静

如今，许多人在投资过程中存在从众心理，有的甚至毫无安全和防范意识，对各种投资信息不加分析，偏听偏信。另外，有的投资机构和商家为了吸引客户，在推出一项投资品种时往往会精心策划，发动强大的宣传攻势，有的避重就轻，不谈风险，有的夸大其词，以"一本万利、一次投资终身受益"等广告语将投资方式说得天花乱坠。比如，分红保险夸大预测收益，房产商一味渲染升值前景，各种单位集资、民间借贷、私募基金等以高息相诱……对于这些"天上掉馅饼"的好事，投资者一定不要盲目相信。我们工薪族的家庭积蓄都是血汗钱，千万不要被所谓的"高收益"冲昏了头脑，必须客观、冷静地分析投资风险。

二看：综合衡量选好品种

过去百姓投资的渠道少，我们只能选择储蓄、国债等单一投资方式，现在投资渠道多了，根据个人实际，对众多投资方式综合衡量、优中选优是非常重要的。储蓄收益低但相对稳妥，股市收益高风险却大，这时如果选择一只运作稳健、效益较好的开放式证券投资基金或债券基金，便能将储蓄、股市的风险性、收益性进行中和，最大限度地减少风险，增加收益。"不要把鸡蛋放在一个篮子里"的理财忠告很有道理，可以根据自己的情况，选择储蓄、国债、股市、投资基金等三个以上的投资渠道来平衡投资的收益和风险。另外，如今许多银行成立了个人理财中心和金融超市，也可以让银行理财师帮助设计合适的存款组合和家庭投资组合。

三通过：注意防范在途风险

有了一慢、二看，大家或许以为万事大吉了，可这和过马路一样，行进途中也存在意料之外的风险。就拿经过衡量而选准的开放式基金来说，多数人买上后就束之高阁，不去管它。结果，这只基金的运作水平有问题，基金净值不断萎缩，等你想起来去关注或打算赎回的时候，它已经跌得很惨了。利率调整对百姓来说有时也是一种投资风险，不去关注利率变化、根据利率情况及时调整存款组合会造成存款的利息收益风险。购买股票后"捂股"的办法现在也落伍了，一家上市公司今年效益很好，明年可能就会亏损，甚至会连续出现多个跌停板，等你发现为时已晚。所以，投资者应关注投资品种的年报、季报、收益、利率等变化情况，及时作出正确的选择。

小结

本项目主要介绍了教育投资理财规划、教育投资理财规划的分类、子女教育投资理财规划的流程和步骤、教育目标总费用的构成、教育金支出增长率和教育投资报酬率、教育投资产品、教育保险、教育保险的种类和子女教育金信托。

习题

一、不定项选择题

1. 适合用来作为筹备子女教育金的投资工具是（　　）。
   A. 权证　　　　　　B. 投资基金　　　　　C. 期货　　　　　　　D. 外汇
2. 关于教育保险的说法错误的是（　　）。
   A. 与教育储蓄相比，教育保险适用范围更广
   B. 教育保险具有强制储蓄的功能
   C. 教育保险是一种最有效率的资金增值手段
   D. 教育保险并不是买得越多越好
3. 教育支出根据对象不同可以分为（　　）。
   A. 未来教育支出　　　　　　　　B. 个人教育支出
   C. 子女教育支出　　　　　　　　D. 大学教育支出
   E. 目前教育支出
4. 教育规划中，最主要的教育费用来源是（　　）。
   A. 政府资助　　　　　　　　　　B. 客户自身收入
   C. 奖学金　　　　　　　　　　　D. 勤工助学收入
5. 下列不属于教育资金的主要来源为（　　）。
   A. 政府教育支助　　　　　　　　B. 客户自身的收入和资产
   C. 奖学金　　　　　　　　　　　D. 向亲戚借贷
6. 下列四项中不属于政府教育资助项目的为（　　）。
   A. 特殊困难补助　　　　　　　　B. 减免学费政策
   C. 奖学金　　　　　　　　　　　D. "绿色通道"政策
7. 我国的学生贷款政策主要包括三种贷款形式，下列选项中不属于这三种贷款形式的是（　　）。
   A. 留学贷款　　　　　　　　　　B. 学校学生贷款
   C. 国家助学贷款　　　　　　　　D. 一般性商业助学贷款
8. 国家助学贷款一般可以使得受助学生获得较为优惠的条件，其中关于贷款期限的条款主要体现为（　　）。
   A. 最长为毕业后6年
   B. 毕业后1~2年内开始还贷、6年内还清

  C. 各商业银行规定期限不同

  D. 与贷款额挂钩，可至毕业后 10 年

9. 在上大学时如果资金周转存在困难，学生可以采用教育贷款，下列四项中不属于教育贷款的项目为（　　）。

  A. 商业性银行贷款   B. 财政贴息的国家助学贷款

  C. 学生贷款   D. 特殊困难贷款

10. 以下对子女教育规划的理解正确的是（　　）。

  A. 教育规划最终方案的确立是在理财规划师对客户家庭财务状况、承受风险能力及子女教育目标都明确的前提下进行的

  B. 确定客户子女教育目标应考虑不同大学的收费情况

  C. 应在保证家庭日常开支的前提下尽量多地准备教育金

  D. 子女的资质对教育规划也很重要

  E. 如果希望子女出国留学，汇率问题不可不考虑

11. 关于子女教育规划的理解，以下描述正确的是（　　）。

  A. 子女是家庭的中心，教育规划又缺乏弹性，因此进行理财规划时应首先考虑子女教育规划

  B. 不同类型家庭子女教育规划方案有较大差异

  C. 与子女教育规划相比，退休养老规划显然更具弹性，因此如果子女教育费用不足，应重点考虑降低退休后的生活品质要求以筹备教育金

  D. 由于教育保险多具有强制储蓄的作用，因此父母投保教育保险可以使其子女养成良好的理财习惯

12. 传统的教育规划工具主要有（　　）。

  A. 教育储蓄和学校贷款   B. 教育储蓄和政府贷款

  C. 教育储蓄和教育保险   D. 教育保险和银行贷款

13. （　　）是各级政府和高校对经济困难学生遇到一些特殊性、突发性困难给予的临时性、一次性的无偿补助。

  A. 特殊困难补助   B. 减免学费政策

  C. 国家教育助学贷款   D. 学生贷款

14. （　　）是指让经济困难、无法交足学费的新生在不交学费的情况下顺利办理全部入学手续。

  A. 特殊困难补助   B. 奖学金

  C. 减免学费政策   D. "绿色通道"政策

15. 各学校所设立的奖学金的资金来源是按照国家教委、国家财政部《普通高等学校本、专科学生实行奖学金制度的办法》和《普通高等学校本、专科学生实行贷款制度的办法》规定："学校可建立奖学金和学生贷款基金（简称奖贷款基金），其来源是从主管部门拨给高等学校的经费中，按原助学金标准计算的（　　）转入奖贷基金账户。"

  A. 60%～65%   B. 70%～75%   C. 80%～85%   D. 90%～95%

16. （　　）以国家的名义发放，是目前高校中级别最高、奖励额度最大的奖学金。

  A. 优秀学生奖学金 B. 专业奖学金   C. 国家奖学金   D. 定向奖学金

17. 由于（　　）取得的时间、金额都不容易确定，所以在做教育规划时不应将其计算在内。

  A. 减免学费政策 B. 国家教育助学贷款 C. 工读收入   D. 奖学金

18. （　　）是指贷款人向借款人发放的，由中央财政或地方财政贴息，用于借款人本人或其直系亲属、法定被监护人在国内高等学校就读全日制本、专科或研究生所需学杂费和生活费用的助学贷款。

    A. 商业性银行助学贷款   B. 财政贴息的国家助学贷款

    C. "绿色通道"政策   D. 学校学生贷款

19. 学生贷款的贷款期限最长为毕业后（　　）年内。

    A. 3   B. 4   C. 5   D. 6

20. 留学贷款的借款人须提供贷款人认可的财产抵押、质押或第三方保证。抵押财产目前仅限于（　　）。

    A. 不动产   B. 房屋

    C. 建筑物   D. 可设定抵押权利的房产

二、案例分析题

案例一：冯先生有一个12岁的儿子，目前刚读初中。但考虑到高等教育费用较高，他们一家想现在就开始为儿子准备大学及出国留学的费用。为了及早准备教育费用，冯先生向理财规划师咨询相关问题。

1. 理财规划师建议冯先生筹集教育资金首先应考虑的是（　　）。

    A. 获得高收益   B. 利率变动的风险

    C. 投资的安全性   D. 人民币升值的问题

2. 冯先生向理财规划师询问教育储蓄的相关问题，得知教育储蓄每月最低起存额为（　　）。

    A. 50元   B. 100元   C. 200元   D. 500元

3. 冯先生准备以现有资金作为启动资金，为儿子的教育费用进行投资。以下投资组合中最为合理的是（　　）。

    A. 80%股票，20%债券型基金

    B. 60%股票，30%股票型基金，10%国债

    C. 100%货币型基金

    D. 30%股票型基金，30%分红险，40%债券型基金

4. 冯先生向理财规划师咨询子女教育规划问题，则理财规划师在帮助冯先生选择教育产品时应该考虑的因素不包括（　　）。

    A. 理财产品的安全性   B. 理财产品的收益性

    C. 利率变动的风险   D. 冯先生的风险偏好

案例二：包先生的女儿小绿今年12岁，就读某市实验小学五年级。理财规划师在为包先生进行子女教育规划，向他介绍的教育规划工具为传统教育规划工具。

5. 传统教育规划工具主要有（　　）和教育保险。

    A. 商业性银行助学贷款   B. 财政贴息的国家助学贷款

    C. 教育储蓄   D. 学生贷款

6. 教育储蓄的开户对象为（　　）。

    A. 在校接受义务教育的学生

    B. 在校小学四年级（含四年级）以上学生

    C. 在校小学五年级（含五年级）以上学生

    D. 在校中学生

7. 若包先生选择教育储蓄作为其教育规划工具，则他可以选择的存期不可以为（　　）。

    A. 1年   B. 3年   C. 5年   D. 6年

8. 若包先生选择教育储蓄作为其教育规划工具，则他存入的本金最高限额为（　　　）。

  A. 1 万元   B. 2 万元   C. 5 万元   D. 10 万元

9. 若包先生选择教育储蓄作为其教育规划工具，则下列说法中正确的是（　　　）。

  A. 需要一次性存入固定的金额

  B. 存入的金额以后可以分期取出

  C. 客户凭存折、身份证取款时可享受利息税优惠

  D. 教育储蓄提前支取时必须全额支取

10. 若包先生选择了教育保险，则他投保年限通常最高为（　　　）。

  A. 18 年   B. 15 年   C. 20 年   D. 25 年

三、实训操作题

目标：了解教育规划。

任务：通过具体案例进行教师家庭教育投资理财规划。

资料：金峰，36 岁，高中教师，年稳定收入 5.8 万元，不稳定收入 2 万元；其妻子今年 33 岁，是学校医务人员，年稳定收入 3.6 万元。夫妻二人均在天津同一所高中工作，有个男孩，三岁，健康活泼。

夫妻二人社保、医保齐全，另有商业医疗和养老保险的一部分；为孩子买了教育保险，年费 5 000 元；存款 10 万元，投资基金共 12 万元，现有的基金是：广发策略 5 万元，易方达价值 3 万元，交银稳健 4 万元。股市 6 万元，分红保险 3 万元。已购学校住房 100 平方米，但没有土地权，不能转让买卖，打算在儿子成人之前，给儿子置办一套结婚用的住房。近期没有买车计划。他们夫妇的理财目标就是给儿子买套房，供他上大学，然后两人安享晚年。

要求：给这个教师家庭做一份理财规划建议书。

项目五

保险投资理财规划

项目目标

知识目标：掌握保险投资理财规划的含义、必要性、流程等内容；了解客户保险需求的内容；掌握保险投资理财产品的种类。

能力目标：能进行客户保险需求分析及保险产品配置；能进行人寿保险投资分析。

思政目标：培养学生日常生活的风险识别和保险意识、诚信意识，树立以客户为中心的服务理念。

单元一　保险投资理财规划入门

学习目标

识记能力目标：保险的概念、作用；保险产品的种类和特点。

理解能力目标：保险投资理财规划的概念和意义。

应用能力目标：保险投资理财规划的步骤。

◆ 理财故事

微课学习：给家庭买保险的五个重要原则

| 微课视频 | 学案 | 同步练习 | 理财小技巧：善买
保险（动图） | 理财小技巧：善买
保险（音频） |

◆ 案例引入

魏先生现在的家庭模式就是我们常说的幸福的"三口之家"，这是目前中国最常见的家庭模式。就像人的成长周期一样，三口之家可以说跨过了"而立"之时，正逐渐步入"不惑"之年，家庭的保险理财规划也应该相应地做出调整，才能保证一家人能够"不惑"。

　　在给出适合的保险理财建议之前，我们从魏先生描述的现有的家庭保险状况中看出他犯了给家庭买保险的五个重要原则中的两个原则误区，也借此和所有读者分享。

　　误区一：单位买的保险足够了

　　这是计划经济时代遗留下的惯性思维。目前，许多单位都为个人购买了保险，其中社会保险属于强制保险，包括养老、失业、疾病、生育、工伤，但这些保险所提供的只是维持最基本生活水平的保障，不能满足家庭风险管理规划和较高质量的退休生活。而单位购买的商业保险也属于短期险，一般时效为一年，所以这样的保障从本质上来讲不属于个人，一旦工作发生了变动或者公司决策发生了变化，这些保障都可能随时失去。

　　误区二：孩子重要，买保险先给孩子买

　　孩子当然重要，但是保险理财体现的是对家庭财务风险的规避，大人发生意外对家庭造成的财务损失和影响要远远高于孩子。因此，正确的保险理财原则应该是首先为大人购买健康险、寿险、意外险等保障功能强的产品，然后再为孩子按照需要买些健康、教育类的险种。

　　保险理财建议：

　　明确了正确的理念之后，我们也就很容易给魏先生提出保险理财建议。

　　首先，对魏先生家庭来说夫妻双方收入较平衡，没有明显的"顶梁柱"现象，所以魏先生夫妻两人都应该首先拥有健康险保障。对于年过30的年轻白领来说，工作压力和家庭压力所造成的亚健康状况是不可避免的，其中尤以重大疾病对家庭造成的经济负担为最重！所以30岁这个年龄可以说是购买重疾类健康保险的黄金年龄。

　　以家庭保障类保费支出不超过家庭总收入的10%为原则，建议魏先生夫妇每人都购买一份具有分红功能的重大疾病保险，这样魏先生夫妇不仅拥有健康账户，同时还可以有效地利用保险公司的分红险来规避一些通货膨胀的影响。

　　此外，魏先生13万元的活期存款使用效率并不高。在拥有了基本健康保障和孩子未来的教育金后，家庭可考虑提高资金的使用效率，建议留存适当存款，利用一部分资金选择一些稳健的理财产品，如货币基金、债券基金、年金类保险或是银行的理财产品等，这样既可以保证家庭资金的安全，又可以通过合理运用，使家庭资产保值增值。

　　另外建议，还可以考虑一些稳健的理财产品作为长期的孩子教育金来准备。

　　总而言之，在有限的预算之下，在投保时首先要满足"健康第一"的原则，相信魏先生的三口之家的生活一定会越来越健康无忧，财务也可以越来越自由！

【任务】 认识保险及保险规划的意义

思考题：

1. 我们为什么要买保险？

2. 是不是所有的保险都要"配齐"？有没有优先顺序？

3. 保险规划的意义是什么？

【任务提示】

一、保险概述

（一）风险与保险

俗话说"无风险，无保险"，由此可见风险与保险之间的紧密联系。在现实生活中，我们常用"天有不测风云，人有旦夕祸福"来形容风险无处不在、无处不有，是客观存在的，且时时刻刻威胁着我们的生命与财产安全。由此，我们可以看到风险是客观且普遍存在的，尤其是发生的时间、空间、形式和损失的不确定性。但是通过大量观测，我们可以看到风险是可以依据概率论和数理统计方法被测定的，从而将不确定性化为确定性。我们通常说的保险费率厘定就是通过风险的可测性而来的。由此，对于风险可以采取风险回避、风险自留、风险控制及风险转移等不同处置。而风险转移就是通过合同或非合同的方式将风险转嫁给另一个人或单位的一种风险处理方式，就是我们常说的购买保险来转移风险。

风险是不可能被消灭的，因此我们应该有风险意识，尽量保障我们的利益不会受到损失，或者我们的利益损失降低到最低并且在我们承受范围之内。这样既不会影响我们生活的质量，也不会给我们带来无穷的困扰。

风险需要管理，以减少其发生的频率和损失。理财规划师在帮助客户进行风险管理规划时，对不同的风险可以采取不同的处理方法。保险是风险损失转移的一种重要手段。保险是指集合具有同类风险的众多单位或个人，以合理计算分担金的形式，实现对少数成员因约定风险事故所致经济损失或由此而引起的经济需要进行补偿或给付的行为。

（二）购买保险的顺序

很多人在意识到保险的重要性后想要购买保险，但是又很茫然，不知道怎么选择保险。保险种类那么多，不可能购买所有的保险险种，因此，按照家庭风险程度高低来选择购买保险的顺序是关键。

1. 按人寿保险种类购买保险的顺序

第一顺序：意外险

对于一个家庭来说，尤其是家庭支柱发生意外，影响是非常大的。意外险提供生命和安全的保障，具有身故或残疾给付的功能。和高额保费的人身寿险相比，单独购买的意外险年保费在百元左右，保额为10万元至20万元，对于普通家庭来说是很合适的。

第二顺序：重大疾病保险

随着生活环境的变化，大病发病率越来越高，一场大病的医疗费用在三五十万，有的甚至达到百万以上，对普通家庭来说负担极大，这时候一份重大疾病保险就起了非常重要的作用。尤其是投保重疾险年龄越大保费越高，所以重疾险要趁早买，终身比定期的更有保障。

第三顺序：养老、投资理财类保险

在解决了意外和疾病问题后，我们可以考虑养老保险、教育保险、投资理财型保险等。

在经济条件允许的情况下应该开始考虑购买一份养老保险。目前市面上许多养老保险既有保障功能又有理财功能，且越早购买优惠越大。

为子女购买一份教育保险也是很有必要的，子女的教育支出非常大，父母在身体健壮的时候为孩子准备好教育基金是很好的选择。

除此之外，可以通过购买投资理财型保险来理财，这一类保险具有投资风险，适合有承受能力的家庭配置，也是我们投资理财保险规划的重点。

另外，财产保险也不能忽视，即为家里的财产、责任和保证等方面购买家庭财产保险和责任保险、保证保险来将家庭风险进行转移。

2. 按其他人群等因素购买保险的顺序

（1）先大人后小孩

大人是孩子的保障，购买保险也要优先保障大人再考虑保障孩子，这样孩子就有了双重保障。

（2）先家庭支柱后其他人

一个家庭的核心就是家庭支柱，家庭支柱是维持家庭基本生活的收入来源，所以保险也要优先选择保障家庭支柱，这样即使家庭支柱发生意外也能有保险的保障。

（3）先保障后理财

生命安全高于一切。买保险也要优先购买保障生命安全、意外和疾病的保险，有余力的情况下再配置理财类的保险，这样既有保障又能理财，但是无论什么投资都是有风险的，购买理财保险需要一定的风险承受能力。

（4）先保费后保额

在选择保险险种时，应根据自己的经济条件选择合适额度的保费，而不是优先看保额，因为保额高的产品保费你未必能承受，不要为了单纯追求高保额让保费成为你的负担。

二、保险投资理财规划

微课学习：保险投资理财规划的意义

| 微课视频 | 学案 | 同步练习 | 理财小技巧：善用信用卡保险功能（动图） | 理财小技巧：善用信用卡保险功能（音频） |

（一）保险投资理财规划的概念

保险投资理财规划是指为了规避、管理个人面临的人身风险、财产风险和责任风险，所需要制定的规划，并通过办理和购买不同品种、金额、期限的保险来实现对风险的规避和管理。

保险投资理财规划是非常重要的理财环节，主要包括设定理财目标（未来需要多少钱）、分析客户目前的资产状况以及每年收入扣除支出后能余下的数量（当前财富加上未来储蓄）。而将后者和前者联系起来的途径便是保险投资理财规划。保险投资理财规划的目的就是更好地实现这种联系，即如何合理地将当前财富和未来储蓄分配在各种投资工具上，以便更好地达到所设定的理财目标。

（二）保险投资理财规划的意义

1. 建立家庭保障计划

一般来说，人们的家庭收入分配情况为：40%～50%用于衣食住行等基本生活费用支出，用15%～20%来交税。除此之外还会用一部分收入作为个人投资，包括股票、住房、珠宝等。另外，最重要的是用收入的5%～10%来做一个家庭的保障计划。这样才能保持持续稳定的收入，避免出现意外情况时家庭生活受到影响。

2. 建立教育基金计划

一个完善的教育基金计划应该保障子女在接受高等教育时，一定要有一笔钱帮助他完成学业。目前，大学的学费、住宿费、生活费等加起来，一名学生一年需要1.5万元到2万元。这笔钱说多不多，说少不少。因此，现在应该做好准备，保证将来有一个足够的教育基金，避免子女未来的前途受到影响。

3. 建立退休金计划

人生的旅程会有多长谁都无法预测，不过未来的收入会随着个人的经验和学问一起增加，但到60岁退休之后，收入可能会大幅减少，甚至为零。因此，一个好的退休保障计划，基本上可以把年轻时候的钱一点一点存起来，到年纪大的时候拿来用，安享晚年。

4. 建立应急的现金计划

人生有起有落，顺境的时候可能有好的收入、好的投资机会，但如果平常没有积蓄，机会就会错过。在逆境的时候，可能因为大病、失业等，也需要一笔钱去应付困难，否则处境会更加狼狈。一个好的保障计划，可以提供一笔应急资金，帮助应对困境。

5. 建立储蓄计划

一般来说，人们储蓄的习惯都差不多，一开始很有决心，但过一段时间后，就因为想买车、装修房子等，或者旅行，花费很大的一部分积蓄。然后重新开始存钱，始终没办法达到目标。储蓄计划就是先确定一个储蓄目标，然后用一个完善的计划和充分的时间去完成。中途如果发生意外的话，也可以保证这个计划一步一步地完成。如果身故，这笔钱就会作为赔偿金，马上送到指定的受益人手里。换句话说，这个储蓄计划是可以成功的。

（三）保险投资理财规划的步骤

微课学习：保险投资理财规划步骤

| 微课视频 | 学案 | 同步练习 | 理财小技巧：年金险是家庭资产配置的必需品（动图） | 理财小技巧：年金险是家庭资产配置的必需品（音频） |

1. 确定保险标的

制订保险计划的首要任务，就是确定保险标的。

保险标的是指作为保险对象的财产及其有关利益，或者人的寿命和身体。投保人可以以本人、与本人有密切关系的人、他们所拥有的财产以及他们可能依法承担的民事责任作为保险标的。

一般说来，各国保险法律都规定，只有对保险标的有可保利益才能为其投保，否则，这种投保行为是无效的。所谓可保利益，是指投保人对保险标的具有的法律上承认的利益。可保利益应该符合以下三个要求。

首先，必须是法律认可的利益。如果投保人投保的利益的取得或者保留不合法甚至违法，那么这种利益不能成为可保利益。

其次，必须是客观存在的利益。如果投保人投保的利益不确定，或者仅仅只是一种预期，就不能成为一种可保利益。

最后，必须是可以衡量的利益。这样才能确定保险标的的大小，并以此来确定保险金额。

对于财产保险，可保利益是比较容易确定的，财产所有人、经营管理人、抵押权人、承担经济责任的保管人都具有可保利益。

人寿保险可保利益的确定就要复杂一些，因为人的生命和健康的价值是很难用经济手段加以衡量的。所以，衡量投保人对被保险人是否具有可保利益，就要看投保人与被保险人之间是否存在合法的经济利益关系，比如投保人是否会因为被保险人发生人身风险而遭受损失。通常情况下，投保人对自己以及与自己具有血缘关系的家人或者亲人，或者具有其他密切关系的人都具有可保利益。

购买适合自己或家人的人身保险，投保人有三个因素要考虑：一是适应性。自己或家人购买人身险要根据需要保障的范围来考虑。二是经济支付能力。买寿险是一种长期性的投资，每年需要缴存一定的保费，每年的保费开支必须取决于自己的收入水平。三是选择性。个人或家人都不可能投保保险公司开办的所有险种，只能根据家庭的经济能力和适应性选择一些险种。在有限的经济能力下，为成人投保比为儿女投保更实际，特别是家庭的"经济支柱"，其生活的风险比儿女要高一些。

2. 选定保险产品

人们在生活中面临的风险主要可以归纳为人身风险、财产风险和责任风险。而同一个保险标的，会面临多种风险。所以，在确定保险需求和保险标的之后，就应该选择准备投保的具体险种。

比如对人身保险的被保险人而言，他既面临意外伤害风险，又面临疾病风险，还有死亡风险等。所以，投保人可以相应地选择意外伤害保险、健康保险或人寿保险等。

而对于财产保险而言，同一项家庭财产也会面临着不同方面的风险。比如汽车，面临着意外损毁或者是失窃的风险，这时投保人可以相应地选择车辆损失保险、全车盗抢保险，或者是二者的组合。

投保客户只有在专业人员的帮助下，准确判断自己准备投保的保险标的的具体情况（比如，保险标的所面临的风险的种类，各类风险发生的概率，风险发生后可能造成损失的大小以及自身的经济承受能力），进行综合的判断与分析，才能选择适合自己的保险产品，较好地回避各种风险。

在确定购买保险产品时，还应该注意合理搭配险种。投保人身保险可以在保险项目上进行组合，如购买一个至两个主险，附加意外伤害、重大疾病保险，使人得到全面保障。但是在全面考虑所有需要投保的项目时，还需要进行综合安排，应避免重复投保，使用于投保的资金得到最有效的运用。也就是说，如果投保人准备购买多项保险，那么就应尽量以综合的方式投保，因为这样可以避免各个单独保单之间可能出现的重复，从而节省保险费，得到较大的费率优惠。

3. 确定保险金额

在确定保险产品的种类之后，就需要确定保险金额。保险金额是当保险标的的保险事故发生时，保险公司所赔付的最高金额。一般说来，保险金额的确定应该以财产的实际价值和人身的评估价值为依据。

财产的价值比较容易计算。对一般财产，如家用电器、自行车等财产保险的保险金额由投保人根据可保财产的实际价值自行确定，也可以按照重置价值即重新购买同样财产所需的价值确定。对特殊财产，如古董、珍藏等，则要请专家评估。

购买财产保险时可以选择足额投保，也可以选择不足额投保。由于保险公司的赔偿是按实际损失程度进行的，所以一般不应超额投保或者重复投保。一般说来，投保人会选择足额投保，因为只有这样，当万一发生意外灾难时，才能获得足额的赔偿。如果是不足额投保，一旦发生损失，保险公司只会按照比例赔偿损失。比如价值20万元的财产只投保了10万元，那么如果发生了财产损失，保险公司只会赔偿实际损失的50%。也就是说，如果实际财产损失是10万元，投保人所获得的最高赔偿额只能是5万元。这样会使自己得不到充分的补偿，因而不能从购买的保险产品中得到足够的保障。

严格来说，人的价值是无法估量的，因为人是一种社会性生物，其精神的内涵超过了其物质的内涵。但是，仅从保险的角度，可以根据诸如性别、年龄、配偶的年龄、月收入、月消费、需抚养子女的年龄、需赡养父母的年龄、银行存款或其他投资项目、银行的年利率、通胀率、贷款等，计算虚拟的"人的价值"。

在保险行业，对"人的价值"存在着一些常用的评估方法，如生命价值法、财务需求法、资产保存法等。需要注意的是，这些方法都需要每年重新计算一次，以便调整保额。因为人的年龄每年都在增大，如果其他因素不变，那么他的生命价值和家庭的财务需求每年都在变小，其保险就会从足额投保逐渐变为超额投保。如果他的收入和消费每年都在增长，而其他因素不变，那么其价值会逐渐增大，原有保险就会变成不足额投保。所以每年请保险专业人士检视投保客户的保单是十分必要的。

4. 明确保险期限

在确定保险金额后，就需要确定保险期限，因为这涉及投保人的预期缴纳保险费的多少与频率，所以与个人未来的预期收入联系尤为紧密。

对于财产保险、意外伤害保险、健康保险等保险品种，一般多为中、短期保险合同，如半年或者一年，但是在保险期满之后可以选择续保或者是停止投保。

但是对于人寿保险而言，保险期限一般较长，比如15年甚至到被保险人死亡为止。在为个人制订保险计划时，应该将长、短期险种结合起来综合考虑。

三、保险投资理财五大要点

如今，随着人们防范风险意识的增强，越来越多的人开始喜欢把钱花在保险支出上，让保险做自己生活的"保障器"。但是由于人们不太懂得保险里面暗藏的一些"秘密"，虽买到了保险，得到的利益却不是最经济、最实惠的，没有最大限度地发挥保险的效能。究竟投保人怎样才能获取到更大的"实惠"呢？下面就列举买保险谋取最大"实惠"的五要点，以供参考。

要点之一：投保尽量"从一而终"

对任何一家保险公司来说，对于自己的固定老客户，他们都会给予一定的保费优惠。这样一来，对投保人而言这是保险公司对自己的一个"利好"政策，只要投保人能够固定一家保险公司作为自己保险代理单位，自己就会得到一定的实惠。因此，就投保人来说，如果其需要的保险品种，在各个保险公司区别不大时，投保人就应"懒"一些，只挑选在一家保险公司进行投保。这样一方面投保人不仅能减少"转移成本"，即投保人重新花费在定位保险公司的精力和时间；另一方面还能获得保险公司提供的保费优惠。真是一举两得，投保人何乐而不为呢？

要点之二：支付方式选实惠

相对于保险产品来说，很多产品在支付保险费的方式上，既允许投保人趸缴，也允许投保人分期缴。究竟哪种方式对于投保人更实惠一些，这需要看投保人的具体情况。在一定的假设和预期下（投资收益率、死亡率等），保险费的两种缴费方式对保险公司是无差异的，但对投保人来说就不一样了，投保人只有通过细算账后才能确定选哪种保费交付方式最经济。如何算账呢？这里有个技巧，假设投保人投保某个保险公司的保险产品，其预期投资收益率为3%~5%，而自己投资银行存款的收益率仅为2%，那么投保人就应该选择趸缴，这相当于免费地获得了保险公司专家理财的能力。同时也可以简单地对缴费方式进行比较，选择对自己最有利的。例如，同一张保单，既可以趸缴1万元，也可以每年年初缴2200元，5年分期交清。后者相当于在5年后多缴了1000元，也相当于平均每年大约5%的收益率，如果投保人的投资收益率要高于5%，那么选择分期缴费无疑是正确的，否则就应该进行趸缴。

要点之三：退保不能马虎

现在很多人购买保险时，由于考虑不周，过后遇到特殊情况时，便不顾后果地肆意进行退保，其实这样做完全是在浪费自己的钱财。对于保险购买人来说，他们购买保险后，都会发生一大部分的费用支出，这就相当于保险购买人为获得后期的服务而已经提前支付了保费，如果保险购买人提前退保，相当于他虽然已经花了不少的钱，但是却没有得到保险带来的足够的好处。一般而言，提前退保对投保人都会是一笔很大的损失，有时甚至只能拿到当时最初投保时的2/3的资金。因此说，投保人在退保时不能有丝毫马虎，一定要慎重对待，不在万不得已的情况下，千万不要轻易退保。

要点之四：做出正确判断

有时保险公司会在投保人满足一定的条件下给予一定的优惠条件。因此，投保人在出现某些情况时，就需要进行比较，正确认定他们之间的收益关系，然后做出最有利于投保人自己的决策，以尽量去利用保险公司的所有优惠条件。例如，在车辆险中，保单中常常会出现如下的类似规定：当投保人在当年度没有向保险公司索赔时，可以在下一年度续保时享受一定的保费打折优惠。鉴于保险公司这种优惠，投保人如果当年发生了保险事件，就需要考虑，究竟是向保险公司进行索赔合算呢，还是不向保险公司进行索赔而享受保险公司的保费打折优惠合算。针对这种情形，投保人需要做出简单比较判断，从而在两者之间进行取舍，把最有利的留给自己。

要点之五：积极进行保险索赔

有些投保人虽然购买了保险，可是当自己出现保险事故可以向保险公司索赔时，他们却很是犹豫，不敢向保险公司索赔，从而白白地浪费了自己的合法权利。其实，投保人和保险公司如果签订了保险合同，在法律地位上两者是平等的，并且即使在索赔的过程中发生一些相关的费用，保险公司多数也都会对投保人给予补偿。因此说，投保人在出现保险事故后千万不能畏惧保险赔偿；相反，还应该积极找保险公司及时维护自己的合法权利。当然，投保人也不能凡事都向保险公司索赔，提出无理要求，甚至向保险公司进行欺诈，这样做反而会侵害到投保人的利益。一则投保人会因此而付出宝贵的时间和精力；二则会因投保人自己的不法行为，导致自己形成保险欺诈，不仅自己最终得不到赔偿，甚至还要受到法律的制裁。

◆ **理财技巧**

1. 认真对待保险合同。无论是理赔还是红利分配，在合同中都会有详细的条款说明，所以读懂合同中的条款对于投资是非常必要的。

2. 由于保险投资属长期投资，有强迫储蓄的功效，合理使用它可以对部分"月光族"今后的生活有帮助。

3. 合理选择保险种类：终身寿险、定期寿险、意外伤害、医疗、住院补贴、大病保险、养老、投资连结、分红险、失能险、财产险、住房险、汽车险、企业险、牙医险和特种险。

4. 对于保障型险种，既要做到保障充分，又不能保障过度从而使资金效率下降。

单元二 保险需求分析

◆ **学习目标**

识记能力目标：理财金三角，人身保险铁三角。

理解能力目标：人寿保险需求分析，人寿保险投资分析。

应用能力目标：制定保险需求的方法、人寿保险投资分析的步骤。

◆ **理财故事**

保险：只买对的不买贵的

记得有句广告语是这样说的："只买对的不买贵的。"就是说我们购物时需要考虑的就是只有适合自己的才是最好的。这句话用来指导我们购买保险也是非常适合的。面对当前保险市场上琳琅满目的保险产品，如何购买对于我们老百姓来说还真是件麻烦事。在现代社会，作为一个家庭慎重购买保险不失为一种缓解生存压力、转嫁家庭危机的上上之策。可以说，保险就是现代家庭理财的安全带，但是如何系好这根安全带及其松紧程度，却关系到家庭理财的成败。

【任务】人寿保险需求和投资分析

思考题：

1. 人生不同阶段保险保障需求一样吗？举例说明。

2. 什么是理财金三角？什么是人身保险铁三角？

3. 购买人寿保险之前要考虑的因素有哪些？

4. 面对市场上几百种的保险产品，应该如何选择合适的保险产品，最大限度地化解风险，实现保险理财规划呢？

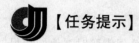 【任务提示】

一、人生不同阶段保险保障需求重点分析

微课学习：人生不同阶段保险保障需求重点分析

微课视频　　　　学案　　　　同步练习　　　理财小技巧：保险　　理财小技巧：保险

给人生的 4 把　　　给人生的 4 把

"金钥匙"（动图）　"金钥匙"（音频）

人生不同阶段保险保障需求分析如表 5-1 所示。

表 5-1　人生不同阶段保险保障需求分析

人生阶段	单身期	家庭形成期（结婚）	家庭成长期（孩子 0~12 岁）	家庭成熟期（人到中年）
阶段状况	年轻气盛，四处奔波，意外事故发生率高，保费非常便宜	人生的一大转折，双薪家庭，两人忙于工作、奔波，可能贷款买房	划时代的变化，家庭责任最重的时候，子女教育费用高，成人病危险群体，着手退休金规划	家庭责任减轻，人的寿命日益延长，生活费用逐渐增加，退休收入大幅减少
购买理由	父母很辛苦，培养我们大学毕业容易吗？一旦由于意外，致使我们还来不及孝顺父母，怎么办？通过保险，可以帮助我们完成实现孝敬父母的心愿	家庭的主要经济支柱，责任较重。一旦发生意外或疾病，可能会陷入困境。通过保险，可以对心爱的人说：只要活着，我一定要照顾好您	父母一旦发生意外或疾病会引起收入中断，对孩子的健康成长影响很大 您的钱包里只有两种钱： 　一种是属于现在的您，一种是属于未来的一位老翁所有。如果您今天将老先生的钱花掉，那就是年轻岁月透支晚年岁月，今天透支明天，年轻力壮透支年老力衰，生命的现在时透支了生命的未来时；尤有甚者，我们竟透支了人活着最重要的"尊严"二字	养儿防老风险大——有失尊严，社会养老保险只提供基本保障
理财方式	努力工作，增加收入，创造财富	以买房为主要目标，增加积极性投资	子女教育基金，兼顾收益与成长平衡，准备退休金，维持积极性投资	投资以保本安全为主，减少积极性投资

续表

人生阶段	单身期	家庭形成期（结婚）	家庭成长期（孩子 0~12 岁）	家庭成熟期（人到中年）
适合险种	意外伤害保险 住院医疗保险 定期寿险	意外伤害保险 住院医疗保险 定期寿险 重大疾病保险 女性生育保险	子女教育保险 意外伤害保险 住院医疗保险 定期寿险 重大疾病保险 补充养老保险	意外伤害保险 住院医疗保险 定期寿险 重大疾病保险 补充养老保险
投资	▲▲	▲▲▲	▲▲▲▲ （教育▲▲▲▲▲）	▲▲▲
养老	▲	▲▲	▲▲▲	▲▲▲▲▲
疾病身故	▲▲	▲▲▲	▲▲▲	▲▲▲▲
重大疾病	▲▲▲	▲▲▲	▲▲▲▲	▲▲▲▲
住院医疗	▲▲▲▲	▲▲▲▲	▲▲▲▲	▲▲▲▲
意外身故	▲▲▲▲▲	▲▲▲▲▲	▲▲▲▲▲	▲▲▲

注：▲为风险指数，越多▲代表风险越高。

二、人寿保险需求分析

微课学习：人寿保险需求分析

| 微课视频 | 学案 | 同步练习 | 理财小技巧：唤起客户的保险需求（动图） | 理财小技巧：唤起客户的保险需求（音频） |

在购买人寿保险之前要考虑的因素有很多，包括投保人的年龄、家庭生命周期的不同阶段、收入来源、储蓄等。以下按生命价值法和经济需求法进行人寿保险需求分析。

（一）生命价值法

生命不同的阶段需要不同的保障。如果投保人是家中的主要经济来源，那么投保人一旦身故或罹患疾病，家人所要面对的经济危机将有：失去经济来源、将来的生活费、丧葬费、子女教育金、医药费等，因此投保人的保障额度应该要负担家中的一切开销。

生命价值法是以一个人的生命价值做依据来考虑应购买多少保险的方法，可以分成 3 个步骤：估计被保险人以后的年均年收入；确定退休年龄；从平均年收入中扣除各种税收、保费、生活费等支出，剩余的钱假设贡献给他人，这些钱就是被保险人的生命价值。

案例5.2.1：张山40岁，预计再工作25年后退休，目前年净收入12万元，个人年消费支出5万元，预计年通货膨胀率3%、收入增长4%、贴现利率为5%。问：按生命价值法计算，张山需要的保险保障为多少？

$$PV(25,0.962\%,-12,0,0)=265.538(万元)$$
$$PV(25,1.942\%,-5,0,0)=98.288(万元)$$

则需要的保险保障为：265.538−98.288=167.25（万元）

式中，0.962%=(1+5%)/(1+4%)−1

　　　1.942%=(1+5%)/(1+3%)−1

（二）经济需求法

人身保险以所缴付的保费占年收入的比例、人寿保险金额、意外保险金额、住院医疗保险这4项指标作为规划的依据，可以以"理财金三角"和"人身保险铁三角"为参考。

经济需求法的出发点是，当事故发生时可确保至亲的生活准备金总额。其计算方式是，将现有至亲所需生活费、教育费、供养金、对外负债、丧葬费等加总，扣除既有资产，所得缺额即为保额的粗略估算依据。

1. 理财金三角

人身保险以所缴付的保费占年收入的比例、人寿保险金额、意外保险金额、住院医疗保险这4项指标作为规划的依据，可以以"理财金三角"表示，如图5-1所示。

其计算方式是，将现有至亲所需生活费、教育费、供养金、对外负债、丧葬费等，扣除既有资产，所得缺额作为保额的粗略估算依据。其主要的三个架构包括：60%支付日常生活花费；20%～30%投资理财；7%～10%风险管理。

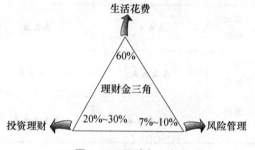

图5-1　理财金三角

（1）60%支付日常生活花费

包括个人、家庭、子女之衣、食、住、行、育、乐、税金、劳健保费等各项生活花费的加总，尽量控制在目前年收入的60%左右，如此才有空间规划其他的财务目标，以及逐渐累积财富，并且能够持续掌控生活的品质。

（2）20%～30%投资理财

投资理财是现代每一个家庭及个人在生活中都必须重视的一环，用目前年收入的20%～30%有计划地完成：短期3～5年、中期5～10年、长期10年。以上的理财目标，是财务管理与生涯规划中相当重要的事项。

（3）7%～10%风险管理

每年在收入中提取7%～10%作为短、中、长期风险管理的费用，对于现代的家庭和个人是极为重要的，不仅可以随时随地提供个人与家庭成员在生活中各方面的实际保障，而且也保护了其他90%的年收入，更能够保全辛苦累积的资产，不会因为收入来源的中断或减少而遭受折损。

图5-2　人身保险铁三角

2. 人身保险铁三角

人身保险铁三角可用图5-2表示。

第1个指标：所缴付之保费占年收入的比例

依据"理财金三角"来评估目前所缴付的保费占年收入的比例，"保费"（风险管理）为目前年收入的7%～10%。

每年的保费支出适宜性计算如表 5-2 所示。

表 5-2　每年的保费支出适宜性计算

目前的月收入/元	
保费的理财金三角比例/%	7~10
每年的适宜性保费支出/元	

第 2 个指标：人寿保险金额的安排

将自己家庭的各项人生责任统计出来，其所统计出来的金额就是目前所需要投保的人寿保险金额。

每年的保费支出适宜性计算如表 5-3 所示。

表 5-3　每年的保费支出适宜性计算（人寿保险）

五年的"净生活费"（评估标准：衣食住行、娱乐休闲、水电等，不包括子女费用）	
	每月　　　元×12 个月×5 年=　　　元
子女生活教育费用（评估标准：你的子女从现在到长大成人，一共需要多少费用）	
子女 0 人，分别　　　万元，　　　万元，　　　万元，一共　　　万元	
房屋贷款（评估标准：尚未偿还的贷款本金）	
	元
五年的亲属抚养金（评估标准：当你的收入来源中断，而且没有其他人代替你抚养时）	
	每月　　　元×12 个月×5=　　　元
生意资金：　　　元（个别规划）各项税金　　　元（个别规划）	
其他费用（评估标准：其他方面的未偿贷款或者负债、其他必须缴付的费用）	
车贷　　　元，信用卡　　　元，保费　　　元，其他　　　元，共　　　元 人寿保险额：　　　元	

第 3 个指标：意外保险的安排

意外身故及残废保险之投保金额的安排，为人寿保险金额的"2 倍"。

意外保险金额试算如表 5-4 所示。

表 5-4　意外保险金额试算

人寿投保额（W_1）	元
意外保险投保额（W_2）	元

第 4 个指标：住院医疗保险的安排

住院医疗保险，是以现阶段持社会保险（全民健保……）身份前往各医疗院所就医时，住进一人一间病房（单人房）时，以自己所要负担贴补的"差额"为"标准"，来安排住院医疗保险的给付金额。

住院医疗保险金额试算如表 5-5 所示。

表 5-5　住院医疗保险金额试算

预期的医院住院费用（F）	元/日
预期保障的住院医疗天数（T）	天
住院医疗保险投保额（W_3）	元
综合计算出投保人的基本人身保险金额	元
根据收入适宜投入的保费	元～　　元
可以根据这两个数据在保险市场寻找的合适的保险品种	

三、人寿保险投资分析

微课学习：人寿保险投资分析

| 微课视频 | 学案 | 同步练习 | 理财小技巧：反季节购衣最实惠（动图） | 理财小技巧：反季节购衣最实惠（音频） |

面对市场上几百种的保险产品，应该如何选择合适的产品，最大限度地化解风险，实现个人理财规划呢？消费者主要应考虑以下几个方面的内容。

（一）家庭需要保险的资金量及能负担的保险费金额

良好的个人财务规划应该包括人寿保险。在测算和分析自己需要多少人寿保险、何种人寿保险时，消费者首先要了解自己的消费习惯，评估自己的资产净值，考虑自己需要多少退休养老金和子女教育费用，这些都是很有必要的。大多数保险业务员都会建议消费者在工作期间购买人寿保险。消费者需要在很长一段时间内将总收入的 5%～15% 积蓄下来以备不时之需。购买人寿保险的保险金额与消费者当前年收入之间有一个合适的比例，一般原则是保险金额为消费者当前年收入的 5～8 倍，即如果消费者年薪 5 万元。则应购买保险金额为 25 万～40 万元的人寿保险。

1. 家庭需要的资金量

要决定购买年缴多少保费的人寿保险来满足现实需要？消费者首先要确定自己每年愿意且能够在具有现金价值的人寿保险的储蓄成分中投资多少资金。这就需要按以下三个步骤来考虑：第一，明确自己每年可支配的资金的总额；第二，明确自己投资于具有固定收益的金融工具的资金额占资金总额的比例；第三，决定在具有现金价值人寿保险的储蓄成分中投资多少。这些结果要基于对具有现金价值人寿保险的储蓄成分充分理解的基础上得出。

2. 能负担的保险费金额

如果消费者按照上述步骤来分析自己的人寿保险消费，就会发现自己的保险需求比预想的更多。一些人开始担心负担不起所需要的人寿保险的保险费。然而，这种担心是多余的。消费者会发现人寿保险并不需要花费自己认为的那么多钱。很多人对人寿保险保险费有错误的印象，是因为他们混淆了人寿保险的保险费和人寿保险的保障成本这两个概念。具有现金价值的人寿保险的保险费只有一小部分被用来提供保险保障，一大部分被用来提供储蓄价值。因此，在保险期间的后期，保单的保险保障成本要远低于保险费。

鉴于这一点，消费者可以用人寿保险的基准保险保障成本，对所需购买人寿保险的费用进行估测。用自己所需购买保单的保险金额，乘以相应的基准保险保障成本，其结果就是消费者在保险期间的早期每年预期花费的总数。

(二) 根据家庭需求购买人寿保险

家庭处在不同的阶段，它的保险需求也不尽相同，例如，根据家长的年龄划分，根据不同年龄的家庭成员划分，根据家庭中子女的数目和子女的年龄划分等。最广泛使用的一种方法是按照下述家庭特征，把"家庭生命周期"划分为六个阶段（此方法确定得比较早，随着时间的推移，人的生命周期也会发生变化，以下划分仅供参考）。

第一阶段，单身阶段。这个阶段的家庭特征是：单身成员，其年龄一般在34岁以下。

在此阶段，除了一些年龄较大的单身者以外，年轻的单身者一般收入是比较低的，其需求也比较简单。这时单身者的需求主要是个人需求。

第二阶段，新婚阶段。这个阶段的家庭特征是：年轻夫妇，没有孩子，夫妇年龄一般在34岁以下。

在此阶段，虽然家庭收入仍然较少，但家庭的需求突然增大。由于家庭刚刚组成，需要购买很多消费品，但限于收入水平，只能小心地购买消费品。有时家庭主妇也需要就业，以便获得收入添置家用物品（如购买家具、交通工具、家用设备、直到购买住宅）。

第三阶段，"满巢"阶段Ⅰ。这个阶段的家庭特征是：年轻的夫妇，子女年幼，夫妇年龄仍在34岁以下。

在此阶段，家长收入开始增加，但随着孩子的出世，家庭的开支也变大，其中包括孩子的支出和医疗支出。从这时起，家庭还需要为孩子受教育而支出教育费。

第四阶段，"满巢"阶段Ⅱ。这个阶段的家庭特征是：夫妇年龄较大，在34~54岁之间，子女年龄也较大。

在此阶段，家庭的收入开始达到高峰，同时，家庭的支出也跟着稳定下来。家庭陆续把过去的临时性设备更换成比较耐用的设备，并开始购买较值钱的用品，并且有较多的社交活动和社交支出。但另一方面，随着孩子年龄的增长，用在他们身上的各种支出（包括教育费用）也增加了。至于医疗支出，则一般有较大幅度的下降。

第五阶段，"空巢"阶段。这个阶段的家庭特征是：夫妇年龄一般在54岁以上，子女已经不在家庭中生活了。

第六阶段，丧偶独居阶段。这个阶段的家庭特征是：单身的成员，其年龄一般在54岁以上。

在第五阶段和第六阶段，家庭收入将由于家长的退休或死亡而减少，家庭的支出也会减少，家庭中一般不再有用于孩子的支出，可能不再添置新的耐用消费品，并且有可能搬到较小的住宅去居住。至于医疗支出，则一般会迅速增加。

(三) 人寿保险产品可以满足消费者需求的程度

人寿保险产品满足消费者需求的程度，也就是所谓的适宜度。适宜度，就是指这张保单能满足消费者的个人寿险需求，且适宜于消费者的情况。消费者的情况主要包括年龄、健康状况、收入、支出、纳税、家庭状况、财富、债务、继承、投资目标和风险容忍度（风险承受能力）等。

要评估适宜度，就要特别关注消费者的风险容忍度。风险容忍度是指消费者能坦然接受财务风险的程度。要寻求与这种风险容忍度相匹配的个人寿险产品。

欲购个人寿险的消费者可以按风险容忍度的大小分为四类。

1. 厌恶风险者

他们期望能规避所有的风险，投资要得到正的回报，不能遭受任何损失，偏好银行存款和政府债券；他们要求所购保单的保费绝对不会增加，死亡保险金的给付能够保障其终身；传统的终身寿险保单对他们较为合适，变额寿险保单不适合他们。

2. 能承受低风险者

他们愿意承受一定的风险，但希望风险基本确定且变动不大，偏好"蓝筹"股和高信誉等级公司债券；他们愿意放弃绝对保证，但是所支付保费超过销售建议书所演示保费的可能性应该非常小；传统的终身寿险保单或万能寿险保单对他们比较合适。

3. 能承受中等风险者

他们愿意承受中等财务风险及相应的回报波动以获得较高的投资回报，偏好成长股和较高收益、中等级公司债券；他们基本上不需要保证，并且愿意在需要时向保单中注入更多资金；传统的终身寿险保单、万能寿险保单以及缴费期间相当于保险期间一半的变额寿险保单对他们来说比较适合。

4. 喜爱风险者

他们愿意承受大量的财务风险以获得高收益，偏好激进成长股、高杠杆不动产和高收益债券；他们不需要任何保证，并且愿意在需要时向保单中再注入大量资金；传统的终身寿险保单、万能寿险保单和缴费期间相当于保险期间 1/5 的变额寿险保单对他们来说比较适合。

◆理财技巧

善用信用卡保险功能

购买保险是有效的风险转移措施。作为信用卡增值服务的保险产品虽然额度不高，但也是家庭保障的有力补充。

除了在保险公司购买保险产品，一张小小的信用卡也可以帮你实现愿望。

作为信用卡增值服务的一项，附赠保险已经不再是白金卡持卡人的专项礼遇，金卡、普卡持卡人同样可以拥有一定额度的保险保障，而且保险品种已经从最普遍的航空意外险发展到全面的公共交通意外险、旅行保险、重大疾病保险、家庭财产保险等，相信这样的"附赠品"对持卡人来说还是具有一定吸引力的。

◆考核

任务单1：保险需求分析		
班级	姓名	学号

针对自己的家庭情况进行一个保险投资理财规划。

根据你的现有家庭生活状况或对未来生活状况的设想，按照下列提示进行一个保险投资理财规划。

步骤1

设定现有生活或者未来生活的情境，进行具体、量化的论述。

_____

_____

_____

_____

_____

_____

步骤 2

对你所选择或者设定的未来生活状况进行保险规划。

1. _____

_____

_____

2. _____

_____

_____

3. _____

_____

_____

4. _____

_____

_____

步骤 3

保险规划中自己存在的问题与不足。

1. _____

_____

2. _____

_____

实训二　保险投资理财规划

实训目的：根据分红险、投连险产品的特点进行分析，确定理财规划。

实训任务：分析以下三个寿险理财案例。

实训案例 1：吴小姐为其才出生 60 多天的女儿购买了一份终身寿险两全分红型保险。根据保险代理人的推算如下：0 岁女孩，保额 5 万元，年缴保费 47 915 元，缴费期 5 年，保障终身。

承诺保险利益：

① 生存保险金：第六年开始，每年领取保额 10%，即 5 000 元，领取终身。

② 分红利益：每年有现金分红，第 10 年开始拥有特别红利。

③ 身故保险金：所缴保费的 120% 减去已经领取金或现金价值，二者取高赔付。

身故金除外责任：两年内自杀、投保人或受益人对被保险人的故意伤害、因自身犯罪或因拒捕导致的。

第 20 年，所领取返还金为 75 000 元，按中等红利累积计算有现金红利 94 254 元，再加特别红利 8 500 元。现金价值为 111 834 元。第 30 年，所领取返还金为 125 000 元，按中等红利累积计算有现金红利 169 043 元，再加特别红利 12 750 元。现金价值为 105 195 元……第 100 年，所领取返还金为 475 000 元，按中等红利累积计算有现金红利 1 909 768 元，再加特别红利 42 500 元。现金价值为 7 036 元。

只要缴 5 年，一年只要缴 4 万多元，不但有固定的年金可以拿，还可以分享保险公司的赢利，年年有分红。相当于现在给孩子买了一套签了终身租约的小房子，从而保障孩子这一辈子衣食无忧了。

结合终身寿险两全分红型保险分析吴小姐的理财是否合理。

实训案例2：30岁的钱女士今年年初得知她所购买的某中资分红保险，去年红利分配579.42元，加上每年固定收益126元，钱女士今年收益共705.42元。钱女士是两年前的1月缴费1万元购买的该款分红险，保险期限5年。到三年后保险期满，她还能拿到满期保险金10 630元。

承诺保险利益：

① 收益：本金+保底+分红+保险保障+收益免税。

② 意外保障高（保额3倍）。

③ 变现能力强，可实现保单借款。

④ 保险期限短，返还快，适合短期投资。

⑤ 专家理财，保值增值。

⑥ 保险责任。

被保险人生存至保险期间届满的年生效对应日：保险金=基本保险金额；

被保险人于合同生效之日起一年内因疾病身故：保险金=所缴保险费（不计利息）；

被保险人于合同生效之日起一年后因疾病身故：保险金=基本金额；

意外身故：意外死亡保险金=基本保额金额的3倍；

红利领取，每年根据上一会计年度分红保险业务的实际经营状况确定红利分配方案。

红利领取可选取现金领取或累积生息方式。

结合分红型保险分析钱女士的理财是否合理。

实训案例3：某保险代理人向王小姐推荐了某公司理财投连险。

① 保障功能：保障至80周岁。提供包括20种重大疾病、身故及意外身故在内的三重保障，50岁前，给付100%账户价值，不收任何风险保费。

② 投资功能：三个理财账户（安逸稳健、策略增长、积极进取）。这三个账户在资本市场不同的投资渠道进行投资，三个账户可即时自由转换，不限次数，其间不收任何费用。资金定期重新分配，理财系统能够自动检测投资者账户收益，根据其购买之初所选资金分配比例重新分配。此外，理财账户可提取收益。一旦投资者有提取账户资金的需要，从第2～5年开始，可以免费提取不超过所交保费的10%的账户资金，第6年开始便可任意提取，享受终身免费。

结合投连险分析王小姐的理财是否合理。

◆理财测试

财务健康测试

一个人应当随时了解自身的财务状况，为自己制订合理的财务计划和消费水平。如果你不能确定自己的财务是否健康，债务是否合理，请尝试回答下列问题：

1. 你的家庭是否有四个月开支以上的储备金？

是 □　　　　　　　否 □

2. 你是否有进行家庭理财计划？

是 □　　　　　　　否 □

3. 你每月的还债款总额是否超过你固定入息之四成以上？

是 □　　　　　　　否 □

4. 你是否持有三项或以上的债项？

是 □　　　　　　　否 □

5. 你是否无法预计何时才能还清现有之债务？

是 □　　　　　　　否 □

6. 你的债项总额是否超过你总资产的50%？

是 □　　　否 □

7. 你是否非常担忧失去工作，那样将立即对自己的生活水平产生严重影响？

是 □　　　否 □

8. 你是否需要通过借新债来偿还旧债或来支持你每月的还款？

是 □　　　否 □

9. 你是否发觉再没有金融机构或个人愿意借钱给你？

是 □　　　否 □

10. 你是否经常为债项而感到不安？

是 □　　　否 □

以上十题答案中回答"是"的在三题以下，说明你的个人财务基本健康。如果达到 4~6 题，表示你已面对一个隐藏的债务危机了。如果有 7 题以上的答案是"是"，说明你的财务问题已进入了红灯区。

◆考核

任务单 2：保险理财规划

班级		姓名		学号	

针对以上三个案例进行讨论并填制任务工单。

实训案例 1：分红型终身寿险："活到百岁 23 万元变 190 万元"的保险

特点：＿＿＿＿＿＿＿＿＿＿＿＿＿＿＿＿＿＿＿＿＿＿＿＿＿＿＿＿＿＿＿＿＿

＿＿＿＿＿＿＿＿＿＿＿＿＿＿＿＿＿＿＿＿＿＿＿＿＿＿＿＿＿＿＿＿＿＿＿＿＿＿

＿＿＿＿＿＿＿＿＿＿＿＿＿＿＿＿＿＿＿＿＿＿＿＿＿＿＿＿＿＿＿＿＿＿＿＿＿＿

评价：＿＿＿＿＿＿＿＿＿＿＿＿＿＿＿＿＿＿＿＿＿＿＿＿＿＿＿＿＿＿＿＿＿＿＿

＿＿＿＿＿＿＿＿＿＿＿＿＿＿＿＿＿＿＿＿＿＿＿＿＿＿＿＿＿＿＿＿＿＿＿＿＿＿

＿＿＿＿＿＿＿＿＿＿＿＿＿＿＿＿＿＿＿＿＿＿＿＿＿＿＿＿＿＿＿＿＿＿＿＿＿＿

实训案例 2：到期返还分红型："适合短期投资"的保险

特点：＿＿＿＿＿＿＿＿＿＿＿＿＿＿＿＿＿＿＿＿＿＿＿＿＿＿＿＿＿＿＿＿＿＿＿

＿＿＿＿＿＿＿＿＿＿＿＿＿＿＿＿＿＿＿＿＿＿＿＿＿＿＿＿＿＿＿＿＿＿＿＿＿＿

＿＿＿＿＿＿＿＿＿＿＿＿＿＿＿＿＿＿＿＿＿＿＿＿＿＿＿＿＿＿＿＿＿＿＿＿＿＿

评价：＿＿＿＿＿＿＿＿＿＿＿＿＿＿＿＿＿＿＿＿＿＿＿＿＿＿＿＿＿＿＿＿＿＿＿

＿＿＿＿＿＿＿＿＿＿＿＿＿＿＿＿＿＿＿＿＿＿＿＿＿＿＿＿＿＿＿＿＿＿＿＿＿＿

＿＿＿＿＿＿＿＿＿＿＿＿＿＿＿＿＿＿＿＿＿＿＿＿＿＿＿＿＿＿＿＿＿＿＿＿＿＿

实训案例 3：投资连结险："投资保障两全其美"的保险

特点：＿＿＿＿＿＿＿＿＿＿＿＿＿＿＿＿＿＿＿＿＿＿＿＿＿＿＿＿＿＿＿＿＿＿＿

＿＿＿＿＿＿＿＿＿＿＿＿＿＿＿＿＿＿＿＿＿＿＿＿＿＿＿＿＿＿＿＿＿＿＿＿＿＿

＿＿＿＿＿＿＿＿＿＿＿＿＿＿＿＿＿＿＿＿＿＿＿＿＿＿＿＿＿＿＿＿＿＿＿＿＿＿

评价：＿＿＿＿＿＿＿＿＿＿＿＿＿＿＿＿＿＿＿＿＿＿＿＿＿＿＿＿＿＿＿＿＿＿＿

＿＿＿＿＿＿＿＿＿＿＿＿＿＿＿＿＿＿＿＿＿＿＿＿＿＿＿＿＿＿＿＿＿＿＿＿＿＿

＿＿＿＿＿＿＿＿＿＿＿＿＿＿＿＿＿＿＿＿＿＿＿＿＿＿＿＿＿＿＿＿＿＿＿＿＿＿

小结

通过本项目的实施，学生了解保险投资理财规划的必要性，根据保险投资理财规划的步骤为需求客户进行相应的保险投资理财规划；能够针对客户进行保险需求的分析，并提出相应的理财建议。

习题

一、单选题

1. 对于很多情侣来说，9月9日是一个美好日子，寓意着长长久久，小凯打算为自己交往不久的女朋友购买一份保险，于是找到理财规划师咨询，理财规划师的解释正确的是（　　）。
   A. 小凯可以为女朋友购买保险，因为他对女朋友具有保险利益
   B. 小凯可以为女朋友购买保险，因为他们符合近因原则
   C. 小凯不可以为女朋友购买保险，因为他对女朋友不具有保险利益
   D. 小凯不可以为女朋友购买保险，因为他们不属于近亲

2. 小董与朋友到华山旅游，结果不幸跌下山崖，导致右腿骨折，在山下等待救援时因为天气寒冷感染肺炎死亡，在其死亡后，小董的母亲发现了一份意外保单，则（　　）。
   A. 不赔，肺炎是意外险的除外责任
   B. 赔一部分，因为小董不全因为意外死亡
   C. 全赔，因为是意外导致其感染肺炎
   D. 不赔，因为是寒冷导致其感染肺炎

3. 伴随着今年二季度房价莫名其妙地上涨，出现了很多不理性的购房者，小周就是其中一员。小周在北京五环附近购买一套近百平方米的房屋后，又为房屋购买了一份一年期的房屋保险，4个月后将房屋转让给小吴，随后房屋发生合同规定的保险事故，虽然保单依然还在有效期内，但保险公司根据（　　），可以不予赔付。
   A. 损失补偿原则 　　　　　　　　　B. 近因原则
   C. 可保利益原则 　　　　　　　　　D. 最大诚信原则

4. 姜先生作为其金融机构风险管控部门的领导，从事风险管理工作多年，深知风险存在的客观性，他知道人们在一定的时间和空间可以发挥主观能动性改变几种风险发生的（　　），但绝对不可能彻底消灭风险。
   A. 频率 　　　　　B. 损失程度 　　　　C. 频率和损失程度 　　　D. 可能性

5. 邱先生在购买保险的时候，发现保险合同中所载明的风险一般是在（　　）的基础上可测算的且当事人双方均无法控制风险事故发生的纯粹风险。
   A. 概率论和数理统计 　　　　　　　B. 概率论和高等数学
   C. 利息理论和数理统计 　　　　　　D. 概率论和利息理论

6. 小明在购买保险时，理财规划师告诉他，在我国投保人购买保险需要履行询问回答告知。从理论上讲，投保人无须告知的内容是（　　）。
   A. 已知与保险标的有关的重要事实 　　B. 保险标的风险增加的事实
   C. 应知与保险标的有关的重要事实 　　D. 保险标的风险减少的事实

7. 某保险公司业务员秦某到小张家推销保险，小张夫妇决定投保一份以死亡为给付条件的投资连结险，小张作为被保险人因急事外出没有在保单上签字，小张的妻子在秦某的鼓动下代其签字，并缴了保费。如果小张因意外去世，保险公司（　　）。

A. 不赔，小张没有签字

B. 不赔，小张的妻子没有尽到告知的义务

C. 赔付，保险公司默认了小张妻子的代签行为

D. 赔付，小张妻子不知不可代签

8. 冬天下雪高速公路上结冰，交通部门将会对高速公路实施必要的封路措施，因为路上结冰有可能导致风险事故，产生风险损失，关于风险损失的说法正确的是（   ）。

A. 风险损失是必然发生的

B. 风险损失是预期的经济价值的减少

C. 风险损失只包括直接损失

D. 风险损失可以用货币来计量

9. 王先生的自行车刹车闸已损坏，但是为了不耽误上班使用，王先生抱着侥幸的心理继续骑车上班，这种行为从风险管理的角度考虑是存在风险的，自行车刹车闸的损坏属于（   ）。

A. 风险事故   B. 风险损失   C. 风险载体   D. 风险因素

10. 某人驾车出游，未系好安全带，途中发生车祸，造成损失，其中风险因素是指（   ）。

A. 驾车出游   B. 未系好安全带   C. 发生车祸   D. 造成损失

11. 某公司向保险公司投保了财产险，并在投保时承诺公司每日会保证至少一人值守，当年"十一"长假期间，留守人员因为急事离开公司，当晚公司发生火灾造成直接经济损失20万元，则（   ）。

A. 保险公司不赔，但可退还保费

B. 保险公司不赔，也不退还保费

C. 保险公司赔付，因为其非故意无人值守

D. 保险公司赔付，属于保险责任

12. 2008年，大多数投资者购买股票出现亏损，这种风险属于（   ）。

A. 纯粹风险   B. 财产风险   C. 投机风险   D. 自然风险

13. 张女士从事风险管控工作多年，深知风险对人们的生产、生活造成的威胁，她经常向她的客户讲解风险与保险的关系，说法不正确的是（   ）。

A. 风险是保险产生和发展的前提   B. 保险是风险管理中重要的方法之一

C. 保险经营过程中不存在风险   D. 风险与保险存在着互制互促的关系

14. 财产保险不仅要求投保人在投保时对保险标的具有可保利益，而且要求可保利益在保险有效期内始终存在，但根据国际惯例，在（   ）中不要求投保人在合同订立时具有可保利益。

A. 责任保险   B. 运输工具保险   C. 工程保险   D. 海上保险

15. 王先生与太太刚刚离婚，两年前王先生为太太购买了一份人身保险，但不知道其适用时效的规定，找到理财规划师咨询，理财规划师解释正确的是（   ）。

A. 人寿保险的可保利益必须在保险有效期内始终存在

B. 人寿保险的可保利益必须在合同订立时存在，在保险事故发生时可以不存在

C. 人寿保险的可保利益必须在保险事故发生时存在，在合同订立时可以不存在

D. 人寿保险的可保利益只要在合同订立时或保险事故发生时存在

16. 赵先生喜欢高危运动，其为了规避风险找到保险公司投保，保险公司不予投保，助理理财规划师对这种情况的解释正确的是（   ）。

A. 保险公司承保的风险必须是纯粹风险

B. 风险所致的损失可以预测

C. 损失的程度不要偏大或偏小

D. 保险公司承保的标的必须存在大量同质单位

17. 王小姐对保险的分类不是很了解，找到理财规划师咨询，得知以（   ）作为标准进行分类，保险可以分为财产保险、人身保险、责任保险和信用保证保险。

    A. 保险标的   B. 保险性质

    C. 实施方式   D. 风险转移层次

18. 小李就同一保险标的、同一风险在同一保险期间内分别向甲、乙两保险公司投保10万元与15万元，保险标的价值为30万元，则该保险属（   ）。

    A. 重复保险   B. 共同保险   C. 原保险   D. 再保险

19. 唐先生刚刚买了一辆价值88万元的SUV型越野车，并分别向甲、乙、丙三家保险公司投保，保险金额分别为20万元、25万元和35万元，这属于（   ）。

    A. 重复保险   B. 再保险   C. 责任保险   D. 共同保险

20. 云先生为企业财产投保了巨额财产保险，发生保险合同约定的事故后，并未及时进行索赔，理财规划师告诉他，其索赔时效不应该超过（   ）年。

    A. 2   B. 3   C. 4   D. 5

二、案例分析题

案例一：郑先生经营机器制造业多年，深知保险的重要性，已为其价值100万元的机器设备投保三份保险，在甲公司投保25万元，在乙公司投保50万元，在丙公司投保100万元。前不久，由于员工的疏忽导致机器设备全损，郑先生立即找到保险公司进行理赔。两年前，郑先生还为自己的爱妻投保了一份价值100万元的年金型人身保险，每年领取保险金，受益人为儿子小郑。根据案例一，回答1~6题：

1. 郑先生为机器设备投保的保险属于（   ）。

    A. 共同保险   B. 重复保险   C. 足额保险   D. 再保险

2. 我国对于郑先生为机器设备投保保险的理赔方式采用的是（   ）。

    A. 顺序责任制   B. 责任限额制   C. 比例限额制   D. 比例责任制

3. 按照我国采取的理赔方式，甲、乙、丙三家保险公司应分别赔偿（   ）。

    A. 14万元、29万元、57万元   B. 25万元、50万元、100万元

    C. 25万元、50万元、25万元   D. 16万元、32万元、64万元

4. 郑先生为爱妻购买的人身保险中，关系人包括（   ）。

    A. 郑先生、郑先生的爱妻   B. 郑先生、保险公司

    C. 郑先生的爱妻、儿子小郑   D. 郑先生的爱妻、保险公司

5. 郑先生的爱妻尚在期间，保险金的领取权利人是（   ）。

    A. 郑先生   B. 郑先生的爱妻

    C. 儿子小郑   D. 以上三者之一

6. 如果郑先生与爱妻离婚，关于保险合同的说法正确的是（   ）。

    A. 儿子归郑先生抚养，此保险合同继续有效

    B. 儿子归郑先生爱妻抚养，此保险合同继续有效

    C. 保费续缴，此保险合同继续有效

    D. 无论如何，此保险合同无效

案例二：某年，张先生在国家扩大内需政策的鼓舞下，购买了一辆价值10万元的小轿车，深知交通事故风险的张先生找到甲财产险公司为其爱车投保了一份保险金额为5万元的财产险。投保后不久，张先生感觉投保金额太低，于是他又找到乙、丙财产险公司为其爱车投保了财产险，保险金额分别为10万元和15万元，这样张先生就"放心了"。

根据案例二，请回答 7~11 题。

7. 张先生为其爱车投保的保险合同属于（　　）。

    A. 共同保险　　　　B. 重复保险　　　　C. 不足额保险　　　D. 足额保险

8. 假如张先生的爱车发生事故，并且全损，张先生最多可以获得（　　）万元的赔偿。

    A. 5　　　　　　　B. 10　　　　　　　C. 15　　　　　　　D. 20

9. 接上题，对于财产保险的赔偿，理财规划师的解释正确的是（　　）。

    A. 应遵循投保多少补偿多少的原则

    B. 应遵循损失多少补偿多少的原则

    C. 应遵循"多投多赔，少投少赔"的原则

    D. 应保证保险人不能获利的原则

10. 假如张先生的爱车发生事故，并且全损，按照我国保险法的规定，甲、乙、丙财产保险公司应各赔偿（　　）。

    A. 3.33 万元、3.33 万元、3.33 万元

    B. 2.5 万元、5 万元、2.5 万元

    C. 1.67 万元、3.33 万元、5 万元

    D. 5 万元、10 万元、15 万元

11. 假如张先生的爱车发生事故，损失 6 万元，按照顺序责任制的赔偿方式，甲、乙、丙财产保险公司应各赔偿（　　）。

    A. 2 万元、2 万元、2 万元　　　　　　B. 5 万元、1 万元、0 万元

    C. 1 万元、2 万元、3 万元　　　　　　D. 3 万元、6 万元、12 万元

案例三： 王小姐，38 岁，单身未婚，并且明确表示不考虑结婚和养育小孩，是典型的单身贵族。目前在事业单位工作，收入稳定，年收入 10 万元左右，有五险一金，但是无商业保险，有一套单身公寓自住。平时生活自由，计划享受潇洒人生的她，最近听说事业单位今后退休收入将下降，比较担心今后生活，自己平时也没购买任何保险，朋友建议她寻找一名理财规划师设计一个保险保障计划。

投资理财规划

项目目标 ▶▶▶

　　知识目标：掌握实物资产与金融资产的含义与区别；理解资产配置；认识主要的投资理财工具；掌握投资组合的含义。

　　能力目标：能辨析实物资产与金融资产；能辨析投资与理财；能进行投资需求分析；能列举主要投资理财工具；能按照投资组合的原则进行投资理财规划。

　　思政目标：树立长期资产规划并寻求稳健增长的资产配置观念。

单元一　投资理财规划入门

学习目标 ▶▶▶

　　识记能力目标：投资、投资规划、实物资产与金融资产的含义。

　　理解能力目标：投资与理财的区别，投资与投资规划的关系，各类投资理财工具。

　　应用能力目标：能对客户进行投资需求分析。

◆ 理财故事　　　　　**借他人的"钱袋""脑袋"，自己发财**

　　美国第一旅游公司副董事长尤伯罗斯，在任第23届洛杉矶奥运会组委会主席时，为奥运会盈利15亿美元。他是靠着非凡的"借术"而成功的。

　　奥运会，当今最热闹的体育盛会，却穷得叮当响。1972年在联邦德国慕尼黑举办的第20届奥运会所欠下的债务，久久不能还清。1976年加拿大蒙特利尔第21届奥运会，亏损10亿美元。

　　1980年在莫斯科举办的第22届奥运会耗资90多亿美元，亏损更是空前。从1898年现代奥运会创始以来，奥运会几乎变成了一个沉重的包袱，谁背上它都会被它造成的巨大债务压得喘不过气来，在这种情况下，洛杉矶市却奇迹般地提出了申请，它声称将在不以任何名义征税的情况下举办奥运会。特别是尤伯罗斯任组委会主席后更是明确提出，不要政府提供任何财政资助，政府不掏一分钱的洛杉矶奥运会将是有史以来财政上最成功的一次。

　　没有资金怎么办？借。在美国这个商业高度发达的国家，许多企业都想利用奥运会这个机会来扩大本企业的知名度和产品销售。尤伯罗斯清楚地看到了奥运会本身所具有的价值，把握了一些大公司想通过赞助奥运会以提高自己知名度的心理，决定把私营企业赞助作为经费的重要来源。他亲自参加每一项赞助合同的谈判，并运用他卓越的推销才能，挑起同行业之间的竞争来争取厂商赞助。对赞助者，他不因自己是受惠者而唯唯诺诺，反而对他们提出了很高的要求。比如，赞助者必须遵守组委会关于赞助的长期性和完整性的标准，赞助者不得在比赛场内，包括空中做商业广告，赞助的数量不得低于500万美元，本届奥运会正式赞助单位只接受30家，每一行业选择一家，赞助者可取得本届奥运会某项商品的专卖权。这些听起来很苛刻的条件反而使赞助有了更大的诱惑性，各大公司只好拼命抬高自己赞助额的报价。仅仅这一个妙计，尤伯罗斯就筹集了385亿美元的巨款，是传统做法的几百倍。另外，赞助费中数额最大的一笔交易是出售电视转播权。

尤伯罗斯巧妙地挑起美国三大电视网争夺独家播映权的办法，借他们竞争之机，将转播权以28亿美元的高价出售给了美国广播公司，从而获得了本届奥运会总收入三分之一以上的经费。此外，他还以7 000万美元的价格把奥运会的广播权分别卖给了美国、欧洲和澳大利亚等。庞大的奥运会，所需服务人员的费用是一笔很大的开销。尤伯罗斯在市民中号召无偿服务，成功地"借"来三四万名志愿服务人员为奥运会服务，而代价只不过是一份廉价的快餐加几张免费门票。

奥运会开幕前，要从希腊的奥林匹亚村把火炬点燃，空运到纽约，再蜿蜒绕行美国的32个州和哥伦比亚特区，途经41个大城市和1 000个镇，全程15万千米，通过接力，最后传到洛杉矶，在开幕式上点燃火炬。

以前的火炬传递都是由社会名人和杰出运动员独揽，并且火炬传递也只是为了吸引更多的人士参与奥运会，有的国家花了巨资也出力不讨好，有的国家干脆用越野车拉着到全国转一圈。尤伯罗斯看准了这点：以前只有名人才能拥有的这份权利、这份殊荣，一般人也渴望得到。他就宣传：谁要想获得举火炬跑一千米的资格，可交纳3 000美元。人们蜂拥着排队去交钱！是他们找不到地方花钱吗？不是。他们都认为这是一次难得的机会，因为在当地跑一千米，有众多的亲朋、同事、邻里观看，在鼓掌，在喝彩，这是一种巨大的荣誉。仅这一项又筹集了4 500万美元。另外，在门票的售出方式上，打破以往奥运会当场售票的单一做法，提前一年将门票售出，由此获得丰厚的利息。由于尤伯罗斯成功的经营，奥运会总收入619亿美元，总支出为469亿美元，净盈利为150亿美元。当运营结果公布后，一下子轰动了全世界。

◆ 案例引入

1. 理财实现财富取之有道

思想家哈耶克曾言："金钱是人类发明的最伟大的自由工具。"从雅普人的石头钱，到现代社会的信用卡，金钱在人们生活的各个角落眨着狡黠的眼睛。虽说"钱不是万能的"，可是"没有钱却是万万不能的"。在现实生活中生存，我们不可能视钱而不见，作为一个经济人，一个有理性的人，一个正常生活的人，谁都渴望腰缠万贯。然而天上不会掉馅饼。如果你没有发横财的好命，如果你没有富有的祖业，那么请你马上行动，兢兢业业地开始理财。君子爱财，取之有道，用之有度。

2. 理财是我们生活的一部分

不管你是否意识到，每一个人都是自己人生企业的董事长，对于我们来说，建立自信与责任感并不困难，如何去经营人生却是一个需要努力思索、大胆实践、以不懈的勇气去面对失败与挫折的漫长过程。根据自己的年龄、职业、家庭等不同的情况，建立自己的理财理念与思路，设立长远规划的方案，形成自己独特的理财风格，才可能创造出独特的人生财富。

每个人的一生都是在赚钱与花钱中度过的，人从独立生活起，就面临着理财的挑战。尤其是已经结婚的人，每天都要处理大量的收与支。随着社会保障体系的健全，每个人正在从单位人向社会人过渡，每个人必须为自己的一生进行财务上的预算与策划。如何科学地规划你的理财生涯呢？这是一个方方面面普遍关心的热点问题，善于理财会使你的生活更加和谐、殷实和富有，更快更早实现全面小康的目标。

3. 理财积累资本，为增长财富打基础

当合理的理财使我们手中有了一笔积累之后，若遇好的投资机遇，就不会因一贫如洗而与其失之交臂，从而达到增值致富的目的。

【任务】 认识投资理财规划

思考题：

1. 什么是投资？投资与理财是一回事吗？区别是什么？
2. 如何区分金融资产与实物资产？
3. 如何进行投资需求分析？
4. 投资理财规划的步骤是什么？

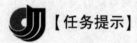 **【任务提示】**

一、投资与理财

（一）投资

微课学习：什么是投资

| 微课视频 | 学案 | 同步练习 | 理财小技巧：多元化投资（动图） | 理财小技巧：多元化投资（音频） |

投资是指投资主体为获取预期效益投入各种经济要素，从而形成资产的有意识的经济活动。

根据投资概念范畴的不同，投资可划分为广义投资和狭义投资。广义投资是指为了获取未来报酬或权利而垫付一定资本的所有经济行为——无论是投资于实物资产还是购买有价证券等。而狭义投资主要是指购买金融资产的投资行为，最主要的是指证券投资。

根据投资对象存在形式的不同，可将投资分为金融投资和实物投资。金融投资是投资者为获取预期收益，预先垫付货币以形成金融资产，并以此获取投资或投机收益的经济行为。在现实经济生活中，金融投资不仅有资本市场的股票、债券、基金、期货、信托、保险等投资形式，还有货币市场的存款、票据、外汇等投资形式，还可以包括风险投资、彩票投资等。金融投资仅涉及货币与金融资产的交易，而并不涉及实际的产业经营，因而它是一种间接的投资活动。实物投资也叫实业投资，是投资者为获取预期收益或经营某项事业，预先垫付货币或其他资源（有形资产或无形资产），以形成实物资产的经济行为。实物投资大致可分为固定资产投资、流动资产投资、稀有资产投资等。

微课学习：金融资产与实物资产辨析

微课视频　　　学案　　　同步练习　　理财小技巧：买个　理财小技巧：买个
　　　　　　　　　　　　　　　　　　新饰配旧衣（动图）　新饰配旧衣（音频）

活动一：金融资产与实物资产的案例辨析

案例 6.1.1： A 公司是一家新兴的计算机软件开发公司，它现有价值 30 000 美元的计算机设备以及由 A 公司的所有者提供的 20 000 美元现金。在下面的交易中，指明交易涉及的实物资产或（和）金融资产。在交易过程中有金融资产的产生或损失吗？

A. A 公司向银行贷款。它共获得 50 000 美元的现金，并且签发了一张票据，保证 3 年内还款。

B. A 公司使用这笔现金和它自有的 20 000 美元为其一新的财务计划软件开发提供融资。

C. A 公司将此软件产品卖给微软公司，微软以它的品牌供应给公众，A 公司获得微软的股票 1 500 股作为报酬。

D. A 公司以每股 80 美元的价格卖出微软的股票，并用所获部分资金偿还贷款。

A. _____

B. _____

C. _____

D. _____

（二）理财与投资的区别

1. 概念不同

通过以上的介绍可以发现，理财是大概念，而投资是小概念，理财包含投资。投资注重每笔钱的投入产出比，而理财所指的范围更广，它既包括投资的回报，也包括实现个人的财务目标，如保险、旅游、教育、养老等多方面的目标等。

2. 时间长短不同

投资一般只是短期的行为，它只关注眼前的利益。而理财则是长期的行为，人只要活着，就要与财务打交道，需要进行财务规划、财富管理，就需要理财；一个没有理财规划观念的人，即使有家财万贯也可能毁于日常的消费之中，理财是终生事业，因此理财更看重的是稳健。而投资是将理财中的计划落到实处。

3. 目的不同

一般而言，投资是将钱放在某一渠道或某些产品中增值、保值、超值，其目的是获得利润，它关注的是资金的流动性与收益率。理财则不是为了赚钱，而是帮助人们更合理地安排收入与支出，以达到财务安全、生活无忧，而不是单纯地追求资产的保值。

4. 决策过程不同

在理财方案的设计与实施过程中，不仅要考虑市场环境的因素，更重要的是考虑个人及家庭的各方面因素，包括生活目标、财务需求、资产和负债、收入和支出等，甚至还要考虑个人的性格特征、风险偏好、投资特点、健康状况等。而在投资的决策中，依据的则是对市场趋势的判断和把握，主要考虑的是收益率，而很少考虑个人的其他需求。

5. 涵盖的范围不同

具体而言，个人及家庭的投资渠道主要包括金融市场上买卖的各种资产，如存款、债券、股票、基金、外汇、期货以及在实物市场上买卖的资产，如房地产或者实业投资等。理财的内容则要丰富得多，包括个人及家庭收入与支出的方方面面。

6. 结果不同

投资的结果是获得了收益，实现了资产的保值增值，但也可能因为风险而承受一定的损失。

理财则是在目前的资产和收入状况下，使我们未来的生活更加富有，生活更加有质量，家庭成员更加健康、更加快乐。

> **【知识窗】**
>
> 对于投资：
> - 要学会保持自己独立的思考，不要盲目跟风，要有主见。
> - 要放弃一夜暴富的思想，不要抱着侥幸心理短期挣大钱的投机心理，要有准备、有规划地投资。
> - 选择比努力更重要，投资一定要选择好方向和投资产品。
>
> 对于理财：
> - 越早开始理财越好，越早理财竞争压力越小，越早理财机会越多，越早理财积累期就越长。
> - 制订适合自己的理财计划，没有最好只有最合适。
> - 要保持学习状态，跟上时代的步伐，财富才能不断增加。

活动二：网上搜索并完成三个风险承受能力测试（一家银行、两家证券公司），确定自己的风险承受能力信息

二、投资需求分析

（一）风险承受能力测评

由于不同文化、风俗、地域和社会背景的不同，不同的客户有不同的观念，因此客户的风险承受能力和风险偏好状况也就千差万别。投资理财最主要的就是要考虑风险和收益的权衡关系，所承受的风险水平不同，所获得的收益也就不同。因此，只有明确了客户的风险偏好，才有可能制定出与客户偏好一致、能够被客户所接受的投资理财规划。

客户的风险偏好信息属于客户的判断性信息。我们一般可以把客户的风险偏好分为五种类型：保守型、轻度保守型、中立型、轻度进取型和进取型。具体的判断标准如表 6-1 所示。这种类型的划分是根据客户购买金融资产的类型及其组合确定的。客户风险偏好类型可以作为确定客户风险承受能力的一个因素。

表 6-1 客户投资偏好分类

类型	资产组合	增值能力
保守型	成长型资产：30%以下	资产增值可能性很小
	定息资产：70%以上	
轻度保守型	成长型资产：30%~50%	资产有一定的增值潜力
	定息资产：50%~70%	
中立型	成长型资产：50%~70%	资产有一定的增值潜力，资产价值亦有一定的波动
	定息资产：30%~50%	
轻度进取型	成长型资产：70%~80%	资产有较大的增值潜力，但资产价值波动较大
	定息资产：20%~30%	
进取型	成长型资产：80%~100%	资产增值潜力很大，资产价值的波动很大
	定息资产：0~20%	

这种确定客户风险偏好的方法较为简单，且准确性也较大，可以作为衡量客户风险偏好的一个依据。

风险偏好类型能够在一定程度上反映客户的主要投资偏好，但客户的投资还会受到一些因素的影响，且客户的投资理财规划必须建立在确保财务安全的基础上。因此，我们还需要综合客户的投资历史信息、现有投资组合信息和个人的基本状况及风险态度确定客户的风险承受能力。

（二）客户信息分析

1. 分析相关财务信息

财务信息是理财规划师为客户制定投资理财规划的最重要和最基本的信息。为客户制定投资理财规划的依据就是客户的财务现状以及各项财务指标。此时，理财规划师应对客户资料进行整理，编制客户的资产负债表和现金流量表；然后编制投资规划所需的特定表格，如客户现有投资组合细目表、客户目前收入结构表及目前支出结构表、客户投资偏好分类表、客户投资需求与目标表等。

2. 分析宏观经济形势

我们知道在不同的经济环境下，客户的理财规划方案可能会完全不同。尤其是受到诸多宏观变量影响的投资活动，更是要考虑客户所处的宏观经济环境。此时，投资理财规划要考虑的重要因素有投资预期和投资收益，还有就是宏观经济运行。如在经济运行上升期间，居民收入将随之提高；各类投资者对经济前景都抱有信心，会产生较高的投资预期；企业在经济运行上升期可以取得较高的利润水平，客户所投资的股票及企业债券可以获得较高的投资收益。

【知识窗】
理财规划师在对宏观经济形势进行分析和预测时需注意以下几点：

（1）关注经济统计信息，掌握实时的经济运行变动情况，了解宏观经济发展的总体走向，以明确投资规划的宏观经济背景。

（2）密切关注各种宏观经济因素，如利率、汇率、税率的变化，抓住最有利的投资机会。

（3）对各项宏观指标的历史数据和历史经验进行分析，掌握经济政策意图，据以作出预测性判断，以此作为客户未来投资的经济背景。

（4）关注政府及科研机构的分析、评论，以分析宏观经济政策对投资、储蓄等行为以及金融市场的影响，从而提出符合实际的投资理财规划建议。

3. 分析客户现有投资组合信息

明确客户现有投资组合可以反映出客户现有的资产配置情况，如客户投资涉及哪些投资工具，金融资产和实物资产占比情况，所投资资产流动性情况，流动资产和固定资产占比情况等，这些信息有利于明确客户的现有投资状况、总体风险水平和投资水平，将来再结合客户的投资规划目标为客户制定投资理财规划。

4. 分析客户家庭预期收入信息

客户的收入支出信息是客户投资的主要依据。理财规划师要依据资产负债表、现金流量表、收入支出表等财务信息，计算出客户的各种财务指标，再结合对各种宏观经济指标的预测，可以推断出客户的预期收支情况。

【知识窗】
不同客户的投资约束条件不同，投资规划方案也不相同。投资约束条件包括流动性要求、投资期限、投资的可获得性、税收状况及特殊要求等。

（三）投资需求分析

由于投资规划目标往往是客户未来需求的一个方面或一部分，因此理财规划师制订客户投资理财规划就需要明确客户未来各项需求，根据客户的实际情况帮助客户制定合理的投资规划目标，进而为客户制定出能够满足客户需求的投资规划方案，协调好投资规划与其他规划之间的资产分配。一般来说，理财规划师需要制定反映客户综合投资需求，证券、基金、保险、国债等各项投资需求以及期望达到、保持或者需要的数量或比率等信息的投资需求与目标，并对各项需求的重要性进行简单描述。

（四）投资目标确认

投资目标是客户通过投资规划所要实现的目标或期望，不能简单等同于投资期望收益。理财规划师需要进行以下步骤进行投资目标确认。

1. 对投资目标进行分类

按照实现的时间，投资目标可以分为：在短时间内可以实现的短期目标，一般采用现金或现金等价物等；需要1~10年才能实现的中期目标，一般从成长性和收益率兼顾的角度考虑投资策略；10年以上才能实现的长期目标，一般要着眼于资本市场的长期趋势，侧重长期增值潜力大的投资工具。

2. 对投资目标进行排序

在确定各个时期的具体目标之后，理财规划师要将客户在同一时期内的各个目标按照其重要性进行排序。

3. 征询客户意见

理财规划师拟定客户的投资目标后，需要征询客户的意见并得到客户的确认。如改动需双方再次确认，以避免日后的纠纷。

4. 定期评价投资目标

我们知道为客户制定出投资规划目标并不是结束，而是要随着投资环境、客户自身状况或需求发生变化等及时地对客户投资目标进行评价和调整。

三、投资规划的步骤

微课学习：投资规划步骤

微课视频　　　学案　　　　同步练习　　理财小技巧：正确对待　　理财小技巧：正确对待
　　　　　　　　　　　　　　　　　　　　投资风险（动图）　　　投资风险（音频）

投资规划可以分为五步：客户分析、资产配置、证券选择、实施投资规划、监控评价投资规划。

（一）客户分析

在这一阶段，理财规划师要通过对客户各方面信息的分析，协助客户确定投资目标。为此，理财规划师要全面掌握客户的信息，尤其是要对与投资规划相关的信息进行详细分析，准确判断客户的风险承受度和投资偏好，分析客户可用于投资资金的性质，以协助客户确定一个可行的合理目标。

（二）资产配置

资产配置主要根据客户的投资目标和对风险收益的要求，将客户的资金在各种类型资产上进行配置，以确定用于各种类型资产的资金比例。

首先是战略资产配置，主要是指在较长的投资期限内，根据各资产类别的风险和收益特征以及投资者的投资目标，确定资产在证券投资、产业投资、风险投资、房地产投资、艺术品投资等方面应该分配的比例，即确定最能满足投资者风险回报率目标的长期资产混合。

其次是战术资产配置，即根据市场具体情况，对资产类别混合作短期的调整。这是一种更短期的安排，它存在增加长期价值的潜在机会，但同时表现出很大的风险。

【知识窗】
　　战略资产配置和战术资产配置的时间期限长短是相对而言的，通常认为战术资产配置短于两年，实际操作中，主要根据客户的投资目标来配置资产。

（三）证券选择

证券选择就是对市场上可以选择的证券类投资工具进行分析，综合运用各种投资组合技术，确定各种证券的投资比例，确定出合适的投资组合。

【知识窗】
　　目前我国市场上可用的证券投资工具主要有：股票、债券、集合投资、衍生产品、外汇、黄金等。

（四）实施投资规划

投资规划一旦制定了方案，就要协助客户将此方案实施。在实施的过程中，理财规划师一方面要注意对投资策略进行监控，以便及时对其调整；另一方面要注意任何方案的实施都是有成本的，因此对于投资交易的频率、交易的规模要较好地把握，以免产生不必要的成本费用。

此外，还要注意对选择的投资商品进行紧密的跟踪，在偏离期望时要详细地记录，以及能够最大限度地控制风险，减少不必要的损失。

（五）监控评价投资规划

投资规划不是一劳永逸的工作，需要不断修正评估自己的投资策略和方法，每一个投资规划方案付诸实施后都需要对其实施的效果进行评价，因为有些事件的发生可能影响到个人可用的投资金额，也可能直接影响到投资目标和风险承受能力，任何一个事件的忽略都有可能影响最终目标的实现。

活动三：根据案例为自己规划一个比较合适的未来5年的投资规划

案例6.1.2：陈先生大学毕业后进入一家民营建筑公司上班，当时的平均月收入在3 000元左右，随着工龄的增加，现在已经有了近4 000元的收入。工资不算高，但平时花钱很厉害，所以陈先生上班以后便定下了一个计划，那就是争取五年内买车买房。为了实现这个计划，他执行了严格的生活、理财计划。

生活方面：不在外面租房子居住，与多位同事一起睡单位提供的宿舍，节约出一笔房租费、水电气费；尽量在单位食堂吃饭，平均每天的饭费不超过15元；每个月的电话费不超过100元。

理财方面：第一年把每个月的闲钱拿到银行零存整取；第二年把存款拿去买一年期固定收益型理财产品；从第三年开始把积蓄平分成三份，一份用于炒股，一份用于买国债，一份用于买理财产品。

陈先生说，他一方面省吃俭用，另一方面坚持长期理财，去年按揭了一套住房，今年年初买了一辆6万元的代步车，最后还剩下1万余元作为当年应急存款。

陈先生说，由于最近股市震荡比较厉害，银行理财产品也不景气，所以在理财时就应大幅度降低收益预期，能够赚到几个百分点就撤退。他现在启动了大家公认为属于傻瓜式理财的基金定投，每个月投入500元，计划连续投资10年，目的是减少震荡行情可能带来的风险。

陈先生通过几年时间的摸索，觉得理财其实是一种生活方式。工薪族不要认为小钱没用，一定要坚持把自己的小钱变成大钱，只有坚定不移地运用各种理财手段，无论是股票、基金，还是国债、定期存款，只要别让闲钱在活期账户睡懒觉，每年或多或少都会有收益。

陈先生认为，工薪族每个月领到工资以后，最好把未来一个月开支放在一边，然后把闲钱投放到理财市场"钱生钱"。工薪族理财也不能一味地求稳，必要的时候还得搏一把，否则小钱也难变成大钱。有时候也不能光靠省钱，如果自己没有在股市里赚了一笔，买房子的首付还是有问题的。

陈先生现在很受同学的羡慕，虽然工资没有一些同学高，但是经过自己的规划，达到了比较高的生活质量，用他自己的话来说就是打持久战，五年实现了有车有房。

◆ 考核

任务单1：投资规划入门

| 班级 | 姓名 | 学号 |

讨论：根据案例中的陈先生的规划模式，试着为自己规划一个比较合适的未来5年的投资规划。

首先，陈先生理财过程中的可取之处有哪些？

_____

_____

_____

_____

其次，针对自身现有的条件和对未来的期望设计一个5年的投资规划！该选择哪些投资品种？大概的分配比例如何？

第一年 _____

第二年 _____

第三年 _____

第四年 _____

第五年 _____

最后，陈先生的投资理财规划对你有何启示？

_____

_____

_____

_____

单元二　资产配置及主要投资工具

学习目标

识记能力目标：掌握资产配置的含义；认识主要投资工具。

理解能力目标：能辨认主要投资工具。

应用能力目标：能分析主要投资工具的特点及适用人群。

◆理财故事　　花钱最少收益最大的"壮行酒"

1990 年，为了支持亚运会，全国人民踊跃捐物捐款，就在这种捐款热中，四川宜宾红楼梦酒厂准备捐献 500 盒酒，想让报纸就此事刊发消息、报道，并要求得到亚运会组委会领导的接见。

亚运会组委会接受全国各地大量的捐献，自然不把价值不足一万元的"酒水"放在眼里。显然，只有突出"情义重"才能使 500 盒酒超越其自身的价值，并爆出新闻。中华精品推展会工作人员们苦思冥想，决定以"壮行酒"的名义赠酒，将举行赠酒仪式。这与我国民族文化心理不谋而合，我国古代将士出征临行前必喝滴了鸡血的壮行酒，以壮军威，表示必胜的信心。这壮行酒正蕴含了全国人民对亚运健儿的热切期盼。献酒仪式非常隆重，整个气氛显得肃穆、雄壮、古色古香，记者们纷纷举起照相机、摄像机摄下了这动人的一幕。中央电视台、北京电视台当晚主播了这一消息，第二天全国 40 多家报纸报道了这一事件。

红楼梦酒厂由此打出壮行酒的牌子，壮行酒与亚运健儿在十一届北京亚运会上取得辉煌成绩连在一起，提起亚运健儿们的成功，谁能不联想到出征前激动人心的壮行酒？1990 年 11 月，在石家庄订货会上，3 600 万盒"壮行酒"全部脱销。红楼梦酒厂厂长发自内心地说："这是我花钱最少收益最大的一次销售活动。"

有见识的竞争者都善于借助媒体大造声势，以适时、准确、广泛生动的宣传，提高本企业的知名度，增强企业产品对消费者的吸引力，以达到扩大销售的目的。

◆案例引入　　巴菲特的投资方法

投资策略：以价值投资为根基的增长投资策略，看重的是个股品质。

理论阐述：价值投资的精髓在于，质好价低的个股内在价值在足够长的时间内总会体现在股价上，利用这种特性，使本金稳定地复利增长。

具体做法：买入具有增长潜力但股价偏低的股票，并长线持有是长线投资致富之道，在于每年保持稳定增长，利用复式滚存的惊人威力，为自己制造财富。

选股准则：① 必须是消费垄断企业；② 产品简单、易了解、前景看好；③ 有稳定的经营历史；④ 管理层理性、忠诚，以股东的利益为先；⑤ 财务稳健；⑥ 经营效率高，收益好；⑦ 资本支出少，自由现金流量充裕；⑧ 价格合理。

四不：① 不要投机；② 不让股市牵着你的鼻子；③ 不买不熟悉的股票；④ 不宜太过分散投资。

对大势与个股关系的看法：只注重个股品质，不理会大势趋向。

对股市预测的看法：股市预测的唯一价值，就是让风水师从中获利。

对投资工具的看法：投资是买下一家公司，而不是股票，杜绝投机，当投机看起来轻易可得时，它是最危险的。

【任务】认识资产配置及主要投资工具

思考题：

1. 什么是资产配置？什么是美林投资时钟？
2. 经济周期与资产配置有什么关系？
3. 你所知道的投资工具有哪些？其特点和适用人群是什么？

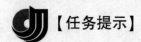 **【任务提示】**

一、资产配置

（一）含义

对于理财规划师来说，所谓资产配置就是根据客户的投资目标和对风险收益的要求，将客户的资金在各种类型资产上进行配置，确定用于各种类型资产的资金比例。从风险角度看，如果投资组合中股票资产的比例较高，则总体风险水平较高；如果现金、国债等无风险资产的比例较高，则总体风险水平较低。从收益角度看，如果客户偏向于高收益，则应多配置股票等风险资产；如果客户偏向于本金安全，则应尽量配置无风险资产。

所以说，资产配置实质上是风险管理过程，是投资过程中最重要的环节之一，也是决定投资组合收益水平的主要因素。

（二）经济周期与资产配置

宏观经济分析是实施资产配置的必要前提。由于经济周期对各类资产走势具有广泛而深入的影响，因此在实施资产配置时必须充分考虑经济周期的影响。目前，"美林投资时钟"是一种将经济周期与资产和行业轮动联系起来的资产配置方法，可以帮助投资者识别经济周期的转折点，从而帮助投资者通过调整资产配置提高收益，是一种实用性很强的投资指导。

根据经济增长和通货膨胀的不同搭配，美林投资时钟（图6-1）将经济周期分为四种阶段，然后基于经济周期四个阶段依次循环出现的情况，对经济周期四阶段的综合情况做了如下总结。

1. "经济下行，通胀下行"阶段

这一阶段构成衰退阶段。衰退阶段的特征主要是产能下降、大宗商品价格下跌。这时为了刺激经济，政府往往会采用宽松货币政策进入降息通道，这将促使债券成为表现最突出的资产。同时，随着经济即将见底的预期逐步形成，股票的吸引力会逐步增强。在这一阶段，各类资产收益率的关系为：债券>现金>股票>大宗商品。投资者此时应该更多配置债券，同时做空商品。

2. "经济上行，通胀下行"阶段

这一阶段构成复苏阶段。在复苏阶段，由于股票对经济的弹性更大，相对于债券和现金而言具备明显的超额收益。在这一阶段，各类资产收益率的关系为：股票>大宗商品>债券>现金。此时投资者应该更多配置股票，同时减少现金类资产的持有。

3. "经济上行，通胀上行"阶段

这一阶段构成过热阶段。在过热阶段，通货膨胀率会上升，从而增大持有现金资产的机会成本，同时，潜在的加息操作会降低债券资产的吸引力，而股票的配置价值相对较强，大宗商品则将明显走牛。在这一阶段，各类资产收益率的关系为：大宗商品>股票>现金/债券。此时投资者应该更多配置大宗商品，做空债券。

4. "经济下行，通胀上行"阶段

这一阶段构成滞胀阶段。在滞胀阶段，现金资产的收益率高，持有现金最为明智；同时，经济下行对企业盈利的冲击将对股票形成负面影响，债券相对于股票的收益率提高。在这一阶段，各类资产收益率的关系为：现金>大宗商品/债券>股票。此时投资者应该更多配置现金，做空股票。

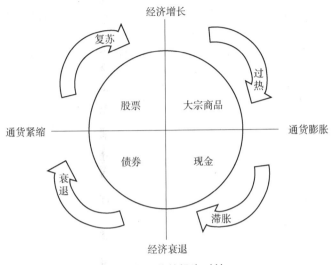

图 6-1　美林投资时钟

二、主要投资工具介绍

微课学习：主要投资理财工具

微课视频　　　　学案　　　　同步练习　　理财小技巧：不要　理财小技巧：不要
　　　　　　　　　　　　　　　　　　　　　盲目投资（动图）　盲目投资（音频）

（一）储蓄及银行理财产品

1. 储蓄

储蓄，又称储蓄存款，是指居民个人将暂时不用或结余的货币资产转移到商业银行中，到期获得本金和利息的一种投资方式。而西方经济学中，所谓的储蓄是指货币收入中没有被用于消费的部分。个人的实际储蓄是指名义储蓄额除以物价水平。

2. 银行理财产品

与此同时，各大银行推出的银行理财产品已经成为理财市场的亮点之一。各大商业银行都有自己独具特色的银行理财产品。此类产品以低风险、高收益而广受关注，成为力求稳健的投资者投资理财的重要渠道。

银行理财产品，是商业银行在对潜在目标客户群分析研究的基础上，针对特定目标客户群开发设计并销售的资金投资和管理计划。在理财产品这种投资方式中，银行只是接受客户的授权管理资金，投资收益与风险由客户或客户与银行按照约定方式双方承担。

简单来说，银行理财产品就是商业银行受托管理投资者的资金到金融市场，获得一定收益后再根据约定分配给投资者的一种投资品种。

（二）债券

债券是一种金融契约，是政府、金融机构、工商企业等直接向社会借债筹措资金时，向投资者发行，同时承诺按一定利率支付利息并按约定条件偿还本金的债权债务凭证。债券的本质是债的证明书，具有法律效力。债券购买者或投资者与发行者之间是一种债权债务关系，债券发行人即债务人，投资者（债券购买者）即债权人。

债券是一种有价证券。由于债券的利息通常是事先确定的，所以债券是固定利息证券（定息证券）的一种。在金融市场发达的国家和地区，债券可以上市流通。在中国，比较典型的政府债券是国库券。人们对债券不恰当的投机行为，例如无货沽空，可导致金融市场的动荡。

（三）股票

股票是股份公司发行的所有权凭证，是股份公司为筹集资金而发行给各个股东作为持股凭证并借以取得股息和红利的一种有价证券。每股股票都代表股东对企业拥有一个基本单位的所有权。每只股票背后都有一家上市公司。同时，每家上市公司都会发行股票的。

同一类别的每一份股票所代表的公司所有权是相等的。每个股东所拥有的公司所有权份额的大小，取决于其持有的股票数量占公司总股本的比重。

股票是股份公司资本的构成部分，不能要求公司返还其出资，但可以转让、买卖，是资本市场的主要长期信用工具。

（四）基金

基金，即证券投资基金，是一种利益共享、风险共担的集合证券投资方式，它专门投资于证券市场，通过专业化的团队进行投资管理，以资产组合的投资方式来分散投资风险，达到资本收益的最大化和长期内的资本连续增值。证券投资基金通过发行基金单位，集中投资者的资金，由基金托管人托管，由基金管理人管理和运用资金，从事股票、债券等金融工具投资。

（五）投资理财保险

日常生活中，我们越来越多地接触到固定返利或不固定返利的投资理财保险产品，期待这些保险产品能给我们带来相比其他投资产品更高、更稳定的投资收益。投资理财保险是国际人寿保险市场新兴的保险产品，和传统的人寿保险产品相比，投资理财保险产品最大的特点是既具有保障功能又有投资理财功能。投资理财保险有固定的保障作为保险保障，但其没有固定的预定利率，客户的投资收益具有不确定性，既可能获得高额的投资回报也需承担一定的风险。我们经常接触的投资理财保险产品有三种：分红保险、投资连结保险、万能保险。

（六）金融衍生产品

金融衍生品，是指一种金融合约，其价值取决于一种或多种基础资产或指数，合约的基本种类包括远期、期货、掉期（互换）和期权。金融衍生品还包括具有远期、期货、掉期（互换）和期权中一种或多种特征的混合金融工具。

这种合约可以是标准化的，也可以是非标准化的。标准化合约是指其标的物（基础资产）的交易价格、交易时间、资产特征、交易方式等都是事先标准化的，因此此类合约大多在交易所上市交易，如期货。非标准化合约是指以上各项由交易的双方自行约定，因此具有很强的灵活性，比如远期协议。

金融衍生产品是与金融相关的派生物，通常是指从原生资产派生出来的金融工具。其共同特征是保证金交易，即只要支付一定比例的保证金就可进行全额交易，不需实际上的本金转移，合约的了结一般也采用现金差价结算的方式进行，只有在满期日以实物交割方式履约的合约才需要买方交足货款。因此，金融衍生产品交易具有杠杆效应。保证金越低，杠杆效应越大，风险也就越大。

（七）黄金与外汇

1. 黄金

随着商品经济的不断发展，投资黄金的方式已经从最初的买金条发展成如今多维度的投资方式。目前，黄金的主流投资方式包括实物黄金、纸黄金、黄金 T+D 投资等。

（1）实物黄金投资

所谓实物黄金投资就是购买黄金成品，比如金条、金块、金币等。这些金条放在银行里可以不提取，然后在适当时机卖出赚取差价。

（2）纸黄金投资

"纸黄金"是一种个人凭证式黄金，投资者按银行报价在账面上买卖"虚拟"黄金，然后通过把握国际金价走势低吸高抛，赚取黄金价格的波动差价。投资者的买卖交易记录只在个人预先开立的"黄金存折账户"上体现，不发生实金提取和交割。

（3）黄金 T+D 投资

黄金 T+D 交易也就是俗称的保证金交易，指在黄金买卖业务中，市场参与者不需对所交易的黄金进行全额资金划拨，只需按照黄金交易总额支付一定比例的价款，作为黄金实物交收时的履约保证。

举例来说：按照 300 元/克的价格来计算，买一手黄金即 1 000 克。传统的实物黄金交易需要投资者一次性投入 30 万元人民币，然后取走 1 000 克的黄金。等到金价上涨之后再带着黄金到交易所卖掉，赚取差价。这样一来既耽误投资者的时间又会产生一定的风险。

如果在"T+D"的业务里做的话则只需要 30 万元的 10%，也就是 3 万元就可以在家里用电脑自行交易，不但节省了时间与资金，而且避免了携带实物黄金的风险。

2. 外汇

从广义上讲，外汇泛指一切以外国货币表示的国外资产。国际货币基金组织对外汇的解释是："外汇是货币行政当局（中央银行，货币管理机构，外汇平准组织及财政部）以银行存款、财政部库券、长短期政府债券等形式持有的在国际收支逆差时可以使用的债权。"此定义强调的是外汇的储备资产职能。

狭义的静态外汇是指以外币表示的国际结算的支付手段。根据狭义外汇的定义，外国货币（现钞）、外币有价证券、黄金等不能称为外汇，因为它们不能直接用于国际结算。只有在国外通汇银行的活期存款，以及索取这些存款的外币票据和外币凭证（如汇票、本票、支票、外币信用卡等）才能称为外汇。通常在国际结算中所说的外汇是指狭义的外汇。

动态的外汇是国际汇兑。国际汇兑的"汇"是指国际间异地移动，"兑"是指货币种类的交换，由于这种转移都是以票据形式完成的，因此国际汇兑是指不直接运用现金，而是利用支票、汇票、本票等信用工具，以委托付款或转让债权的方式，通过清算系统（一般是银行）来结算国际之间债权和债务的手段或活动。

（八）房地产

房地产包含房产和地产，即房屋和土地两个概念。

所谓房地产投资，是指资本所有者将其资本投入到房地产业，以期在将来获取预期收益的一种经济活动。

房地产投资包括五个方面：居住住宅投资、商铺投资、写字楼投资、车位投资、楼层投资。

在这五个投资方向中，最传统的就是住宅投资。楼层投资是用于整体开发的投资，比如整租给其他人做商业用途，或者是开一些经济型酒店等。对于一般投资者而言，住宅投资和商铺投资是主要方向，尤其是住宅投资。

◆ 理财技巧

如何进行店铺投资？

投资商铺，如今仍不失为一个投资妙招。商铺吸引投资者的主要是其诱人的投资回报。要使所投资的商铺长盛不衰，取得丰厚的投资收益，就要从最初的选购开始，"眼观六路，耳听八方"。商铺选购要考虑的因素很多，比如：房地产环境、商铺的商业环境、供求关系等。下面教你12个投资商铺的小技巧。

★技巧一：因地制宜选行业

位于交通枢纽处的商铺，应以经营日常用品或价格低、便于携带的消费品为主。位于住宅附近的商铺，应以经营综合性消费品为主。位于办公楼附近的商铺，应以经营文化、办公用品为主，且商品的档次应相对较高。位于学校附近的商铺，应以经营文具、饮食、日常用品为主。在投资商铺之前，就应该为它寻找"出路"。

★技巧二：坚决"傍大款"

如果你相中的商铺位于著名连锁店或强势品牌专卖店附近，甚至就在这些店面的隔壁，那么，你大可省去考察商铺市场的时间和精力，因为你的商铺将可以借助这些店面的品牌效应招揽顾客。

★技巧三：巧用"物以类聚"

管理部门并没有对某一条街道、某一个市场的经营进行规定，但在长期经营中，某条街道或某一个区域，很可能自发形成销售某类商品的"集中市场"。

★技巧四：独立门面不可少

有的店面没有独立的门面，自然就会失去独立的广告空间，你也就失去了在店前施展营销智慧的空间，这会给店面今后的促销带来很大麻烦。

★技巧五：周边民众购买力需知晓

商铺周边人群购买力的大小和质量，决定了商铺的基本价值。当然，在那些购买力较强的区域，商铺的价值高，获得投资回报的成本也相对较高。

★技巧六：人流量很重要

投资商铺的收益在很大程度上取决于人流量。真正支撑商铺长期盈利的是固定人流，其次是流动人流、客运流（公交、地铁的客流）。

★技巧七：路边店能讨巧

如果商铺位于一条道路的一侧，就拥有了道路上来回两个方向的客流，这种临街的商铺，价值不低。

★技巧八：建筑结构必须好

建筑物的结构也直接影响到商铺的价值，这一点很多人都没想到。建筑物的结构多种多样，理想的商业建筑结构为框架结构，或者大跨度的无柱类结构（如体育场馆）。这些结构的优点是：展示性能好，便于分隔、组合，利于布置和商品摆放。

★技巧九：了解商铺的开发商

选择品牌开发商，确保资金安全，是成功投资商铺的一个重要方面。实力雄厚的开发商往往拥有完善的开发流程，以及众多的合作伙伴，这对商铺的商业前景来说就是一种保证。

★技巧十：周边交通要便利

理想状态下的商铺或商业街市，应具备接纳八方来客的交通设施，周边拥有轨道交通、公交车站点，当然，停车场也是不可或缺的。

★技巧十一：不忽略发展空间

投资商业物业要具有发展的眼光。有一些看似位置较偏的商铺，前期租金很低，商户难寻，似乎没啥"钱"途，但是任何事情都可能发生变化。

★技巧十二：把握投资时机有诀窍

从总体上说，经济形势良好、商业景气、商业利润高于社会平均利润的时期，未必是投资商铺的最佳时机，投资者选择商铺的空间很小，而且获得商铺要付出的成本很高。反之，在有发展潜力的区域，商业气候尚未形成或正在形成中，投资者可以在较大的范围内选择商铺，需要付出的成本也相对较低。

单元三 构建投资组合

学习目标

识记能力目标：投资组合的含义、原则，主要投资工具。

理解能力目标：构建投资组合需要考虑的因素。

应用能力目标：确定投资者的风险承受级别，能构建个人投资组合。

◆理财故事

月入 2 000 元如何理财？

对于正处于资金原始积累阶段的个人或家庭来说，保守型的储蓄投资是一个必经的投资理财步骤。我们可将储蓄投资分为三步。

第一步：盘点已有的资产，分析并理清自己的收入和支出情况

当你决定有计划地理财时，首先要做的便是盘点已有资产。因为，只有先认识清楚了自己目前的财务状况，才能做出切实可行的理财计划。同时，还要对自己的收入和支出情况做出分析，并且要分清楚哪些收入是固定的，如工资等，哪些收入是非固定的。在分清收入的同时，还要分清支出情况，哪些是固定支出，哪些是不必要支出，哪些是意外支出，等等。若是你的记忆力不是特别好，建议做一个账本，以便明确收支情况。这样，也便于做财务分析。这个账本，可以是手写的，也可以是用电脑的 Excel 表格来做，也可以用专门的理财记账软件来做。方式不是问题，重要的是达到理财的目的即可。

以本人为例，收支情况如下：

收入：每月工资收入 2 000 元，年底双薪；

支出：每天伙食费 8 元，坐车 2 元，零食 10 元，这样的话，每月伙食费 240 元，坐车 60 元，零食 300 元，房租 350 元，衣服 100 元，生活日用品 100 元，其他娱乐支出 50 元，意外支出费用 100 元。这样我每月共支出 1 300 元，盈余仅 700 元。这样算来，我的零食支出确实是一笔不小的开支。于是，我痛定思痛，决定戒掉这个坏习惯。省下这一笔钱以后，我每月的盈余应该是 1 000 元。

第二步：制订一个适合自己的储蓄计划

当盘点了我的财务状况后，发现我的存款不多，而未来两年我又有购房的打算，所以有计划地进行储蓄存款乃当务之急！

我分析了自己的收支情况后，发现在我的支出费用里，零食一项为不必要开支，所以我决定削减掉它。削减掉它后，我每月的盈余是 1 000 元。

所以，我根据自己的收支情况做出了如下储蓄计划：

① 先开一张活期的存折，挂一张银联卡。每月开支后，往里存 1 000 元，这一部分用于日常花销。

② 办一张零存整取的一年期的折子，每期往里存 1 000 元。

③ 等到上面提到的一年期的零存整取的折子到期以后，我便取出来，转存成一年期定期。

我的储蓄计划以年为单位，以此类推。

第三步：严格按照储蓄计划，付诸实施

好的储蓄计划做出来了，不去实施，便等于废纸一张。就好像我听到的形容人的能力的一句话，这句话是这么说的：一个人的能力就好像一张支票，在它还没有兑换成现金之前，它的价值是零。所以，我也想说，一个计划，在它还没有实施之前，它也是零，无论它制订得多么无懈可击。所以，理财要脚踏实地，一步步地按照计划来实施才行。

我的储蓄投资三部曲很简单，但是，我个人认为对于很多像我一样处于初级资金积累阶段的人来说，还是挺适用的。希望我的这三部曲也能在其他网友那里奏响！

理财的关键是合理计划、使用资金，使有限的资金发挥最大的效用。

具体要做好以下几个方面：

① 学会节流。工资是有限的，不必要花的钱要节约，只要节约，一年还是可以省下一笔可观的收入，这是理财的第一步。

② 做好开源。有了余钱，就要合理运用，使之保值增值，使其产生较大的收益。

③ 善于计划。理财的目的，不在于要赚很多很多的钱，而是在于使将来的生活有保障或生活得更好，善于计划自己的未来需求对于理财很重要。

④ 合理安排资金结构，在现实消费和未来的收益之间寻求平衡点，这部分工作可以委托专业人士给自己设计，以作参考。

⑤ 根据自己的需求和风险承受能力考虑收益率。高收益的理财方案不一定是好方案，适合自己的方案才是好方案，因为收益率越高，其风险就越大。适合自己的方案是既能达到预期目的，风险又最小的方案，不要盲目选择收益率最高的方案。记住：你理财的目的不是赚钱，以赚钱为目的的活动那叫投资！

◆ 案例引入

谚语云：不要将鸡蛋都放进同一个篮子里。为什么？万一这只篮子倒了，鸡蛋岂不全破？投资的道理异曲同工。投资者进入市场的目的是获得利润，然而，市场不是摇钱树，不是只要有投资，总会有收益，市场也有亏损的风险。为了不至于在利空市场上全面套牢，将投资的方向和品种适当分散和搭配就是所谓的投资组合。投资组合是一种常用的风险规避方式。一般认为投资组合就是在银行储蓄、债券、股票、房地产、贵金属和其他投资品种等投资方向上进行搭配和结合。在证券市场上，即使是一个投资方向也有投资组合的问题，也有人把同一个投资方向的投资称为"分散投资"。

进行投资组合的客观依据在于：第一，市场存在的投资机会和种类很多，这就使投资者有可能进行组合投资。第二，不同的投资方向和品种在同一个市场上往往发展状况和趋势是不同的。当股市指数上涨时，并不是所有的股价都上升；而下跌时，也不是所有的股票都下跌。即当此品种的行情上涨时，彼品种的行情则可能在下跌。这样，在集中投资的情况下，很可能会落在下跌行情的品种上，这时，既没有机会获得上涨股票的利润，又身陷下跌股票的泥潭，风险无处避，利益无法获。怎么办？将投资品种分散。

投资者进行分散投资，要注意所分散投资的品种之间的相关性越弱越好，否则就达不到风险分散的目的。因为同一类品种或相关性强的股票往往会同涨同跌。投资组合中的"弱相关性"问题有几个原则：一是跨行品种分散。投资者可以选择不同的行业，如同时购进电子类、金融类、建筑类、商业类等品种的股票。二是跨地区品种分散。选择来自不同地区的上市公司的股票，增加投资品种对地区性发展政策的抗风险能力。三是跨时间选择投资时机。股市之中存在许多机会和风险，如果将资金一股脑地同时投进去，可能会在更大的机会来临时，无资可投，丧失良机。投资者可以分期投资，伺机而动。

当然，投资分散理念，并不是要求投资者将资金一分一厘地平均分投到不同的品种。即投资组合的理论在实际上还有一年组合分散度的问题需要把握。一般来讲，较为可靠的投资组合是选择1~2种投资方式，每种方式选择2~4种投资品种。当然，在实际操作之时，还要看投资者的资金量，一般投资者最好选择一两种投资品种，这样有利于集中精力了解投资品种的情况和发展动态。资金量大时，可考虑投机与绩优等品种的组合。还有就是在行情已定，能够确认某一个"篮子"的确不会倒的情况下，投资者就不必再将"鸡蛋"倒进可能倒的篮子里，因为，投资组合只是防御投资风险的手段，不是最终获取最大利益的目的。

【任务】 构建投资组合

思考题：

1. 构建投资组合需要考虑哪些因素？为什么？
2. 如何构建投资组合？

【任务提示】

活动：网络搜索"如何构建投资组合"，归纳整理出投资组合有哪些、构建投资组合的注意事项及步骤等

一、构建投资组合需要考虑的因素

微课学习：构建投资组合需要考虑的因素

| 微课视频 | 学案 | 同步练习 | 理财小技巧：选择适合的投资项目（动图） | 理财小技巧：选择适合的投资项目（音频） |

个人投资者对于风险的态度千差万别，并很大程度上依赖于个人所处的环境。具体来讲，投资者构建个人投资组合时，需要考虑如下因素。

（一）年龄和投资期限

年龄通常意味着投资者投资期限的长短。例如，年轻职员，对养老金的投资能承受较高的风险等级，因为如果短期内投资发生损失，他还有足够长的时间进行弥补。相反，一对年迈的夫妇，对于长期积累的储蓄会表现得相当谨慎，他们更倾向于资产的保值以备退休养老。如果进行短期投资，他们会更加注重资产的流动性，即无须花费多少费用就能方便地收回投资。

（二）投资目标

投资者希望通过投资实现资产的长期增值，或许是为了达到二次置业的目标，或许是为了子女教育筹集资金，也可能是为退休后的养老资金寻求保障。通常，投资者的投资目标具有多重性。在构建投资组合之前，投资者首先应当明确自己的投资目标。

（三）投资规模

对于小规模的个人投资，如果单一投资于个别股票，则很难实现风险的分散。因此，个人投资更适合于选择一些能够实现资金积少成多、分散投资的方式。例如，投资基金、"基金中的基金"产品等。

（四）储蓄现状

如果投资者除去投资的资金外，还拥有大量储蓄，那么投资的那部分资金就能承受较高的风险，因为即使发生了损失，也不会对投资者产生很大影响。相反，如果投资者将仅有的资金都用于投资，那么他就会非常关注资产的变动，其投资的行为也会相对谨慎。

（五）对投资损失的态度

在构建投资组合时，明确投资者预备承受多大比例的损失非常重要。通常理财经理会通过模拟不同的投资场景，评估投资者对于发生短期投资损失的反应来确定投资者的风险承受级别。例如，如果投资者仅能够承受5%以下的投资损失，就定义为风险厌恶型投资者。但如果投资者在短期预备承受更高的损失，比如20%~25%，他就是一个高风险承受者。另一个有效方式是评估投资者在发生投资损失后将要采取的行动。例如，如果投资组合一年内损失20%，投资者是更换所持资产，还是维持现有组合，或是更有甚者，转而增加投资。

（六）现有的经济负担

确定投资组合合适重要的一点是恰当地反映投资者现有的经济负担，例如，负担的银行按揭贷款，或扶养家庭等。如果投资者依靠投资来满足这些需求，那么高风险的投资方式就不是十分恰当。

二、确定投资者的风险承受级别

投资者的风险承受级别主要分为以下几类。

（一）低风险承受型

如果投资者更倾向于选择谨慎的投资方式，就可定义为低风险承受型，或风险厌恶型。这也意味着投资者更加侧重于资产的保值而不是增值。低风险承受型投资者适合选择低风险的投资产品，主要以债权投资为主。

（二）中等风险承受型

如果投资者能承受一定程度的资产波动，但仍希望避免资产价值可能发生的经常性大幅震荡，这样的投资者就定义为中等风险承受型。中等风险承受型投资者通常有一个长期投资的目标，希望通过短期收益的积累实现长期的资产增值。中等风险承受型投资者以股票和债券组合投资为主，股票投资的比例会高于低风险承受型投资者。

（三）高风险承受型

区别于前两者，如果投资者愿意承担更大的资产下跌的风险以换取潜在的高收益，就被定义为高风险承受型。这类投资者通常较年轻或投资期限较长。如果短期内发生投资损失，他们有足够的时间来弥补。这类投资者更愿意采取主动的方式进行投资。小盘股票和投资基金通常成为组合构建的工具。

三、构建个人投资组合

微课学习：构建个人投资组合

微课视频　　　学案　　　同步练习　　理财小技巧：合理安排　　理财小技巧：合理安排
　　　　　　　　　　　　　　　　　　　投资资金（动图）　　　投资资金（音频）

在充分考虑了影响投资组合构建的因素，并明确了个人投资目标和风险承受级别后，投资者就能着手构建个人投资组合。

（一）低风险型投资组合

风险厌恶型或低风险型投资者更适合构建以现金和债券为主的投资组合，而股票投资的比例应较低。这类型的投资组合尽管资本增值的潜力较低，但其波动性要远远低于持有股票比例较高的投资组合。

（二）中等风险型投资组合

中等风险型投资组合更倾向于实现投资在股票和债券之间的平衡，同时也可能持有部分现金和其他资产。这类投资组合希望从股票投资上获取资本的增值，而从债券投资上获得稳定的收益。

（三）高风险型投资组合

高风险型投资组合将绝大部分资金投资于股票，持有少量债券和现金。投资组合的价值可能实现长期的大幅度增值，但股票的波动性特征也使得组合在对抗市场下跌方面表现脆弱。通过将投资的资产分别配置在股票、债券、不动产、现金等不同的资产类别，投资者便能构建出不同风险类型的投资组合（图6-2）。

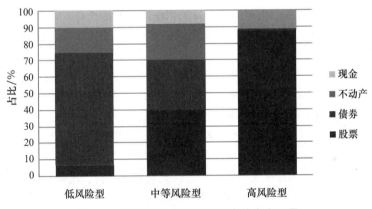

图 6-2　不同风险类型投资组合的资产配置

四、构建投资组合的原则

资产应该合理配置，这不仅体现在投资产品风险高低的选择上，市场的选择也很重要，同时考虑到各类产品流动性的匹配。

投资首先要考虑的是整体资本金的安全，投资的目的是保值增值，而不是冒险赌博。

高风险，高回报，不要被忽悠，没有足够的承受能力，不要做有杠杆放大作用的投资。

了解自己的财务状况和投资偏好。

坚持长期投资的理念，不要为短期波动而心烦。

要有一个好的投资心态，不要因为投资而睡不着觉。

对于不同需求应采用不同的投资策略，"必要的"和"需要的"采用稳健的投资策略，"想要的"采用进取的投资策略。

充分利用复利的优势，尽早开始规划，在相同投资回报率的情况下，投资的时间越长，所需的本金越少。

◆理财技巧

以别人的钱赚钱！

在财务学中，举债被称为"财务杠杆"。所谓杠杆，简言之就是四两拨千斤、以小搏大的工具。阿基米德曾说过："给我一个支点，我可以将整个地球提起。"延伸到财务杠杆上，可以这样说："借我足够的钱，我可获取天下财富。"

举债投资是神奇的工具，但务必妥善运用。这时应坚守借贷的两大原则：

① 期望报酬率必须高于贷款利率。

② 在最坏的情况下，必须有足够的现金还本付息。

对于常见的贷款方式，有以下建议：

① 购车贷款。最好不要采用。因为汽车贷款的利率很高，而且，除了商用车外，它完全属于消费品，没有投资报酬率可言。从理财角度，极不适于贷款消费。

② 信用卡。也是典型的消费型贷款。信用卡贷款的利率高达20%以上，美国有很多家庭因此而破产。无法克制消费欲望的人，最好不要用信用卡。我们可以因其方便而使用它，但永远不要因其可以赊账而使用它。

③ 购房贷款。这是极为正确的举债投资工具。房地产的平均报酬率高达20%以上，而贷款利率约为10%，符合举债投资的第一个原则。但也要注意，应根据自身的经济实力选择这一理财工具，即注意自己的举债行为是否符合第二个原则。如有些房产广告讲，你只要有300万元，就能拥有价值1 000万元的房子。但别忘了，贷款700万元固然很好，可每月还要负担7万多元的本息。若没有考虑这一点，恐怕会因付不起本息，而被迫以低价卖出，结果未享举债投资之利益，反而深受其害。

如果你已决定举债投资的话，接下来的问题就是：你该举多少债？这是个相当重要的问题。因为举债太多，风险太大，反之，又不能充分发挥举债的效益。建议考虑下列的因素：

① 收入的稳定性：举债的利息不论你投资赚钱与否，都必须按时支付。若你的收入来源不稳定，则有可能无法按时支付固定的利息，因此不适合过高举债。

② 个人的资产：拥有较多的可作为贷款抵押品的资产，可较高举债。

③ 投资报酬率：在其他条件不变的情况下，投资报酬率越高，财务杠杆的利益就越大。

④ 通货膨胀率：通货膨胀率高的时期，借贷较为有利。

⑤ 承受风险的能力：无法承受太高风险的人，不宜过高举债。

⑥ 市场利率水准：一般而言，如果市场利率下降，银行资金宽松，不但投资人容易借到钱，且财务杠杆的利益也越高。因此，当利率下降时，就是投资人考虑举债的最佳时机。

◆考核

任务单2：构建投资组合		
班级	姓名	学号

制定理财目标

根据你当前的生活状况或对未来的规划，按照下列的提示制定一个短期理财目标和一个长期理财目标。

步骤1

根据个人生活状况制定现实的理财目标。

1. 短期目标：

_____

_____

2. 长期目标：

_____

_____

步骤2

对你的目标进行具体、量化的论述。

1. _____

_____

2. _____

_____

步骤3

制定完成上述目标的时间表。

1. _____

_____

2. _____

_____

步骤4

明确为实现目标所要采取的行动。

1. _____

_____

2. _____

_____

小结

本项目主要介绍了投资理财规划的基础知识，资产配置及主要投资工具，以及构建投资组合等三个单元的内容。学生主要掌握实物资产与金融资产的含义与区别，辨析投资与理财，能进行投资需求分析，能列举主要投资理财工具，能按照投资组合的原则进行投资理财规划。

习题

一、单选题

1. 一般来讲，很难严格将投资与投资规划分离开来，概括起来二者的区别可以体现在（　　）。
   A. 投资规划更强调创造收益　　　　　　　B. 投资更强调实现目标
   C. 投资技术性更强　　　　　　　　　　　D. 投资规划只不过是工具

2. 不要把所有的鸡蛋放在同一个篮子里，意味着投资要分散化处理，目的是（　　）。
   A. 取得尽可能高的收益
   B. 尽可能回避风险
   C. 在不牺牲预期收益的前提条件下降低证券组合的风险
   D. 复制市场指数的收益

3. 在投资规划流程中，（　　）主要根据客户的投资目标和对风险收益的要求，将客户的资金在各种类型资产上进行配置，确定用于各种类型资产的资金比例。
   A. 客户分析　　　B. 证券选择　　　C. 资产配置　　　D. 投资评价

4. 投资者构建投资组合的原因是（　　）。

    A. 降低系统风险　　　　　　　　　　B. 降低非系统风险

    C. 降低利率风险　　　　　　　　　　D. 降低市场波动风险

5. 理财规划师在为客户做投资规划建议时，应当让客户明确一些基本的投资常识，其中证券的系统性风险又称为（　　）。

    A. 预想到的风险　　　　　　　　　　B. 独特的或资产转移的风险

    C. 市场风险　　　　　　　　　　　　D. 基本风险

6. （　　）及其未来变动趋势是理财规划师判断投资组合收益与风险变动方向的基础。

    A. 宏观经济政策　　　　　　　　　　B. 宏观经济运行状况

    C. 产业发展政策　　　　　　　　　　D. 产业运行状况

7. 进行投资规划时，理财规划师要全面了解客户的财务信息，其中对客户投资相关信息的分析不包括的是（　　）。

    A. 分析客户未来投资收益　　　　　　B. 分析宏观经济形势

    C. 分析客户现有投资组合信息　　　　D. 分析客户家庭预期收入信息

8. 如果某客户成长性资产占56%，则该客户属于（　　）。

    A. 轻度保守型　　　B. 中立型　　　C. 轻度进取型　　　D. 进取型

9. 理财师对客户投资相关信息分析时，关于客户家庭预期收入信息的分析不包括的是（　　）。

    A. 客户各项预期收入的用途

    B. 客户各项预期家庭收入的来源

    C. 客户各项预期家庭收入的规模

    D. 客户预期家庭收入的结构

10. 对于短期投资目标，理财规划师一般建议采用流动性较好的投资产品，（　　）一般不在考虑之列。

    A. 货币市场基金　　　　　　　　　　B. 短期债券

    C. 债券基金　　　　　　　　　　　　D. 定期存款

11. 证券组合是投资者所持有的各种（　　）。

    A. 股权证券的总称　　　　　　　　　B. 流通证券的总称

    C. 有价证券的总称　　　　　　　　　D. 上市证券的总称

12. （　　）不能被视为固定收益证券。

    A. 国债　　　　　　B. 零息债券　　　C. 普通股股票　　　D. 优先股股票

13. 资金筹集者按照一定的法律规定和发行程序通过发行股票来筹集资金，投资者通过认购股票成为公司的股东的是（　　）。

    A. 一级市场　　　　B. 二级市场　　　C. 场内市场　　　D. 场外市场

14. 世界上历史最为悠久的股票指数是（　　）。

    A. 道琼斯股票指数　　　　　　　　　B. 标准普尔股票价格指数

    C. 日经225平均股价指数　　　　　　D.《金融时报》股票价格指数

15. 在新加坡上市、内地注册的外资股是（　　）。

    A. B股　　　　　　B. A股　　　　　C. N股　　　　　D. S股

16. 股份公司资本构成中最普通、最基本的股份是（　　）。

    A. 优先股　　　　　B. 普通股　　　　C. 可流通股　　　D. 可赎回股

17. 市盈率是投资回报的一种度量标准，下列表示市盈率的公式是（　　）。

    A. 市盈率=每股市价/每股净资产　　　B. 市盈率=市价/总资产

    C. 市盈率=市价/现金流比率　　　　　D. 市盈率=市场价格/预期年收益

18. 沪市新股申购代码的前三位为（   ）。

    A. 000   B. 600   C. 701   D. 730

19. 不考虑通货膨胀因素，从本金的安全性来看，（   ）的安全性最高。

    A. 国债   B. 股票   C. 公司债券   D. 企业债券

20. 资产组合理论表明，证券组合的风险随着所包含的证券数量的增加而降低，资产间关联性（   ）的多元化证券组合可以有效降低非系统性风险。

    A. 极低   B. 复杂   C. 极高   D. 不确定

二、案例分析题

案例：初入职场青年如何投资理财

小李，今年 26 岁，大学毕业刚工作两年，由于工作勤奋，已经担任了一家私营企业经理级职位，月收入在 3 000 元左右，另外还有额外的奖金等每月在 2 000~5 000 元不等。目前小李每月开支在 2 500 元左右，有一女友，计划 2 年后结婚，房子父母会负责首付。目前小李有存款 5 万元，无其他负债。小李虽然工作收入不断提高，但是对未来还是很迷惑，看着身边有些朋友炒股票、炒房子赚了不少钱，也想看看能不能通过理财手段来增加收入，满足未来需要。因此他前来咨询理财规划师。请你为其制作一份投资理财规划。

退休投资理财规划

项目目标

知识目标：了解退休投资理财的意义和方法；掌握退休投资产品；熟知退休投资理财规划的影响因素。

能力目标：能进行退休需求分析；能够应用退休投资理财规划的原则指导退休投资理财规划方案的制定。

思政目标：树立生命周期理财的理念，形成长期投资规划的思想，以及忧深思远的老年规划意识。

单元一 退休投资理财规划入门

学习目标

识记能力目标：退休投资理财规划；退休投资理财规划的现状；退休投资理财规划的步骤。

理解能力目标：退休投资理财规划的重要原则。

应用能力目标：应用退休投资理财规划的原则指导退休投资理财规划方案的制定，培养退休投资理财规划的意识，能清晰地设定退休投资理财规划的步骤。

◆ 案例引入

"养老金缺口""延迟退休"等词，随着我国老龄化进程不断加快，成为大家关注的热门话题。大家议论纷纷：可以到养老院养老；有孩子的，可以让孩子养老；有房子的，可以以房养老，等等。其实，老年之后的生活并不是我们想得那么简单，如果心态不好，或者说没有钱的话可能养老都成问题。所以，我们要思考的是我们如何规划养老。

【任务】 明确退休规划的现状

思考题：

1. 你知道现在老年人的退休生活是什么样的？你想过什么样的退休生活？

2. 你听说过"安乐死"吗？你支持吗？为什么？

3. 随着科技和医疗条件的快速发展，退休规划是否应该多规划几年？

4. 退休规划的步骤与其他规划的步骤应该是一样的吗？

【任务提示】

活动：分组讨论"你理想的退休生活是什么样子的？"

案例 7.1.1：年纪大了，生活到底应该怎么过？关于理想养老生活的问题，你问一百个人可以得到一百个回答。随心所欲做自己喜欢的事情，看书、写作、健身、旅游，等等。

讨论：你觉得你现在该做什么，才能实现你的理想的退休生活？

一、退休规划的现状

一般情况下，退休之后的收入比正常工作时少，退休规划的意义就是提前准备退休资金，保证将来有一个自尊、自立、保持水准的退休生活。

（一）退休生活时间大幅延长

随着营养、保健、医疗水平的提高，根据 2022 年 1 月国家发展改革委等部门印发的《"十四五"公共服务规划》显示 2025 年中国人均预期寿命达 78.3 岁，中国人的平均预期寿命比 1949 年的 35 岁延长了一倍多。与此同时，随着我国延迟退休政策的逐步推进，有调查则显示我国在职人员期望早些退休。另外，由于经济增长方式的变化以及高等教育的普及等原因大大推迟了个人就业的年龄，这就使得人们退休生活时间大幅延长，而工作的年限减少。这就意味着要在更短的工作时间内积累更多的资金以满足更长的退休生活需要。

（二）人口老龄化问题突出

自 1999 年中国进入老龄社会开始，老年人口数量不断增加，老龄化程度持续加深。根据第七次全国人口普查结果显示，我国 60 岁及以上人口已达到 2.6 亿人，占总人口的 18.7%，其中 65 岁及以上人口比重达到 13.5%；而 2030 年到 2050 年将是中国人口老龄化最严峻的时期。一方面，这一阶段，老年人口数量和老龄化水平都将迅速增长到前所未有的程度，并迎来老年人口规模的高峰。另一方面，2030 年以后，人口总扶养比将随着老年扶养比的迅速提高而大幅度攀升，并最终超过 50%，有利于发展经济的低扶养比的"人口黄金时期"将于 2033 年结束。

（三）通货膨胀因素带来的压力

在持续的通货膨胀环境下，财富在时间面前严重"缩水"：假设年通胀率为 4%，那么现在的 1 000 元在 20 年后仅相当于 456 元，可见，通货膨胀是财富保值增值的重大影响因素之一。因此，越是通货膨胀的时期，规划理财越重要，而对于 20 年、30 年后养老金的合理规划更是不容忽视。

（四）医疗卫生消费支出增长迅速

据统计，城市老年人中只有 1/3 身体健康状况较好，另外的 2/3 身体健康状况不容乐观。老年人口的患病率、发病率都高于其他年龄组，现代城市老年人疾病谱发生转变，城市老年人所患的疾病以慢性病为主，一半以上的城市老年人在不同程度上患有一种或几种慢性疾病，而且伴随着不同的并发症。据测算，老年人消费的医疗卫生资源一般是其他人群的 3~5 倍。

（五）"养儿防老"观念的转变

"养儿防老，积谷防饥"是我国养老的传统方式。在这种方式下，一个人的生老病死完全依靠家庭成员的帮助，如果家庭成员之间产生矛盾不肯赡养或是没有能力赡养，那么老年人的晚年将会非常凄凉。由四个老人、一对夫妻、一个孩子组成的"421"的家庭模式越来越多。"421"家庭引发的一个最主要的社会问题就是养老压力。为了让每个人的晚年生活更有保障、更有质量，"养儿防老"应转为"理财养老"。另外，提早规划也能减轻子女负担。

（六）退休保障制度不完善

除了"养儿防老"外，目前我国的大多数人都是依靠领取社会基本养老保险加上多年工作攒下的家底来养老。但政府的养老保障仅能提供最基本的生活费用，覆盖广、水平低，距离理想的养老（包括物质供养、生活照料和精神慰藉）还有相当的差距。

（七）退休准备不足将无法事后补救

一般来说，退休后再用劳动换取收入的可能性不大且收入不高。如果退休后才发现为退休做的准备不足，将无法再重新进行积累。另外，由于退休规划经历的时间跨度很大，容易受到通货膨胀率、投资收益率、身体状况等因素的影响，不确定性很大。因此，必须提前做好充分的退休规划。

二、退休规划的步骤

微课学习：退休规划的步骤

微课视频　　　　　学案　　　　　同步练习　　　　理财小技巧：制定　　理财小技巧：制定
　　　　　　　　　　　　　　　　　　　　　　长期理财规划（动图）长期理财规划（音频）

退休规划的步骤就是由退休生活目标测算出退休后到底需要花费多少钱，同时由职业生涯状况推算出可领多少退休金（企业年金或团体年金），然后计算出退休后需要花费的资金和可受领的资金之间的差距，即应该自筹的退休资金（图7-1）。

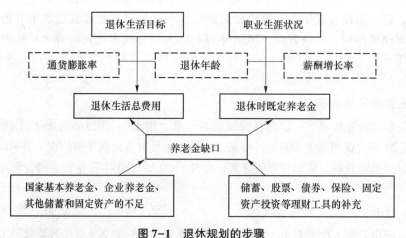

图7-1　退休规划的步骤

（一）确定退休年龄

退休规划的第一步就是要确定退休的年龄。我国法定的企业职工退休年龄是男年满60周岁，女工人年满50周岁，女干部年满55周岁。研究显示，退休人员的退休年龄普遍低于法定退休年龄，退休年龄直接影响着个人工作积累养老基金的时间和退休后所需要的生活费用。

（二）设定退休生活方式

直接决定退休后所需费用的另一大因素是退休后的生活方式。退休后是只想过仅满足三餐温饱，并支付一些小病医疗费的生活，还是希望退休后过着有品质的生活。因此退休规划的第二步就是设定退休生活方式，以此推算出每年所需的退休费用，再结合第一步推出的退休后的生活时间，测算出退休后所需总费用。

（三）预测退休收入

退休规划的第三步就是要计算退休时所能领到的退休金以及现在手边的股票、基金、存款等，预计到退休时，共可累积多少可用资金。

不同的退休后收入构成退休养老生活的不同防线：

第一道防线：国家的社会保险制度；

第二道防线：企业年金收入；

第三道防线：商业性养老保险；

第四道防线：个人储备退休养老基金；

第五道防线：房产变现收入。

（四）计算退休资金缺口

根据前面对退休后所需费用的预算和退休收入的计算，可以确定在退休时是否有足够的退休金。如果资金充裕，那么注意资金的安全性是首要的；但大多数情况下，会存在退休资金缺口，即需要自筹的退休资金，这意味着必须开始储蓄更多钱，或找寻更高的投资回报。

（五）制定理财规划，弥补资金缺口

针对退休资金缺口作适当的理财规划，挑选报酬率和风险都适合的投资工具，以保证退休目标的实现。通常可以利用提高储蓄的比例、延长工作年限并推迟退休、进行更高投资收益率的投资、减少退休后的花费和参加额外的商业保险等方式来进一步修改退休养老计划。

三、退休规划的原则

虽然年轻时的收入不高，每月定期定额投资占收入的比例比较低，但理财收入增长率会随着资产水平的提高而增加。一个人最晚应从 40 岁起，以还有 20 年的工作收入储蓄来准备 60 岁退休后 20 年的生活。否则即使你的每月投资已做最佳运用，剩下的时间已不够让退休基金累积到足够供你晚年享受舒适悠闲的生活。

（一）退休金储蓄的运用不能太保守，否则即使年轻时就开始准备，仍会不堪负荷

这是因为定期存款利率扣掉通货膨胀率后，只能提供 2%～3% 的实质收益。若用定期存款累积退休金，无论在什么年龄开始准备，都要留下一半以上的工作收入为退休做准备，就必须大幅降低工作期的生活水平。如果采用定期定额投资基金的方式，投资报酬率可达 12%，以平均储蓄率 20%～30% 计算，大体可以满足晚年生活需求。进行退休规划时，也不应该假设退休金报酬率能达到 20% 以上的超级报酬率，这会过高估计投资回报率，使自己认为每期的投资额可以很低，从而不易达到退休金的累积目标。

（二）以保证给付的养老险或退休年金满足基本支出，以报酬率高但无保证的基金投资满足生活品质支出

养老险或退休年金的优点是具有保证的性质，可降低退休规划的不确定性；缺点是报酬率偏低，需要有较高的储蓄能力，才能获得退休需求的保额。其解决之道是将退休的需求分为两部

分：第一部分是基本生活支出；第二部分是生活品质支出。一旦退休后的收入低于基本生活支出水平，就需依赖他人救济才能维持生活。而生活品质支出是实现退休后理想生活所需的额外支出，有较大的弹性。因此对投资性格保守、安全感需求高的人来说，以保证给付的养老险或退休年金来满足基本生活支出，另以股票或基金等高报酬、高风险的投资工具来满足生活品质支出，是一种可以兼顾退休生活保障和充分发展退休后兴趣爱好的资产配置方式。

假如工作期为40年，退休后养老期为20年，退休后基本生活支出占工作期收入40%的话，那么在工作期的40年中，需将收入的20%购买有确定给付的储蓄险；若储蓄率可达到40%，多出来的20%可投资定期定额基金，其投资成果作为退休后的生活品质支出；若投资绩效较好，退休后的支出可能比工作期还多，可用于环游世界等实现梦想的生活品质支出，富余资金还可以成为遗产留给后代。

◆ 理财技巧　　退休老人理财技巧　三个原则要注意

在当今社会，很多老人加入到了理财的大军。但实际的情况是，不少老人对理财的概念还停留在简单的记账上，缺乏必要的理财和投资知识。专家给老人理财定下了几条原则，虽然不可能一夜之间变成理财高手，但却有可能非常实用。

原则一：科学分配资金，盲目消费不可取

老人有固定的退休收入来源，在经济上非常独立。在此建议老人养成记账的好习惯，分析家庭每月开支中哪些是必要消费，哪些是可选消费，哪些是盲目消费，从而了解自己家庭资金的流向，然后在日常生活中保证必要消费，根据家庭资金状况适当降低可选消费，坚决杜绝盲目消费。

原则二：学习金融常识，不要随大流投资

虽然家里的闲钱增加了，投资的渠道也比以前多了，但老人往往在消费和投资上喜欢从众，如果听到周围的人说在基金上赚了一倍，第二天就可能有冲动去购买基金，听说股票好又马上开户玩起了股票，完全不了解其风险性。遇到股市的暴跌，这才知道基金、股票也是会亏本赔钱的，而后又盲目杀跌，造成家庭资金的缩水。

建议老人花时间学习一些基本的金融常识，根据自己的风险承受能力和自己家庭资金的状况，科学地分配家庭资金，选择适合自己家庭的投资产品进行投资。

原则三：提高生活质量，享受长寿生活

在寿命问题上，老人平均寿命皆比过去增长。这也就是说大多数老人在晚年时，少则几年，多则十几年里需要自己照顾自己，这就使得老人应该重点关注养老问题。

专家建议在资金允许的条件下，老人应该适当购买一些有保障性的短期理财产品，就当是强制储蓄，每年即可领取一定的利息，适当补充家庭养老资金，这样即使年老时不幸配偶先离去，自己也可以不用为养老资金而犯愁。

单元二　退休需求分析

学习目标

识记能力目标：退休生活目标；退休后支出调整的原则；退休需求分析的方法。

理解能力目标：退休年龄、退休生活标准和退休生存时间之间的关系；退休生活需求的计算方法。

应用能力目标：合理地设定退休生活目标，能够根据目前的生活标准估算退休后第一年的费用需求；能够根据不同的退休需求计算出退休时所需准备的养老资金总额。

◆理财故事　　　　　　存够155万才能退休？"00后"已经开始准备养老了！

随着中国社会老龄化程度不断加深，养老逐渐成为更多人需要面对的迫切课题。面临来自各方的压力，年轻人也有了对退休生活规划的紧迫感。在这样的背景下富达国际和蚂蚁财富平台联合发布了2021年《中国养老前景调查报告》，这份调查获得了蚂蚁财富平台上超过2万名受访者的参与，其中18~34岁的年轻一代占比接近45%。

调查显示，养老储蓄日渐受到中国年轻一代（18~34岁）的重视，储蓄率创2018年以来新高，他们认为养老储蓄是财务健康中重要的组成部分，提升个人幸福感是养老储蓄最终的目标，而幸福感与财务状况息息相关。而年轻一代投资养老的观念仍待加强。数据还显示，改善财务健康、增强养老储备利于提升中国年轻一代整体幸福感。

报告显示，年轻一代每月储蓄比例从2020年的20%升至今年的25%，每月储蓄金额平均达1 624元。储蓄率的提升受到多原因影响：一方面，受疫情影响，76%的年轻一代计划增加应急储备。相对于35岁以上人群，年轻一代的养老储备目标更高，预计年轻一代退休储备需接近155万元，显著高于35岁以上人群目标的139万元。不过，年轻一代平均31岁方启动养老储备，启动时间偏晚。

与此同时，在储蓄道路上，年轻一代仍缺乏合理而充分的投资。报告显示，近四分之一的年轻一代将现金存款视作养老储备的主要形式，23%的年轻受访者缺乏相关技能和知识，较少参与投资。在已有一定投资经验的年轻一代受访者中，仅16%的受访者了解养老目标基金，其中，参与投资购买相关产品的占比仅25%。

（资料来源：中国证券报·中证网文章《2021年〈中国养老前景调查报告〉出炉》、新浪网文章《存够155万才能退休？"00后"已经开始养老了！2021年〈中国养老前景调研报告〉：年轻人每月存1 624元》和2021年《中国养老前景调查报告》整理所得）

【任务】退休需求分析

思考题：

1. 如何进行退休需求分析？

2. 你认为退休需要多少钱的依据是什么？跟哪些因素有关？

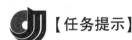 【任务提示】

活动：完成案例的退休费用需求分析

案例7.2.1： 小王今年刚过而立之年，就职于一家中型企业，妻子和小王同龄，俩人的家庭月收入目前达到了12 000元，在上海这座城市里也算得上是"中产"了。和每一对年轻夫妇一样，他们不希望自己的老年生活像自己的父辈那样平淡。"保障衣食无忧是不够的，关键是在退休之后也能够保持生活的品质，在老年的时候也可以和时代保持同步，有丰富的精神生活。"小王这样描述。如何才能实现这样的生活目标，小两口觉得比较迷茫，于是决定咨询理财规划师。

请根据案例中小王夫妇退休生活目标，帮助他们进行退休费用需求分析。

（1）退休第一年费用需求分析

（2）退休期间费用总需求分析

_____

_____

_____

_____

一、退休生活目标：退休年龄、退休生活标准、退休生存时间

忙忙碌碌了一辈子，每个人都希望自己的老年生活过得健康、快乐和富足。但这必须要有足够多的资金做基础，而"足够"的资金到底是多少呢？这取决于退休年龄、退休生活标准和退休生存时间等几个互相联系的目标。这些目标之间有时甚至存在着此消彼长的关系，如表7-1所示。

表7-1　退休年龄、退休生活标准与退休期间费用总需求

退休年龄	退休生存时间（预计寿命80岁）/年	退休生活标准（每月）/元	退休期间费用总需求/元	积累期（25岁开始工作）/年
50 岁	30	1 000	360 000	25
		2 000	720 000	
		3 000	1 080 000	
		4 000	1 440 000	
55 岁	25	1 000	300 000	30
		2 000	600 000	
		3 000	900 000	
		4 000	1 200 000	
60 岁	20	1 000	240 000	35
		2 000	480 000	
		3 000	720 000	
		4 000	960 000	
65 岁	15	1 000	180 000	40
		2 000	360 000	
		3 000	540 000	
		4 000	720 000	

表7-1以最简单直观的方法列算出了不同的退休年龄、退休生存时间和退休生活标准下，所需要的退休期间费用总需求。从中可以看出，假定积累了72万元的退休资金，如果到65岁时才退休，则在退休生存的15年内，每个月都可以有4 000元用于养老。这样除了可以满足比较有品质的基本生活支出（1 500元）和医疗保健支出（500元，不出现急性大病情况下），还可以满足日常的文化娱乐支出，包括书报阅读、体育锻炼、听音乐、看戏剧、下棋打牌等各种精神享受类支出（500元），剩下的资金可用于每年1~2次的境内游（3 000元），甚至还可以每年一次境外游（15 000元）。生活可以说是过得有滋有味，而且退休资金积累期长，积累期间的压力相对较小。如果是50岁退休的话，退休生存时间为30年，则每个月只有2 000元的额度，仅能满足日常无忧的衣食住行开支。可见，退休年龄提早了，如果不提高退休资金准备总额，则退休生活标准就得下调。并且即使退休资金准备总额不变，但由于工作时间减短，积累期间的压力也会大大增加。

以上分析没有考虑通货膨胀的因素，这是不太现实的，在几十年期间不可能不发生通货膨胀。如果以平均年通货膨胀率3%计算，一笔费用通过15年的复利，为15年前的1.56倍；通过

30年的复利，为30年前的2.43倍。在65岁退休后的15年内一直要保有与退休第一年的48 000元相当的生活水平，72万元应变为89.27万元（48 000×1.03^{15}）；如果退休生存年限为30年，则144万元考虑通货膨胀后将变成228.36万元（48 000×1.03^{30}）。

二、退休需求分析

微课学习：退休需求分析

| 微课视频 | 学案 | 同步练习 | 理财小技巧：注意防范在途风险（动图） | 理财小技巧：注意防范在途风险（音频） |

虽然每个人都愿意过更有品质的退休生活，但是个人期望的生活目标不能脱离现实，应该建立在对收入和支出进行合理规划的基础上。不同的退休目标所需要的退休资金不同，进行退休规划就是要较为准确地预算出未来退休生活的总资金需求，以及自己所面对的养老金赤字。

（一）退休第一年费用需求分析

计算退休期间生活费用需求的一个简单可行的方法是以目前生活支出为基础，仔细分析退休前后支出结构的变化，然后按照差额进行调整即可得到退休后的支出额。

每个家庭的消费习惯不同，但同一个家庭的消费习惯不会因退休而有大幅改变。退休后应酬费、服装费和交通费等项目会相对减少，不需要再供房和供子女上学，但医疗费会大幅增加，旅游及娱乐费用也会增加。一般来说，基本维持退休生活的费用占到退休前月支出的60%～70%。调整时应根据以下四个原则进行：

① 按照目前家庭人口数和退休后家庭人口数的差异调整饮食和购买衣物的费用。

② 去除退休前可支付完毕的负担，如子女的高等教育费用、房屋还贷每月应摊的本息等。

③ 减去因工作而必须额外支出的费用，如交通费和上班衣着费。

④ 加上退休后根据规划而增加的休闲费用及因年老而增加的医疗费用。

根据费用增长率和目前到退休所经历的年限（n）来计算退休后第一年各项生活费用的具体公式为：

退休后第一年所需的各项生活费用=按目前物价估计的退休后第一年的支出×（1+费用增长率）^{n}

案例7.2.2　陈先生夫妇同龄，今年都是40岁，计划60岁退休，预期寿命80岁。当前家庭月收入15 000元，自有住房一套，价值70万元，住房贷款48万元，每月还贷3 500元；有基金10万元，股票5万元，定期存款5万元，活期存款2万元。

根据陈先生夫妇对退休后的生活目标，得出其退休前后生活费用的变化如表7-2所示。

表7-2　陈先生退休前后生活费用的变化

退休后费用（增加项目）	增加幅度/%	退休后费用（减少项目）	下降幅度/%
医疗保健	100	饮食	20
旅游	50	应酬等杂费	30
娱乐	50	衣着	50
		交通费用	50
子女教育费用和按揭贷款为0			

陈先生夫妇目标生活费用和退休后第一年的生活费用如表7-3所示。

表7-3　陈先生退休后第一年的生活费用

费用项目	目前年支出/元	退休后年支出/元	费用上涨率/%	退休第一年费用/元
饮食	24 000	19 200	4	42 070
衣着	6 000	3 000	2	4 458
应酬等杂费	8 000	5 600	3	10 114
交通费用	10 000	5 000	3	9 031
医疗保健	6 000	12 000	5	31 840
旅游	10 000	15 000	4	32 867
娱乐	3 000	6 000	4	13 147
子女教育	15 000	0		
按揭贷款	42 000	0		
生活费用总支出	124 000	65 800		143 527

陈先生夫妇目前每年生活费用总支出为124 000元，预期退休后第一年的生活费用为65 800元，若考虑到物价上涨率等因素，20年后陈先生夫妇退休第一年的生活费用总支出为143 527元。

（二）不同需求下的养老费测算

微课学习：死前花光还是留下遗产，需求不同养老费如何测算

微课视频　　　　学案　　　　同步练习　　　理财小技巧：投资　　理财小技巧：投资
　　　　　　　　　　　　　　　　　　　　　之前保持冷静（动图）　之前保持冷静（音频）

想要算出退休期间总费用需求为多少，可以简单地算，也可以比较精细地算，主要决定因素为退休后第一年费用、退休生活费用年均增长率、退休金报酬率、退休后余寿等。另外，还需要考虑是否给孩子留遗产。

那么，我们又该如何估算整个退休期间所需要的生活费用呢？从以往的经验来看，以下三种方法大致能满足不同层面的测算需求。

1. 简单法

最简单的一种算法，就是只要用我们已经算好的"退休后第一年费用"与退休期后余寿相乘，就可以得到一个简单的"退休后生活总费用"了。其计算公式如下：

退休后所需的养老费＝第一年费用×退休后余寿

比如，我们以现年40岁的白领赵先生为例，估算出他和妻子两个人在60岁退休后第一年的支出大约需要196 828元（以届时的物价水平计）。如果以男性78岁、女性82岁的平均寿命预期来估量两人在60岁退休后的平均余寿为20年，那么，赵先生夫妇需要为整个退休期间准备的总费用＝196 828元×20年≈393万元。

当然，在这样的算法过程中，我们既没有考虑退休储备资金的投资报酬率，也没有考虑退休后每一年生活的费用增长率，或者说我们假设这两个增长率之间做了互相抵销的处理，才得到"退休时需准备退休总金额＝退休后第一年费用×退休后余寿"这个计算结论。

同时，在这个计算过程中，退休后的预期余寿，倒也并不是简单地用整个社会人口的平均死亡年龄减去个人的退休年龄。虽然退休后到底还可以活多久，并非个人所能控制，但个人可以根据自己的健康状况或家族是否长寿的遗传因素，来估计自己的终老年龄。例如，以一个 60 岁的退休男性为例，人寿公司提供的男性经验生命表上的平均死亡年龄可能是 74 岁，那么我们应该意识到，这个平均死亡年龄的计算还包括那些在 60 岁以前早逝的人。因此如果一个人已经活到了 60 岁，那么以 60 岁以后死亡者的平均年龄来统计，我们可以预期自己能活到 77 岁，甚至更高，退休后余寿应该计算为 17 年以上而非 14 年。

还需要注意一点，退休后所面临的风险不是死得太早的风险，而是活得太长以致生活费不够用的风险。因此，财务上越保守的人应该假设自己可以活得越长。比如说，超过了平均死亡年龄，或超过了平均余寿，甚至假设自己可以活到 90 岁，并以此为基础，计算自己的退休总需求，以预防未来医学科技的突破可全面提高人类寿命的风险。

2. 存本取息法

想留遗产者退休后所需的养老费：用存本取息法来定。

在第一种最简单的方法中，我们剔除了很多财务变量因素，同时也采用了一个最简单的思路，就是个人或夫妻俩退休后需要花多少钱，那么我们就按照这个数字来准备好，但这其中并没有考虑终老以后，是否还要留钱给子女，也就是没有考虑到"金融遗产"的需求。

但既然有人打算"赤裸裸地来，赤裸裸地走"，就有人会考虑到"留点什么给后人"。

比如，我们打算在退休前一天就储备好一大笔退休金，退休以后只拿这笔钱的利息出来应付每年的生活需求，本金部分以后就当作遗产留给子女。那么这笔储备金是多少，该怎么算？

面对这个问题，只要我们理清了思路，计算方法也就简单了。

因为我们需要每年靠"吃利息"来维持退休后生活费用的需求，那么只要知道退休后每年需要多少生活费用，每年的存款利率能拿到多少，就可以算出应该在退休前预先准备好多少资金了。

长期来看，我们假定年存款利率维持在 3% 的水平线上（如果中途存款利率有上下波动，我们可以自己做一个年度差之间的"多留少补"），仍以前述赵先生夫妇为例，退休后第一年生活费用需求为 196 828 元，同时不考虑退休后每年的生活费用增长率，那么简单地算，赵先生夫妇退休之际需要准备的资金 = 196 828 元÷3% ≈ 656 万元。

也就是说，当他们退休之际准备了 656 万元后，只要做一个存款计划，就可以每年领出 19.68 万元的利息供夫妻俩开销。

这个结果也提醒赵先生夫妇，如果在他们 60 岁退休之际，仅有 393 万元的储备，那么只能应付夫妻俩退休后 20 余年的生活需求，如果想给孩子留下本金做遗产，那么夫妻俩的退休储备资金就需要在 656 万元或以上。如果达不到这个数目，又想给孩子留下一大笔遗产，那么代价就是在他们退休后生活水准的逐年下降。

3. 精确法

退休后所需的养老费：需同时考虑"两率"。

也许有人会说，以上两种算法虽然简单，但是与事实不尽相符。毕竟，退休后每年的生活费用增长率是真实存在的，而如果能主动将退休储备金做一些投资，也会出现一个真实的投资回报率，而这"两率"之间似乎并不是总能互相抵消，从而让我们在计算中将其忽略。

如果同时考虑了退休后生活费用增长率与退休资金的投资回报率，那么，我们又该为整个退休期准备多少资金呢？

我们可以为大家提供一个公式，那就是：

$$S = E \frac{1 - \left(\dfrac{1+c}{1+r}\right)^n}{r-c}$$

其中，S 代表退休期间总费用需求，E 代表退休后第一年生活费用，c 代表退休后生活费用年均增长率，r 代表退休金的年均投资报酬率。

　　仍以前述赵先生夫妇为例，如果他们退休后生活费用年均增长 5%，退休资金运用的年均投资报酬率为 8%，退休后余寿为 20 年，则夫妻俩在退休时需要准备的退休资金为 282.6 万元左右。具体计算过程如下：

$$S = 19.682\,8 \times \frac{1 - \left(\dfrac{1+5\%}{1+8\%}\right)^{20}}{8\% - 5\%} \approx 282.6\,(万元)$$

　　也就是说，赵先生夫妇退休之际如果能准备好 282.6 万元资金（也就是储备到退休后第一年费用的 14.39 倍），那么就可以在退休后生活费用每年增长 5%、退休金投资报酬率年均达到 8% 的情况下，供夫妻俩在退休后生活 20 年。

　　为了方便大家根据上一期已经计算出来的退休后第一年费用数据来测算整个退休期间需要的总费用，我们为大家测算好了在各种不同的"两率"——退休后生活费用年均增长率和退休金投资年均报酬率情况下，如果我们能在退休后继续生活 20 年，那么需要的总费用大约是第一年费用的多少倍，大家可以直接通过附表查询得到（表 7-4），免去自行计算之累。

表 7-4　退休后总费用是退休第一年费用的倍数速查表（以退休生活 20 年计）

		退休后生活费用年均增长率										
		0%	1%	2%	3%	4%	5%	6%	7%	8%	9%	10%
退休金投资年均报酬率	2%	16.35	17.88	19.61	21.55	23.73	26.19	28.96	32.08	35.61	39.59	44.09
	3%	14.88	16.22	17.73	19.41	21.32	23.45	25.86	28.56	31.61	35.05	38.93
	4%	13.59	14.77	16.09	17.57	19.23	21.09	23.18	25.54	28.18	31.16	34.51
	5%	12.46	13.50	14.67	15.96	17.42	19.05	20.87	22.92	25.22	27.81	30.71
	6%	11.47	12.39	13.42	14.56	15.84	17.27	18.87	20.66	22.67	24.92	27.44
	7%	10.59	11.41	12.32	13.33	14.46	15.72	17.12	18.69	20.45	22.41	24.62
	8%	9.82	10.55	11.35	12.25	13.25	14.36	15.60	16.98	18.52	20.24	22.17
	9%	9.13	9.78	10.50	11.30	12.18	13.16	14.26	15.48	16.83	18.35	20.04
	10%	8.51	9.10	9.74	10.45	11.24	12.11	13.08	14.16	15.36	16.69	18.18
	11%	7.96	8.49	9.06	9.70	10.40	11.18	12.04	13.00	14.06	15.24	16.56
	12%	7.47	7.94	8.46	9.03	9.66	10.36	11.13	11.98	12.92	13.97	15.13
	13%	7.02	7.45	7.92	8.43	9.00	9.62	10.31	11.07	11.91	12.84	13.87
	14%	6.62	7.01	7.43	7.90	8.41	8.97	9.58	10.26	11.01	11.84	12.76
	15%	6.26	6.61	6.99	7.41	7.87	8.38	8.93	9.54	10.22	10.98	11.78
	16%	5.93	6.25	6.60	6.98	7.40	7.85	8.35	8.90	9.51	10.17	10.91
	17%	5.63	5.92	6.24	6.58	6.96	7.38	7.83	8.33	8.87	9.47	10.13
	18%	5.35	5.62	5.91	6.23	6.57	6.95	7.36	7.81	8.30	8.84	9.43
	19%	5.10	5.35	5.61	5.90	6.22	6.56	6.93	7.34	7.78	8.27	8.81
	20%	4.87	5.10	5.34	5.61	5.89	6.21	6.55	6.92	7.32	7.76	8.25

◆理财技巧　　**退休老人没钱如何理财 平民理财的两大技巧**

　　退休老人没钱如何理财呢？关于如何理财，其实平民并不需要等有钱了再去理财，可以通过一些"借鸡生蛋"的技巧，助你成功理财，用钱生钱来赢得财富。

　　1. 银行储蓄

　　如果你钱少，没关系，钱少有钱少的理法。比如银行储蓄，安全性高，还能有稳定的小额收益，一般一年期定存年利率为 2%；三年期年利率为 3.5% 左右；或者选择货币型基金方式，流动性强，年收益率一般在4%左右，几百元就能投；再或者选择互联网"宝宝类"理财产品，如余额宝、理财通等，本质也是货币基金，年收益率也在4%左右，但投资门槛更低，1元起投。养老理财师表示通过这些方式总能让你获得比活期存款更多的收益，切勿因钱少就不理财。

2. 积累信用记录

"良好的信用记录"也是你的一笔财富，可别小看它。如果你拥有"良好的信用记录"，首先你的信用卡消费额度得以提升，遇到资金周转不灵时就能帮助你；其次你容易从银行借到钱来"生蛋"，你可以用来做生意、投资房地产、购买理财产品等。最重要的是你在周围的亲戚朋友间也建立起了"良好的信用"，他们也会帮助你。养老理财师表示，"良好的信用记录"对未来的投资理财有很大的价值，所以每个人都要保护好个人"信用记录"。

单元三　退休金的投资准备

学习目标

识记能力目标：退休投资产品。

理解能力目标：退休金的准备。

应用能力目标：能够进行退休资金准备金额的分析，并能够介绍适合的退休投资产品。

◆理财故事 　　　　以房养老

南京汤山温泉留园老年公寓推出"以房换养"，即在南京市拥有60平方米以上产权房、年届六旬以上的孤寡老人，自愿将其房产抵押后，可免交一切费用入住老年公寓，在其逝世后被抵押房屋的产权将归养老院所有。南京汤山温泉留园老年公寓以国内推出"以房养老"模式第一个"吃螃蟹"案例引来一片叫好声，但据该公寓的刘经理透露，到目前为止只有两位老人和他们签了"以房养老"协议。

"南京模式"的"以房换养"之所以叫好不叫座，刘经理归结为"房屋面积在60平方米以上"和"必须是孤寡，没有子女"两个"苛刻"的条件上。他表示，之所以规定房屋面积不能低于60平方米，是因为房子面积太小会影响到租金，而这种"南京模式"正是要靠房屋的出租来支付老人的养老费用；另外，如果老人有子女，很容易引起纠纷，带来不必要的麻烦。

相对于养老院一方的担心，普通百姓也有他们的担心。日前，记者在街头随机对40名市民进行了采访，在受访者中，40岁以上和40岁以下的市民各占一半。调查结果显示，全部的受访者都对这种"南京模式"的"以房换养"心存疑虑，认为虽然这种形式产生的初衷是好的，但是实行起来却对老人有一定的风险性。今年刚好60岁的王阿姨的观点很具有代表性，她说，养老并不只是基本的有吃有穿，每个老人都希望自己有高质量的晚年生活，抵押了房产的老人在养老院能否得到预期的生活是很难保证的，而且生活的质量不容易用标准衡量，所以她不会接受这种自己没有自主权利的养老方式。

◆案例引入

"60岁前人养房，60岁后房养人"，就是我们常说的"以房养老"的模式。

传统的住房按揭贷款，是买方在支付一定的房款后，其差额款通过以所购房屋作抵押向银行贷款，然后由买房者在一个较长时间内分期偿还给银行的一种贷款形式。接力贷其实也属于传统的住房按揭贷款，作为父母的借款人在贷款购买住房时，如果指定其子女作为连带还款人并经连带还款人承诺还款，则借款人年龄加贷款年限可适当延长，不受规定上限的限制。

【知识窗】倒按揭

倒按揭的放贷对象主要是有住房的老年人。一般来说，借款人以其自有住房作抵押向银行贷款，银行则定期向借款人放贷，在规定的时间内，借款人以出售自有住房的收入或其他资产还贷。这种贷款方式最大的特点是分期放贷，一次偿还，贷款本金随着分期放贷而上升，负债也相应增加，自有资产则逐步减少。

有关人士称，对于拥有房产但缺乏其他收入来源的老年人来说，"倒按揭"提供了一种"以房养老"的方式。举一个例子，如果一位60岁的老人，拥有一套价值25万元的住房，没有继承人或者不想让别人继承，那么就可以把住房抵押给相关机构，并从该机构每月领取一定数额的生活费，用于改善自己的生活。有了这笔钱，可以重新装修房子，把居住环境弄得更加舒适，可以不再为医疗保健和生活费用发愁，还可以改变生活方式，比如出外度假、旅游，享受更幸福、更愉快的晚年生活。

【任务】 退休金的投资准备

思考题：

1. 借助Excel软件，算一算前面单元案例中的退休金目标需要每天投资多少？投资收益率是多少？退休金启动资金是多少？实现退休目标所需时间是多长？

2. 退休投资产品有哪些？

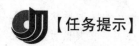 【任务提示】

一、退休金的资金准备

微课学习：退休金的资金准备

| 微课视频 | 学案 | 同步练习 | 理财小技巧：多结合数据进行分析（动图） | 理财小技巧：多结合数据进行分析（音频） |

在上一单元中，已经根据退休生活目标计算出退休期间的费用总需求。如果已经有基本养老金、年金等养老投资，可以从退休金总数中减去这部分，得出的就是退休资金缺口。那么应该从什么时候开始着手准备这笔巨款呢？每年应该投入多少资金，应该保证有多高的收益，才能使得夕阳无限美呢？

只要善于借助Excel工具软件，就可以既迅速又准确地做好一生的退休规划。

（一）每年投资额的确定

题1： 假设案例7.2.2中，陈先生夫妇决定从今年起准备退休金，退休前的投资回报率为7%，陈先生夫妇除了将现有的20万元用于退休投资外，每年还应定期定额投资多少资金？

在Excel任意单元格输入"＝PMT（7%，20，-200 000，2 478 557，0）"，得到-41 581，即每年还要投资41 581元。

这里，20万元为期初投资额，用负号，2 478 557元为期末赎回额，用正号，得出的定期定额投资额也是负号。一般假设投资为期末投资，因此最后一个参数为0。

应确认所指定的公式中 rate 和 nper 单位的一致性。例如，同样是四年期年利率为12%的贷款，如果按月支付，rate 应为12%/12，nper 应为4×12；如果按年支付，rate 应为12%，nper 应为4。

（二）投资收益率的确定

题2：假设案例7.2.2中，陈先生夫妇决定从今年起准备退休金，他们除了将现有的20万元用于退休投资外，每年还将定期定额投资5万元，请问退休前的投资回报率应为多少陈先生夫妇才能实现退休目标？

在 Excel 任意单元格输入"=RATE（20，-40 000，-200 000，2 478 557，0）"，得到6%，即退休前的年投资收益率需达到6%。

rate 函数一定要在符合年金现金流的条件下才可以运用，其他形态的现金流形式下计算应有的投资收益率需使用 irr 函数。

（三）启动资金的确定

题3：假设陈先生夫妇退休前的投资回报率为6%，除了今年起每年定期定额投资5万元外，还需投资多少启动资金，才能实现退休目标？

在 Excel 任意单元格输入"=PV（6%，20，-50 000，2 478 557，0）"，得到-199 330元，即陈先生还需将现有的199 330元用于退休投资。

（四）实现退休目标所需时间的确定

题4：假设陈先生夫妇今年年初将现有的20万元投资于退休金信托，每年年底可再投资5万元，预期投资回报率为8%，想要积累250万元退休金，需要多少年才能实现退休目标？

在 Excel 任意单元格输入"=NPER（8%，-50 000，-200 000，2 500 000，0）"，得到17.31，即需要17.31年时间可以积累到250万元退休金，陈先生夫妇可以在58岁就退休。

活动：小组讨论分析养老账户的建立

案例7.3.1：美国一对双胞胎兄弟，哥哥 Steve 从20岁工作开始，每年将2 000美元存入他的 IRA 退休账户，存了10年后不再追加资金到该账户中。弟弟 Bill 等到30岁时才开始作退休规划，之后每年也存入2 000美元，坚持到65岁退休为止。假设两人的投资年均收益率为10%，65岁的时候，Steve 的账户超过100万美元，Bill 的账户却只勉强超过60万美元。10年的投资胜过35年的投资，这就是复利的神奇之处。每一分钱都有时间价值，所以时间是富足退休最好的帮手。换句话说，越早投资的每一元钱，成长的效率越高，时间永远不算太迟，重点是要赶快开始。每月存入养老账户的金额就好比攀登山峰，同样一笔养老费用，如果25岁就开始准备，好比轻装上阵，不觉有负担，一路轻松愉快地直上顶峰；要是40岁才开始，则犹如背着包，气喘吁吁才能登上顶峰；若是到50岁才想到准备，就好像扛着沉重负担去攀登一样，非常辛苦，甚至力不从心。

二、退休投资产品介绍

微课学习：退休投资产品介绍

| 微课视频 | 学案 | 同步练习 | 理财小技巧：耐心学习
总结经验（动图） | 理财小技巧：耐心学习
总结经验（音频） |

活动：完成李先生夫妇的退休规划方案

案例 7.3.2：李先生夫妇今年 45 岁左右，李先生是一家国有企业员工，李太太是一名中学老师，儿子 17 岁，明年将要参加高考。夫妇二人月收入平均 7 000 元左右。李先生一家居住在一套 76 平方米的三居室楼房，家里有一年期定期存款 30 万元，月平均生活费 3 000 元。李先生夫妇希望能够支持儿子读完大学，然后就筹备退休。请你为李先生夫妇做一退休规划方案。

（1）退休金的资金准备分析

_____

_____

（2）退休投资产品分析

_____

_____

退休规划是退休生活的保障，在退休资金总需求确定之后，就需根据个人接受风险的程度选择不同的投资收益率，主要介绍储蓄、保险、国债、基金、房产、股票、黄金和收藏品等几种较适用于退休理财规划的产品。

（一）储蓄

储蓄是指利用银行提供的现金储备理财产品专门为退休生活积累现金。

1. 流水储蓄法

流水储蓄法操作简便，就是将手中的钱按照月次分存，这样每个月都有一笔存款到期。如果急用，只需支取最近期所存的那笔资金，利息损失很少。

2. 递进式储蓄法

递进式储蓄法较适合养老金储备，操作方法为将手中的现金分别存为一年、二年、三年定期，一年后就可将到期的那一笔转存为三年定期。两年后，手中所持有的存单全部为三年期，只是到期年度依次相差一年。这种方法可以根据利率变动进行调整，又能获取三年期存款的高利息，同时还具有一定的流动性。因为每年都有一笔到期的存款，没有意外的话会继续转存三年定期，如果有特殊情况则可用于应对不时之需。

3. 利滚利储蓄法

利滚利储蓄法适用于长期养老金积累目标，即如果每月有一笔固定收入，可以先存为存本取息储蓄，一个月后取出首月利息进行零存整取储蓄，以后每月重复操作。这样不仅存本取息储蓄得到了利息，而且这些利息又在零存整取储蓄后获得利息。这种方法充分利用了储蓄的增值功能，回报相对较高。

（二）保险

商业养老保险包括人寿保险和个人年金保险。

1. 人寿保险

人寿保险种类较多，适合退休规划的产品主要有以下几种。

（1）传统型养老保险

传统型养老保险是指投保人在某一年开始定期缴纳一段时期的保险费，到合同约定的年龄开始持续、定期地领取一定保险金额的产品。

（2）分红型保险

在预期银行加息或持续通货膨胀的情况下，最好选择分红型保险。分红型保险是指保险公司在每个会计年度结束后，将上一会计年度该类保险的可分配盈余按一定比例，以某种方式分配给保单受益人的一种保险。投保分红型保险不仅可以获得传统保单规定的保险保障，还可以参与保险公司投资和经营管理活动所得盈余的分配。

（3）投资连结型保险

投资连结型保险是指包含保险保障功能并至少在一个投资账户拥有一定资产价值的人身保险产品，保单在任何时刻的价值是根据其投资基金在当时的投资表现来决定的。投连险是一种长期投资的手段，但不设保底收益，保险公司只是收取账户管理费，盈亏由客户全部自负，被喻为"披着保险外壳的基金"。

（4）万能型寿险

万能型寿险是一种交费灵活、保额可调整的非约束性的保险，只要支付了一定量的首期保费后，一般可以按自己的实际情况，灵活缴纳保费。即投保人可在任何时间支付任意金额的保险费，只要保单中积存的现金价值足以支付保单的各项保险成本和相关费用，保单就会持续有效。

表7-5所示为上述保险品种的比较。

表7-5　几类险种的比较

险种	内含利率状况	主要特色	适合人群	抵御通胀能力
传统型养老险	固定，2%~2.4%	各项领取因素确定	适合没有良好储蓄观念、理财风格保守、不愿承担风险的人群	差，不能抵御
分红型养老险	固定部分在1.5%~2.0%，另有不固定分红	有不确定的分红利益可以获得	适合对长期利率看涨、对通货膨胀因素特别敏感的人群	较好
投资连结型保险	不确定	设有不同风格的账户可供选择和转换	适合收入高、期望高收益、风险承受力高者	不能确定
万能型寿险	个人账户部分有2.0%~2.5%的保底收益率，实际宣告年利率在3.25%~3.6%	保额可变，缴费灵活	适合收入较高，但常有波动者	较好

2. 个人年金保险

个人年金保险是寿险的一种特殊形式，即从年轻时开始定期缴纳保险费，从合同约定年龄开始持续、定期地领取养老金的险种，能有效地满足客户的养老需要。

年金保险可按不同方法分类。

（1）按缴费方式

按缴费方式划分，年金可分为趸缴年金与分期缴费年金。

趸缴年金又称为一次缴清保费年金，投保人一次性地缴清全部年金保险费后，从约定的时间开始由受领人按期领取年金。

分期缴费年金又称为期缴年金，是指投保人在保险金给付开始日之前分期缴纳保险费，在约定的年金给付开始日起按期由受领人领取年金的年金保险。

（2）按年金给付开始时间

按给付开始时间划分，年金可分为即期年金和延期年金。

即期年金是指在投保人缴纳所有保费且保险合同成立生效后，保险人立即按期给付保险年金的年金保险。趸缴保险费即期年金是即期年金的主要形式，通常适用于已为退休积累了大笔资金的人购买，这笔资金往往是通过个人储蓄、投资积累起来的，或者是来自养老金计划的一次性支付的养老金。

延期年金是指保险合同成立生效后且被保险人到达一定年龄或经过一定时期后，保险人在被保险人仍然生存的条件下开始给付年金的年金保险。延期年金的主要形式是退休年金，这也是一种主要的个人年金保险，是在年金受领者达到退休年龄时开始给付年金的一种年金保险。

（3）按给付期限

按给付期限划分，年金可分为定期年金、终身年金和最低保证年金。

定期年金是指保险人与被保险人约定好保险年金给付期限的年金。它主要有两种形式：一种是确定年金，只要在约定的期限内，无论被保险人是否生存，保险人的年金给付直至保险年金给付期限结束；另一种是定期生存年金，在约定给付期限内，只要被保险人生存就给付到期满，如果被保险人在约定的给付期限内死亡，则年金的给付立即终止。

终身年金是指保险人以被保险人死亡为终止给付保险年金的时间。即只要被保险人生存，被保险人将一直领取年金。对于长寿的被保险人，该险种最为有利。

最低保证年金，是为了防止被保险人过早死亡而丧失领取年金的权利而产生的防范形式年金。它具有两种给付方式：一种是确定给付年金，即确定最低给付年数，若在规定期内被保险人死亡，被保险人指定的受益人将继续领取年金到期限结束；另一种是退还年金，即确定有给付的最少回返金额，当被保险人领取的年金总额低于最低保证金额时，保险人以现金方式自动分期退还其差额。

为了给客户提供更全面的保险，一些实力较强的大公司还同步推出附加养老重大疾病保险、豁免保费重大疾病保险等险种，把养老保险与健康、分红、豁免保费这样的利益结合起来，组成完满、无忧的退休计划，方便客户灵活选择。

（三）国债

国债收益稳定、安全，利率较同期储蓄高，不征收利息税，债券变现能力强，投资操作方式简单便捷，可以说是一种非常适合退休人员的理财方式。国债适合于长期投资，缺点是通常采用固定利率，不能抵御通货膨胀。

（四）基金

证券投资基金的收益和风险适中，适合做退休规划投资产品。目前，保本基金和定期定额基金理财方式已被越来越多的人认可。

保本基金是一种保证投资者本金或本金的一定比例不受损失的基金品种，投资风险比较低，特别是其保本功能很受注重风险的稳妥型投资者的青睐。

定期定额基金类似于银行储蓄的"零存整取"。所谓"定期定额"就是每隔一段固定时间（例如每月25日）以固定的金额（例如500元）投资于同一只开放式基金。它的最大好处是平均投资成本，避免投资者的主观性缺陷，同时也可将每一段时间的闲散资金积累起来，在不知不觉中积攒一笔财富。

（五）房产

在临近退休时努力完成了购置房产的计划，为自己将来的养老购买一套甚至更多的房产，在保证维持自己居住条件的前提下，尽量把多余的房屋出租出去赚得租金存入银行，留做自己将来养老。房产投资不仅可以收取租金，还有可能获得房价上涨的丰厚收益。

（六）股票

作为退休准备的资金，可以选择一些具有长期投资价值，并且分红稳定的股票进行长期投资。但由于股票整体投资风险较高，投资一定要谨慎，并且要注意控制投资比例，特别是老年人一般并不适合炒股。

（七）黄金

黄金是天然的贵金属，具有保值增值和抵抗通货膨胀的特性。特别是在通货膨胀、美元贬值，或者是局势动荡的情况下，黄金在全球市场备受欢迎，金价一路上涨。可见，黄金也是可供选择的退休投资产品之一。

（八）收藏品

长线投资还可选择诸如邮品、纪念币、钱币、字画、古董之类的收藏品。但名人字画不易分辨真伪，投资风险也相当大。古董也是一样，要求具备一定的专业知识。因此，如果缺乏专业知识，又无可靠的鉴定渠道，应谨慎介入收藏品市场。

【知识窗】

　　目前我国已经形成比较完备的多层次养老保险体系，主要分为三个层次：第一层次是社会基本养老保险，替代率（即占退休前工资比例）约为60%；第二层次为企业补充养老保险，替代率约为20%；第三层次为个人储蓄性养老保险，替代率也是20%。其中，社会基本养老保险的保险金按规定纳入社会保险机构设立的养老保险基金账户，而企业补充养老保险和职工个人储蓄性养老保险相结合的养老保险制度，养老保险费用实行国家、企业、个人三方负担。

　　我国养老保险制度的主要内容是：①享受条件，包括年龄条件、工龄条件，以及是否丧失劳动力，身体健康条件等；②退休养老金的筹措、基金管理方法和监督检查等制度；③退休、离休、退职等待遇标准，不同的离退休条件有不同的待遇水平。

◆ 理财技巧

微课学习：老年人如何理财

| 微课视频 | 学案 | 同步练习 | 理财小技巧：钱滚钱，
设定年计划（动图） | 理财小技巧：钱滚钱，
设定年计划（音频） |

◆ 考核

任务单：退休规划设计		
班级	姓名	学号

请帮助案例7.3.2中的李先生夫妇进行退休规划。

步骤1

李先生夫妇现有的家庭状况。

_____

_____

_____

步骤2

退休金的资金准备分析。

_____

_____

_____

步骤3

退休投资产品分析。

_____

_____

_____

_____

实训三　退休投资理财规划

【工作任务】退休规划案例综合分析

实训案例：吴先生今年45岁，是外资企业的二级经理，税后月收入10 000元，年末有2万元分红；45岁的妻子为一家金融机构职员，月收入4 000元；两人计划在60岁时退休，退休后有希望生活30年；女儿在上大二，2万元的年末分红足够支付她一年的教育费用。除去家庭月支出8 000元和保费月支出1 000元，每月可有5 000元的结余。一家人的现住房面积90平方米左右，价值55万元，按揭已还讫。另外，还持有市值30万元的股票和40万元的人民币定期存款。为了两年后女儿出国留学，吴先生准备了3万欧元（折合人民币29万元）。夫妻俩今后的退休金每月共计2 000元。

吴先生的家庭收支表和资产负债表如表7-6、表7-7所示。

表7-6　吴先生的家庭收支表

家庭年度收入	金额/元	家庭年度支出	金额/元
吴先生年收入	140 000	年生活费用支出	96 000
吴太太年收入	48 000	保费支出	12 000
存款利息收入（按1年计）	8 064	教育支出	20 000
股票收益	15 000		
收入总计	211 064	支出合计	128 000
年度盈余＝83 064元		家庭储蓄能力＝39%	

表7-7　吴先生的家庭资产负债表

家庭资产	金额/万元	家庭负债	金额/元
定期存款	40	0	
股票	30		
3万欧元	折合人民币29		
房产	55		
资产合计	154		

分析步骤：

A. 请分析吴先生的家庭财务状况，从家庭生活支出和资产结构两个方面分析。

家庭生活支出分析＿＿＿＿＿＿＿＿＿＿＿＿＿＿＿＿＿＿＿＿＿＿＿＿＿＿＿＿＿

＿＿＿＿＿＿＿＿＿＿＿＿＿＿＿＿＿＿＿＿＿＿＿＿＿＿＿＿＿＿＿＿＿＿＿＿＿

资产结构分析＿＿＿＿＿＿＿＿＿＿＿＿＿＿＿＿＿＿＿＿＿＿＿＿＿＿＿＿＿＿＿

＿＿＿＿＿＿＿＿＿＿＿＿＿＿＿＿＿＿＿＿＿＿＿＿＿＿＿＿＿＿＿＿＿＿＿＿＿

B. 请按照下面的流程给吴先生家庭进行退休规划。

（1）估算退休支出

① 生活支出。

问题一：吴先生家庭目前每月的基本生活开支为多少元？

＿＿＿＿＿＿＿＿＿＿＿＿＿＿＿＿＿＿＿＿＿＿＿＿＿＿＿＿＿＿＿＿＿＿＿＿＿

＿＿＿＿＿＿＿＿＿＿＿＿＿＿＿＿＿＿＿＿＿＿＿＿＿＿＿＿＿＿＿＿＿＿＿＿＿

问题二：若吴先生与太太希望退休后能够维持目前的生活水平，假定通胀率保持年均 3% 的增长幅度，那么老两口在退休当年的月生活支出能达到多少元？

_____

_____

问题三：老两口在退休当年的月生活支出在扣除退休后按月领取的国家基本养老金 2 000 元后，要维持退休后 30 年的生活支出，以已经去除通货膨胀后的实际投资报酬率 5% 计算，退休当年须储备好多少元的退休金？

_____

_____

② 医疗费用支出。

问题一：假定两人退休后平均每年在医疗保健上的花费为 10 000 元，那么 30 年的总花销为多少元？

_____

_____

问题二：以上两项合计就是吴先生家庭需要的养老储备金，为多少元？

_____

（2）估算养老金收入

根据吴先生当前的投资组合和投资报酬率可以测算两人从现在到退休所能储备的养老金资产。

问题一：吴先生的养老准备金的来源有哪几个？

_____

问题二：根据吴先生目前资产分配比例来算，假定其银行存款与股票投资的预期综合投资报酬率为 5%。每年的投资收益加上原有 70 万元生息资产，退休当年预计大致能储备多少元养老准备金？

_____

（3）估算养老金缺口

按照吴先生现有的资产投资配置，尚存在养老金缺口多少元？

_____

C. 请帮助吴先生进行退休理财规划，建议其购买何种的理财产品？为什么？

_____

小结

本项目要求学生了解退休投资理财规划的现状，熟知退休投资理财规划的影响因素，对退休投资理财规划有一个初步的认知；能够为客户进行退休生活目标的设计，利用退休年龄、退休生活标准和退休生存时间之间的关系，选择退休生活需求的计算方法；能够应用退休投资理财规划的原则指导退休规划方案的制定，提供退休金投资的产品，并将方案完整、清晰地介绍给需求客户。

习题

一、单选题

1. 根据我国相关法律法规，国家法定的企业男性职工的退休年龄是（　　）。

A. 45 岁　　　　　B. 50 岁　　　　　C. 55 岁　　　　　D. 60 岁

2. 养老保险是以（ ）为手段来达到保障的目的。

    A. 社会捐助   B. 财政拨款   C. 社会福利   D. 社会保险

3. 从养老保险资金的征集渠道角度来讲，有的国家规定工薪劳动者在年老丧失劳动能力之后均可享受国家法定的社会保险待遇，但国家不向劳动者本人征收任何养老费，养老保险所需的全部资金都来自国家的财政拨款，这种养老保险的模式被称为（ ）。

    A. 国家统筹养老保险模式   B. 强制储蓄养老保险模式

    C. 投保资助养老保险模式   D. 部分基金式

4. 我国的社会养老保险实行社会统筹与个人账户相结合的运行方式。其中个人账户的存储额每年参考（ ）计算利息，这部分存储额只能用于职工养老，不得提前支取。

    A. 活期存款利息   B. 一年期国债利率

    C. 一年期定期存款利率   D. 银行同期存款利率

5. 我国的社会养老保险实行社会统筹与个人账户相结合的运行方式。其中个人账户的存储额只能用于职工养老，不得提前支取，职工调动时，个人账户里的存储额全部随同转移，职工或退休人员死亡，个人账户中的个人缴费部分（ ）。

    A. 自动归零   B. 用于支付此人的丧葬费用

    C. 转入社会统筹账户   D. 可以继承

6. 2005 年 12 月，国务院发布的《关于完善企业职工基本养老保险制度的规定》要求，城镇各类企业职工、个体工商户和灵活就业人员都要参加企业职工基本养老保险。其中，个体工商户和灵活就业人员的缴费比例统一规定为（ ）。

    A. 20%   B. 28%   C. 29%   D. 19%

7. 关于我国企业年金的说法不正确的是（ ）。

    A. 企业年金也称补充养老保险

    B. 所有企业都必须实行

    C. 企业年金有利于鼓励员工为企业服务

    D. 企业年金的实行有利于减轻国家负担

8. 孙先生得知企业年金实行基金完全积累，采用个人账户进行管理，费用由企业和职工个人缴纳，企业缴费在工资总额（ ）以内的部分，可以从成本中列支。

    A. 4%   B. 8%   C. 12%   D. 20%

9. 企业年金基金实行完全积累，采用（ ）进行管理。

    A. 基础账户   B. 基础账户与个人账户相结合

    C. 个人账户   D. 基础账户与个人账户任选之

10. 小张在咨询退休养老规划时了解到，退休时的基础养老金月标准以当地上年度在岗职工月平均工资和本人指数化月平均缴费工资的平均值为基数，缴费每满一年发给（ ）。

    A. 8%   B. 4%   C. 2%   D. 1%

11. 退休养老规划是理财规划中至关重要的部分，（ ）是对退休养老规划中所持原则的错误描述。

    A. 及早规划

    B. 退休规划的确定要注意弹性化

    C. 应本着谨慎性原则，多估退休后收入，少估退休后支出

    D. 退休基金使用的收益化原则

12. 小郑为积累退休养老金，准备了 20 万元存款，该笔存款属于退休养老生活的（ ）道防线。

    A. 第一   B. 第四   C. 第二   D. 第三

13. 保障退休后生活的第一道"防线"应当是（　　）。
    A. 个人储备的退休养老基金　　　　　B. 国家的社会保险制度
    C. 企业年金收入　　　　　　　　　　D. 商业养老保险金收入

二、案例分析题

案例一：罗先生夫妇今年均为 35 岁，工作都较稳定，合计月税后收入 8 000 元，年支出大体稳定在 36 000 元左右。目前，家里有存款 30 万元。假设罗先生和妻子计划在 20 年后退休。罗先生夫妇预计退休到离世大约要 30 年。罗先生想就退休养老相关问题向理财规划师进行咨询。

根据案例一，请回答第 1~5 题。

1. 罗先生听说从 2006 年 1 月 1 日起，基本养老保险个人账户的缴费比率由本人缴费工资的 11% 调整为（　　）。
    A. 7%　　　　　　　B. 8%　　　　　　　C. 9%　　　　　　　D. 10%

2. 罗先生知道现在的养老政策区分"老人""中人""新人"，他于 1992 年参加工作，应该属于（　　）。
    A. "老人"　　　　　B. "中人"　　　　　C. "新人"　　　　　D. 无法确定

3. 罗先生夫妇希望在退休后能够继续保持现在的生活品质，假定年通货膨胀率为 3%，那么罗先生夫妇在退休的第一年，其年生活费应该为（　　）。
    A. 43 200 元　　　　B. 65 020 元　　　　C. 36 000 元　　　　D. 94 595 元

4. 假设罗先生夫妇现在拿出 10 万元进行投资，这 10 万元的启动资金和以后每年 5% 的收益都进行再投资，那么在他们退休的那一年这笔资金的终值为（　　）。
    A. 338 013 元　　　　B. 172 144 元　　　　C. 200 000 元　　　　D. 265 330 元

5. 假设罗先生夫妇退休后每年领取的社会养老保险金为 24 000 元，退休后的通货膨胀率为 5%，那么折算到二人 56 岁初，这笔退休金的现值为（　　）。
    A. 308 013 元　　　　B. 272 144 元　　　　C. 387 386 元　　　　D. 258 566 元

案例二：某公司是一家发展迅速的高科技企业，为了使职工更大程度地参与企业管理和企业效益分配，增强职工的凝聚力和向心力，鼓励职工爱岗敬业，在企业长期工作，公司老板张总打算制订年金计划，但是对于年金不是很了解，理财规划师就相关问题进行了解释。

根据案例二，回答第 6~9 题。

6. 企业年金是由企业雇主为本企业职工举办的一种补充养老保险计划。张总向理财规划师解释了一下自己希望举办企业年金的原因，其中不可能包括（　　）。
    A. 吸引和留住有用的人才　　　　　　B. 增强企业凝聚力
    C. 政府相关文件的强制性规定　　　　D. 享受政府的税收优惠

7. 理财规划师给张总详细地介绍了企业年金的特征，其中不包括（　　）。
    A. 非盈利性　　　　　　　　　　　　B. 企业行为
    C. 政府鼓励　　　　　　　　　　　　D. 企业缴费部分全额税前列支

8. 理财规划师向张总解释，在我国企业年金缴费由（　　）来负担。
    A. 企业　　　　　　　　　　　　　　B. 政府财政和企业
    C. 政府财政和个人　　　　　　　　　D. 企业和个人

9. 根据国家规定，企业年金的具体负担情况是（　　）。
    A. 企业完全负担
    B. 政府财政和企业各自负担一半
    C. 企业负担员工工资的 20%，个人负担工资的 8%
    D. 企业缴费不超过本企业上年度职工工资总额的 1/12，企业和职工个人缴费合计一般不超过本企业上年度职工工资总额的 1/6

案例三：王太太从事个体服装销售近 20 年。前一段时间，她刚参加了国家的社会养老保险，但是，她对国家举办的国家社会养老保险不是很明白，于是，向理财规划师咨询相关情况。

根据案例三，回答第 10~14 题。

10. 理财规划师向王太太解释，在 2005 年 12 月国务院发布《关于完善企业职业基本养老保险制度的决定》之前，对于个体工商户的社会养老保险，国家的规定是（　　）。

    A. 必须要参加社会养老保险

    B. 不能参加社会养老保险

    C. 只被允许参加补充养老保险

    D. 可以参加，也可以不参加基本养老保险

11. 根据 2005 年 12 月国务院发布《关于完善企业职工基本养老保险制度的决定》，王太太的缴费比例为（　　）。

    A. 20%   B. 28%   C. 29%   D. 19%

12. 王太太缴纳的基本养老费的去向是（　　）。

    A. 11%进入统筹账户，8%进入个人账户

    B. 全部进入个人账户

    C. 12%进入统筹账户，8%进入个人账户

    D. 8%进入统筹账户，20%进入个人账户

13. 王太太退休后从社会养老保险中领取的基本养老保险金由两部分构成，它们是基础养老金和个人账户养老金。其中，基础养老金的发放参考多项因素，但不包括（　　）。

    A. 当地上年度在岗职工月平均工资   B. 本人指数化月平均缴费工资

    C. 交费年限   D. 本人预期寿命

14. 王太太退休后每月领取的个人账户养老金部分也需要参考多项因素，但不包括（　　）。

    A. 个人账户储蓄余额   B. 职工退休时城镇人口平均预期寿命

    C. 本人退休年龄   D. 国家社保基金富余程度

案例四：王先生今年 38 岁，经过多年的事业打拼，目前已有小成，不仅还清了结婚时的房贷，还积累了一笔不小的资产。王先生以前不太注重理财，以银行存款为主，但是随着银行利率的降低，收益很低，他很担心是否有通货膨胀。同时，王先生步入中年，小孩也要读初中了，教育开支越来越大，王先生也开始为自己将来的养老问题考虑。因此他很想找个精通理财的理财师帮忙指点迷津，看看该如何理财。

家庭状况：

王先生，38 岁，某企业副总。王太太，36 岁，某公司经理。目前有一小孩 10 岁还在读小学。

资产/负债：活期存款 20 万元，定期存款 50 万元；银行短期理财 20 万元，股票基金 20 万元；房子一套，市值 130 万元，贷款已经还清。无其他负债。

收入/支出：王先生月收入 10 000 元，年终奖 50 000 元。王太太月收入 5 000 元，年终奖 20 000元。家庭月开支在 8 000 元左右。

保障：两人均有社保，无商业保险。

理财需求：

1. 王先生担心未来通货膨胀，考虑是否买套房子投资，或者是希望有其他投资建议。

2. 王先生想为自己和太太的养老做准备。

3. 想让小孩未来可以有资金去读好一点的大学和研究生。

财产分配和传承理财规划

知识目标：掌握财产分配和财产传承规划的含义、意义、步骤等内容，了解制定财产传承规划的原则、目标和特点，掌握财产继承的顺序。

能力目标：能针对不同客户采用不同财产分配工具和财产传承理财规划工具。

思政目标：培养学生未雨绸缪的危机意识，以及做人做事的底线思维与灵活变通的应变智慧。

单元一　财产分配和传承理财规划入门

识记能力目标：财产分配、传承规划；财产分配和传承理财规划的意义及步骤。

理解能力目标：个人及家庭可能遭遇的风险；资产评估的要点。

应用能力目标：按照客户的类别制定财产分配与传承理财规划方案；定期对财产分配与传承理财规划方案做好检查和调整。

◆理财故事　　　**继承遗产是不是也要继承债务？**

在继承遗产的时候，除了会有得到财产外，还有可能需要还债。这是很多人不太明白的，怎么明是继承遗产还需要去还债呢？

根据我国《民法典》第一千一百六十一条规定，继承人以个人所得财产具体使用价值为限偿还被继承人依规理应缴付的税金和债务。超出财产具体使用价值一部分，继承人自行还款的不在此限。因此，人死并不是一定债消，债务人如有遗留财产，债权人是有权向继承人要求清偿的，继承人亦不能以其他理由拒绝清偿债务。

对于某些特殊家庭而言，这种继承就有些残忍。曾有媒体报道，有一对开店的小夫妻意外身亡，留下一对未成年子女和一套有贷款的房产、100多万元的债务，而房产仅价值40余万元。无论是否继承，这两个只有2岁和5岁的孩子都会面临没有生活依靠的惨淡未来。后经法院调解，债权人各方做出了让步，放弃了大部分债权，为这两个未成年孩子留下了一点生活来源。被继承人生前的债权债务关系会直接影响继承人的权益，因此，提前规划安排尤为重要。

◆案例引入

美国首富巴菲特："我每个孩子大学毕业后，都只留给他100万美元。其他500亿美元，全捐给慈善机构。"

中国香港首富李嘉诚："每个孩子，我都资助1000万元给他创业。其他资产，成立基金，资助各类教学机构。"

他们不约而同都做了同样的选择——传给孩子智慧，若将金钱留给孩子，只会毁他一生。留足够的钱给孩子生活，但不够他们去挥霍。

大多数人对遗产规划感到陌生，华人文化更是忌讳谈到死亡，这与中国人的传统观念有关，但是死亡却无法回避。合理的遗产规划有助于安排好身后事，保障家人生活，让财产分配充分体现自己的意愿。而把资产留给孩子，是大多数人的选择。但留给孩子财富时，怎样才能对孩子有益无害呢？若能规划妥当，那么在资产转移及遗产继承时也可避免诸多麻烦。

【任务】认识财产分配和传承理财规划

思考题：

1. 我们为什么要做财产分配和传承理财规划？
2. 财产分配和传承理财规划的步骤有哪些？
3. 哪些事情发生会影响到财产分配和传承理财规划方案？

【任务提示】

活动：完成中国典型的遗产纠纷案例分析

案例8.1.1： 在一条高速公路上，发生了一场交通意外事故，导致两人死亡。而这样的一个不幸事件却引发了一场中国典型的遗产纠纷。

原来死亡的男女是夫妻，男的是某城一个大型企业的总经理，而女的是一个娱乐城的老板。事情是这样的，女老板靠自己的辛勤劳动开了一间大型餐饮娱乐城，但是生意不好。这时常来光顾此店的某企业总经理帮助她走出低谷，并与她相爱了。一年后她的娱乐城成了当地最红火的餐饮娱乐城。男方在离婚后与女老板走进婚姻的殿堂，并生有一子，已经三个月了。那天酒后开车的男方将家庭带入了不幸，而价值3000万元的餐饮娱乐城也就成了遗产争夺的焦点。

因为女方的父母从一开始就不同意这门亲事，所以在出事后立即接管了餐饮娱乐城和全部资产。而男方的父母认为他们完全有遗产的继承权，因此，双方上了法庭。令双方没有想到的是，这个遗产继承并没有那么简单。

这个案例正是因为当事人在生前没有做好遗嘱打算，再加上中国法律的不健全，才会出现如此复杂的纠葛场面。如果能够做好财产分配和传承理财规划打算，并把它纳入自己人生的理财计划中，许多后续麻烦就可以避免。

一、财产分配和传承理财规划的意义

财产分配是指为了将家庭财产在家庭成员之间进行合理分配而制订的财务计划。而传承规划是指当事人在其健在的时候通过选择遗产管理工具和制定遗产分配方案，将拥有或控制的各种遗产或负债进行安排，确保在自己去世或丧失行为能力时能够实现家庭财产的代际相传或安全让渡等特定目标。

　　财产分配和传承理财规划在个人理财规划中起着至关重要的作用。从表面上看，它似乎只是起到对个人及家庭财产进行合理合法配置的作用，但从深度去剖析就可以发现，财产分配与传承理财规划不仅有上述作用，它还能成为个人及家庭规避风险的一种保障机制，因为个人或家庭都有可能遭遇到一些不可预测的风险。

　　（一）家庭经营风险

　　对于其成员共同从事商业经营的家庭而言，经营收益是该家庭的主要收入来源，维持着整个家庭的正常生活，而一旦该经营实体受到商业风险的冲击，整个家庭的经济状况就有可能下降，甚至威胁到家庭成员的正常生活、教育、工作等。

　　（二）夫妻中一方或双方丧失劳动能力或经济能力的风险

　　夫妻是家庭组织的核心，如果其中一方或者双方都丧失了劳动力，如工伤、意外事故造成身体残疾，或者丧失了经济能力，如对外欠债导致被追索等情形，都会导致家庭经济支付能力的下降，影响家庭的正常生活。

　　（三）离婚或再婚风险

　　离婚意味着夫妻关系的结束和一个家庭的解体，无论对家庭还是夫妻任何一方都会产生重大的影响，其中最突出的方面体现在家庭财产如何分割上。现实生活中经常会发生这样的情况，即离婚时，夫妻其中一方有转移、隐匿、变卖财产侵害另一方财产权益的行为，导致出现受害一方的生活质量下降及经济能力减弱等不良后果。再婚是离异或丧偶的男女重新组建家庭的开始，很多再婚人士，特别是曾经有过离异经历且事业鼎盛时期的一些人，在再婚前都会在私人财产保护和个人安全感上有所考虑，对对方与自己结婚动机产生怀疑，有孩子的还会担心再婚伴侣对前子女的影响，事实上，也确实有一些人企图借婚姻达到一些特定目的。因此，再婚本身也存在风险。

　　（四）家庭成员的去世

　　家庭成员去世后，其遗嘱财产的分配会使得家庭其他成员个人的财产增加或减少，对整个家庭财产也会产生影响。同时，由于多数家庭没有事先立遗嘱的意识，遗产分割很容易在家庭内部产生纠纷，即使有的立了遗嘱，也会因为遗嘱内容表达不清，而在执行过程中出现财产被恶意侵吞或者不按遗嘱人意愿进行分配等情况。

二、财产分配和传承理财规划的步骤

微课学习：财产分配与传承规划的步骤

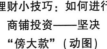

微课视频　　　　学案　　　　同步练习　　理财小技巧：如何进行　理财小技巧：如何进行
　　　　　　　　　　　　　　　　　　　　商铺投资——坚决　　商铺投资——坚决
　　　　　　　　　　　　　　　　　　　　"傍大款"（动图）　　"傍大款"（音频）

　　（一）计算和评估客户的财产价值

　　进行财产分配和传承理财规划的第一步是计算和评估客户的财产价值。财产评估表如表8-1所示。首先，通过计算和评估，客户可以对自己的财产种类和价值有一个总体的了解；其次，可以使客户了解财产传承时的有关税收支出。

表 8-1　财产评估表

资产		负债	
种类	金额	种类	金额
现金等价物			
银行存款		贷款	
储蓄账户		消费贷款	
货币市场账户		一般个人贷款	
人寿保单赔偿金额		投资贷款（房地产贷款等）	
其他现金账户		房屋抵押贷款	
小计		人寿保单	
投资		小计	
股票		费用	
债券		预期收入纳税额支出	
共同基金		遗产处置费用	
合伙人收益权益		医疗费用	
其他投资收益		葬礼费用	
小计		其他负债	
退休基金		小计	
养老金（一次性收入现金）		其他负债	
配偶/遗孤年金收益（现值）		负债总计	
其他退休基金			
小计			
其他房产			
收藏品			
汽车			
家具			
珠宝和贵重衣物			
其他个人资产		资产总计（+）	
小计		负债总计（-）	
其他资产			
资产总计		净资产总计	

表 8-1 中需要注意的是：第一，资产价值计算的是其目前的市场价值，而不是其购买时的支付价格。这一点对于房地产的价值计算特别重要。房产的价格每年都会有较大幅度的变化，其市场价和历史购价通常相差甚远。此外，对于股票、债券等投资也需要准确估计其价值和相关收益。第二，不要遗漏某些容易被忽略的资产和负债项目。很多客户对自身的财务状况不是十分了解，所以在填写有关内容时容易遗漏一些重要的项目，从而高估或低估了其

财产价值。比如，资产项目中的无形资产（如著作权等）、负债项目中的临终医疗费等，都是容易被忽略的项目，但这些项目往往对客户财产规划有着重要的影响。

【知识窗】
　　理财规划师在进行规划时，除了要客户填写有关的个人资料外，还应该要求客户准备各种相关文件。一些常见的文件包括：出生证明、结婚证明、保险单据、银行存款证明、有价证券证明、房产证、养老金文件、汽车发票证明、社会保障证明等。

（二）确定财产分配和传承的规划目标

在对客户财产进行估值后，理财规划师应该对客户现实的财产状况有了较多的了解，下一步就要帮助客户确定规划目标，这可以通过客户填写调查表的形式完成。但由于规划管理的特殊性，建议理财规划师采取与客户面谈的方式来了解其规划目标。如果客户在表达自己意愿时有所顾忌，理财规划师应该做适当的推测，并征求客户的意见。

（三）制定财产分配与传承理财规划方案

由于每位客户的具体情况不同，所以每位客户财产规划中的工具和策略的选择也有着很大的差别。不同种类的客户包括：已婚且子女已成年客户，已婚但子女未成年客户，未婚或离异客户。

请思考：
　　财产规划是否需要定期进行修改和完善？发生哪些情况时，客户需要对财产规划进行修改？

（四）定期检查和修改

客户的财务状况和策划目标处于变化中，财产规划必须能够满足其不同时期的需要，所以对财产分配和传承理财规划方案的定期检查是必需的，这样才能保证规划的可变性。理财规划师应该建议客户在每年或半年对规划进行重新修订。下面是一些常见的事件，当这些事件发生时，客户的规划就要做出相应的调整。

1. 子女的出生

子女的出生对家庭的影响不言而喻，其成员关系、家庭财务也会因此产生变化。

子女出生又分为：① 子女未出生时则要注意到法律关于胎儿必留份额的规定，即遗产分割应当保留胎儿的继承份额。如果应当为胎儿保留遗产份额却没有保留，应从继承人所继承的遗产中扣回。为胎儿保留的遗产份额，如胎儿出生后死亡的，由其继承人继承；如胎儿出生时就是死体的，由被继承人的法定继承人继承。② 子女已经出生则要考虑到子女为法定第一顺序继承人，被继承人就要在继承人数和继承财产份额上有所调整。

当然，对于子女的财产继承份额，客户也可以通过遗嘱或者遗嘱信托进行符合自己意愿的安排。如果客户不能或者不愿意为子女安排继承份额时，理财规划师要提醒客户法律有"遗嘱应当对缺乏劳动能力或没有生活来源的继承人保留必要的遗产份额"的规定。这是我国法律对遗产自由进行的限制，目的在于防止遗嘱人滥用遗嘱自由，稳定家庭关系，保障缺乏劳动能力又没有生活来源的继承人的合法权益，防止遗嘱自由的绝对化。同时也可以减轻国家的负担，防止被继承人将个人对家庭成员的扶养、扶助责任转给社会。

2. 配偶或其他继承人的死亡

配偶或者其他继承人的死亡，有可能导致客户的财产状况或者数额发生重大的变化。因此，如果配偶去世，家庭中属于配偶的那部分财产就要按法律的规定或者配偶的遗嘱确定的方式进行分配，那么客户的财产传承理财规划中与配偶共有财产状况可能就要发生变化，比如共有房子，属于配偶的那部分要通过适当的遗产分割方式在继承人之间进行分配，这就会引起客户财产状况的变动。不过配偶的死亡通常会引起客户财产总额的增加，毕竟客户本身也是其配偶的法定第一顺序继承人。同样，作为客户的其他继承人的死亡，也会对客户的财产数额及状况产生影响，当然，对于客户的财产传承理财规划来讲，变动最大的还是客户遗嘱中的继承人和所设立信托中的受益人的调整。

3. 本人或亲友身患重病

本人或者亲友身患重病，客户会有大笔医疗费用的支出，可能会导致财产传承理财规划中资产的种类和数额减少，或者一些事项的变动，比如存款的减少，一些可即时变现资产的变化，或者引起一些保险事项的变化，比如一些健康险的赔付等。

4. 家庭成员成年

家庭成员成年，通常是客户的子女成年、参加工作，客户的经济负担就会有所减轻，以前的费用支出会相对缩减，因此，财产传承理财规划也要适当调整。

5. 遗产继承

客户作为继承人接受遗产当然会引起财产变化，具体财产形态视继承财产形态而定，比如房产、存款等。

6. 结婚或离异

结婚或者离异会导致客户家庭财产的形成或者分配。对于结婚的客户，会有费用支出的增加，也会有财产种类和规模的扩大，比如购置房屋、家电等家庭生活必备的大件财产。而离婚的客户可能面对家庭财产的分割等问题。这些都会导致客户自身财产的变化。

> **请思考：**
> 被继承人的债务是否会影响遗产的变化？

7. 财富的变化

财产直接增加、减少，都是财富的变化。遗嘱中的债务是影响遗产变化的常见因素。被继承人的债务具有以下特征。

① 被继承人的债务是其生前所欠债务。被继承人死亡后的殡葬费用不属于被继承人的债务，而是其继承人的债务，因此继承人有殡葬被继承人的义务。

② 被继承人的债务是用于被继承人个人需要所欠债务，也就是说用来满足被继承人某种特殊需要而欠下的债务，属于个人债务，应用被继承人个人财产偿还。以被继承人的名义所欠的，用于家庭生活需要所欠的债务，属于家庭共同债务，应用家庭共有财产偿还。因继承人不尽赡养义务，被继承人迫于生活需要所欠的债务属于有赡养义务人的个人债务。换言之，因继承人能尽而不尽赡养义务所欠的债务，即使遗产不足清偿，继承人仍应负清债责任。

> **【知识窗】**
> 继承开始后，处理继承事务所发生的与继承有关的费用，如遗产管理费用、遗产分割费用等，属于在遗产分割前遗产本身的消耗花费，可直接从遗产中扣除。根据权利和义务相一致的原则，继承人接受继承，应当继承被继承人的财产权利和义务，不能只继承财产权利而不继承义务。

8. 有关税制和遗产法的变化

国际上采用的对财产传承理财规划影响较大的税种主要是遗产税和赠予税，但我国目前还没有开征，所以财产传承规划中不必设计有关规避遗产税收和赠予税的内容。

9. 房地产的出售

客户房地产的出售，是客户对其财产的处分，也是对其现有财产形式的改变，通常会引起财产总值的增加或者是不同财产种类的调整，体现在财产传承理财规划中，比如现金流的增加等。

◆理财技巧

手机记账 App

现在的智能手机在我们生活中起着越来越重要的作用，我们用它可以购物、导航、转账、游戏……。手机记账 App 的出现，使得记账成为一件比较大众化的有趣的事情，随时随地记账，随时随地查看收支明细，不仅方便快捷，还可以让自己清楚当月的钱都花在什么地方。记账可以帮助我们养成良好的财务习惯，也与我们的生活息息相关。

目前市面上的有很多记账 App，我们可以根据自己的需要选择，比方说极简的记账体验、好看的界面外观，以及特色的辅助功能，如统计功能、账单导出功能、图表分析功能、数据云端存储功能、财经资讯板块、社交功能，等等。总的来说，大家可以根据自己的需要选择适合自己的记账 App。大家赶紧安装起来，开始记账啦！

◆考核

以理财规划师的身份分析表 8-1 中的资产负债项目在进行财产评估时应偏重和注意哪些方面。

单元二　财产分配理财规划

学习目标

识记能力目标：抚养和赡养；夫妻债务；夫妻共有财产中的股权、房屋财产的界定；财产分配的原则。

理解能力目标：婚姻成立的条件；房屋财产的几种特殊情况；不同财产分配工具的优点和适用范围。

应用能力目标：针对不同客户采用不同财产分配工具。

◆案例引入

有这样一个案例，假设在夫妻关系存续期间，丈夫私自贷款购买豪车欠下 150 万元，离婚后却被法院判决一起还债，这笔债务是否是夫妻共同债务是本案的焦点。夫妻共同债务的认定，不仅与夫妻双方的财产权利息息相关，也影响债权人利益和交易安全，因此历来受到大家的广泛关注。随着我国《民法典》施行后，夫妻共同债务如何认定？举证责任如何分配？家庭财产分配能否提前规划？

【任务】财产分配理财规划

思考题：

1. 抚养和赡养是一回事吗？两者区别是什么？

2. 什么是夫妻债务？如何界定夫妻共有财产中的股权构成、房屋财产？

3. 对客户的家庭财产作分析时应该考虑的因素有哪些？

4. 财产分配的理财工具有哪些？

【任务提示】

活动一：讨论夫妻离异后的财产分配

案例 8.2.1：原告刘某和被告邱某于 2001 年经人介绍相识、恋爱，于同年 7 月 19 日在双方父母强烈反对下自愿到 A 镇登记结婚并在原告父母家居住。2002 年 6 月 23 日生育儿子邱斌。儿子出生至今一直由原告父母协助照顾。2016 年上旬，由于被告原单位转制，被告离职后单独回其老家 B 县工作生活至今，其间较少回 A 镇。原告现在在某鞋厂工作，有固定收入。被告没有固定工作，也没有固定收入。原告刘某向当地人民法院起诉请求：① 判令原、被告离婚；② 婚生儿子邱斌由原告刘某抚养，被告每月支付抚养费 3 000 元，教育医疗费用凭单支付一半，每六个月给抚养费一次；③ 本案诉讼费由被告邱某支付。而被告却坚持认为其已履行作为父亲的责任。对于原告提出离婚，被告没有异议，因为双方确实已没有感情了，同意离婚，但要求儿子由被告抚养，是否给抚养费，由原告决定，而且同意原告可随时探望儿子。

讨论：夫妻离异后抚养费应支付吗？为什么？能否因没有固定工作而不用支付？

案例 8.2.2：某年 4 月 28 日，被告李某、徐某向原告借款 20 000 元，并写下欠条，由被告签名确认，承诺两年内还清。同年 7 月 26 日，被告又向原告借款 5 000 元，由被告李某写下欠条签名确认，承诺在三年后的 2 月 6 日归还。但被告借款一直未还，原告遂向法院起诉。另查明，被告李某、徐某原是夫妻，借款后的第二年的 7 月 3 日已离婚，所欠原告 20 000 元夫妻债务由被告李某承担，所欠原告 5 000 元在离婚诉讼中两被告没有提出分割。

讨论：夫妻离异后应如何界定其共同债务？

微课学习：对客户的家庭财产作分析时应该考虑的因素

| 微课视频 | 学案 | 同步练习 | 理财小技巧：超市购物误区（动图） | 理财小技巧：超市购物误区（音频） |

一、客户婚姻状况

一个人在家庭中扮演的身份有几类，不同身份有不同的相对关系人，进而产生不同的财产关系。配偶是家庭关系的基础，婚姻关系是夫妻财产分配理财规划的基础，因此，针对客户的财产分配理财规划要求，理财规划师应该首先分析客户的家庭婚姻状况。

婚姻成立的条件是双方亲自订立并且意思表示真实，这就意味着由他人代订、包办或者欺诈、威胁的婚姻无效。这是因为：① 婚约是双方当事人对自己人身权利的确认，所以必须是男女双方完全自愿。② 婚约当事人不得有法定的婚姻障碍。但订婚后由于他人结婚或重复订婚的，不构成法律上的重婚。③ 婚约当事人必须是具有完全民事行为能力的人。只有具有完全民事行为能力的人，才能正确地理解婚约的意义和后果，合理地行使自己婚姻自主的权利。④ 婚约的内容必须合法，应以婚姻法规定的禁止性、必备性要件作为参考。

二、家庭财产状况分析

随着社会的日益发展，家庭财产结构日渐复杂，其表现形式也日趋多样化。影响家庭财产分配的因素有很多种，如家庭成员中有参加公司经营或合伙经营的，则要考虑经营财产与家庭财产的严格分离，以防范经营风险对个人和家庭财产的侵犯；夫妻双方各自对婚后财产所做的贡献，包括了一方以操持家务的方式所做的贡献。离婚前提下进行的财产分割还要考虑婚姻持续的时间及财产分割生效时双方的经济状况；要考虑抚养、赡养以及夫妻债务等情况。财产分配中的一些特殊问题主要体现在财产形式的复杂性上，比如夫妻共有财产中的企业投资权益（股权、合伙份额）、房产等。

理财规划师对客户的家庭财产作分析时应该考虑到抚养、赡养、夫妻债务、夫妻共同财产中的股权构成、房屋财产等因素。

（一）抚养

抚养通常是指父母对子女在经济上的供养和生活上的照料，包括负担子女的生活费、教育费、医疗费等。我国婚姻法规定："父母与子女之间的关系，不因父母的离婚而解除。离婚后，子女无论由父方或母方抚养，仍是父母双方的子女。"且规定："离婚后，父母对其子女仍有抚养和教育的权利和义务。"由此可见，对子女的抚养义务，不但存在于婚姻关系的存续期间，而且在婚姻破裂、夫妻已经离婚的情况下仍然存在。无论是子女随其生活的一方还是子女未随其生活的一方，都不能因为婚姻关系的结束而中止对子女的抚养义务。因此在离婚分割财产时，要充分考虑双方对子女的抚养义务，抚养子女的一方应适当地多分配到一些财产；对于子女未随其生活的一方，应当向子女支付抚养费。按我国法律规定，抚养费包括生活费、医疗费、教育费等费用，而不仅仅是生活费。与此相关，抚养费的支付方式以及存在的潜在风险也是影响财产分配规划的因素之一，所以理财规划师在为客户制定理财规划时也要有所考虑，因为抚养问题一旦处理得不好，不仅对夫妻离婚财产分割有影响，还会对离婚后的双方生活产生影响。

（二）赡养

赡养主要是指子女在经济上为父母提供必需的生活用品和费用，在日常生活上给予照顾，在精神上予以关怀，在父母不能自理、患病时予以看护。《中华人民共和国宪法》第49条明确规定："父母有抚养教育未成年子女的义务，成年子女有赡养扶助父母的义务。"实际生活中，这部分费用有可能是确定的，也有可能是不确定的。

（三）夫妻债务

夫妻债务是指在婚姻关系存续期间，夫妻双方或一方为维持共同生活的需要，或出于共同生活的目的从事经营活动所引起的债务。它包括个人债务和夫妻共同债务。

1. 个人债务

个人债务通常是夫妻一方在婚姻关系存续期所负的、夫妻双方约定由其中一方承担的债务。但实践中由于没有规定夫妻约定的共识和登记制度，因此，如果夫妻约定一方承担债务但没有把这个约定通知债权人并征得其同意，则约定不对债权人产生效力。下列债务为个人债务：一方未经对方同意擅自资助与其没有抚养义务的亲朋好友的债务；一方未经对方同意，独自筹资从事经营活动，并且收入确实没有用于共同生活所负的债务；其他应当由个人承当的债务，包括因一方实施违法行为所欠的债务，婚前一方所负的债务以及婚后一方为满足个人欲望所负的与共同生活无关的债务等。

2. 夫妻共同债务

夫妻共同债务是指在婚姻关系存续期间，夫妻双方或一方为共同生活所产生的债务。夫妻共同债务包括了生活性债务和经营性债务。前者是夫妻关系存续期间，夫妻双方或一方因共同生活需要而引起的债务，其间有抚养子女、赡养老人、医疗疾病、建造房屋、购置家用物品等引发的债务。后者则是夫妻关系存续期间，夫妻一方或双方出于共同生活目的，从事经营活动所负的债务。夫妻共同债务为连带之债，因而夫妻双方都负有清偿全部共同债务的义务。这就涉及如何规避共同债务的问题——公证书。公证书是当事人将自己的法律行为提交国家机关予以证明的一种法律形式，因为它是由国家专门机关对当事人的行为进行证明，因此，在离婚财产划分纠纷中相对其他证据来说，具有较强的证明力。

题1：甲于某年与乙结婚，次年以个人名义向其弟借款10万元购买商品房一套，夫妻共同居住。婚后第三年，甲乙离婚。甲向其弟所借的钱，离婚时应如何处理？

A. 由甲偿还　　B. 由乙偿还　　C. 以夫妻共同财产偿还　　D. 主要由甲偿还

分析：甲向其弟借款虽以个人名义，但该债务发生于其与乙结婚后，且该款所购商品房用于夫妻共同居住，且题中未交代该房为甲个人所有，故应为夫妻共同债务，应以夫妻共同财产偿还。

（四）夫妻共同财产中的股权构成

该类财产具有一定的特殊性，所以在分割时应该相当谨慎。它不仅涉及婚姻法，还涉及公司法、合伙企业法、证券法等法律的相关规定。最高法院《关于适用〈中华人民共和国婚姻法〉若干问题的解释（二）》第15条规定："夫妻双方分割共同财产中的股票、债券、投资基金份额等有价证券以及未上市股份有限公司时，协商不成或者按市价分配有困难的，人民法院可以按照数量比例分配。"因此在财产分配时要考虑：① 分清股票是个人财产还是共同财产。由于股票具有财产权内容，因此只要是夫妻关系存续期间以夫妻共同财产购买的，在夫妻离婚时，股票就应该被认定为夫妻共同财产进行分割。② 股票是属于可转让还是不可转让。对于不可转让的股票，如内部职工股，最好以价格补偿的方式分割，即一方取得共有物，另一方获得相当一半的价格的补偿，取得价金。③ 股票的价格。股票价格不是指股票的发行价格也不是股票的面额。由于不同股票在不同时期有相应的价格，对于可以公平上市交易的股票，应当按照判决生效之日起当天的股市收盘价格来确定价格；对于企业内部职工股，则应该以股票发行价格结合企业分红来确定。

（1）有限责任公司股权

夫妻设立的有限公司或者以夫妻一方名义投资于有限责任公司，要首先考虑通过财产分配规划在公司财产和家庭财产之间布下防火墙，以抵御经营风险对家庭财产的侵扰。离婚时夫妻共有的股份应当按公平原则来分割。

（2）合伙企业合伙份额

普通合伙人对合伙企业债务是承担无限连带责任的，当企业经营出现问题的时候会对家庭财产和家庭成员的生活产生重大影响。理财规划师对有合伙企业普通合伙人身份的客户，应首先建议客户有一个风险隔离的安排，在这里最有效的风险隔离工具就是信托，即将个人或家庭财产中的一部分以委托人的身份转给受托人，并根据信托目的指定信托财产的受益人。通过一个或数个信托安排使这些财产从合伙经营所带来的无限连带责任风险中解脱出来，形成财产的有效保护。

如果夫妻双方协商一致，将其合伙企业中的财产份额全部或者部分转让给对方时，应该按以下情形分别处理：① 其他合伙人一致同意的，该配偶依法取得合伙人地位；② 其他合伙人不同意转让，在同等条件下行使优先受让权的，可以对转让所得的财产进行分割；③ 其他合伙人不同意转让，也不行使优先受让权，但同意该合伙人退伙或者退还部分财产份额时，可以对退还的财产进行分割；④ 其他合伙人既不同意转让，也不行使优先受让权，又不同意该合伙人退伙或者退还部分财产份额，视为全体合伙人同意转让，该配偶依法取得合伙人地位。

题2：某年3月，甲、乙、丙开办一合伙企业，同年6月甲与丁结婚。婚后五年的8月，双方协议离婚，约定将合伙企业中甲的财产份额全部转让给丁。下列哪些说法不正确？

A. 合伙企业中甲的财产份额属于夫妻共同财产

B. 如乙、丙同意，丁依法取得合伙人的地位

　　C. 如乙、丙不同意丁入伙，必须购买该财产份额

　　D. 合伙企业应清算，丁分得甲应得财产份额

　　分析：由于合伙企业开办在先，结婚在后，因此合伙企业中的财产属于甲的个人财产。但该财产用于合伙投资而获得的收益属于夫妻共同财产，故选项 A 的说法正确，不当选。如果其他合伙人一致同意转让的，该配偶依法取得合伙人地位，B 选项说法正确，不当选。C 选项条件下，其他合伙人可以行使优先购买权，可以同意甲退伙或者退还其财产份额。即使在其他合伙人不同意入伙又不作同意购买或者退伙选择的情况下，解释推定的是视为同意转让，取得合伙人资格，但也不是必须购买其财产份额。故 C 选项说法错误，当选。选项 D 无法律依据，当选。

　　（3）个人独资企业

　　夫妻用共同财产以一方名义投资设立独资企业的，分割夫妻在该独资企业中的共同财产时，应当按照以下情形分别处理：① 一方想经营该企业，对企业资产进行评估后，由取得企业一方给予另一方相应的补偿；② 双方均要求经营该企业，在双方竞价基础上，由取得企业的一方给予另一方相应的补偿；③ 如果双方均不愿意经营该企业，按照《中华人民共和国个人独资企业法》等有关规定办理。

　　题 3：甲以夫妻共有的写字楼作为出资设立个人独资企业。企业设立后，其妻乙购体育彩票中奖 100 万元，后提出与甲离婚。离婚诉讼期间，甲的独资企业宣告解散，尚欠银行债务 120 万元。该项债务的清偿责任应如何确定？

　　A. 甲以其在家庭共有财产中应占的份额对银行承担无限责任

　　B. 甲以家庭共有财产承担无限责任，但乙中奖的 100 万元除外

　　C. 甲以全部家庭共有财产承担无限责任，包括乙中奖的 100 万元在内

　　D. 甲仅以写字楼对银行承担责任

　　分析：《中华人民共和国个人独资企业法》第 18 条规定："个人独资企业投资人在申请企业设立登记时明确以其家庭共有财产作为个人出资的，应当依法以家庭共有财产对企业债务承担无限责任。"甲以夫妻共有的写字楼作为出资，可见其是以家庭共有财产作为个人投资，因而应该以家庭共有财产对此债务承担无限连带责任。乙购买彩票中奖的 100 万元，归夫妻共同所有，因而也要包括在内。

　　（4）财产分割时应当特别注意的问题

　　折价补偿时的股权价格计算：在公平原则的基础上，由专业机构对公司的财产状况和财务情况进行综合评估，按照股权的实际价值决定对股东的配偶进行经济补偿的数额。

　　（五）房屋财产

　　作为同属于共同财产的一部分，房屋财产可以分为以下几种情况：① 夫妻一方婚前付了全部房款，并取得房产证，那么该房屋是婚前财产，另一方无权要求分割。② 夫妻一方婚前以个人财产购买房屋，并按揭贷款，把房屋产权证登记在自己名下的，该房屋为其个人财产，按揭贷款也为其个人债务。即使在婚后与配偶一起清偿贷款，也不能改变该房屋为个人财产的性质，因此，在离婚分割财产时，该房屋为个人财产，剩余未归债务也为个人债务，但对已归还的贷款中属于配偶一方清偿的部分，应予以返还。③ 夫妻一方婚前支付了部分房款，但婚后才取得房产证，即使是婚后双方共同还贷，其仍应属于一方的婚前个人财产。当然，夫妻双方婚后共同还贷部分不论是由一方用个人工资还贷还是双方工资还贷，其贷款来源都应当认定为夫妻共同财产。④ 如果夫妻一方婚前支付部分房贷，婚后夫妻双方共同还贷，或一方用个人财产还贷且房屋又升值，而房屋的房产证在需要对财产进行分配时还没有拿到，这种情况下，在实践中是不会直接去界定房屋归属权的，而是根据实际情况由夫妻双方先行使用，待取房产证后再确定该房屋的权属。⑤ 对于一方在婚前购房且房产证登记在其名下，而其配偶方有证据证明也有出资时，在分割该房屋财产时，该房屋仍为房产证登记人的个人财产，但对于配偶方所付的房款，一方应当予以补偿。

题4：张先生的父母在其婚后出资为张先生夫妇购买了一套房产，其和妻子两人分文未出，但产权证的权利人一栏记载了张先生及其父母三人的姓名。现夫妻俩析产，妻子认为该房产中的1/3产权为夫妻俩的共有财产。

分析：生活中类似这样的情形很多，应该区分不同的情况而定：一是如果子女已婚，父母为自己子女夫妻双方购置房屋出资的，应视作对子女夫妻双方的赠予，除非父母明确表示是赠予自己子女一方；二是对父母的"明确表示赠予"，须在办理产权证之前做出，且有证据证明，最佳形式是办理公证。如果父母在办理产权证之后或在子女夫妻要进行析产时才签订赠予合同，这实际上是侵犯了非自己子女一方的合法权益。本案中张先生妻子的主张是符合法律规定的，该房产中的1/3产权应当认定为小夫妻俩的共同财产。

三、制定财产分配方案

微课学习：如何制定财产分配方案

| 微课视频 | 学案 | 同步练习 | 理财小技巧：促销产品不是非买不可（动图） | 理财小技巧：促销产品不是非买不可（音频） |

（一）确定财产分配的原则

1. 保证财产分配方案的可变通性

因为财产分配从制定到生效有一段不确定的时间，而在该时间内的客户财产状况和目标都是处于不断变化中的，其财产分配方案也一样。因此，理财规划师要时常与客户沟通，不断对规划方案做出调整，以保证满足客户的不同需要。

2. 确保财产分配的现金流动性

遗产要先用于支付相关的税收、遗产处置费用及相关债务，如法律和会计手续费、丧葬费等，剩余的部分才可以分配给受益人。所以，如果客户遗产中的现金数额不足，反而会导致其家人陷入债务危机。为避免这种情况的发生，理财规划师必须帮助客户在其遗产中预留足够的现金以备支出。现金收入的来源通常有银行存款、存单、可变现的有价证券等。客户应该尽量减少遗产中的非流动性资产，如房地产、珠宝和收藏等，这些资产不仅无法及时变现，还会增加遗产处置的费用，所以，理财规划师可以建议客户将它们出售或赠给他人，从而降低现金支出。

活动二：讨论再婚夫妻的财产分配

案例8.2.3：个体户刘甲丧偶后，与24岁的儿子刘乙一起经营副食店为生，商店资产约为8万元。某年刘甲与丧偶妇女杨丙再婚，婚后杨丙的10岁女儿张丁随母与刘甲一起生活。刘家父子经营商店，杨丙操持家务，小日子过得很是幸福美满。再婚后的第三年因刘乙准备结婚，急需住房，经刘甲同意，欲将商店赚的钱购买商品房，遭到杨丙的反对，由此引发矛盾。

再婚后的第四年的1月，刘甲向法院起诉，要求与杨丙离婚。经法院调解，杨丙同意离婚，但对夫妻共同财产分割未达成一致协议。杨丙认为："商店现有资产是我操持家务，让刘甲专事经营挣来的，且刘乙恋爱中已经花了不少钱，因此，商店现有的财产是夫妻共同财产，我要分一半。张丁是刘甲抚养的继女，享有婚生子女的权利和义务，离婚后，刘甲应承担张丁每月抚养费500元，直到其能独立生活为止。"刘甲认为："商店现有资产是我和儿子挣来的，杨丙未做任何贡献，我倒养了她们母女俩几年，因此，我坚决不同意分割财产。张丁不是我的亲生女儿，离婚后我没有抚养她的义务。"经法院查明，商店现有资产32万元。

问题：

① 商店现有资产是否属于夫妻共同财产？为什么？

② 杨丙是否有权分得商店的部分资产？

③ 法院应当怎样分割才合法？

④ 刘甲是否有继续抚养张丁的义务？为什么？

点评：

① 商店的资产不属于夫妻共同财产。因为刘甲与杨丙结婚时，商店已有资产8万元，属婚前财产，归刘家父子所有。

② 在刘甲与杨丙结婚期间，杨丙在家操持家务，商店由刘家父子经营，因此，该期间商店的增值部分属于三人共有。

③ 杨丙只能分得夫妻婚姻关系存续期间商店增值部分中属于她的份额，即24万元的三分之一（8万元），其余部分是刘家父子共有。

④ 刘甲没有继续抚养张丁的义务。因为刘甲与张丁之间是一种继父女关系，这种关系随刘甲与杨丙婚姻关系的解除而自然解除，继父女关系解除后，刘甲不负有继续抚养张丁的义务。

（二）分析财产分配工具

1. 遗嘱信托

（1）优点

遗嘱信托可以延伸个人意志，妥善规划财产，使财产永续传承。借助该工具委托人可以使财产在受托人的保管下代代相传。遗嘱信托的受托人需具有一定专业管理能力和专业技能，可以使遗产得到有效的保值、合理的配置和安全的传承，可促使遗产发挥其最大功效。

（2）适用范围

作为一种灵活的财产分配工具，它自身具有一定的适用范围，或者说适合一些有特殊需求的人群。例如：名下有可观的财产，担心将来在财产分配上会有困扰的人；继承人属于有身心障碍或者没有能力处理、管理财产，甚至无法控制自己的人；想立遗嘱却不懂得怎么规划的人；对遗产管理及配置有专业需求的人。

（3）处理程序

一般而言是采取书面形式，它包括三个当事人，即委托人、受托人、受益人，其中的受托人可以是个人或组织。遗嘱信托体现了对财产的管理和整合，因此受托人一般是具有一定理财能力的律师、会计师、理财规划师、信托投资机构等专业人士或专业机构。遗嘱信托的处理程序分为八个步骤：设立个人遗嘱、确立遗嘱信托、编制财产目录、安排预算计划、结清税捐款项、确定投资政策、编制会计账目、进行财产的分配。

2. 遗嘱

（1）优点

如果没有设立遗嘱，则在公民死亡后按照法律规定的继承人范围、先后顺序，以及遗产的分配原则来实现对遗产的安排和分配。设立遗嘱体现了遗嘱人对其财产自由安排的意愿，是公民保护自己私有财产的一种有效方式。它的优点主要体现在：遗嘱是法律对公民财产所有权予以全面保护的最佳体现；遗嘱有利于发挥家庭养老育幼的功能；遗嘱有利于发展社会福利事业；遗嘱有利于减少和预防纠纷。

（2）风险

这个风险包括遗嘱的效力风险和设立遗嘱执行人的风险。前者是指大部分遗嘱都有被推翻的可能性，只要认为自己有权继承遗产却被排除在外的都可以到法庭申诉，由法院来裁决。后者是指执行人没有及时处理遗产、编制遗产清单以及妥善保管好财产，而是侵夺和争抢财产。我国法院并不会主动去指定遗嘱继承人，一旦遗嘱执行人不正当履行职责被撤销资格，或者不具有执行遗嘱能力的情况发生时，还是要由继承人按照遗嘱人的遗嘱分割财产。

3. 人寿保险信托

（1）财产风险隔离

委托人将财产转移至受托人处，则该信托财产所有权为受托人所有，由信托财产产生的信托收益归受益人。此种法律上所有权与受益权分离的原则，优点在于委托人不但可以免管理之责，且可免被债权人追索。而受托人的债权人也无法对信托人财产实施主张，因为受托人仅有名义上的所有权，而无实质上的所有权。至于受益人的债权人，则因为受益人实质上的所有权是依照信托规定享受信托收益的权利，所以受益人的债权人不能直接对该财产本身有任何主张，至多只能代受益人请求受托人依照信托规定配发信托收益。

（2）专业财产管理

通过专业的财产管理服务，可以减轻自行管理运用的负担，尤其是资产市场存在的风险，如果没有一定的专业知识充分占有资讯，则很难实现有效的管理。

（3）家庭生活保障

通过保险金信托的运用，由专业信托机构妥善管理运用信托财产则可以避免保险金遭到不当运用，从而使受益人最大限度地享受保险金的利益，特别当受益人是未成年人、身心障碍者、老年人、疾病者时。

（4）规避经营风险

人寿保险信托可以运行在企业中，还可以在企业合伙人或股东之间相互投保，一旦出现意外就可以用人寿信托产生的信托收益购买其企业股权，防止企业经营股权外流，规避企业经营风险。

◆ 理财技巧

理财的五大目标：获得资产增值；保证资金安全；防御意外事故；保证老有所养；提供赡养父母及抚养教育子女的基金。

理财四大误区：我没财可理；我不需要理财；等我有了钱再理财；会理财不如会挣钱。

正确理财的三个观念：理财是一件正大光明的事，"你不理财，财不理你"；理财要从现在开始，并长期坚持；理财的目的是"梳理财富，增值生活"。

单元三　财产传承理财规划

学习目标

识记能力目标：法定继承；遗嘱继承；制定财产传承理财规划的原则、目标和特点。

理解能力目标：结合法律知识理解财产继承的顺序，第一顺序人、第二顺序人；保证规划方案可变性的重要性。

应用能力目标：针对客户需求使用适当的财产传承理财规划工具。

◆ 理财故事　　　　**十两银子**

很久以前，一位富翁要出远门，在启程之前，他把三个仆人叫到身边，分别给了他们10两银子。"我要很长一段时间才能回来，这10两银子怎么花是你们自己的事情，你们多动动脑筋，别在我回来之前饿死了。"富翁说。

主人离开后，三个仆人采取不同的方式处理那10两银子。年龄最小的仆人叫约克，他把10两银子全部拿去做生意，在两年时间里，他赚到了300两银子，除去生活开支及其他成本，还净剩 200 两银子。

年龄居中的那个仆人叫布朗,他把 10 两银子中的 5 两拿去做生意,赚到了 30 两银子,除去各种开支还剩 20 两银子;另外 5 两银子,他存在银行里以备急用。

年龄最长的那个仆人叫塞维尔,他把 10 两银子藏在墙洞里。他当然一分钱也没有赚到,反而在第二年年底时让小偷把银子偷走了。

在两年时间里,约克日子过得十分滋润,很多人都羡慕他。布朗过得比较节俭,但也不算差。塞维尔就过得十分凄凉了,衣不蔽体,食不果腹,在银子被偷之前,他的精神支柱还在,他常常对自己说"我还有 10 两银子存着哩",银子被偷之后,他的精神支柱垮了,最后沦落成了流浪汉。

两年后,富翁回来了。他没有立即召见三个仆人。在回家的第一个月快结束时,他召见了年龄最小的约克。约克把自己所赚银两中剩余的 200 两带到主人面前,并对主人说:"你给了我 10 两银子,这 200 两是那 10 两赚来的利润中剩下的部分,我应该把它们交给你。"富翁却摆摆手说:"你是一个充满自信和富有财富思维的人,你会很有前途。这 200 两银子归你所有,为了帮助你更快地走向成功,我还要给你 1 000 两。"约克用 1 200 两银子购买了一个农场,并雇用了很多人为他经营。约克也因此被称作"约克财主"了。

富翁回家的第二个月末,他召见了年龄居中的布朗。布朗也表示把所赚的钱中剩余的 20 两交给主人。富翁对他说:"你也是一个能干的人,但你的冒险精神不足,你有花钱的意识,但不强烈。你能够做一定的事,但成不了大业,我建议你去做约克的助手。这 20 两银子归你,另外,我再给你 100 两,你回去好好改善一下生活。"布朗于是成了约克的大管家。

富翁没有召见塞维尔,因为不知道他流浪到何处去了。流浪他乡的塞维尔听说另外两个仆人都得到了奖赏,便也赶回去见富翁。"主人啊,其实我的心地最善良了。他们两个人都拿你给的钱不当钱,拿去做冒险的事情,只有我最实在、最本分,我把钱藏在墙洞里,一分钱也没有动用过。只恨那可恶的小偷,把我的钱偷了去,要不然,我现在还有 10 两银子。"塞维尔说。"你来见我,就为了向我表白这些吗?"富翁问。

"是的。他们两个都受了赏,我这么善良,应该受到更多的奖赏才对。"

"我非但不能奖赏你,还要罚你!"富翁说,"但是,我罚你也没有用,因为你一无所有,而且又懒惰又缺德,我建议你去给约克做仆人——你这样的人,天生就是做仆人的命。"

"没有奖赏,还做仆人?"塞维尔很失望,"我可不愿意。"

"那你继续流浪吧,"富翁说,"我的奖赏只给能干的人,对于不能干的人,即使他一无所有,我也不会给他。"

启示:

穷人始终是穷人的原因在于他们不知道让已经积累的财富"流出去",以便让更多的财富"流进来";而富人却知道。这就是穷人和富人的差别。理财也是同样的道理。

提问:

(1) 这个故事给了我们哪些启发?

(2) 主人是如何分配他的银子的?

(3) 三个仆人中谁在理财方面是最优秀的?

(4) 你现在有投资计划吗?打算怎么做?

◆ 案例引入

刘军(男)与何红(女)在某年结婚,婚后没有生育,收养了刘军弟弟的儿子,取名刘鹏。在刘鹏 20 岁的时候,刘鹏娶妻王媛(女),王媛在国有公司工作,婚后与父母分家,并于次年生一女刘霞。在刘霞一岁的时候,刘鹏不幸因公牺牲,得到政府抚恤金 20 万元,王媛未再嫁而尽心尽力照顾刘军与何红。在刘鹏牺牲一年后，刘军逝世，留下遗产房屋6间，存款10万元，另有承包的山地100亩。刘军留有录音遗嘱，遗嘱规定将房屋给何红，存款留给刘霞。

根据上述资料，请回答第1~4题。

1. 关于收养，下列说法不正确的是（　　）。

    A. 被收养人为不满14周岁的未成年人　　B. 收养人可以收养多名子女

    C. 有配偶者收养子女，须夫妻共同收养　　D. 收养人必须年满30周岁

2. 本案中，刘军的遗产为（　　）。

    A. 房屋6间，存款10万元

    B. 房屋6间，存款10万元，承包山地100亩

    C. 房屋3间，存款5万元

    D. 房屋3间，存款5万元，承包山地50亩

3. 关于刘鹏牺牲后政府所送抚恤金的归属问题，下列说法正确的是（　　）。

    A. 抚恤金应该归妻子王媛所有　　B. 抚恤金应该归未成年人刘霞所有

    C. 抚恤金应该归刘军和何红夫妻所有　　D. 王媛与刘霞及刘军夫妇平分

4. 如果刘军没有立遗嘱，其遗产应当法定继承，则继承人为（　　）。

    A. 何红　　B. 王媛

    C. 何红、王媛　　D. 何红、王媛、刘霞

参考答案：1. B　2. C　3. D　4. D

【任务】财产传承理财规划

思考题：

1. 法定继承与遗嘱继承有什么区别？

2. 什么是财产继承的第一顺序人和第二顺序人？

3. 制定财产传承理财规划的原则是什么？

4. 财产传承规划的工具有哪些？

【任务提示】

活动一：结合案例，小组讨论如何针对不同客户选择相应的财产传承理财规划工具

案例8.3.1：一个拥有200万元资产的客户，假如在他去世时其妻子还健在，根据法律规定，这笔财产将平均分配给其妻子。但由于该客户的妻子本身拥有近100万元的资产，而女儿尚幼，所以客户希望能把大部分遗产留给女儿作为将来的教育基金。再如，某客户拥有将近1 000万元的资产，却只有年幼的儿子，他担心自己如果去世了，儿子将没能力管理和支配这笔遗产，所以希望能够指定一个监护人，在照顾儿子的同时管理这笔遗产，等到儿子成年后再将遗产转交给他。如果客户没有做好财产传承理财规划，则他们上述的愿望很难实现。在理财规划师的帮助下，通过制定合理的财产传承理财规划，客户不仅可以实现这些目标，还可以减少客户的亲人在面对其死亡时的不安情绪，同时降低遗产处置费用和纳税金额的支出。

讨论：请结合本案例，分析理财规划师应如何针对不同客户选择相应的财产传承理财规划工具。

活动二：以学习小组为单位，情景模拟财产传承业务咨询服务

案例8.3.2：张某担心自己去世后，三个儿子会因为遗产而产生纠纷，于是，便于某年3月写了一份遗嘱，并到公证机关做了公证。后来，他又担心儿子们不会按遗嘱执行，于是同年6月又重写了一份遗嘱，并在其中指出让自己朋友的儿子王律师来充当遗嘱执行人，监督遗嘱执行。

次年 9 月，他无意中听到有理财规划师在为客户制定财产传承理财规划，因此，他来到一家理财规划机构，就自己的财产传承事宜向专业的理财规划师进行咨询。

请以学习小组为单位，分别由一位同学扮演理财规划师，一位同学扮演张某，其他同学扮演张某的朋友，由理财规划师对张某和他的朋友提出的咨询进行解释。张某和其他同学作为客户为担任理财规划师的同学的介绍评价打分。

评价标准：从口头表达、态度、内容准确三方面给予不合格、合格、良好、优秀等级的评价。

一、财产传承需求分析

微课学习：财产传承需求分析

| 微课视频 | 学案 | 同步练习 | 理财小技巧：省钱享受两不误（动图） | 理财小技巧：省钱享受两不误（音频） |

家庭财产传承是指家庭财产在家庭成员之间的转移，通常是在家庭中的一员去世后，对其财产进行继承的行为。参与客户家庭财产分配的主要家庭成员通常有：配偶，子女，父母，兄弟姐妹，祖父母、外祖父母，对公婆、岳父尽了主要赡养义务的丧偶儿媳、女婿等。

（一）配偶

构成家庭财产继承关系的配偶是指合法的婚姻关系的当事人，或者符合法律关于事实婚姻关系规定的当事人。大致包括以下几种情况。

第一，双方当事人依法办理了结婚登记手续，领取了结婚证，但尚未举行结婚仪式，或尚未同居的，一方死亡，另一方可以配偶身份继承遗产；反之，如双方当事人已经举行了结婚仪式，或已同居，但尚未依法办理结婚登记手续的，一方当事人死亡，另一方不得以配偶身份继承遗产（合法的事实婚姻配偶除外）。

第二，夫妻双方因感情不和已经分居，不论分居的时间长短，分居期间一方死亡的，另一方仍可以配偶的身份继承遗产。

第三，夫妻双方协议离婚，已经达成离婚协议，但在依法办理离婚手续期间，一方死亡的，另一方仍可以配偶的身份继承遗产。

第四，夫妻双方已经向法院起诉离婚，在离婚诉讼过程中，或在法院的离婚判决生效前，一方死亡的，另一方仍可以配偶的身份继承遗产。

（二）子女

根据我国继承法的规定："本法所说的子女，包括婚生子女、非婚生子女、养子女和有抚养关系的继子女。"

1. 婚生子女

关于婚生子女享有法定继承权，应注意以下几个问题：① 除依据我国继承法第 7 条确认丧失继承权的人外，凡"声明"与父母脱离父母子女关系的子女，仍可以依法享有对父母的继承权。② 父母离婚后，由一方抚养的子女，对未与其共同生活的父或母仍享有继承权，即父母与子女间的关系，不因父母离婚而消除。

2. 非婚生子女

非婚生子女与婚生子女的法律地位完全相同，法律中有关父母与婚生子女间的权利和义务，同样适用于父母与非婚生子女。非婚生子女作为其生母的继承人，可基于出生的事实加以确定，其身份关系一般不需特别证明。但非婚生子女作为其生父血亲的继承人，其身份则需要特别予以证明。

3. 养子女

公民依法领养他人子女为自己子女的行为是收养行为。在收养关系中，收养人为养父母，被收养人为养子女。我国养子女的法律地位与婚生子女的法律地位完全相同。养子女与养父母间的法定继承权也是基于收养关系的成立而产生的。

4. 有抚养关系的继子女

继子女是指夫与前妻或妻与前夫所生的子女。继父母与子女间的亲属法律地位分为两种。

① 没有通过共同生活形成事实上的抚养关系：双方属于直系姻亲关系，不能作为继父母的法定继承人继承遗产。

② 形成了事实上的抚养关系：双方由姻亲关系转化为拟制血亲的关系，形成法律拟制的父母子女关系。既可作为其生父母的法定继承人继承遗产，同时也可作为其继父母的法定继承人继承遗产。

【知识窗】

继子女享有对其生父母和有扶养关系继父母的双重继承权。但继子女如被继父或继母收养，那么，继子女与其生母或生父及其他近亲属的权利和义务关系也随之消除，不享有双重的继承权。

（三）父母

父母，包括生父母、养父母和有扶养关系的继父母。

父母作为子女的法定继承人，还应包括以下两种情况。

1. 对非婚生子女的继承权

生父母对其非婚生子女有继承权，并且继承权不以有无抚养子女的事实为条件。

养父母与生父母处于同等的法律地位。在收养关系存续期间，养父母是养子女的法定继承人。需要注意两点：一是如果养父母离婚，养父母与养子女间的权利和义务关系并不消除；二是如果收养关系解除，养父母与子女间的权利和义务关系依法消除。

2. 形成抚养、教育关系的继父母

继父母与生父母享有同等的法律地位，属于法定继承人的范围，依法对继子女的遗产享有继承权。

（四）兄弟姐妹

兄弟姐妹在一定条件下，相互负有法定的扶养义务，同时也是法定的继承人，相互享有继承遗产的权利。作为法定继承人的兄弟姐妹，包括同父同母的兄弟姐妹、同父异母或者同母异父的兄弟姐妹、养兄弟姐妹和有扶养关系的继兄弟姐妹。

① 亲兄弟姐妹。亲兄弟姐妹包括全血缘的兄弟姐妹和半血缘的兄弟姐妹。

② 养兄弟姐妹。养兄弟姐妹是基于收养关系的成立而在被收养人与收养人的其他子女间产生的亲属关系。在收养人的养子女与生子女间、养子女与养子女间形成了养兄弟姐妹关系，其法律地位等同于亲兄弟姐妹间的权利和义务关系，彼此相互享有继承权。

③ 有扶养关系的继兄弟姐妹。继兄弟姐妹间继承权的发生，并不以继父母与子女间发生的抚养关系为依据，而是以继兄弟姐妹之间发生的扶养关系为依据。

（五）祖父母、外祖父母

祖父母、外祖父母在一定条件下，有抚养孙子女、外孙子女的义务，同时也享有继承孙子女、外孙子女遗产的权利。

（六）对公婆、岳父母尽了主要赡养义务的丧偶儿媳、女婿

丧偶儿媳、女婿属于姻亲关系。从婚姻家庭的法律关系上讲，姻亲间没有法定的权利和义务，因而，他们之间没有赡养、抚养的权利和义务关系。因此，在正常的情况下，他们之间不发生法定继承关系。但我国继承法第12条规定："丧偶儿媳对公、婆，丧偶女婿对岳父、岳母，尽了主要赡养义务的，作为第一顺序继承人。"这是我国继承法的一个突出特色，我国也是世界上唯一一个在继承法中作此规定的国家。

丧偶儿媳、女婿作为第一顺序法定继承人的前提条件，必须是对公婆、岳父母尽了主要的赡养义务。一般从以下三方面来看：一是对老人进行了生活上的照料和精神上的抚慰；二是对老人进行了经济上的扶助和供养；三是对老人的赡养具有长期性、经常性和稳定性。

二、财产继承关系

微课学习：财产继承关系

微课视频　　　　学案　　　　同步练习　　理财小技巧：夫妻共同　理财小技巧：夫妻共同
　　　　　　　　　　　　　　　　　　　　掌管财政大权（动图）　掌管财政大权（音频）

（一）第一顺序人、第二顺序人

根据我国继承法第10条的规定，遗产按照下列顺序继承：

第一顺序：配偶、子女、父母。

第二顺序：兄弟姐妹、祖父母、外祖父母。

注意：继承开始后，由第一顺序继承人继承，第二顺序继承人不继承。没有第一顺序继承人继承的，由第二顺序继承人继承。

（二）法定继承和遗嘱继承

法定继承又称无遗嘱继承，是在被继承人没有对其遗产的处理立有遗嘱的情况下，由法律直接规定继承人的范围、继承顺序、遗产分配原则的一种继承方式。法定继承人的范围除了上述的第一、第二顺序外，还有代位继承、特殊第一继承人、分配原则、适当照顾、争议处理等规定。

谈到遗嘱继承，首先要了解什么是遗嘱。遗嘱是遗嘱人生前在法律允许的范围内，按照法律规定的方式对其遗产或其他事物作出个人处分，并于遗嘱人死亡时才发生法律效力的法律行为。遗嘱是发生遗嘱继承的前提。遗嘱继承，是指按照被继承人生前所立的遗嘱来确定遗嘱继承人及其继承的遗产种类、数额的一种继承方式。

三、制定财产传承理财规划方案

微课学习：如何制定财产传承规划方案

微课视频　　　　学案　　　　同步练习　　理财小技巧：尝试　　理财小技巧：尝试
　　　　　　　　　　　　　　　　　　　　做点小生意（动图）　做点小生意（音频）

（一）制定财产传承理财规划的原则

所谓财产传承理财规划，是指当事人在其健在时通过选择遗产策划工具和制订遗产计划，将拥有或控制的各种资产或负债进行安排，从而保证在自己去世或丧失行为能力时尽可能实现个人为其家庭（也可能是他人）所确定目标的安排。做好财产传承理财规划首先要注意以下几项原则。

1. 减少遗产纳税金额

多数客户都希望能够留下尽可能多的遗产，然而，在遗产税很高的国家，客户（尤其是遗产数额较大者）的遗产往往要支付较高的遗产税。而且遗产税不同于其他税种，受益人要在将全部遗产登记并计算和缴纳税金以后，才可以处置财产。因此，受益人必须先筹第一笔现金，把税款缴清，才可获得遗产。所以减少税收支出也是规划中的重要原则之一。由于各个国家的税制有所差异，个人理财规划师需要根据不同客户的情况进行处理。一般可采用捐赠、不可撤销性信托和资助慈善机构等方式减少纳税金额。

在未开征遗产税的国家，个人理财规划师在制定财产规划方案时首先考虑如何将遗产正确地分配给客户希望的受益人，而不是减少纳税额。即使在遗产税率较高的国家也不能过于强调遗产税的影响，因为客户的目标和财产状况在不断变化，如果为了降低纳税而采用许多减少财产规划方案可变性的遗产管理工具，可能会导致客户的最终目标无法实现。

2. 保证规划方案的可变性

客户向理财规划师征求规划意见就是为了在其突然去世或丧失行为能力时确保其财产有一个适当的安排。所以说，客户在制定财产传承规划时也无法确定何时会执行。如果客户在较长一段时间内不会执行，其价值取向、财务状况、目标期望、投资偏好等往往发生变化，其规划方案也可能会随着发生改变。

例如，某客户现年43岁，已婚并育有一儿一女，他计划将子女送到外国接受高等教育，他当前拥有的资产包括了公司股权、投资基金股和房产等。他的财产传承规划目标是在保障妻子的生活水平后将剩余财产留给子女作为教育基金。这时的规划方案是将大部分财产留给一对儿女。但是，在五年后，该客户身体健康，离婚并再婚，又有了新的子女；客户的财政状况也发生了变化，他在结束大多数公司业务后主要持有基金股票和债券；且对前儿女的态度和43岁时不同了，并更疼爱与现任妻子共同养育的女儿。由此，理财规划师要根据客户现状重新调整规划方案的内容。

所以说，确保可变性在财产传承规划中极其重要，理财规划师在为客户制定规划方案时应该留有一定的变化余地，并且要让客户进行定期或不定期的审阅和修改。

（二）财产传承理财规划的目标和特点

1. 财产传承理财规划的目标

财产传承理财规划的主要目标是帮助投资者高效率地管理遗产，并将遗产顺利地转移到受益人的手上。

以下是几个具体的遗产规划目标：

① 确定遗产的继承人即受益人，以及受益人所要获得的份额。

② 为继承人提供足够的财政支持。

③ 在保证传承规划目标一致的情况下，将遗产转移成本（比如死亡税等）降到最低。

④ 确定遗产继承人接受该遗产的方式，是直接接收资产还是通过信托方式，如果运用信托还要考虑信托条款、条件、期限以及受托人。

⑤ 保证规划的流动性。

⑥ 确定清算遗产的管理人，这就涉及遗嘱执行人或遗产联合执行人的问题。

希望把自己的财产最大限度地留给后人，或者保证后续治疗费用，或是为子女和妻子做好安排，这都是财产传承理财规划中的内容。最重要的是要了解规划的目标，这样才能有目的地去规划、安排，给自己的财产规划画上一个圆满的句号。当然，不同客户在生命所处的不同时期，其制定传承理财规划的目标不同，理财规划师应该在与客户的交谈中更深入地了解其期望。无论客户最终实现什么目标，都需要将其目标的具体要求明确记下来，这样理财规划师才能在制定财产传承理财规划时加以综合考虑。

2. 财产传承理财规划的特点

财产传承理财规划中最重要的特点就是可变性。客户通过理财规划师制定规划的目的就是为了防止在其突然去世或丧失行为能力时确保其资产能得到适当的安排。所以，客户根本无法确定其规划生效及实施的具体日期，从而在规划制定到生效期间里，客户的投资偏好、价值取向，甚至是期望目标都有可能发生变化，而其财产传承规划也会随着产生变化。

【知识窗】

财产传承规划的可变性将会降低的三种情形：

（1）财产中有客户与他人共同拥有的财产。

（2）客户将部分财产作为礼物捐赠给他人。

（3）客户在财产传承规划中采用了不可撤销性信托条款。

---

3. 财产传承规划的工具

微课学习：财产传承规划的工具分析

| 微课视频 | 学案 | 同步练习 | 理财小技巧：如何进行商铺投资——因地制宜选行业（动图） | 理财小技巧：如何进行商铺投资——因地制宜选行业（音频） |

（1）遗嘱

遗嘱是财产传承规划中最重要的工具，但却时常会被客户所忽略。客户需要依照一定的程序订立遗嘱文件，明确如何分配自己的遗产，然后签字认可，遗嘱即可生效。一般来说，客户需要在遗嘱中指明各项遗产的受益人。

遗嘱给予了客户很大的遗产分配权。遗嘱可以分为正式遗嘱、手写遗嘱和口述遗嘱三种。正式遗嘱是法律效力最强的，它一般由当事人的律师来办理，需经过起草、签字和见证等若干程序后再由个人签字认可，也可以由夫妇两个人共同签署生效。手写遗嘱是指当事人在没有律师协助下手写完成，并签上本人姓名及日期的遗嘱。由于此类遗嘱易被伪造，所以在相当一部分国家较难得到认可。口述遗嘱顾名思义就是当事人在病危时向他人口头表达的遗嘱，除非有两个见证人在场，否则多数国家也不认可此类遗嘱的法律效力。为了确保遗嘱的有效性，理财规划师应该建议客户采用正式遗嘱形式，并及早拟定相关的文件。

理财规划师需要提醒客户在遗嘱中列出必要的补遗条款，因为借助该条款客户再希望更改其遗嘱内容时不需要制定新的遗嘱文件，而在原来文件上修改即可。另外，在遗嘱的最后，客户还需要签署剩余财产条款声明，否则该遗嘱文件将不具有法律效力。

尽管理财规划师不能直接协助客户订立遗嘱，但他们仍有义务为客户提供有关的信息，例如，订立遗嘱需要的文件、在遗嘱订立过程中可能出现的问题等。这需要理财规划师对遗嘱术语、影响遗嘱的因素和有关法规有充分的了解。

（2）遗产委托书

遗产委托书是财产传承理财规划的另一种工具，它授权当事人指定的一方在一定条件下代表当事人指定其遗嘱的订立人，或直接对当事人遗产进行分配。客户通过遗产委托书，可以授权他人代表自己安排和分配其财产，从而不必亲自办理有关的遗产手续。被授予权力代表当事人处理其遗产的一方称为代理人。在遗产委托书中，当事人一般要明确代理人的权力范围，后者只能在此范围内行使其权力。

财产传承理财规划涉及的遗产委托书有两种：普通遗产委托书和永久遗产委托书。如果当事人去世或丧失了行为能力，普通遗产委托书就不再有效。所以必要时，当事人可以拟定永久遗嘱委托书，以防范突发意外事件对遗产委托书有效性的影响。永久遗产委托书的代理人，在当事人去世或丧失行为能力后，仍有权处理当事人的有关遗产事宜。所以，永久遗产委托书的法律效力要高于普通遗产委托书。在许多国家，对永久遗产委托书的制定有着严格的法律规定。

（3）遗产信托

遗产信托是一种法律上的契约，当事人通过指定自己或他人来管理自己的部分或全部遗产，从而实现各种与财产传承理财规划有关的目标。遗产信托可以作为遗嘱补充来规定遗产的分配方式，或用于回避遗嘱验证程序，或增强规划的可变性，或减少遗产税的支出。采用遗产信托进行分配的遗产称为遗产信托基金，被指定为受益人管理遗产信托基金的个人或机构称为托管人。

根据遗产信托的制定方式，可将其分为生命信托和遗嘱信托。生命信托是当事人仍健在时设立的遗产信托。例如，某客户在其生前为儿女建立遗产信托，并指定自己或他人为信托的托管人，儿女为受益人。这样，客户的儿女并不拥有该信托的所有权，却享有该基金产生的收益。生命信托包括了可撤销性信托和不可撤销性信托。前者具有很强的可变性，它允许随时修改，较受大众欢迎。此类信托不但可以作为遗嘱的替代文件帮助客户进行遗产安排，而且还可以节约昂贵的遗嘱验证费用。而不可撤销性信托只能在有限的情况下才可以修改，但它能享有一定的税收优惠，所以当客户不打算对信托中的条款进行调整时，可以采用这一信托形式。

遗嘱信托是根据当事人的遗嘱条款设立的遗产信托，是在当事人去世后遗嘱生效时，将信托财产转移给托管人，由托管人依据信托内容来管理处分信托财产。

（4）人寿保险

人寿保险产品在遗产规划中也有着很大作用。客户如果购买了人寿保险，在其去世时就可以获得一大笔保险赔偿金，而且它是以现金形式支付的，所以能够增加遗产的流动性。因此，人寿保险在财产传承理财规划中比较受理财规划师和客户的重视。然而，人寿保险赔偿金和其他遗产一样，也要支付税金。此外，客户在购买人寿保险时，需要每年支付一定的保险费。如果客户在保险合同规定的期限内没有去世则可以获得保险费总额及其利息，但利率通常低于一般的储蓄利率。

（5）赠予

赠予是指当事人为实现某目标将某项财产作为礼物赠送给受益人，而使该项财产不再出现在遗嘱条款中。客户采取这种方式一般是为了减少税收支出。但这种方法的缺点就是，一旦财产赠予他人，当事人就失去对该财产的控制，将来也无法将其收回。

◆ 理财技巧

你需要认真了解的 8 条理财真理

由俭入奢易，由奢入俭难

随着工资不断提高，你的生活水准可能也会水涨船高，外出吃饭的次数增加了，换了更好的车子，甚至还会买更大的房子。这些都是情有可原的。总是压制自己的欲望，也不利于充分享受生活。不过，生活水准的不断提高是要付出代价的。

由于你的生活方式变得越来越费钱，要想退休就会变得没那么容易，因为你需要赚更多的钱来维持高水准的生活方式。当然，为了能够退休，你也可以削减各类开销。不过，一旦你习惯了某种生活标准，要想降低就十分困难了。

欲壑难填

在削减开支和努力提高现有生活水准之间，多数人会选择后者。他们永远都想要更好的车子、更大的房子、更高的薪水。而一旦得偿所愿，他们很快就又变得不满足。

学术界将之称为"享乐适应"或是"快乐水车"。当升职或是新房、新车带给我们的兴奋逐渐消退时，又会开始去追求别的东西，如此周而复始。

欠债还钱

欠债还钱是天经地义的事情。不过，我依然很想知道，那些大量透支信用卡、欠下大笔车贷、房贷的人是怎么想的。他们究竟打算如何偿还这些欠款？或者说他们是否就打算把债务留给后代，来个父债子偿呢？

你的家人也许是你最大的财务负担

毫无疑问，你很清楚养育孩子、供他们念书要花多少钱。但家庭开支往往不止于此。如果你的成年孩子或者你退休的父母财务上出现了问题，你可能还要向他们伸出援手。因此，在孩子离开家独自开始生活前，你要教会孩子多存钱、理智地进行投资。同时，也不要害怕和父母讨论他们的财务问题。

投资者的三大敌人

它们是：通货膨胀、税和投资成本。实际上，如果将这三个因素都考虑进来，你会发现，自己的投资组合根本就不赚钱。比如，你购买了一个投资债券的共同基金，收益率为 5%，如果基金的年费是 1%，你的收益率就会降到 4%；如果你适用的所得税率为 25%，政府还要从这些收益中提走 1/4，这样，收益率就降到了 3%；要是通货膨胀率恰好又是 3% 呢？可以这么说，至少税务机关和你的基金经理是赚钱的。

增加高风险的投资能够降低总体风险水平

只要研究一下投资组合中每项投资的回报情况，你就会知道整个投资组合的总体回报。但是，投资组合的总体风险水平却不能这样简单地累加。

想想黄金类股。是的，它们的走势十分不稳定。但是由于黄金类股在其他投资遭遇重挫时往往会逆市上扬，因此，把该类股加入投资组合中，能够降低投资组合的总体风险。

多元化大杂烩

进行广泛的分散投资，不仅能降低投资风险，还能保证你总能持有一些市场上最热门的投资品种。

然而，如果你进行了分散投资，投资组合中不可避免地会有一些投资达不到市场的平均水平。可别因此讨厌它们，今年表现不好的投资，很有可能会在下一年成为你的大救星。

并非所有的高风险都有高回报。不论是股票基金还是个股，短期内都会出现大幅下跌。但它们两者的相似之处也就仅限于此。如果你有一只投资极为分散的股票基金，如果它出现了下跌，你几乎可以肯定它总有一天会反弹回来，并在长期内给你带来可观的回报。但如果你持有的一只个股大幅下挫，无论你等多长时间，都不敢肯定它哪天会出现反弹。

多数投资者都无法跑赢大盘

这一点不需要统计数据来证明，简单的逻辑分析就能让人一目了然。在计入成本之前，投资者总体的回报率与大盘一致；在计入成本之后，投资者总体的回报率就要逊于大盘了。

小结

本项目要求学生了解财产分配、传承规划以及财产分配和传承理财规划的步骤；了解抚养和赡养、夫妻债务、法定继承以及遗嘱继承等；掌握制定财产传承理财规划的原则、目标和特点；能够分析个人及家庭可能遭遇的风险；掌握不同财产分配工具的优点和适用范围；结合法律知识理解财产继承的顺序；能够按照客户的类别制定财产分配与传承理财规划方案，定期对财产分配与传承理财规划方案做好检查和调整。

习题

一、单选题

1. 老王去世时留下遗产10万元，在遗嘱中指定其女作为遗嘱继承人继承3万元，不再继承其他财产，其妻、其子作为法定继承人分别继承3万元，其侄接受遗赠1万元。遗产分割后发现老王生前欠债3万元尚未清偿。该债务应（　　）。

    A. 由其妻、其子负责清偿

    B. 由其妻、其子、其女、其侄负责清偿

    C. 由其女、其侄负责清偿

    D. 判决由其女单独清偿

2. 甲有三子乙、丙、丁，他们各自独立生活，其中乙、丙与甲同城生活，丁在海外工作。乙经常上门看望、照顾甲的晚年生活，丙既不上门，也不支付赡养费。甲生前已有遗嘱，明确其遗产房屋一套给乙，另有存款80万元由三子均分。乙认为对自己不公平，在分割遗产时改为自己得50万元，另30万元由丙、丁均分。对本案的处理，正确的是（　　）。

    A. 依照甲的遗嘱执行

    B. 篡改遗嘱丧失继承权

    C. 丙能尽而不尽抚养义务，丧失继承权

    D. 丁未尽扶养义务，适当少分遗产

3. 依照我国继承法的规定，丧偶儿媳对公婆，丧偶女婿对岳父母，如果尽了主要赡养义务的（　　）。

    A. 可以作为第一顺序法定继承人

    B. 可以作为第二顺序法定继承人

    C. 不能作为法定继承人，但可以分得适当的遗产

    D. 可以按代位继承分得遗产

4. 胡某有一子甲，32岁未婚，胡某希望甲能与战友之女乙结婚，于是在其临终前留下一份遗嘱处理其个人财产，其中一项为"有现金5万元，暂由甲母亲保留，如果甲与乙结婚，

则该笔现金由甲继承"。下列关于胡某所立遗嘱的说法错误的是（　　　）。

    A. 涉及现金 5 万元部分无效

    B. 该部分无效是因为违反了遗嘱自由原则

    C. 该部分无效是因为所附条件违法，侵犯了甲的婚姻自由

    D. 该部分无效，其他部分有效

5. 朱某生前曾与他的邻居签订了遗赠扶养协议，他的邻居尽了扶养义务，朱某还在他去世前 10 天留下 1 份遗嘱。朱某去世后，他的女儿从远方赶回来，要求继承遗产。下列有关朱某遗产继承的说法正确的是（　　　）。

    A. 应当由当事人协商解决，如果协商不成，由人民法院判决

    B. 应按遗嘱、遗赠扶养协议、法定继承的顺序进行继承

    C. 遗赠扶养协议有效，应先按遗赠扶养协议进行，再按遗嘱和法定继承进行

    D. 应先由朱某的女儿继承，然后按遗赠扶养协议和遗赠继承

6. 下列属于我国继承法规定的第一顺序法定继承人的是（　　　）。

    A. 已与他人结婚的丧偶儿媳

    B. 养子女对其生父母

    C. 未建立抚养关系的继子女对其生父母

    D. 离异的配偶

7. 下列说法正确的是（　　　）。

    A. 养子女可继承生父母的遗产，也可以继承养父母的遗产

    B. 丧偶儿媳或者女婿一旦再进行结婚，即失去对公婆或者岳父母的遗产的继承权

    C. 继子女可以继承生父母的遗产，也可以继承有抚养关系的继父母的遗产

    D. 非婚生子女不享有继承父母遗产的权利

8. 甲、乙共购了一间街铺，经营饮食。甲欲转移其份额。丙知道此事后支付甲 8 000 元，欲购买。甲父知道此事后，也欲购买。乙也欲以 8 000 元购买。依法甲的份额应转让给（　　　）。

    A. 丙   B. 乙   C. 甲父   D. 丙或乙或甲

9. 甲、乙、丙三人合伙经营，后甲因急事用钱，要将自己在合伙中的份额转让，乙和第三人丁均欲以同一价格购买，甲应该（　　　）。

    A. 卖给乙   B. 卖给丁

    C. 卖给乙或丁   D. 卖给乙、丁每人一半份额

10. 甲、乙二人共有房屋一幢，甲长期在外地，由乙实际居住，并付给甲若干补偿。房屋因地基不牢倒塌，对邻房造成一定损害，对此（　　　）。

    A. 应由乙承担赔偿责任

    B. 应由甲、乙承担连带责任

    C. 应由甲、乙分担责任，并由乙适当多负担

    D. 应由甲承担赔偿责任

11. 夫妻两人在一次飞机失事的意外事故中同时遇难。夫妻生前无子女，又未立有遗嘱。丈夫的近亲属仅有弟弟一人，妻子既无父母，又无其他近亲属。夫妻遗有存款 10 万元。后经调查研究无法确定夫妻的死亡时间，对该 10 万元的处理正确的是（　　　）。

    A. 50 000 元由丈夫的弟弟继承，50 000 元收归国家所有

    B. 全部收归国家所有

    C. 全部归夫妻生前居住地的居委会所有

D. 全部由丈夫的弟弟继承

12. 某男婚后两年其父病故。他和母亲及3个弟弟继承父亲的遗产。为了使母亲晚年能生活得更好，他想把继承遗产送给母亲，他应该（　　　）。

  A. 征得三个弟弟的同意   B. 征得妻子的同意

  C. 征得儿女及妻子的同意   D. 自行将继承的遗产赠予其母

13. 甲与乙已登记结婚，但未同居，也未举行婚礼。之后甲后悔与乙结婚，进行下列（　　　）行为后，婚姻关系才能解除。

  A. 调解   B. 宣布婚姻无效

  C. 离婚   D. 撤销结婚登记

14. 武某死亡，遗产由其妻甲和两个孩子乙、丙继承。当时甲已经怀孕，为胎儿保留继承份额人民币6 000元。胎儿出生后死亡，这6 000元应当（　　　）。

  A. 由甲、乙、丙三人继承，均分   B. 由甲继承1/2，乙和丙继承1/2

  C. 由甲继承   D. 由乙和丙继承，均分

15. 我国婚姻法规定，禁止（　　　）结婚。

  A. 直系血亲和五代以内的旁系血亲

  B. 三代以内的直系血亲和旁系血亲

  C. 直系血亲和旁系血亲

  D. 直系血亲和三代以内的旁系血亲

16. 张某所立的下列遗嘱中，（　　　）是有效的。

  A. 张某临终前对两个子女口述的遗嘱

  B. 张某死前两个月亲笔写下的一份遗嘱

  C. 张某秘密委托邻居贾某代书的一份遗嘱

  D. 张某独自用录音机录下的口头遗嘱

17. 老人林某70岁，亲笔写下遗嘱："三个女儿都读完大学，在外地工作，有固定工资收入。小儿子林文，中学毕业尚在待业，没有固定的生活来源。我别无长处，百年之后，所遗房屋三间，在某某路某某号，由林文继承。"老人亲自签名，署明年月日，不久老人去世。这份遗嘱（　　　）。

  A. 违反男女继承权平等的原则，无效

  B. 无见证人见证，无效

  C. 未经公证，无效

  D. 符合法律规定，有效

18. 男方以自己名义为岳母家盖房所借的钱，离婚时应（　　　）。

  A. 由男方偿还   B. 由女方偿还

  C. 由岳母家偿还   D. 从夫妻共同财产中偿还

19. 甲孤寡无靠、瘫痪在床多年，一直由邻居乙扶养照顾。乙有一子一女。一日乙遇车祸身亡，留下瓦房3间，存款5万元，现金3 000元。乙妻、乙子、乙女分割了遗产。甲断绝了生活来源。根据我国继承法的原则，甲（　　　）。

  A. 应当分得适当的遗产   B. 可以分得适当的遗产

  C. 没有资格分得遗产   D. 平均分得遗产

20. 下列在婚姻关系存续期间所得各项收入，不属于夫妻共同财产的是（　　　）。

  A. 夫妻一方劳动收入   B. 夫妻一方受赠财产

  C. 夫妻一方继承财产   D. 转业军人医疗费

二、案例分析题

案例一：今年 5 月赵文光死亡，对所遗财产无遗嘱。赵文光的老伴早亡，赵文光的弟弟赵文利 10 岁起就跟随他生活，和他相依为命，成家后也经常回来探望照顾他。赵文光有二子一女：长子赵益（已亡）有一个儿子赵明（已亡），赵明有一个女儿赵贝贝；次子赵尔（已亡）有一个儿子赵亮；女儿赵珊（已亡）收养一子刘志。现赵贝贝、赵亮、刘志为继承发生争执。

1. 遗嘱生效条件不包括（　　）。

    A. 遗嘱人必须有遗嘱能力

    B. 遗嘱是遗嘱人的意思表示

    C. 遗嘱中所处分的财产须为遗嘱人的个人财产

    D. 遗嘱不能违反社会公共利益和社会公德

2. （　　）对父母不一定具有继承权。

    A. 婚生子女   B. 非婚生子女   C. 养子女   D. 继子女

3. （　　）不是影响遗产变化的常见因素。

    A. 遗产中的债务   B. 出售房产

    C. 子女就业   D. 子女职业变化

4. 赵珊和刘志之间是（　　）关系。

    A. 自然血亲   B. 旁系血亲

    C. 拟制血亲   D. 拟制旁系血亲

5. （　　）不属于法律规定的赵文光的第一顺序继承人。

    A. 赵文利   B. 赵益   C. 赵尔   D. 赵珊

6. 在本案例中，下列说法不正确的是（　　）。

    A. 赵贝贝可以继承遗产   B. 赵亮可以继承遗产

    C. 刘志可以继承遗产   D. 赵文利可以获得遗产

7. 如果仅从法律规定的角度分析，下列对赵文光和赵贝贝的关系表述不正确的是（　　）。

    A. 赵文光对赵贝贝的遗产享有继承权

    B. 赵文光和赵贝贝是直系血亲

    C. 赵贝贝可以代位继承赵文光的遗产

    D. 赵贝贝在某种情况下可以作为赵文光的第一顺序继承人

案例二：刘先生与李女士因感情不和而离婚，双方对其他财产的分割均无异议，但对以下财产的分割发生纠纷：刘先生婚前首付 30 万元、贷款 70 万元购买的房屋一套，婚后二人就贷款部分共同还贷，在离婚时，房屋贷款已还清。刘先生婚后与他人合资开办了一家有限责任公司，刘先生出资 80 万元，占 40% 的股份，离婚时，刘先生的股份已增值至 200 万元，对于李女士是否出任公司股东的问题，过半数股东持否定意见。

8. 对房屋进行分割，李女士可分得（　　）。

    A. 35 万元   B. 50 万元   C. 60 万元   D. 75 万元

9. 该房屋属于（　　）。

    A. 夫妻共同财产

    B. 刘先生婚前个人财产

    C. 李女士婚前个人财产

    D. 30 万元属于婚前个人财产，70 万元属于夫妻共同财产

10. 对有限责任公司的股权进行分割，李女士可分得（　　　）。

　A. 80万元　　　　　　B. 40万元　　　　　　C. 200万元　　　　　　D. 100万元

11. 关于有限责任公司的股权分割，下列说法错误的是（　　　）。

　A. 李女士不可能成为公司的股东

　B. 其他股东拥有优先购买权

　C. 其他股东在规定时间内不行使优先购买权，则李女士可以成为股东

　D. 能够用来证明"过半数股东"不同意的证据，可以是股东会的决议，也可以是当事人其他合法途径取得的股东书面声明材料

三、实训操作题

目标：能清晰地表达信用在当今社会对个人生活的影响。

任务：结合自己的理财规划，谈谈如何正确运用信用。

要求：思维清楚，观点鲜明。

互联网理财

知识目标：了解互联网金融和互联网理财；认识众筹、大数据金融和互联网金融门户。

能力目标：能辨析互联网金融和互联网理财；能区分众筹四种模式，辨析平台金融和供应链金融；能列举互联网金融门户的种类；能利用互联网金融门户搜索到金融产品。

思政目标：树立正确的互联网思维和互联网理财意识。

单元一　互联网理财入门

识记能力目标：互联网金融、互联网理财、智能投顾。

理解能力目标：能辨析互联网金融和互联网理财。

应用能力目标：讲解互联网理财的优势有哪些。

◆理财新闻　**"人大+蚂蚁"联合发布《互联网理财与消费升级研究报告》**

2020年9月4日，由中国人民大学财政金融学院、蚂蚁集团研究院主办，中国人民大学金融科技研究所、国际货币研究所（IMI）、中国银行业研究中心承办的《互联网理财与消费升级研究报告》发布。报告显示：

第一，当前我国理财市场存在"缺口"，难以满足居民潜在旺盛理财需求。

第二，互联网理财作为传统理财的重要补充，是数字时代的大势所趋。

第三，互联网理财能够优化中国居民金融资产配置，青年人群和下沉人群成为互联网理财"明日之星"。

第四，互联网理财有助于促进居民消费和消费升级，拉动内需。

（资料来源：《互联网理财与消费升级研究报告》）

◆案例引入

随着互联网和智能手机的普及，理财服务已经突破了空间和时间限制，将产品触角延伸至每一个手机用户，特别是能够为更多长尾客户提供高质量理财服务，进而提升其理财参与意识与投资习惯，切实推动普惠金融发展。互联网理财究竟是什么？有何优势？

【任务】认识互联网金融及互联网理财

思考题：
1. 互联网金融与互联网理财是一回事吗？
2. 互联网理财的优势有哪些？
3. 随着"智能投顾"的广泛推广，是不是理财规划师就没有工作了？机器会取代人吗？

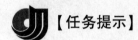 **【任务提示】**

一、互联网金融与互联网理财

互联网金融是指以依托于支付、云计算、社交网络以及搜索引擎、App 等互联网工具，实现资金融通、支付和信息中介等业务的一种新兴金融。

我们知道，用户最基本的金融需求包括四个方面：支付、融资、风险管理及投资理财。互联网金融就是在互联网上开展的金融业务以满足客户的金融需求。随着互联网技术的发展，广义上互联网金融的范围也拓展到互联网金融安全、互联网金融监管等诸多方面的金融活动。

顾名思义，互联网理财就是投资者通过互联网渠道获取理财产品、理财服务，从而获得相应收益的一种理财方式。从广义上看，互联网金融包含互联网理财。

二、互联网理财的优势

理财是居民平滑消费的必要手段，能够有效推动我国经济金融转型发展。互联网理财作为一种新的理财模式，能够更多触达下沉人群，更好培养居民理财意识，更有效推动普惠金融发展，进而提振消费、扩大内需、助推高质量发展。特别是在当前世界经济持续低迷，全球市场急剧萎缩，我国明确提出要"加快形成以国内大循环为主体、国内国际双循环相互促进的新格局"的大背景下，充分发挥居民理财在改善居民金融资产配置、提振消费、扩大内需等方面的作用，具有重大的现实意义。

（一）有效提升金融可得性

作为普惠金融的核心内容，金融可得性可以简单理解为一个地区的微观经济主体以一定成本获得金融服务的难易程度，即自然人和法人获得金融服务的难易程度、金融资源的区域配置情况、融资成本问题及数字金融普惠性问题。相较于传统理财业务，互联网理财能够更好地提升金融可得性。

互联网理财依托互联网和移动设备，操作较为简便，摆脱了实体银行网点的区域限制，可服务范围较广，用户能够从多个金融机构多样化理财产品中选择适合自身的组合。从金融可及性和获得度来看，金融发展不应排斥弱势群体，人人皆有权参与和分享金融发展的过程和成果。相比传统理财产品，互联网理财通常门槛较低，大多数产品为 100 元起投，部分产品的门槛会低至 1 元，给众多储蓄较少的用户提供了参与理财业务的机会。同时，大多数互联网理财产品提现周期较短、手续较少，用户能够在手机端灵活地进行存取操作，减少了资金紧张用户的后顾之忧，也给资金丰厚的用户更多元的资产配置选择，提高了不同资金状况用户的金融获得度。

（二）投资者选择更便利

随着理财产品多样化的发展，用户有了更多的投资选择，就要求能够尽可能从多样化产品中选择适合自己的产品。由于用户信息筛选能力有限，且自身金融和理财知识水平不足，互联网理财引入的智能投顾可以很好地贴合用户的这一需求。所谓智能投顾，又称智能理财、机器投顾、机器理财等，是利用大数据技术归纳专业理财顾问的个人经验与理财模式、各类理财产品的特点，通过一系列智能算法综合评估用户的风险偏好、投资目标、财务状况等基本信息，并结合现代投资组合理论为用户提供专业化、个性化、快捷化的理财方案。

（三）机构销售更精准

金融产品强调将"合适的产品卖给合适的人"，要设计出好的理财产品不仅要了解用户整体需求，更需要把适当的产品推荐给适合的用户，这就需要数据和技术的支持。在数据方面，互联网平台更便于数据的整合与沉淀，包括各类金融交易、客户信息、市场分析、风险控制等，大型数据库的应用就为金融数据存储提供了坚实基础，人脸识别、指纹识别、扫码支付等技术应用也为海量数据收集提供了便利。在技术方面，互联网理财产品往往与人工智能等技术结合，随着算法优化、算力提升，尤其是知识图谱、自然语言处理等技术的发展，使更多智能化技术能够处理海量数据并从中归纳描述、还原用户画像，进行用户和产品的归类、匹配，帮助销售机构把不同的产品匹配给更适合的人。

【知识窗】

用户画像是根据用户社会属性、生活习惯和消费行为等信息而抽象出的一个标签化的用户模型。具体包含以下几个维度：

- 用户固定特征：性别，年龄，地域，教育水平，职业，星座。
- 用户兴趣特征：兴趣爱好，使用 App、网站浏览/收藏/评论内容，品牌偏好，产品偏好。
- 用户社会特征：生活习惯，婚恋，社交/信息渠道偏好，宗教信仰，家庭构成。
- 用户消费特征：收入状况，购买力水平，商品种类，购买渠道喜好，购买频次。
- 用户动态特征：当下时间，需求，正在前往的地方，周边的商户，周围人群，新闻事件。

（四）优化资源配置，促进市场良性竞争

只需要互联网、网络的终端设备和后台工作人员的互联网理财，所耗费的人力费用和营销费用都远远低于传统金融机构，同时保证了运营的高校稳定。与此同时，互联网理财业务没有时间和地域的限制，节约了营销成本，提高了性价比，给更多金融机构的理财业务带来了更多获客机会，让更适合用户、有更大发展空间的互联网理财产品在市场中立足，形成投资管理能力和服务品质提升的良性循环。

◆ **理财技巧**

1. 网络理财零收费

目前来讲，各家互联网理财产品的申购赎回，都是零手续费，但不排除未来有某项收费的可能，请大家仔细阅读产品说明。通常而言免费还是主流，对于一些收费项目主动咨询也基本上能够了解，不过千万不要认为互联网理财就一定不收费。

2. 赎回有日期

是不是购买互联网理财产品后就马上可以计算收益呢？其实不是的，基金公司会在购买后的第二个工作日进行份额确认，对已确认的份额会开始计算收益，所以周五后不宜申购，既不享受周五、六、日的收益也没有了活期存款利息，而周四最好不要赎回，不然随后三天均不享受收益和利息。

3. 投资平常心

关于互联网理财来说，我们的投资心情很重要，虽然我们的目的是增加收益，但还有一个重要条件就是安全。整理好自己的投资心情，能够让自己不被高收益所诱惑，正确点评风险，学会取舍，保证自己的本金安全，这些都是我们在理财过程中必需求学会的东西。终究投资有风险，保证本身利益才是大条件。

4. 账户防被盗

互联网理财产品除了收益，最让人担心的就是它的安全问题了。保护好自己的理财账户要从培养良好的账户使用习惯开始，请尽量不要在公用电脑上登录您的理财账户。若是使用手机客户端操作要给手机设密码，一定不要保留手机银行的登录名或账户，并且妥善保管好手机银行的登录密码。

单元二　互联网理财主要工具分析

学习目标

识记能力目标：众筹、大数据金融、互联网金融门户。

理解能力目标：区分众筹四种模式，辨析平台金融和供应链金融；列举互联网金融门户的种类。

应用能力目标：通过互联网金融门户网站进行银行卡、意外伤害保险等金融产品的搜索和比较。

◆ 理财新闻

警惕理财诈骗坑！暴利互联网"理财神器"再起，如何护住"钱袋子"？

央广网北京2022年1月21日消息（记者孔颖）据中央广播电视总台中国之声《新闻晚高峰》报道，春节临近，最近网上出现了不少各种各样的理财营销广告，"0元学理财""保本保息高收益理财神器"等宣传语往往会击中很多投资者的心理，那么这些低价财商课程、高收益理财产品究竟靠不靠谱？投资者应该如何识别理财骗局？

年底，在网络上我们经常会看到这种广告——"0元学理财，轻松让你月入过万"，这类免费或者低价位的课程往往会击中很多人的心理，有些投资者认为学一下也无妨。但往往这个时候你就已经掉进对方的陷阱里了。

这些理财神器往往号称门槛低、周期短、收益率高，以免费或极低价格吸引用户报班进群，而后兜售更高价格的课程。招联金融首席研究员董希淼介绍，大多数财商教育机构未经证监会核准，相关人员往往也没有取得从业资质。

董希淼说，所谓的财商教育、理财培训绝大多数也是不靠谱的，这些财商教育机构普遍存在"三无"的情况。所以普通消费者一定要记住一点，就是学习投资理财一般人不会在一夜之间成为理财大神，要从金融经济的基础知识开始学习，必要的时候借助正规金融机构专业人士的帮助，这样投资理财能力才可能提高。

针对这些花样不断的理财骗局，投资者应如何识别？董希淼介绍，投资者需要保护好个人信息，避免高收益陷阱，理性投资。

"第一，从投资机构来说，投资理财一定要选择正规的金融机构。第二，选择理财产品的时候，一定要从自身的风险承受能力、资金情况出发，选择适合自己的投资理财产品。第三，对所谓的高收益保本的理财产品，不要选择。如果你听到有投资理财产品是保本保收益的，这一定是假的，如果听到收益明显高于市场平均收益，业绩比较基准或者年化收益率高于6%的，你一定要多一个心眼，如果高于8%的，那么基本上是假的了，如果说高于10%，百分百这个是骗局。"董希淼提醒。

（资料来源：央广网，https：//t. ynet. cn/baijia/32100974. html）

◆案例导入

在互联网金融行业的不断发展中，随着各种投资理财产品的发售，适合不同人群也成为一种抢占市场的先决条件之一。大学生作为一种人群特性较为相似的群体，具备一定的经济基础，那么，大学生互联网理财百分比是多少？对于大学生互联网理财建议有哪些呢？

【任务】辨析互联网理财工具

思考题：

1. 互联网理财工具有哪些？其特点是什么？
2. 什么是众筹？众筹的特点是什么？有几种分类？
3. 大数据金融是什么？平台金融和供应链金融是一回事吗？
4. 互联网金融门户是什么？核心功能是什么？其分类有哪些？

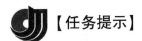 【任务提示】

一、众筹

（一）含义

众筹是指向不确定的公众通过互联网上的众筹平台来募集项目资金的一种融资方式。相对于传统的融资方式，众筹更为开放，能否获得资金也不再是由项目的商业价值作为唯一标准。只要是网友喜欢的项目，都可以通过众筹方式获得项目启动的第一笔资金，为更多小本经营或创作的人提供了无限的可能。现在众筹被用来支持各种活动，包含灾害重建、民间集资、竞选活动、创业募资、艺术创作、自由软件、设计发明、科学研究以及公共专案等。

（二）特点

众筹的特点是门槛低、平民化的一种直接融资方式，众筹的出资人数量众多且每位出资人的出资数量较少，项目发起人的风险小，众筹的每个出资人对于项目本身无权干涉，通过互联网进行，重视初创性和创意性。作为一种直接融资渠道，众筹能帮助创业者与中小微企业以一种高效便捷的方式实现快速融资，还能让普通大众参与其中，真正做到了双向的大众参与。值得一提的是，作为一种新兴的融资模式，众筹以低门槛与低成本，不仅受到了广大创业者与小微企业的青睐，也成为社会公益项目进行募资的一个绝佳途径。

（三）分类

众筹根据其模式可以首先分为购买模式和投资模式两大类。

1. 购买模式

购买模式中又细分为产品众筹和公益众筹。

（1）产品众筹是指投资者对项目或公司进行投资，获得产品或服务。也就是说我给你钱，你给我产品或服务。

（2）公益众筹是指投资者对项目或公司进行无偿捐赠。也就是说，我给你钱，你什么都不用给我。

2. 投资模式

投资模式中又细分为股权众筹、债权众筹。

（1）股权众筹是指投资者对项目或公司进行投资，获得其一定比例的股权。简单地说就是我给你钱，你给我公司股份。

（2）债权众筹是指投资者对项目或公司进行投资，获得其一定比例的债权，未来获取利息收益并收回本金（我给你钱，你之后还我本金和利息）。

对于众筹投资者而言，在预购型平台上，一般期望是能拿到公司或项目在众筹时的承诺就可以了。对于债权投资者而言，他们希望拿到超过银行利息的回报，正常范围而言，投资人较为中意的预期年收益率约在10%左右，部分大额资金的投资人对于收益稳定在5%~7%也是非常满意。当然，也不排除有小部分人希望得到的回报更多，他们希望投资能翻倍，2倍或是更高额的超高回报。

二、大数据金融

未来的金融就是大数据金融，在时间和空间上不受任何限制，不需要任何物流载体的支撑，因此非常高效和快捷。大数据金融是为互联网金融机构提供客户全方位信息，通过分析和挖掘客户的交易和消费信息掌握客户的消费习惯，并准确预测客户行为，使金融机构和金融服务平台在营销和风控方面有的放矢。大数据金融包括两种模式。

（一）平台金融

平台金融模式中，是平台企业对其长期以来积累的大数据通过互联网、云计算等信息化方式对其数据进行专业化的挖掘和分析，即企业基于互联网电子商务平台基础提供的资金融通及服务，或企业通过在平台上凝聚的资金流、物流、信息流，组成以大数据为基础的平台来整合金融服务。企业通过在互联网平台上运营多年的数据积累，利用互联网技术为平台上的企业或者个人提供金融服务。与传统金融依靠抵押或担保模式不同，平台金融模式主要是通过云计算来对交易数据、用户交易或交互信息和购物行为等大数据进行实时分析处理，形成网络商户在电商平台中的累积信用数据，进而提供信用贷款等金融服务。

平台模式的优势在于，它建立在庞大的数据流量系统的基础之上，对申请金融服务的企业或个人情况十分熟悉，相当于拥有一个详尽的征信系统数据库，能够很大程度解决风险控制的问题，降低企业的坏账率；依托于企业的交易系统，具有稳定、持续的客户源；平台模式有效解决了信息不对称的问题，在高效的IT系统之上，将贷款流程流水线化。

（二）供应链金融

供应链金融模式，是核心龙头企业依托自身的产业优势地位，通过其对上下游企业现金流、进销存、合同订单等信息的掌控，依托自己资金平台或者合作金融机构对上下游企业提供金融服务的模式。

一般来说，一个特定商品的供应链从原材料采购到制成中间及最终产品，最后由销售网络把产品送到消费者手中，将供应商、制造商、分销商、零售商、最终用户连成一个整体。在这个供应链中，竞争力较强、规模较大的核心企业因其强势地位，往往在交货、价格、账期等贸易条件方面对上下游配套企业要求苛刻，从而给这些企业造成了巨大的压力。而上下游配套企业恰恰大多是中小企业，难以从银行融资，结果最后造成资金链十分紧张，整个供应链出现失衡。供应链金融最大的特点就是在供应链中寻找出一个大的核心企业，以核心企业为出发点，为供应链提供金融支持。一方面，将资金有效注入处于相对弱势的上下游配套中小企业，解决中小企业融资难和供应链失衡的问题；另一方面，将银行信用融入上下游企业的购销行为，增强其商业信用，促进中小企业与核心企业建立长期战略协同关系，提升供应链的竞争能力。在供应链金融的融资模式下，处在供应链上的企业一旦获得银行的支持，资金注入配套企业，也就等于进入了供应链，从而可以激活整个链条的运转；而且借助银行信用的支持，还为中小企业赢得了更多的商机。

三、互联网金融门户

（一）含义

互联网金融门户是指利用互联网提供金融产品、金融服务信息，汇聚、搜索、比较金融产品，并为金融产品销售提供第三方服务的平台，即互联网金融门户是依托互联网为用户提供在线金融产品和增值服务的平台。一方面，"搜索+比价"是互联网金融门户的核心功能，通过运用互联网技术，它将商业银行、保险公司、基金公司等金融机构的同类产品集中到互联网平台，并进行有机整合，为客户提供各类金融产品的检索、比较服务，如基金、债券、保险、贷款、信用卡等。客户通过对各类金融产品的价格、收益、特点等信息进行对比，自行挑选适合其自身需求的金融服务产品。另一方面，互联网金融门户还为客户提供其他增值服务，如审核受理客户的贷款申请、为客户提供个性化理财、创建网络讨论社区分享经验攻略等。

（二）分类

根据相关互联网金融门户平台的服务内容及服务方式不同，我们将互联网金融门户分为第三方资讯平台、垂直搜索平台以及在线金融超市三大类。

1. 第三方资讯平台

第三方资讯平台是为客户提供全面、权威的金融行业数据及行业资讯的门户网站。

2. 垂直搜索平台

垂直搜索平台是聚焦于相关金融产品的垂直搜索门户，所谓垂直搜索是针对某一特定行业的专业化搜索，在对某类专业信息的提取、整合以及处理后反馈给客户。客户在该类门户上可以快速地搜索到相关的金融产品信息。互联网金融垂直搜索平台通过提供信息的双向选择，从而有效地降低信息不对称程度。

3. 在线金融超市

在线金融超市汇聚了大量的金融产品，其在提供在线导购及购买匹配，利用互联网进行金融产品销售的基础上，还提供与之相关的第三方专业中介服务。该类门户一定程度上充当了金融中介的角色，通过提供导购及中介服务，解决服务信息不对称的问题。

互联网金融门户又可以根据汇集的金融产品、金融信息的种类不同，将其细分为网贷类门户、信贷类门户、保险类门户、理财类门户以及综合类门户五个子类。其中，前四类互联网金融门户主要聚焦于单一类别的金融产品及信息，而第五类互联网金融门户则致力于金融产品、信息的多元化，汇聚着不同种类的金融产品和服务信息。

◆理财技巧
正确认识收益率

在销售理财产品时，国家规定商业银行不得无条件地向客户承诺高于同期储蓄存款利率的保证收益率，因此无论是固定收益理财产品还是浮动收益理财产品，在购买时，看到的"收益率"实际上都是"预期收益率"，甚至是"最高预期收益率"，而非"实际收益率"。

实际收益率：当产品到期后，银行根据整个理财期间产品投资标的的实际表现，按照事先在《产品说明书》中列明的收益率计算方法计算出来的收益率。

预期收益率：银行认为的在"正常"的市场走势下获得的收益。

最高预期收益率：在极为有利的市场走势下获得的封顶收益。

从上面的概念可以清晰地看出，无论是预期收益率还是最高预期收益率，银行都不具有保证支付义务，最终实际收益率很可能与最高预期收益率出现偏差。因此，投资者要提前通过一些公开信息渠道了解投资标的表现，并根据说明书的计算方法检验"实际收益率"是否正确，还有疑问的话可以直接咨询银行客服。

小结

本项目要求学生了解互联网金融和互联网理财的联系；理解互联网金融理财的优势；掌握众筹、大数据金融和互联网金融门户等互联网理财主要工具，能辨析互联网金融和互联网理财，区分众筹四种模式，辨析平台金融和供应链金融，列举互联网金融门户的种类；能向客户讲解互联网理财的优势，并能通过互联网金融门户网站进行银行卡、意外伤害保险等金融产品的搜索和比较。

习题

一、单选题

1. 下面对"互联网+金融"说法不正确的是（　　　）。

A. 两者融合　　　　　　　　　　　B. 金融创新

C. 互联网只是金融的工具　　　　　D. 新的金融理念

2. 互联网金融门户采用金融产品垂直比价的方式，将各家金融机构的产品放在平台上，用户通过对比挑选合适的金融产品，它的核心就是（　　　）的模式。

A. "搜索+分析"　　　　　　　　　B. "搜索+服务"

C. "搜索+比价"　　　　　　　　　D. "产品+目录"

3. 众筹是指向（　　　）通过互联网上的众筹平台来募集项目资金的一种融资方式。

A. 不特定的公众　　　　　　　　　B. 特定的公众

C. 特定的企业　　　　　　　　　　D. 特定组织

4. （　　　）是投资者在前期对项目或者公司进行投资，获得产品或服务。

A. 产品众筹　　　　　　　　　　　B. 股权众筹

C. 债权众筹　　　　　　　　　　　D. 公益众筹

5. （　　　）是面向大众集资用于项目的融资，融资方取得资金，投资人未来获取利息收益并收回本金的一种债权交易模式。

A. 产品众筹　　　　　　　　　　　B. 股权众筹

C. 债权众筹　　　　　　　　　　　D. 公益众筹

6. （　　　）是平台企业对其长期以来积累的大数据通过互联网、云计算等信息化方式对其数据进行专业化的挖掘和分析。

A. 平台金融　　　　　　　　　　　B. 供应链金融

C. 众筹　　　　　　　　　　　　　D. P2P网络借贷

7. （　　　）是核心龙头企业依托自身的产业优势地位，通过其对上下游企业现金流、进销存、合同订单等信息的掌控，依托自己资金平台或者合作金融机构对上下游企业提供金融服务的模式。

  A. 平台金融　　　　　　　　　　B. 供应链金融

  C. 众筹　　　　　　　　　　　　D. P2P 网络借贷

二、多选题

1. 众筹被用来支持（　　）活动。

  A. 民间集资　　　　B. 创业募资　　　　C. 设计发明　　　　D. 灾害重建

2. 众筹的模式包括（　　）。

  A. 产品众筹　　　　B. 股权众筹　　　　C. 债权众筹　　　　D. 公益众筹

3. 根据汇集的金融产品、金融信息的种类不同，将互联网金融门户细分为（　　）。

  A. 网贷类门户　　　B 信贷类门户　　　C. 保险类门户　　　D. 理财类门户

4. 根据相关互联网金融门户平台的服务内容及服务方式不同，互联网金融门户分为

（　　）。

  A. 第三方资讯平台　　B. 垂直搜索平台　　C. 在线金融超市　　D. 供应链金融

三、业务操作题

  任选一款保险产品，从一家保险门户网站搜索，得出至少三家保险公司的保险产品对比方案。

理财规划建议书

　　知识目标：了解客户信息的分类方法、客户信息的内容、客户理财目标的内容以及制定理财目标的原则和影响风险承受能力的因素；掌握理财规划书的内容和格式。

　　能力目标：能收集到客户信息；能运用家庭财务比率分析客户家庭财务状况；能运用适用的方法衡量客户风险承受能力；能编制客户的资产负债表、现金流量表及分析报告。

　　思政目标：树立以客户为中心的客户服务及保密意识，培养理财规划师的职业素养。

单元一　收集客户家庭信息

　　识记能力目标：客户信息的分类方法；客户信息的内容；客户的理财目标。

　　理解能力目标：收集客户信息的内容和方法。

　　应用能力目标：通过自己设计的客户信息调查表来收集客户的量化信息。

◆理财故事

印钞提款点钞机　理财高手"三机一体"

　　会赚钱的人是印钞机，会花钱的人是提款机，会存钱的人是点钞机。懂得"三机一体"的人，才是理财高手。我们要讲究"价与值相当"的花钱哲学，理财绝不只等于投资，理财是处理"钱进"与"钱出"的行为，谁能让两者间的剩余最大化，谁才是理财赢家。

　　理财除了投资外，还要学会花钱，也就是科学合理地消费。消费也是财务计划的一个重要组成部分，合理地消费能减少今后的投资成本。理财需持之以恒，适当调整自己的消费习惯，完全可以将自己的钱财打理得井井有条。

　　对于工薪阶层来说，"冲动性消费"是理财大敌。例如，看到打折就兴奋不已，在商场里泡上半天，拎出一大包便宜的商品。看似得了便宜，实际上买了很多并不需要或者暂时不需要的东西，纯属额外开支。一般来说，记"流水账"是对付"看不见"的零星支出最好的办法，也是有效抑制"冲动性消费"的良方。

　　消费要进行流水账式的管理，这是大家都没有异议的。然而消费不同于别的事，只发生于一定的时间和一定的范围内，人只要活着就总也离不开消费，对时间如此长、范围如此广的消费，不必一笔不漏地进行管理。管理的重点在少数而不在多数上，即对于日常生活频繁发生又具有重复性的零星消费不必笔笔管理，只控制一个总金额即可，即使发生失误，损失也不大；而对于购买次数很少的大宗消费，比如家电，要着重管理，不能发生失误。这样，就可以做到既不花太大的精力，又对消费进行了管理。

许多人都误解，理财是有钱人的专利，实际上，不论钱财的多寡，不管是个人或是家庭，均有理财的必要性。从观念上来说，做好理财并不难，就是有效运用和处理钱财，让所有的花费均能发挥最大功效，调整各项收支并不断累积财富来达成所欲达到的目的，凡旅游、置产、子女教育基金、退休金等皆是理财的目的。

◆ 案例引入

生活中，很多人都曾接到过垃圾短信、推销电话、垃圾邮件……这个时候，我们就会感到纳闷，为什么我们的手机号、微信号等会被人获取？明明我们没有告诉任何人啊！如果遇到这种情况，很有可能是个人信息外泄了。我们都知道个人信息泄露带来的危害非常大。在网络时代，我们的个人信息不仅仅只是一串数据，更是关乎我们的财产安全。稍有不慎，就会被人利用从事非法活动。我们的个人信息是如何泄露出去的？那么哪些信息是我们要注意的？哪些是敏感信息？

【任务】收集并对客户信息进行分类

思考题：

1. 姓名、性别、出生年月、兴趣爱好、投资偏好等信息是定量信息还是定性信息？如何区分？
2. 客户财务信息和非财务信息包括哪些内容？如何区分？
3. 客户理财目标的内容及分类有哪些？

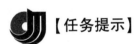 **【任务提示】**

一、客户信息的分类

（一）定量信息和定性信息

客户的定量信息和定性信息如表 10-1 所示。

表 10-1　客户的定量信息和定性信息

定量信息	定性信息
姓名、身份证号、性别、出生年月、年龄、婚姻状况、学历、就业情况、配偶情况等	目标陈述
资产与负债	健康状况
收入与支出	兴趣爱好
投保状况	就业预期
养老金规划	风险特征
投资情况	投资偏好
子女教育情况	理财决策模式
	理财知识水平
	价值观
	家庭关系
	现有的经济情况

（二）财务信息和非财务信息

财务信息是指客户当前的收支状况、财务安排以及这些情况的未来发展趋势等。财务信息是理财规划师制定个人财务规划的基础和根据，决定了客户的目标和期望是否合理，以及完成个人财务规划的可能性。

非财务信息是指其他相关的信息，比如客户的社会地位、年龄、投资偏好和风险承受能力等。

1. 客户财务信息

（1）收入与支出

收入支出表用来说明在过去一段时期内个人的现金收入和支出情况，如表 10-2 所示。收入支出表反映了个人在一段时间内的财务活动状况，个人可以将实际发生的费用和购买支出与预算的数字对比，从而采取必要的调整措施以消除两者之间的差异。

表 10-2 收入支出表

客户：		日期：	
收入项目	金额	支出项目	金额
常规收入		固定支出	
工资		餐饮费用	
奖金和津贴		交通费用	
租金收入		子女教育费用	
有价证券的红利		所得税	
银行存款利息		医疗费	
债券利息		人寿和其他保险	
信托基金红利		房屋保险	
其他固定利息收入		房屋贷款偿还	
常规收入小计		个人贷款偿还	
临时性收入		固定支出小计	
捐赠收入		临时支出	
遗产继承		衣服购置费用	
临时性收入小计		子女津贴	
收入总计		电器维修费用	
		捐赠支出	
收入总计（+）		旅游费用	
支出总计（-）		临时支出小计	
盈余		支出总计	

（2）资产与负债

资产是客户拥有所有权的财富的总称。它可以是现金，可以是购买获得的财产，可以是客户通过借贷资金购买的财产，也可以是客户接受的礼物。但是，对那些客户只拥有其使用权而非所有权的财物，如租赁的房子和汽车等，不能算是客户的资产。负债是指客户过去的经济活动而产生的现有责任，这种责任的结算将会引起客户经济资源的流出。资产与负债反映了个人的财务资源状况，它能帮助个人对实现财务目标的进程进行追踪，因而对于设定、监控和调整理财规划是必不可少的。资产负债表是对某一时点个人财务状况的总结，如表 10-3 所示。

表 10-3 资产负债表

客户：		日期：	
资产		**负债**	
金融资产	**金额**	**流动负债**	**金额**
现金		公共事业费用	
活期存款		租金支出	
定期存款		医药费用	
货币市场基金		银行信用卡支出	
股票		旅游和娱乐支出	
债券		汽车和其他支出	
储蓄产品（>1 年）		其他消费支出	
基金		税务支出	
贵金属		保险费	
其他		其他短期负债	
金融资产合计		短期负债合计	
客户：		日期：	
资产		**负债**	
实物资产	**金额**	**长期负债**	**金额**
主要住房		主要住房贷款	
第二处住房		第二处住房贷款	
其他		房地产投资贷款	
汽车		汽车贷款	
珠宝和收藏品		家具/用具贷款	
房屋内设施摆设		房屋装修贷款	
运动器材		教育贷款	
衣物		长期负债合计	
实物资产合计		负债合计	
资产合计			

（3）现金预算

现金预算主要涉及未来预期的现金收入和现金支出。现金预算中收入的估计和收入支出表中的收入不同，现金预算中作为收入的是拿到家庭里的收入，而不是在进行扣减之前的总收入。另外在估计现金支出时，弄清楚客户的花销习惯很重要。收入预算表与支出预算表如表 10-4 和表 10-5 所示。

表 10-4　收入预算表

客户：			预期年份：		
收入项目	××××年 实际数值	最低增 长比率	最低增长 比率收入	适度增 长比率	适度增长 比率收入
工资					
奖金和津贴					
租金收入					
有价证券的红利					
银行存款利息					
债券利息					
信托基金红利					
其他固定利息收入					
捐赠收入					
遗产继承					
新增出售债券收入					
新增关联公司收益					
收入总计					

表 10-5　支出预算表

客户：			预期年份：		
支出项目	××××年 实际数值	最低增 长比率	最低增长 比率支出	适度增 长比率	适度增长 比率支出
膳食费用					
交通费用					
子女教育费用					
所得税					
医疗费					
人寿和其他保险					
房屋保险					
房屋贷款偿还					
个人贷款偿还					
衣物购置费用					
子女津贴					
电器维修费用					
捐赠支出					
旅游支出					
新增房屋维修费					
新增房地产投资					
支出总计					

需要注意的是，除了以上几种财务信息之外，有时候理财规划师还需要了解客户各类资产的分配比例、投资性资产的回报率和金融资产的现值等财务信息。

2. 客户非财务信息

（1）姓名、性别

客户的性别等资料可以帮助理财规划师了解其社会保障和收入状况等，判断其适用的人寿保险种类。另外在评估客户的风险态度和风险承受能力时，也要考虑性别的重要影响。

（2）职称、工作单位性质和工作稳定程度

一般而言，不同的工作单位的工作稳定程度不一样。在国家机关、学校、医院工作的客户的工作稳定程度相对较高，这表明其收入稳定，福利待遇也较稳定。在公司任职的客户的工作稳定程度则要低一些。职称可以从一个方面反映客户的收入状况，而且用职称称呼客户，会使双方更加容易沟通。个人理财规划师了解到这些信息以后，才可能为客户的长期甚至是终身的财务安排进行合理而周密的规划。

（3）出生日期和地点

客户（尤其是女士）大多数情况下都不愿意直接透露自己的年龄。但在个人理财规划中，这些信息都十分重要。客户年龄对他们的理财目标、社会保障、保险投资种类、未来收入的变化以及风险承受能力等情况有着直接的影响。例如，一个25岁的客户和一个60岁的客户，两者的财务目标有着很大的不同。前者也许更重视如何通过投资实现房地产购置计划或是教育计划，而后者则更多关注怎么能够通过养老金投资来保证退休后的生活质量。

（4）健康状况

健康状况方面的信息包括客户本人和家族的健康状况两部分。这方面信息对客户人寿保险计划的选择和制定有着重要的影响。

（5）子女信息

子女的数量、年龄、健康状况、婚姻状况和职业等都对客户的各种财务安排有直接的影响。一般而言，子女的数量越多，年龄越小，健康状况越差，客户财务负担就越重，这时保险计划和教育计划对于客户而言就非常重要。当然，如果客户的子女已成年并且有一份稳定的工作，客户在子女的投资上就只需花费少数的资金。对于离异客户，子女的监护权归属也将影响其财务安排。

（6）客户的风险偏好程度

客户的风险偏好程度也对个人理财规划师的投资规划起着重要影响。如果客户是风险偏好型的投资者，而且有着极强的风险承受能力，个人理财规划师就可以根据其需要帮助他制订激进的投资计划，争取更多的盈利。但如果客户是保守型的投资者，要求投资风险为零，那么就应该帮助他制订稳健的投资计划。

活动：作为理财规划师，如何对待客户的信息

案例10.1.1： 在当前我国各种行业都急速发展的情况下，掌握更多的信息无异于抓住了更多的机会。于是，社会上出现了很多利用他人信息谋取利益的现象，如报刊亭、网络上热卖的"企业老板名录""金融界高管名录"；一旦签约买房，各种"建材资讯""装修设计资讯"也会源源不断通过各种方式找到你；或者你刚刚在网上参加了一个英语能力测试，下一秒就有英语培训机构直接与你联系……人们处于这个社会中，仿佛不再有秘密。

对于金融机构，接触客户个人信息的机会更多，其中包含的信息也更为准确，如客户的姓名、地址、电话、身份证号、职业、银行账号等一些基本信息。而对于金融理财师，要在充分了解客户资金运转情况的基础上才能提出理财规划，因此，接触的信息就更为私密，如客户的信用等级、资产状况、家庭成员的信息等。因此，保护个人信息及隐私，是金融理财师必须具备的职业道德。

从法律的角度来说，客户的个人信息及隐私是需要被保护的。一方面，金融理财师要保护客户的商业秘密。很多人认为金融理财师一般不接触客户所从事职业的技术问题，不存在侵害客户商业秘密的可能。事实上，在理财过程中，金融理财师不可避免地会接触到客户的一些经营信息，如经营计划、财务状况等，如果不能做到三缄其口，给客户造成损失，不仅会失去客户的信任，而且可能被起诉要求承担责任。另一方面，金融理财师要保护客户的个人隐私。在为客户提供服务、推荐产品的过程中，金融理财师肯定会了解到客户的一些信息，但必须把握好一般信息和隐私的区别，把了解的信息严格限制在业务需要的范围内，对客户不愿透露的私人信息不追问；了解客户信息的时候注意场合，避免在大庭广众之下将客户的信息暴露给他人；对客户的经济信息以及家庭信息应当注意保密，不得将类似信息当作谈资。

从职业道德来说，客户的信息作为金融理财业务中最为重要的信息资产，是需要绝对保密与尊重的。金融理财师工作成败的基础就是能否与客户建立起真正的信赖关系，而这种关系建立的前提就是要保护好客户所提供的信息。要站在客户的立场上，兼顾机构和客户的平衡关系，朝有利于增进客户利益的方向，正确利用和保护客户的个人信息。即便没有法律法规的制约，怎样对待客户的个人信息也是衡量一个金融理财师是否具有职业道德的重要因素，特别是在一些细节方面要加以防范。如客户的资料要入库上锁，给客户投送理财资料时，最好不要采用"传真"方式，以免本人接收不到造成信息泄露；对客户的信息原则上不得复印，金融理财师在讲课、投稿等公开活动中不得涉及客户的个人信息，不可将客户的信息变相出卖给证券、保险及其他中介机构，以上行为若无法避免，使用之前必须征得本人同意。

随着公民法律意识的不断加强，以及社会上盗卖个人信息现象屡屡出现，公民对个人信息保护意识也逐渐加强。作为客户家庭财产的管理者，只有懂得相关的法律法规以及行业规范，金融理财师这一职业才能更加专业化与规范化，增加客户的信任感。

请分小组讨论，作为理财规划师，如何对待客户的信息？如何在保密的情况下最大限度地获取信息？

> **请思考：**
> 你在设计自己的理财计划时，通常想要达到的目标都有哪些？试举例说明。

二、客户理财目标

（一）客户理财目标的内容

1. 实现收入和财富的最大化

财富指的是个人拥有的现金、投资和其他资产的总和。要积累个人财富，个人支出就必须小于其收入，所以，个人财富的最大化最终是通过增加收入和适当控制支出来实现的。增加收入的途径可以是寻找更高薪水的工作或进行投资等，具体的方式取决于个人的能力、兴趣和价值观念。控制支出的方法包括把所有支出项目细分为可控支出和不可控支出，在力保不可控支出的前提下，尽量降低不必要的可控支出，比如过多的置装费用和过多的旅游费用。

2. 进行有效消费

个人收入通常有两个用途：消费和储蓄。由于消费开支通常占用了个人收入的大部分，所以对这部分资金的有效使用是十分重要的。通过学习一定的个人财务规划技术，比如保存好个人的财务记录、进行现金预算、合理使用信用额度、购买适当的保险和选择合理的投资工具等，就可以控制个人的日常开支，实现有效消费。

3. 满足对生活的期望

人一生中除了保证生存的必要支出外，还有各种各样的人生目标。拥有足够的储蓄，拥有自己的房产和汽车，没有负债以达到财务的安全和自主，有一份高薪的工作，这些都可以成为人的生活目标。但这些目标往往难以同时实现，这意味着个人必须在这些目标中进行选择和规划。对于个人来说，这种规划必须有一个终身的视角。也就是说，人们应该分清在家庭生命周期的不同阶段，什么是最重要的目标，什么目标对当前而言较为次要。

4. 确保个人财务安全

财务安全是指个人对其现有的财务状况感到满意，认为拥有的财务资源可以满足其所有的必要开支和大部分期望实现的目标。这时，个人对其财务方面的事务有较强的信心，不会因为资金的紧缺而感到忧虑和恐惧。

> **【知识窗】**
>
> 确保个人财务安全的标准：① 有一份稳定而充足的收入。② 工作中有发展的潜力。③ 有退休保障。④ 有充足的紧急备用金以备不时之需。⑤ 有一定的财产（如果是分期付款，则要有足够的资金来源）。⑥ 购买了合适和充足的保险。⑦ 有实物资产方面的投资。⑧ 有合理的金融投资组合。⑨ 制定了有效的投资规划、税收规划和遗产管理规划。

5. 为退休和遗产积累财富

对于许多人来说，为退休后的生活提供保证是他们进行储蓄的最终目的。由于退休后收入会减少，而个人往往已经习惯了原有的生活状态，所以为了不降低生活水平，个人需要在未退休前将一部分收入作为退休基金留作他日之用。此外，在一些较为传统的国家，为子女留下一份相当数额的财产也是个人重要目标之一。

（二）客户理财目标的分类

1. 短期目标

短期目标是指在短时间内（一般在 1 年左右）就可以实现的目标。短期目标一般需要客户每年或者每两年制定或修改，比如装修房屋、休闲旅游等。对于短期目标，理财规划师一般应建议采用现金与其等价物，如活期存款、货币市场基金、短期债券等。

2. 中期目标

中期目标是指一般需要 1~10 年才能实现的愿望，比如购房经费的筹集、子女教育经费的筹集等。对于中期目标，理财规划师要从成长性和收益率兼顾的角度来考虑投资策略。

3. 长期目标

长期目标是指一般需要 10 年以上的时间才能实现的愿望，如为 30 岁的客户设定的退休保障目标。

事实上，短期目标和长期目标是相对而言的，不同的客户对同样的财务目标会有不同的判断。如果客户只需要个人财务规划师为其未来的 5 年时间进行个人财务规划，那么对于该客户而言，5 年以后才能实现的目标就属于长期目标。一般情况下，退休计划目标都属于长期目标，但对于已经接近退休年龄的客户而言，该目标就应该算是中期目标，甚至是短期目标了。此外，随着时间的推移，同一个客户的目标性质也会改变。比如，一个 25 岁的客户，他的子女的高等教育规划一般需要 15~20 年的时间，那么帮助子女完成学业对于该客户就是一个长期目标。15 年之后，该客户 40 岁，其子女已经上大学或即将上大学，这时实现子女教育目标就转化成了中期目标或是短期目标。

◆理财技巧

理财有什么技巧吗？

零存整取法

单身青年一切吃穿用度皆要自己操持，一日三餐、基本日用品、骑自行车、坐公交车、一本令人心动的小说、一场赏心悦目的电影、一件价廉物美的衣物……钱款进出钱包的频率相当高，因此一日下来，你会发现你的钱包里多了许多零钱（人民币 5 元以下），此时你可将其悉数取出，专门置放一处，以后如法炮制，日日坚持，一日、一季或半年上银行换成整钱结算一次，此时平常不善存钱的你，便会惊喜地发现每日取出存放的、无足轻重的零钱已汇聚成一笔可观的数目。

忍者神龟法

如今不少单身青年注重时尚、追求品牌，购买名牌物品劲头十足，但狂热拥戴名牌的结果，只会陷入入不敷出的窘境。因此在面对名牌冲动时，你要学会忍，要将有限的财力用在刀刃上。事实上，只要你做个有心人，完全可在各种不同的打折销售时期，花上原价几分之一的价钱，购买你心仪的名牌。

健康省钱法

许多单身青年自恃年轻体健，对一些自认为的小疾病不看病不吃药，以为会省下不少医药费，实际上这是"贪小失大"的短视行为。一两次硬撑，也许让你蒙混过关，倘若一次延误治疗，小病扛成重病，糟蹋了身体不说，惊人的医药费还会将你原本不多的积蓄一扫而光。因此单身青年朋友一定要珍惜自己的身体，日常加强锻炼，遇有疾病苗头应趁早治疗。

平安赚钱法

单身青年一人独居，自我照顾，尤要注重安全理财法。日常用电用气、防火防盗都要做好十分的安全防范工作，常用硬件如自行车、热水器、煤气灶、电插座等如有老化、破损应及时更换，不可为省钱而将就。

潜力发掘法

也许你目前所从事的职业未必能用到你的全部技能，或是你能轻松完成本职工作，尚余有大量精力，此时你便要克服惰性，充分发挥潜力，趁着年轻单身时大干快上，如文笔好的可从事业余创作，学有财务知识的不妨做第二职业，如做微商等，这不仅对你的本职工作大有裨益，同时也会积累可观的资本。

完美投资法

经过综合运用上述五法的"开源、节流"，你已是个拥有一定资产的单身青年，此时理财的重点便要转向投资。如强迫储蓄投资，有条件可将资产的一部分作为首付款购买房产，不足部分向银行贷款，强迫不善定期存钱的你按期还款付息，其余资产可投资于国债、基金或申购新股等风险性较低而回报颇高的项目，将收益用于加快还贷。如果你具备相关的知识，又有较强的风险意识，就可尝试将资产的70%投入风险较高的积极型投资（如股票），余下的30%用于保守型的投资（如国债、定存）。还可将资产分为五份，分别投资国债、保险、股票、定期储蓄或活期储蓄。

◆考核

任务单1：请根据表10-2~表10-7试填写你家（或经过调查的一个家庭）在最近一年的理财信息。

表10-6　个人信息调查表

信息栏目	本人资料	配偶资料
姓名		
职称		
性别		
出生日期		
出生地		

续表

信息栏目	本人资料	配偶资料
健康状况		
婚姻状况		
职业		
工作单位性质		
工作稳定程度		
拟退休日期		
家族病史		

表 10-7　子女资料

子女姓名	出生日期	健康状况	婚否	职业

实训四　家庭理财规划——家庭财务状况分析

◆理财常识　　理财师排出三大理财阵型适用不同家庭

世界杯激战正酣……在理财规划师们的眼中，球场上的每一位球员就像是一个家庭中的每一份资产。林某是一位球迷，更是一位专业的理财规划师，他把家庭理财比作管理一个足球队，目前经济形势下的家庭理财则是"世界杯"。"433""451""442"是足球赛中常见的三大布阵，在理财师看来，家庭的活期存款、基金、国债、股票、贵金属等投资方式就像各司其职的球员，而包括保险在内的家庭紧急预备金就像守门员，为成功的家庭理财计划把门守关。

无负担，小家庭 选激进的"433"阵型

个例：

结婚刚半年的小孔和小方月收入约 5 000 元，父母有稳定收入。双方家长为他们准备了婚房，两人没有经济压力，婚后购置一辆家庭轿车后，积蓄有 12 万元。两人计划两三年内生育小孩，条件允许的情况下再按揭购置一套商品房。

分析：

"这个家庭目前暂时没有负担，但想再购置一套新房。"林某分析，小两口的经济收入尚可，还有一定积蓄，但包括汽车消费在内，每月的开支约占收入的 1/3，加上准备生育小孩，短期内再按揭买房有一定压力。不过，两人还年轻，如果有一定的风险投资经验，可选激进的"433"理财阵型。

林某表示，这个家庭要预备家庭月收入的 3 倍左右为紧急预备金（紧急预备金是守门员，不可或缺），其中可配置适量的重大疾病险等。剩余资产平均分成 10 份：3 份投资高风险、高收益项目，如股票、偏股；还有 3 份投资灵活度高但风险适中、收益适中的品种，以开放式基金为佳；剩余 4 份投资于安全可靠、收益稳定的品种，如银行的短期理财产品、国债等。

"采用这种激进型理财方式，前提是有一定投资理财经验，且风险承受能力要强。"林某说，"比较适合像小孔家一样'输得起'的年轻家庭。"

有老有小，要供房 选保守的"451"阵型

个例：

陈先生家庭积蓄 10 万元，夫妻月收入约 6 000 元，小孩 5 岁，双方父母刚退休，能应付生活开支。另外，每月房贷 2 000 元，小孩一年后升小学要接送，计划购置一辆不太贵的普通型家庭轿车。

分析：

陈先生家的开支主要是房贷、小孩上学和 3 人的衣食，已超过收入的一半。未来几年，还可能面临购车后的交通成本上升等，要动用积蓄，在收入未涨的情况下资金积累不会很快，甚至还可能"存不到钱"。林某建议，陈先生采取"451"阵型，保障家庭经济"正常运行"的同时，可能赢得小利。

林某分析，这个家庭应留月收入的 6 倍为紧急预备金，买车计划应适当推迟。剩余资产分10 份做保守型的理财：以 1 份资金选择风险性相对较高的股票、偏股型基金或白银的 T+D 投资；有 5 份应谨慎选择、规避风险，可考虑基金定投和稳健型基金 3：2 分配；另外 4 份同样可投资安全可靠、收益稳定的品种，如银行的短期理财产品、国债等。

"'451'投资组合适用于希望平稳收益，且最好能保持现状的人。这是极为保守的投资组合。"林某表示，陈先生家目前的负担和即将面临的负担较大，家庭资金不能出现投资带来的漏洞，因而需要保守。"守门员"分量偏重，是因家庭人口多需要足够资金作应急保障。

儿子独立，家有积蓄 选稳健的"442"阵型

个例：

李先生和爱人月收入约 5 500 元。目前，股市里有 6 万元，还有 23 万元存款。一套小户型的房子将拆迁，预计约有 30 万元的补偿。儿子已参加工作，月工资 1 800 元。3 年内，计划在某市购置一套约 80 平方米的房子，为儿子成家所用。

分析：

林某建议这个家庭考虑"442"稳健型打法。这个家庭的资产组合中存款占大部分，建议对投资组合进行调整。家庭收入的 4 倍作为紧急备用金，这份备用金可适当比例配置活期存款、货币型或增强型债券基金、重大疾病商业保险。剩余资金分 10 份：以 2 份投资高风险、高收益的项目，如股票或股票型基金；有 4 份投资灵活度高但风险适中、收益适中的品种，如仓位灵活的券商集合理财产品、股债平衡型基金；另 4 份投资安全可靠、收益稳定或收益适中、风险适中的品种，如银行理财产品、国债、债券型基金等。

【资产负债表、现金流量表编制及分析资料】

张先生 46 岁，为某公司主管，月薪 3 万元，年终奖金 10 万元；妻子吴某现年 42 岁，是某公司财务主管，月薪 8 000 元。该家庭某年 12 月 31 日对资产负债状况进行清理的结果为：价值100 万元的住房一套和 80 万元的郊区度假别墅一幢，一辆别克轿车，银行定期存款 15 万元，活期 5 万元，现金 2 万元。家庭房产均为 5 年前购买，买价分别为 50 万元和 30 万元，首付二成，其余进行 10 年期按揭，每月还款 5 800 元；轿车为 2 年前购买，使用年限为 10 年，买价为 45 万元，每年花费 1 万元购买汽车保险，当前该车型市场价格降为 40 万元。该家庭三年前投入 20 万元资金进行股票投资，目前账户中的价值为 15 万元；一年前购入 10 万元的三年期记账式国债，目前价值 12 万元。张先生爱好字画收藏，陆续花费 40 万元购买的名家字画当前市价已达到 100万元，妻子吴某的翡翠及钻石首饰的市价达到了 30 万元。夫妇两人从 2005 年开始还每年购买某保险公司的意外伤害医疗保险，每年交保费 500 元。

实训方式：根据所给的资料进行分析并编制相应的家庭财务表格。

实训内容：家庭资产负债表、家庭现金流量表的编制及分析和利用家庭财务指标进行家庭财务状况分析。

实训步骤：分小组讨论资料，按照资料要求进行家庭资产负债表、家庭现金流量表的编制及分析和利用家庭财务指标进行家庭财务状况分析。

实训要求：

（1）家庭资产负债表的编制及分析

① 根据资料编制该家庭的资产负债表。

② 分析该家庭的资产及财务结构，指出该家庭目前的资产结构中存在的问题，给出改进建议。

（2）家庭现金流量表的编制及分析

① 根据资料编制该家庭的现金流量表。

② 分析该家庭的支出比率及财务弹性，指出现金管理中存在的问题，给出改进建议。

（3）利用家庭财务指标进行家庭财务状况分析

> **请思考：**
> 　你能想象到的家庭资产都有哪些类型？试举例说明。

一、家庭资产的内容

（一）金融资产（生息资产）

金融资产（生息资产）是那些能够带来收益或是在退休后将要消费的资产，主要包括手中的现金、金融机构的存款、退休储蓄计划、养老金的现金价值、股票、债券、基金、期权、期货、贵金属投资、直接的商业投资等。金融资产是在个人（家庭）理财规划中最重要的，因为它们是财务目标的来源。除了保险和居住的房产外，大多数的个人理财就是针对这些资产的。也可以把直接的商业投资单独列为一类，即经营资产。

（二）自用资产

自用资产是个人（家庭）生活所必须使用的资产，如房子、汽车、家具、家电、运动器材、衣服等。个人（家庭）的理财目标之一是为家庭进行适度的个人使用资产的积累。尽管它们不会产生增值收入，但它们可以提供个人（家庭）消费。

（三）奢侈资产

奢侈资产也是个人使用的，但它们不是家庭生活所必需的。这一类资产取决于具体家庭认为哪些资产不是生活所必需的高档消费品，主要包括珠宝、度假的房产或别墅、有价值的收藏品等。奢侈资产与个人使用资产的主要区别在于变卖时奢侈资产的价值高。

二、家庭资产计量的方法

（一）成本法

资产成本即购买或取得建造该项资产所需花费的代价。该项花费同取得建造该项资产直接或间接相关的部分，都可以称为该项资产的成本。根据资产计价时期的不同，成本法有历史成本法和重置成本法两种。

历史成本法是按取得时的实际成本计价，以此方法计量的资产价值是资产过去的价值。如以历史成本法为家庭小轿车计价，则小轿车的购置价格、相关的税费、牌照费、车辆购置税及其他附加费用即为该小轿车的价值。

重置成本法是指在计量资产时，按被计量资产的现时完全重置成本减去应扣损耗或贬值来确定被计量资产价格的一种方法。此方法综合考虑了资产的现时价格变化和使用过程中的损耗，因此比历史成本法计价更为合理。

重置成本法的基本计算公式为：

$$资产计量值=重置成本-实体性贬值-功能性贬值-经济性贬值$$

1. 现时完全重置成本

现时完全重置成本简称重置成本，是指重新建造或购买相同或相似的全新资产的成本或价格。

2. 实体性贬值

实体性贬值是指资产在使用或闲置中因磨损、变形、老化等造成实体性陈旧而引起的贬值。

3. 功能性贬值

功能性贬值是指由于技术进步出现性能优越的新资产，使原有资产部分或全部失去使用价值而造成的贬值。

4. 经济性贬值

经济性贬值是指由于外界因素引起的，与新置资产相比较获利能力下降而造成的损失。市场需求的减少、原材料供应的变化、成本的上升、通货膨胀、利率上升、政策变化等因素都可能使原有资产不能发挥应有的效能而贬值。

如以重置成本法为家庭小轿车计价，则小轿车的购置价格、相关的税费、牌照费、车辆购置税及其他附加费用，都应当以当前的市场价格计算，同时还需要扣除使用年份的折旧费用才是该小轿车的当前价值。

（二）收益法

收益法即预期该项资产将来可能为家庭带来的收益额的大小为据，计量该项资产的价值。但这种计量方法的缺陷有三：①没有原始凭据作为记账的依据；②只是将来可能实现的收益，而非真实或已经现实地获取的收益，预计性内容不应落实在账面上；③未来收益具有相当的不确定性。未来这笔收益可能得到实现，也可能得不到实现，现以预计值计价入账，不符合谨慎性原则的要求。

（三）市价法（市场价值法）

市价法即以该项资产的现行市价为据，重新调整账面已登载的资产的价值，保证账实相符。对现行市价与账面成本价的差额，即资产随着时间推移而发生的增值或减值，则应调整账面记录。同时将该项差额作为家庭的生活用费或视为投资收益（或调减家庭的生活用费），视该项资产的性质为投资型还是消费型而定。

三、家庭负债的内容与计量

家庭负债包括全部家庭成员欠非家庭成员的所有债务，可以分为流动负债和长期负债两大类。

请思考：

流动负债和长期负债的区别是什么？

（一）流动负债

家庭的流动负债是指一个月内到期的负债，主要包括信用卡、电话费、电费、煤气费、修理费用、租金等。

（二）长期负债

家庭的长期负债是指一个月以后到期或多年内需固定支付的负债，其中最为典型的是各类个人消费借贷款和质押贷款。

四、主要报表格式

主要报表格式如表10-8和表10-9所示。

表10-8　家庭资产负债表主要科目

类别	主要科目	进一步细分科目（可略）
金融资产（生息资产）	现金	/
	活期存款	存款银行/存折账号（信用卡账号）
	定期存款	存款银行/存续期间/利率/币别
	债券	国债、公司债/买入日期/金额/利率/到期日
	股票	名称/买入日期/股数/成本/市价
	共同基金	名称/买入日期/数量/成本/市价
	期货	名称/买入日期/股数/成本/市价
	保值性商品	黄金、白银/细目/数量/成本/市价
	寿险保单现值	保单种类/受益人/保障年限/保费/解约现值
	应收款现值	债务人姓名/借期/还款方式/利率/目前余额
	房地产投资	坐落地点/面积/成本/市价/目前房租
	其他金融投资品价值	视投资品性质而定
自用资产	期房预付款	坐落地点/面积/总价/首付款/已缴工程款/未缴余额
	自用住宅	坐落地点/面积/买入日期/成本/市价/首付款和目前房贷
	汽车	车型号/买入日期/成本/市价/折旧率/车贷余额
	其他自使用资产	家电家具细目/买入日期/成本/市价/折旧率
奢侈资产	珠宝现值	珠宝种类/细目/数量/成本/市价
	度假别墅现值	坐落地点/面积/买入日期/成本/市价
	收藏品现值	收藏品种类/细目/数量/成本/市价
	其他奢侈资产现值	种类/细目/数量/成本/市价
资产合计		
负债	信用卡应付款	发卡银行/当期应缴款/期限/循环信用余额
	汽车贷款	贷款期限/贷款额/利率/每期应缴额/贷款余额
	按揭贷款	贷款期限/贷款额/利率/每期应缴额/贷款余额
	股票质押贷款	股票名称/股数/贷款时价格/贷款额/质借余额
	股票融资融券	股票名称/股数/融资时价格/融资额/融资余额
负债合计		
净资产=资产合计-负债合计		

表 10-9　个人（家庭）损益表或现金流量表

收入			支出		
项目	金额	比重	项目	金额	比重
1. 工薪收入 　薪金收入 　补助收入			1. 日常开支 　　衣 　　食 　　住 　　行 　　娱乐 　　医药 　　通信 　　其他		
2. 财产经营收入 　股息红利 　利息 　租金 　其他			2. 投资性支出 　　股票 　　债券 　　基金 　　稀有品 　　其他		
3. 劳务收入 　稿费收入 　其他劳务			3. 保障性支出 　　备用金 　　保险费 　　其他		
4. 个体经营收入			4. 教育支出		
5. 其他收入			5. 其他支出		
收入合计			支出合计		
收入盈余＝收入合计−支出合计					

五、家庭资产负债表财务比率分析

（一）家庭资产结构分析

1. 金融资产权数＝金融资产/总资产

金融资产市值的波动一般较大，因此若家庭的金融资产权数较大，则总资产的起伏将比较大。但是，金融资产的获利能力远大于自用资产，是未来收益的保障。

【知识窗】
　　一个家庭金融资产一般是由一系列风险收益情况各异的金融资产组合构成的，可以通过分析其中各类风险资产的比重来考察该家庭的财务风险状况。

2. 自用资产权数＝自用资产/总资产

自用资产是以提供使用价值为主要目的，一般家庭未购房前此比例较低。在购房后贷款未缴清前，多数家庭均将积蓄用来偿还贷款，以至于无法累积金融资产，因此此时自用资产权数一般在七八成以上。

3. 奢侈资产权数＝奢侈资产/总资产

中高收入家庭往往会持有较多的奢侈资产，此权数的大小可以在一定程度上反映家庭的收入状况。

（二）财务结构分析

1. 负债比率＝总负债/总资产

一般来说，负债比率越高，财务负担越大，收入不稳定时无法还本付息的风险也越大。但是由于总负债由自用资产负债、投资负债和消费负债三大部分组成，因此需要考虑总负债中各种负债组合的比重以及市场形势，这样才能最终较为准确地判断家庭的财务风险。

2. 融资比率＝投资负债/金融资产市值

投资负债额可以是以存单、保单、有价证券等投资工具质押获得的贷款，也可以是个人自用资产抵押获得的贷款，但是用途必须是投资金融资产，以期在投资报酬率高于融资利息率的情况下，加速资产的成长，获得财务杠杆效应。融资比率过高则会造成家庭的财务风险过大，因此必须时刻关注该比率，尽可能及早清偿投资负债，以减少利息支出。

> **【知识窗】**
> 家庭投资净资产越高，则家庭资产的成长潜力越大。投资净资产＝金融资产－投资负债，其增加的金额来自金融资产的增加和贷款的减少。

3. 自用资产贷款乘数＝自用资产贷款额/个人使用资产市价值

自用住宅在自用资产中占据最大的比例，若无其他自用资产，则该比率＝房贷额÷自用住宅的市值。随着房贷余额的减少，此比率会逐步减小，但在房地产市值大幅度下降的情况下，该比率也可能反向走高。

4. 消费负债资产比＝消费负债额/总资产

在理财上应该尽量避免消费负债，若需要借款时，在没有自用资产负债或投资负债的前提下，该比率等于总负债比率，此时消费负债的合理额度不宜超过总资产的一半。

六、家庭损益表财务比率分析

（一）家庭支出比率分析

支出比率＝总支出/总收入＝消费率+财务负担率

消费率＝消费支出/总收入

财务负担率＝理财支出/总收入

家庭消费支出安排的基本原则是"量入为出"，尤其是在初期资本积累阶段，必须控制消费支出的比重，增加金融资产的累积，以期为以后的理财活动积聚足够的资金。随着家庭收入的增加，消费率指标也会逐步减小，即符合经济学中所说的边际消费率递减规律。

理财支出是指利息支出与保障型寿险、产险的保费支出及为了投资所支付的交易成本或顾问费用。若投资亏损通常视为负的理财收入，为总收入的减项，不视为理财支出。通常，财务负担率以利息支出占总收入的20%、保障型保费支出占总收入的10%为合理上限，因此合计不应超过总收入的30%。

（二）家庭财务弹性分析

自由储蓄额＝总储蓄额－已经安排的本金还款或投资

自由储蓄率＝自由储蓄额/总收入

已经安排的本金还款或投资包括房贷定期摊还的本金额、应缴储蓄性保费、定期定额投资额等提前安排的固定资金使用额。因此，自由储蓄额即总储蓄额扣除了这些固定资金使用额后可以自由动用的部分。自由储蓄率越高，则家庭的财务弹性越大，通常以10%作为自由储蓄率的下线。

（三）收支平衡点收入

收支平衡点收入＝固定支出负担/工作收入净结余比率

工作收入净结余比率＝工作收入净结余/工作收入

其中，固定支出负担包括每月的固定生活费用、房贷支出等近期每月固定支出；工作收入净结余是指工作收入扣除所得税、社保缴费以及交通、通信、饮食、娱乐等日常开支后的净结余。

个人（家庭）获得收入是有阶段性的，因此应储蓄一部分的收入作为未来退休生活的准备。分析收支平衡点的主要目的是要计算出现在以及退休后的生活水准，掌握需要创造多少收入才能量入为出。当提升收入难以达到时，则必须考虑降低固定费用支出来提高工作收入净结余比率，以确保有足够的积蓄维持未来的退休生活。

◆理财技巧　　**工薪族家庭如何合理安排退休生活？**

第一阶段：

张先生和刘女士都是工薪族，工作稳定，结婚3年多了，手中有了些积蓄，夫妻二人商量着贷款买房子。几年的时间过去了，张先生和刘女士的家庭和事业蒸蒸日上，张先生已经晋升为公司的副总经理，刘女士也成了单位里的部门负责人，他们的收入有了大幅的提高。孩子茁壮成长，已经上小学了。这时候他们在家庭理财方面要注意什么呢？

这一阶段理财要注意以下几点：

第一，偿清房贷。

第二，为退休储备充足的养老金，加大风险投资的力度，用较多的资金投资股票、基金。如果有足够的资金，投资房产是很好的选择，但是不要贷款投资房产。

第三，对孩子进行理财教育。

第四，投保储蓄型的养老保险。

第二阶段：

张先生和刘女士的孩子已经大学毕业，参加工作，经济上独立了。家庭已经没有任何债务，经过几十年的努力工作和十几年坚持不懈的投资，张先生和刘女士为自己储备了足够的养老金，他们准备退休了。这段时间他们理财要注意什么呢？

这时候他们要注意以下几点：

第一，逐步将资金从风险性投资中撤出，转移到安全性投资中去。

第二，在留足养老金的基础上，为孩子准备一些结婚的费用，如孩子的购房款。

第三，建立"医疗基金"，因为医疗保险很难应对全部的医疗费用。

第三阶段：

随着时间的推移，张先生和刘女士双双退休，孩子也已经结婚，经济上独立，也很孝顺。张先生和刘女士过上了幸福的晚年生活。

这阶段他们理财要注意以下几点：

第一，不进行风险性投资。

第二，不要轻易被别人蛊惑，远离投资陷阱。

第三，要当"守财奴"。

单元二　客户家庭投资理财问题的诊断

学习目标

　　识记能力目标：制定理财目标的原则；影响风险承受能力的因素。

　　理解能力目标：掌握一些适用于个人/家庭财务状况的财务比率，并运用其作简单的分析；能够进行简单的现金预算分析，基本能够衡量客户的风险承受能力。

　　应用能力目标：掌握编制和分析个人/家庭资产负债表的方法；掌握编制和分析个人/家庭现金流量表的方法。

◆ 理财故事

当"抠门"成为一种时尚

　　别再想你梦寐以求的 SUV 了；不要考虑你在网上看到的可爱的 iPad 皮套了；放弃花大价钱买一个 LV 的想法吧，也许应该考虑拎个环保袋。一点点自我克制不是更好吗？"抠门"已经成为一种时尚。

　　典型"抠门主义者"

　　作为首富的比尔·盖茨生活上是个典型的"抠门主义者"，这位世界首富没有自己的私人司机，公务旅行不坐飞机头等舱却坐经济舱，衣着也不讲究什么名牌；更让人不可思议的是，他还对打折商品感兴趣。不愿为泊车多花几美元……为这点"小钱"如此斤斤计较，让我们怀疑他是不是"现代的阿巴贡"？

　　在生活中，比尔·盖茨也从不用钱来摆阔。一次，他与一位朋友前往希尔顿饭店开会，那次他们迟到了几分钟，所以没有停车位可以停放他们的汽车。

　　于是他的朋友建议将车停放在饭店的贵宾车位，比尔·盖茨不同意。他的朋友说："钱可以由我来付。"他还是不同意。原因非常简单，贵宾车位需要多付 12 美元，他认为那是超值收费。

　　在生活中他有一句话："花钱如炒菜一样，要恰到好处。盐少了，菜就会淡而无味，盐多了，苦咸难咽。"在他之后，带领起一批 IT "抠门"的新贵，人们称他们为 YAWN——"年轻、富有但是普通"。

　　我们为何要"抠门"

　　房价噌噌地往上涨，物价也紧随其后，工资的涨幅却小之又小，不"抠"心里不安；银行虽然最近刚升了息，但距我们所期望的幅度还是远远不够，只有多存点钱进去才拿得到期望的利息；LV、PRADA 再漂亮，摄像头千万像素再先进，提高的只是面子又不是生活质量，把钱花在那上面才叫傻瓜。

　　"新贫"早已经过时，"饮食男女"也不再吃香，到了该成家立业、赡养父母、养育下一代的年纪，再大手大脚那叫不负责任；从"一人吃饱全家不饿"，到考虑一个家庭的现在和将来；从只知道吃喝玩乐，到要买房，要结婚，要投资，要充电，要留学……成熟的标志是从："只会花钱"到"学会怎么样更好地花钱"。因此，我们必须学会"抠门"。

◆ 案例引入

一个锅盖引发的家庭理财问题

　　一个烧菜用的锅盖，是一个很不起眼的东西，平时购买锅盖，主要考虑它的外观是不是漂亮，是不是和锅身相配，价格是否适中，等等，而且大多数买锅时，锅盖就配好了，不用再买了。

　　人的天性就是懒惰，不想费心思去想，不想动脑子去计算是不是合算。

　　很多人说："我很会理财，我买的东西非常非常便宜！"

还有些人说："我很节俭！我很省！"你认为这是在理财吗？

买便宜的东西不是理财。商场狂打折出售商品时，你拼命买些低价的商品，买回来后你是否发现这些东西根本就不敢吃、不敢用？服装促销买400送400，你觉得很便宜，买回一大堆衣服，结果根本不敢穿出去或者穿一次就不再穿了，是不是有这样的情况？买便宜货反而是浪费，不是理财，是商家谋财！

"我很节俭，我很省吃俭用"——这是在克制自己的欲望！一个人有欲望，表明自己的身体或生理上有某种需要，如果你克制自己的欲望，使自己的正常需要得不到满足，反而对自己的身体没有好处。这不是理财！

什么才是理财？

让你现有的财产带来最大的价值，取得最好的收益是理财；让你的不必要浪费降低到最低点，尽可能没有浪费才是理财。

让我们以一个不起眼的锅盖为例来说明什么是理财吧！

如果我们能够缩短烧菜时间，比如用传统锅盖需15分钟烧好的菜，用某智慧节能型锅盖只需10分钟就能烧好，一道菜省5分钟，一家三口人烧三道菜就省15分钟，一天按两餐自己做饭计算，就省30分钟，一个月就省900分钟，一年就省10 950分钟，即相当于182.5小时。如果把可以省下来的182.5小时用于做你喜欢做的事，你会多开心！如果把182.5小时白白燃气浪费的钱用于其他方面的家庭开支，你能买多少你喜欢的东西？

买商品时贵一点的可能反而更便宜，买东西时当时感到便宜的反而更贵、更浪费。就像锅盖，我就买了一个某智慧节能型锅盖，用起来很舒服，确实能节省时间和金钱，这才叫真正的理财。

请思考：

你在进行个人理财时，哪些目标是必须要达到的？哪些目标是期望要达到的？试举例说明。

【任务】 收集并对客户理财目标进行分析

思考题：

1. 作为理财规划师，对于客户提出的理财规划目标是不是全盘接受？能否调整？如何让客户提出具体可行的理财规划目标？如何按照"轻重缓急"区分理财规划目标？

2. 客户风险承受能力的影响因素有哪些？

一、理财目标分析

（一）客户必须实现的目标和期望实现的目标

理财规划师要区分什么目标是客户必须实现的，什么目标是客户期望实现的。

客户必须实现的目标是指在正常的生活水平下，客户必须要完成的计划或者满足的支出；客户期望实现的目标是指在保证正常生活水平的情况下，客户期望可以完成的计划或者满足的支出。

一般而言，客户必须实现的目标有保证日常饮食消费、购买或租赁自用住宅以及支付交通费用和税费等。客户必须实现的目标在进行投资理财规划时应该优先考虑，理财规划师可以在调查表的支出项目中获得这一类开支的数额。

而客户期望实现的目标有很多，比如旅行和换购一个豪华的别墅、送子女到国外留学、投资开店等。所有的投资理财规划都必须满足客户必须实现目标所需的开支后，再将收入用于客户期望实现的目标。如果客户没有足够的资金满足前者，那么后者就需要进行调整。理财规划师的一个重要职责就是帮助客户了解哪个目标更为实际，哪个目标的实现能够给客户带来较大的利益，而哪些目标可以推迟实现。

（二）制定理财目标的原则

通常，制定理财目标应遵守以下原则。

1. 投资目标要具体明确

如果投资目标不具体、不明确，那么理财规划师在制定投资规划方案时也会无所适从。投资目标越明确，越具有可操作性。例如，投资目标可以是"两年后购买奔驰牌汽车"而不应该是笼统地"储蓄40万元"。如果将来奔驰牌轿车涨价，客户可以调整自己的投资组合。

2. 将预留紧急备用金作为必须实现的财务目标来完成

在客户的日常生活中，必然会出现一些无法预计的开支，这些意外开支同样会影响到客户个人财务计划的完成。所以有必要将预留一定数额的应急现金作为投资理财规划必须实现的目标之一。

3. 客户的目标必须具有合理性和可实现性，而且不同的计划目标之间应该没有矛盾

例如，某客户的储蓄计划目标是每年将收入的25%进行储蓄，然后再将剩余的资金用于投资计划，但实际上如果客户的收入中有85%必须用于偿还住房抵押贷款的，其25%的储蓄计划就无法实现。此外，客户往往对其目标有过高的期望，对自己的财务状况较为乐观，并且认为在理财规划师的帮助下能够实现任何目标。比如，一个年总收入为10万元的客户把他的短期目标设定为四年内提前偿还他购买房屋所欠的抵押贷款40万元。显然，这是难以实现的，因为该客户忽略了其生活的日常开支以及其他可能需要支出的突发性情况，并且在投资计划中必须承担较大的风险，所以理财规划师应用适当的方式劝说客户修改其目标。

4. 投资目标的实现要有一定的时间弹性和金额弹性

由于投资规划本身具有一定的预测性质，投资规划目标的实现取决于一些具有时间弹性和金额弹性的影响因素。所以，在制定投资目标的时候，理财规划师要注意所制定的投资目标应有一定的时间弹性和金额弹性，这有助于增强投资规划的灵活性。

5. 投资规划目标要兼顾不同期限和先后顺序

任何客户的投资目标都不止一个，而且这些目标也不可能同时实现。所以理财规划师在区分客户的短期、中期、长期投资目标的基础上，应该再结合客户的具体情况对客户具体的投资目标按照重要程度和紧迫程度进行重新排列，从而在投资规划中确定实现投资目标的步骤。

综上所述，一个合理的理财目标体系应该具有以下几个特点：① 灵活性：可以根据时间和外在条件的变化作适当的调整。② 可实现性：在客户现有的收入和生活状态下是可以实现的。③ 明确性和可量化性：客户对目标的实现状态、风险、成本和实现的时间都有清晰的认识，并且可以用数字描述出来。④ 对不同的目标有不同的优先级别，同级别的目标之间没有矛盾。⑤ 该目标可以通过制定和执行一定的行动方案来实现。⑥ 实现这些目标的方法应该是最节省成本的。

请思考：

不同的客户，其风险承受能力是否相同？试对客户进行分类。

二、客户风险承受能力的分析

（一）客户风险承受能力的类型

一般来说，根据风险承受能力可将客户分为以下三种类型。

1. 保守型投资者

这类客户的首要目标是保护本金不受损失和保持资产的流动性。其对投资的态度是希望投资收益极度稳定，不愿用高风险来换取收益，不太在意资金是否有较大增值。在个性上，这类客户本能地抗拒冒险，不抱碰运气的侥幸心理，通常不愿意承受投资波动对心里的煎熬，追求稳定。

2. 中庸型投资者

这类客户渴望有较高的投资收益，但又不愿意承受较大的风险；可以承受一定的投资波动，但是希望自己的投资风险小于市场的整体风险，因此希望投资收益长期、稳步地增长。在个性上，这类客户有较高的追求目标，而且对风险有清醒的认识，但通常不会采取激进的办法去达到目标，而总是在事情的两极之间找到相对妥协、均衡的办法，通常能缓慢但稳定地进步。

3. 进取型投资者

这类客户高度追求资金的增值，愿意接受可能年年出现的大幅波动，以换取资金高成长的可能性。为了最大限度地获得资金增值，常常将大部分资金投入风险较高的品种。在个性上，这类客户非常自信，追求极度的成功，常常不留后路以激励自己向前，不惜冒失败的风险。

（二）影响客户风险承受能力的主要因素

影响客户风险承受能力的主要因素包括以下几个方面。

1. 财富

富人是否因为钱多而愿意承担更多的风险呢？在回答这个问题之前，首先来区别绝对风险承受能力和相对风险承受能力这两个概念。绝对风险承受能力由一个人投入到风险资产的财富金额来衡量，而相对风险承受能力由一个人投入到风险资产的财富比例来衡量。通常，绝对风险承受能力随着财富的增加而增加，因为富人将拥有更多的财富投资到每项资产上，而相对风险承受能力未必随着财富的增加而增加。此外，财富的获得方式也是影响人们风险承受偏好的一个因素。财产继承人和财富创造者相比，后者的风险承受能力高于前者，而前者比后者更乐于听取理财规划师的建议。

2. 教育程度

一般来说，客户风险承受能力随着教育程度的增加而增加。显然学历与风险承受能力存在明显的正相关性，但这种正相关性还没法完全解释清楚，可能由于教育程度与收入、财富的相关性导致高学历者具有较高的风险承受能力，而非学历本身所致，也可能是因为高学历者比较熟悉可供选择的各种投资渠道等。

3. 年龄

客户风险承受能力通常与年龄成负相关关系，即一般来说，年龄越大，客户风险承受能力越低。某项研究的调查对象是共同基金的投资者，问他们是否同意以下观点：年龄越大，越不愿意承担投资风险（要求用 0，1，…，10 作出回答，其中 0 代表完全不同意，10 代表完全同意）。结果发现，总体平均分数为 7.6，说明被调查者基本上同意该观点。将被调查的投资者按风险承受能力大小分为低、中、高风险承受能力三类群体（平均年龄分别为 42 岁、51 岁和 60 岁），分别考察他们对该观点所持的态度，结果发现差别很大，低风险承受者最同意该观点，高风险承受者的同意程度最低，中等风险承受者居中。

4. 性别

以前几乎所有人都认为在生活诸方面，男性的风险承受能力高于女性。近期研究结果却有所不同，年老的已婚妇女确实比丈夫更不愿意承担财务风险，但年轻男性和女性之间对财务风险偏好的差异很小或几乎没有。

5. 出生顺序

出生顺序对风险承受能力也有一定影响，长子通常比其弟/妹更不愿意承担风险。一个合理的解释是，父母对长子小时候的生活控制较多，并教育他们必须为人可靠和承担责任。这意味着尽量不去承担不必要的风险。

6. 婚姻状况

未婚者的风险承受能力可能高于已婚者，也可能低于已婚者，关键在于是否考虑了已婚者双方的就业情况以及经济上的依赖程度。如果一个人觉得自己的行为将对能否继续依赖对方造成负面的影响，就会更加谨慎行事。在双职工家庭中，夫妻双方的风险承受能力将高于未婚者，因为双方都有相当的经济独立能力，双份收入可以增加风险承受水平。

7. 就业情况

个人的就业状况也会影响风险承受能力。风险承受能力的一个重要方面体现在对工作的安全性需要上，失业的可能性越大，职业风险越大。安全保障程度高的职业，即使工资报酬较低，对风险厌恶者也可能很有吸引力。

【知识窗】

实践表明，一个人在同一职位的时间越长，晋升机会越小。由于对经济安全的需要，很多风险厌恶者一直在同一单位的同一职位上，几乎没有任何提升机会；而风险追求者则经常改变工作，不断寻找条件更好的、符合个人发展的就业机会。风险厌恶者比较容易被那些提供固定收入的职位和公司所吸引；而风险追求者倾向于选择根据个人工作绩效提供浮动报酬的公司，愿意承担较大的风险。

（三）对客户风险承受能力的评估

风险承受能力是个人风险管理和投资理财规划的重要考虑因素，理财规划师通常必须在相对较短的时间内评估客户的风险承受能力。准确评估客户的风险承受能力是一项非常复杂的工作，它需要理财规划师投入大量的时间和精力。在评估过程中，常见的问题是使用不同的评估方法可能得出不同的，甚至相对立的评估结果。所以对客户风险承受能力准确、可靠的评估需要使用两种或两种以上的方法。

1. 定性方法与定量方法

评估方法可以是定性的，也可以是定量的。定性评估方法主要通过面对面的交谈来搜集客户的必要信息，但没有对所搜集的信息加以量化。这类信息的收集方式是不固定的，对这些信息的评估是基于直觉或印象的，理财规划师的经验和技巧起着至关重要的作用。定量评估方法是通过采用组织的形式来收集信息，进而可以将观察结果转化为某种形式的数值，用以判断客户的风险承受能力。在实际中，多数理财规划师会根据实际需要，将定性方法和定量方法有机结合起来，发挥各自优势，其差别不在于完全依赖某一定性方法或定量方法，只是侧重点有所不同而已。

2. 帮助客户明确投资目标法

理财规划师首先必须帮助客户明确自己的投资目标。例如，可以询问客户对资金流动性、本金安全性、增值、避免通货膨胀、当前收益率和避税等方面的相对重视程度。客户所作的回答隐含着风险承受能力的信息。比如客户最关心本金的安全性或流动性，则表明该客户很可能是风险厌恶者；如果客户的主要目标是避免通货膨胀或者避税，则该客户很可能是风险追求者。当然，不能仅仅根据投资目标去判断客户的风险承受能力，因为有时候许多期望避税的人实际上是风险厌恶者。

3. 让客户选择对投资产品的偏好法

衡量客户风险承受能力最直接的方法是让客户回答自己所偏好的投资产品。实施该方法的步骤可以因人而异，最简单的一种形式是向客户展示各种可供选择的投资产品，然后询问他希望如何将可投资资金分配到不同的投资产品中去。例如，这些投资产品中，你将如何分配：银行定期存款＿＿＿%、国债＿＿＿%、储蓄性保险产品＿＿＿%、企业债券＿＿＿%、共同基金＿＿＿%、不动产投资＿＿＿%、股票＿＿＿%等，各项之和要求等于100%。理财规划师也可以让客户将可供投资的产品从最喜欢到最不喜欢排序，或者给每一产品进行评级，不同级别代表客户的偏好程度。

请思考：

是否可以从客户生活中的实际信息来评估其风险承受能力？试举例说明。

4. 实际生活中的风险选择法

实际生活中的风险选择法的理论基础是通过搜集客户生活中的实际信息来评估风险承受能力。以下生活方式特点可以用来评估特定客户对待经济风险的态度。

对于客户当前的投资组合构成，可以着重了解和分析：该投资组合的风险有多大；总资产中储蓄、国债、保险、共同基金、股票等各占多少比例；如果购买年金，是固定年金还是变额年金；客户对当前投资组合满意度如何；如果该组合进行调整，是朝更稳健的方向还是更冒险的方向调整。

客户的负债与总资产比率，也是衡量风险承受能力的一项指标。如果负债比率较高，则该客户具有追求风险的倾向；如果负债比率较低，则为风险厌恶者。至于高、低界限，取决于特定的客户群体，要根据具体情况而定。

从人寿保险金额与年薪的对比情况来看，两者之比越大，客户对风险的厌恶程度越高。

从工作任期和变动频率来看，自主跳槽的意愿是判断风险承受能力的一个指标。因此，可以询问客户在过去10年或15年中变更过几次工作，如果超过三次，则很可能是风险追求型的。

从收入变化情况来看，风险追求者的年薪可能波动很大，并且不一定呈上升趋势。理财规划师还需要了解：客户是否曾经下岗或失业，失业持续时间多长；在失业期间，该客户是否接受了第一个工作机会，或是一直等到自己满意的工作为止；重新就业后该客户的薪水多少。如果薪水低于原有水平，则可以认为该客户是风险厌恶者。

从住房抵押贷款类型看，愿意承担浮动利率抵押贷款而不是固定利率抵押贷款可能是追求风险的一种倾向。如果客户选择了固定利率抵押，该项抵押贷款是否在清偿之前锁定在保证利率水平？如果是，则表明一种厌恶风险的倾向。

5. 概率与收益的权衡

（1）确定/不确定性偏好法

赌博游戏是现实生活的一种抽象。一个最普通的方法是向客户展示两项选择：其一是确定的收益；其二是可能的收益。比如，让客户二选一：A.1 000元的确定收益；B.50%的概率获得2 000元。风险厌恶者一般选择A；风险追求者一般选择B。

（2）最低成功概率法

这种方法通常设计一个二项选择题［一个选项是无风险收益（如1 000元）；一个选项是有风险的，但潜在收益较高（如2 000元）］，同时列出五个成功概率，即10%、30%、50%、70%与90%，问被调查者在多大的成功概率下，认为两个选项是无差异的。被调查者所选的成功概率越高，说明其风险厌恶程度越高。

（3）最低收益法

有些问题要求客户就可能的收益而不是收益概率做出选择。比如，"某项投资机会，结果是有50%的可能损失个人的1/3净资产，有50%的可能获得一笔收益。你愿意承担此项风险的最低要求收益是多少？"注意，评估这类回答时必须考虑客户的净资产水平。

活动：根据案例，分组讨论分析影响风险承受能力的因素，并根据客户的财务问题制定和调整理财目标

案例10.2.1：王先生，45岁；王太太，43岁。他们有一个17岁的女儿和14岁的儿子，并且王先生70岁体弱多病的老父亲也和他们一起生活。

王先生是计算机工程师，月收入9 000元；王太太在一家会计师事务所工作，月收入5 000元。他们在一些大的消费决策上都进行协商，共同负担他们的房屋按揭费用、生活费用等，但都各有自己的银行账户，进行各自的投资决策，家庭财务上具有各自的独立性。

在刚开始的时候，老父亲的营养费用、医疗费用、子女教育费用及基本的生活开支耗费了他们夫妇的大部分收入。随着收入不断增长，王先生把自己的工资主要用来应付日常开支，而王太

太的工资和奖金收入则用来进行储蓄。通过这种稳定储蓄的方法，他们为子女建立了教育基金，并为自己建立了良好的退休基金。

王先生用储蓄创办了一家软件公司，但是很不幸，由于投资失误，软件公司很快就倒闭了，也耗光了他们的所有存款和基金，一切都不得不从头开始。王先生花了三个月的时间才在另外一家计算机公司找到工作，在此期间，他们的家庭生活显得非常拮据。

他们决定一切从头开始，现在的主要目标是为两个孩子准备大学教育基金和为自己重新准备养老基金。他们减少了信用卡的数量，并且尽量避免刷卡消费。他们对家庭每个月的开支都进行预算，除去日常开支，他们的钱主要用来储蓄和购买基金，王太太还进行了一些股票投资，她的投资资本主要来源于她的兼职收入。但无论情况如何，他们再也不会动用子女教育基金和退休基金。除此之外，他们还储备了三个月的应急基金，以用来应付诸如失业及突发事件所带来的特殊情况。

他们逐渐养成了财务上的良好习惯，生活井井有条，再也不会出现那种家庭极度窘迫的生活境况了。

请根据案例，分组讨论分析影响风险承受能力的因素，并根据客户的财务问题，制定和调整理财目标。

三、客户财务问题分析

（一）针对客户的个人资产负债表的分析

1. 资产项目分析

> **请思考：**
> 在确定金融资产和实物资产的价值时，应该分别注意哪些问题？

根据表10-3，客户的资产可分为金融资产和实物资产。

（1）金融资产

对于现金及其等价物，如银行存款，需罗列出客户在各开户银行的存款数额、利率，注明存款种类，如为定期，需注明到期期限，且需分别汇总人民币与外币存款的数额。对于其他金融资产，如股票、基金等，就需列明股票或基金名称、买入价、持有数量、现行市价、已持有期限等。对于债券则应列明名称、发行日期、利率、到期日等。

（2）实物资产

分别列示客户所拥有的实物资产，如房、车、首饰、收藏品等。对于客户的住房来说，需列明现行市场总价格、面积、每平方米价格、地段等因素；对于汽车，需说明车况以及现行市场价；对于首饰和收藏品，也需写明现行市价。实物可以是客户完全拥有的，也可以是尚需要分期付款的。这些资产在交易时一般需要支付一定的税额，所以客户需要填写的不仅仅是资产的价值，而且还要填写与其有关的负债金额和税率规定。另外，由于实物资产的价值会随着时间而降低，所以还要对实物资产进行现值或市值计账。

2. 负债项目分析

负债分为流动负债和长期负债，应包括客户家庭全部负债情况。除了短期的各种应付款项之外，个人负债中最大的项目就是个人信贷。个人信贷又可以分为信用卡贷款、房屋贷款、汽车贷款、个人消费贷款和教育贷款等。信用卡贷款无须抵押品，和个人贷款在本质上是一致的，但由于银行承担了较大的风险，所以利率一般较高，年利率在18%左右。房屋贷款通常需要有不动产作为抵押，利息率较低，并且用于购买房屋等房地产，要求贷款人在规定时间内分期偿还本金和利息。汽车贷款用于汽车等交通工具的购置。个人消费贷款可以使用动产作为抵押品，也可以使用客户拥有的各种权利凭证作质押，客户可以用作消费、旅游以及其他各种开支。

【知识窗】

　　一般来说，个人消费贷款的利率要高于房屋贷款。教育贷款主要用于客户本人或子女的教育投资，贷款机构可以是政府、教育机构或金融企业。这类贷款往往也不需要抵押品，并且鉴于其只能用于教育投资，贷款利率都很优惠。

3. 净资产分析

$$净资产 = 总资产 - 总负债$$

一般来说，客户应该保证其净资产为正，并且不低于一定的数额。当然，净资产的数值并不是越大越好。如果该数值很大，常常意味着客户的部分资产没得到充足的利用。相反，如果客户能够在适当的时候利用资金进行投资，就能够获得资本增值，实现净资产的增长。

需要指出的是，如果客户偿还债务或用现金购买资产，那么只是改变了资产负债表的结构，而并未改变其资产的数额。由于每个客户的情况不同，客户持有的净资产的理想数值到底应该是多少不能一概而论。这里只是给出一些常见的看法。假如某客户的收入处于该地区的中上等水平并且已经工作多年，则可以分以下几种情况进行分析。

① 客户的净资产为负，则说明其目前的财务状况不容乐观，有必要将近期的债务尽快偿还，同时尽快增加收入。

② 客户的净资产低于其年收入的一半，则说明其有必要控制开支，需要更多地进行储蓄或投资，同时努力工作使收入增加。

③ 客户的净资产数额在某年收入的一半和三年的收入之间，如果客户尚年轻，则其财务状况良好；但如果客户已经接近退休年龄，则仍有必要采取措施增加其净资产。

④ 如果客户的净资产数额在其三年以上的收入总和之上，则该客户目前的财务状况良好。

（二）收入支出表分析

请思考：

　　一个家庭的收支平衡是否重要？

根据表10-2，如果客户最重要的收入来源分别是工资、有价证券红利，然后是奖金和津贴，那么理财规划师就可以判断客户比较重视金融投资。由于有价证券收益受经济环境的影响较大，理财规划师有必要提醒该客户：繁荣时期，客户的收入会随投资收益的增加而增加；但在经济萧条时期，客户的收入会大幅下降，甚至影响客户的日常生活。

如果表10-2中客户最主要的开支是子女教育费用、膳食费用、房屋贷款偿还以及人寿和其他保险，则该客户的支出结构还算合理，因为教育开支再大也得支出。其房屋贷款偿还额以及人寿和其他保险等开支都是每年固定的，难以有下降的空间。如果今后预计收入会有所下降，以致不能满足这些固定支出，则必须现在就花力气节俭其他可以控制的支出。

无论何种类型的客户，都应该努力使其收入支出表上是盈余而不是赤字。盈余表明客户在管理其财务资源方面是较成功的，并且不需要动用原有资产或借入资金来维持生活。一般而言，客户可把盈余部分用作其他消费，或是进行新的储蓄或投资以实现净资产的增加。

（三）现金预算分析

分析了客户现在的收入支出状况后，理财规划师还应对客户未来的收入支出状况进行一定的预测和分析。

1. 预测客户的未来收入

考虑到影响收入的各种因素的不确定性，理财规划师应从两方面作出预测：一是估计客户的收入最低时的情况，这能帮助了解客户在境况最糟时如何选择有关保障措施；二是根据宏观经济情况和以往数据对收入进行合理的预测。

在预测客户收入时，可将收入分为常规性收入和临时性收入两类。常规性收入一般在上一年收入的基础上预测其变化率即可，如工资、奖金、股票和债券投资收益、银行存款利息等。工资和奖金等收入可以根据当地的平均工资水平增长幅度进行预测。股票收益等收入随市场波动较大，需要进行重新估计，不能以上年数值为参考。临时性收入，如捐赠收入、遗产继承等，需要重新估计。具体的收入预算可根据表 10-4 进行。

2. 预测客户的未来支出

理财规划师需要了解两种不同状态下的客户支出：一是满足客户基本生活的支出；二是客户期望实现的支出水平。前一种支出是在保证客户原有生活水平的情况下，考虑通货膨胀后的支出数额。后一种支出是客户期望能够提高生活质量后的支出。具体的支出预算可根据表 10-5 进行。

（四）财务比率分析

1. 流动比率

资产的流动性是指资产在未发生价值损失的条件下迅速变现的能力。因此，能迅速变现而不会带来损失的资产，流动性就强；相反，不能迅速变现或变现过程中遭受损失的资产，流动性就弱。实际中，常把现金活期存款、短期债券以及其他短期市场货币工具等视为流动性资产，流动比率就是反映这一类资产与客户每月固定支出的比例。其计算公式如下：

$$流动比率＝流动性资产÷每月固定支出$$

一般而言，如果客户流动资产可以满足其三个月的开支，则可以认为其资产结构流动性较好。但是由于流动资产的收益不高，对于一些有收入保障或工作十分稳定的客户，其资产流动性可以较低，如果将其更多资金用于资本市场投资，收益可能更高。

2. 收入负债比率

收入负债比率又称为收入债务偿还比例，它是理财规划师衡量客户财务状况是否良好的重要指标。该比率是客户某一时期到期债务本息之和与收入的比值。由于债务偿还是在缴纳个人所得税前进行的，所以这里采用的是客户每期税前收入。收入负债比率的计算公式如下：

$$收入负债比率＝负债÷税前收入$$

对于收入和债务支出都相对稳定的客户，可以用年作计算周期。如果客户收入和债务数额变化较大，则应该以月为周期来计算，这样才能更准确地反映客户的收入满足债务支出的状况，避免了某些月份客户的收入不足或到期的债务较多而产生的问题。

一般认为，个人的收入负债比率数值在 0.4 以下时，其财务状况属于良好状态。如果客户的收入负债比率高于 0.4，则在进行借贷融资时会出现一定困难。

3. 投资与净资产比率

投资与净资产比率是将客户的投资资产除以净资产数值，求出两者之比。这一比率反映了客户通过投资增加财富以实现其财务目标的能力。其计算公式如下：

$$投资与净投资比率＝投资资产÷净资产$$

一般认为，客户将其投资与净资产比率保持在 0.5 以上，才能保证其净资产有较为合适的增长率。然而，对于较年轻的客户，由于财富积累年限尚浅，投资在资产中的比率不高，他们的投资与净资产比率也会较低，一般在 0.2 左右。

4. 净资产偿付比率

净资产偿付比率是客户净资产与总资产的比值，它反映了客户综合还债能力的高低，并帮助理财规划师判断客户面临破产的可能性。其计算公式如下：

$$净资产偿付比率 = 净资产 \div 总资产$$

5. 资产负债率

资产负债率反映客户的综合偿债能力，通常控制在 50% 以下。其计算公式如下：

$$资产负债比率 = 负债总额 \div 总资产$$

6. 储蓄比率

储蓄比率反映客户收入中的多少可以用来储蓄和投资。其计算公式如下：

$$储蓄比率 = 盈余 \div 收入$$

7. 即付比率

即付比率又称现金比率，是指企业现金类资产与流动负债之间的比值。其计算公式如下：

即付比率 = (现金 + 现金等价物) ÷ (流动负债 - 预收款 - 预提费用 - 6 个月以上的短期借款)

8. 结余比率

结余比率主要反映客户提高其净资产水平的能力，参考值为 30%，如果超过这一数值越高，反映出客户储蓄和投资意识越强。其计算公式如下：

$$结余比率 = 年结余 \div 年税后收入$$

◆理财技巧

不同于上班族，大学生由于收入来源大部分都是父母给的生活费，通常只有支出，那么大学生应该如何理财？首先，大学生要多学习理财知识，尽早树立理财意识，培养自己的财商。要知道，年轻的时候最好的投资就是对自己的投资。其次，养成良好的消费习惯，如记账、财务规划，等等，尤其是不要借钱消费。第三，结合自己的实际情况，适当兼职。兼职不仅可以积累社会经验，还可以增加收入，学会储蓄。第四，可以从低风险的产品开始小额投资尝试，不要一上手就是高风险投资。

实训五　家庭理财规划——理财目标的设定

◆理财故事　　　　　　　　　　**这四则故事教会你如何理财**

故事一：

一只火鸡和一头牛闲聊，火鸡说："我希望能飞到树顶，可我没有勇气"。牛说："为什么不吃一点我的牛粪呢，它们很有营养。"火鸡吃了一点牛粪，发现它确实给了它足够的力量飞到第一根树枝。第二天，火鸡又吃了更多的牛粪，飞到第二根树枝。两个星期后，火鸡骄傲地飞到了树顶。但不久，一个农夫看到了它，迅速地把它从树上射了下来。

启示：牛屎运让你达到顶峰，但不能让你留在那里。

故事二：

兔子问树上的鸟："为什么你可以整天什么事情都不做，就在那唱歌呢，而我却要整天跑来跑去的？"鸟说："你也可以啊！"于是兔子也就不跑来跑去的，在树下发呆，结果过来一只狼，把兔子吃掉了。

启示：如果你想整天无所事事，只有你的位置足够高才行。

故事三：

一只小鸟冻僵了，掉在地上快要冻死了，突然路过一头牛，在鸟身上拉了一泡屎，把鸟包了起来，小鸟顿时暖和了很多，于是就在那愉快地唱起了歌，这时一只路过的猫听到了鸟的歌声，把鸟从屎堆里拉了出来，然后吃掉了。

启示：

A. 在你身上拉屎的未必都是你的敌人；

B. 把你从屎堆里拉出来的也未必就是你的朋友；

C. 最重要的一点，当你身陷困境的时候就闭上你的嘴！

故事四：

从前，有两个饥饿的人得到了一位长者的恩赐：一根渔竿和一篓鲜活硕大的鱼。其中，一个人要了一篓鱼，另一个人要了一根渔竿，于是他们分道扬镳了。得到鱼的人原地就用干柴搭起篝火煮起了鱼，他狼吞虎咽，还没有品出鲜鱼的肉香，转瞬间，连鱼带汤就被他吃了个精光；但不久后，他饿死在了空空的鱼篓旁。另一个人则提着渔竿继续忍饥挨饿，一步步艰难地向海边走去，可当他已经看到不远处那片蔚蓝色的海洋时，他浑身的最后一点力气也使完了，他也只能眼巴巴地带着无尽的遗憾撒手人寰。

启示：一个人只顾眼前的利益，得到的终将是短暂的欢愉；一个人目标高远，但也要面对现实的生活。只有把理想和现实有机结合起来，才有可能成为一个成功之人。有时候，一个简单的道理，却足以给人意味深长的生命启示。

◆ 案例引入

实训资料：

林先生：30 岁，工作稳定，健康状况良好。

林太太：29 岁，从事个体私营工作，健康状况良好。

银行存款：20 万元现金及活期存款；汽车，10 万元；房产，购入价 96 万元（6 套），预计现值 115 万元。

家庭年收入：总计，19.82 万元；林先生，6.5 万元；林太太，12 万元；其他，1.32 万元。

家庭年支出：3 万元。

假设双方父母均有退休金和医疗保障，身体健康，短期内无须照顾。

林先生所在单位有社会养老保险等保障，林太太无任何保险。

实训方式：根据所给的资料分析客户理财目标是否合理，并进行调整。

实训内容：家庭理财目标的合理设定。

实训步骤：分小组讨论资料，按照资料要求确定适当的理财目标，然后根据理财规划方案的初步目标项目进行调整。

实训要求：

（一）确定适当的理财目标

理财目标是客户计划通过理财规划达到的基本财务目标，需要根据客户的需求合理制定。

理财目标：

① 第一年，小孩出生。

② 第二年，贷款买车。

③ 第四年，还清住房贷款。

④ 第五年，换购 80 万元房产。

⑤ 第十年，为子女准备 20 万元教育基金。

（二）理财规划方案的初步目标项目调整。

在确定的理财目标基础上，对已有的不合理的资产构成进行调整。

对以后的收入，结合案例中理财客户的风险偏好给出合理的规划（可以根据客户的情况分阶段给出不同的规划方案）。

① 日常开销。

② 保障性支出。

③ 投资性支出。

请思考：

人人都需要理财，理财的目的又是因人而异的。试分析理财的目的都有哪些呢？

一、投资理财目标的建立

投资理财是在了解个人的财务、生活状况以及风险偏好的基础上，明确个人特定的理财目标，并在此基础上进行理财规划。这里所说的投资理财目标是指建立一个财务安全健康的生活体系，实现人生各阶段的目标和理想，最终实现财务的自由。它的任务是在你的"出发地"即现状的基础上选择一条到达"目的地"即未来的理想和目标的最佳方式，为自己及家人建立一个安心富足健康的生活体系，实现人生各阶段的目标和理想，最终达到财务自由的境界。制定一个好的目标，理财就成功了一半。在理财规划的目标中主要包含三个层面的内容：

首先是安排好当前的生活，将目前的资产和产生的现金流做合理的安排和配置，为家庭安排适当的保障，从而使自己和家人能够有一个安心健康的生活方式。

其次是为未来的人生目标和理想在财务上做好安排，未雨绸缪。比如孩子未来的大学教育费用、自己的养老问题等都需要尽早做好安排。

最后是通过投资理财规划最终建立一个终生的现金流渠道，足以保障自己和家人过上无忧无虑的生活，不用再为金钱而工作，这就是所谓的财务自由的境界。

理财目标的合适与否可以从明确性、目标履行期限、优先级别、内部一致性四个方面进行分析检验。

（一）明确性

理财目标范围通常是从大到小，可以非常概括或者非常明确。例如"财政独立"或"建立财政上的安全感"是来自个人的价值观和信仰的概括性目标，所以很难以货币去量化。因此需要从这些概括性目标转移到更明确的目标，如"购买寿险"或"为养老储蓄 100 万元"，以达到目的。甚至理财目标可以明确体现在月预算或年预算中。这些明确的目标涉及娱乐、食品、保险、住房、服装、交通等各项花费和储蓄。

（二）目标履行期限

理财目标可以根据履行期限来分类。一些目标是非常短期的或几乎是即期的，例如用足够的钱支付日常的基本开支或给家庭提供一定水平的保险保障。而有另一些短期目标是期望在一年内达到的，例如计划在六个月内买一套音响组合或在一年内支付所有的信用卡债务。长期目标是指履行期限在 10 年期以上的目标，例如计划送孩子到海外读书、购买理想的房子、为养老进行储蓄等，这些目标通常需要大量的财富资源。当然，也有需要在几年内达到的中期目标，例如为旅行准备一定数量的钱或支付未清的汽车贷款等。

（三）优先级别

给目标设置优先级别是必需的，因为个人可能无法达成最初设定的所有目标。随着时间的推移，一些目标显示出不能达到的迹象时，应该立刻调整它们。例如做出抉择，是要送孩子去国外读书还是要提早 10 年退休。

（四）内部一致性

各个分项目标之间不是独立存在而是互相关联的。如果有许多"奢侈"的短期目标，那么退休后达到某种生活水准的长期目标就可能达不到；为了梦想的房子而储蓄首付款，这样一个中期的计划会对每月的现金流加以限制。因此必须综合考虑个人分目标的要求，然后合理进行财务安排。

二、投资理财的内容

投资理财是一个系统工程，它是针对个人整个一生而不是某个阶段的财务规划，因此，为了达到个人理财目标而进行的理财内容涵盖面非常广，具体可以概括为以下几个方面：金融投资策划、居住规划、教育投资策划、个人风险管理和保险策划、个人税务筹划、退休计划、遗产筹划等。

（一）金融投资策划

金融投资一般均需要构建投资组合达到风险和收益的完美组合，而投资组合的构建依赖不同的投资工具。这些投资工具根据期限长短、风险收益的特征与功能不同，大致可以分为：货币市场工具、固定收益的资本市场工具、权益证券工具和金融衍生工具。对于个人来说，单一品种的投资产品很难满足其对资产流动性、回报率以及风险等方面的特定要求，而且往往也不具备从事证券投资的专业知识和信息优势。

金融投资策划要求在充分了解客户风险偏好与投资回报需求的基础上，通过合理的资产分配，使投资组合既能够满足客户的流动性要求与风险承受能力，同时又能够获得充足的回报。

（二）居住规划

个人（家庭）选择住宅的目的主要有三个：自己居住、对外出租获取租金收益、投机获得资本利得。从理论上讲，满足居住需要不一定要通过购置住宅来实现，因此购置住宅必然会混杂一定的投资或其他动机。如国外许多国家税法规定购买房地产的支出可以在一定范围内作为应税所得的合法扣除，因此国外一些家庭购买住宅主要出于合理避税的考虑。显然，不同的购买动机需要进行不同的居住规划。

针对自用住宅的规划，主要包括租房、购房、换房和房贷规划几大方面，规划是否合理会直接影响个人（家庭）的资产负债与现金流量状况。首先要决策的是以租房还是购房来满足居住需求，如果决定要购房，则需要综合考虑家庭的未来收入水平、工作的稳定性以及计划购房的时点、面积和区位，选择合适的住房。

（三）教育投资策划

教育投资是一种人力资源投资，它不仅可以提高人的文化水平和生活品位，更重要的是可以使受教育者在未来的就业中占据竞争优势。当前社会就业市场的竞争日趋激烈，教育的成本呈现出加速增长的趋势，为了有足够的资金进行教育投资，有必要对家庭的教育支出作及早规划。

教育投资主要可以分为自身的教育投资和子女的教育投资。首先需要对个人的所有教育需求情况进行了解和分析（尤其是子女的高等教育投资部分，因为它是所有教育投资中花费最高的一项），以确定当前和未来的教育投资资金需求；其次是根据当前和未来预期的收入状况分析教育投资资金供给和需求之间的差距；最后在分析的基础上通过运用各种投资工具来弥补资金供求缺口。教育投资本身具有特殊性，它更加注重投资的安全性，因此要侧重于选择风险较低的保值工具。

（四）个人风险管理和保险策划

人的一生可能会面对一些不期而至的风险，根据风险损害的对象不同，这些风险分为人身风险、财产风险和责任风险。为了规避、管理这些风险，人们可以通过购买保险来满足自身的安全需要。除了专业保险公司提供的商业保险之外，由政府的社会保障部门提供的包括社会养老保险、社会医疗保险、社会事业保险在内的社会保险以及雇主提供的雇员团体保险也都是家庭管理非投资风险的工具。随着保险市场的竞争加剧，保险产品除了具有基本的转移风险、减少损失的功能之外，还具有一部分投资、融资作用。在进行保险规划时，需要遵循固定的流程：首先确定保险标的；其次选定具体的保险产品，并根据个人（家庭）的实际情况合理搭配不同的品种；再次根据保险财产的实际价值和人身的评估价值确定保险金额；最后确定保险期限。

（五）个人税务筹划

依法纳税是每一个公民的义务，而纳税人出于自身利益考虑，往往希望自己的赋税合理地减小到最少。因此，如何在合法的前提下尽量减少税负就成为每一个纳税人十分关注的问题。个人税务筹划是指在纳税行为发生之前，在不违法的前提下，通过对纳税主体的经营活动或投资活动等涉税事项进行事先安排，以达到少缴税或递延纳税的目标的一系列筹划活动。

◆理财技巧　　　　## 小家庭的五种管钱法各有千秋

持家要管钱，管钱的背后隐含着夫妻的理财观念。不妨看以下5个家庭的管钱方式，希望对你有所启发。

家庭1：统一规划型

管钱方式：夫妻两人的工资放在一起，统一规划。一部分作为生活费和固定支出放在抽屉里，各自按需索取。除了这些，剩下的存为1年定期，每月存一次。

体会：这种传统的管钱方式，较适合收入相对稳定的家庭。在利息高时，将积余的钱作为1年定期存款，到期限后取出后再按1年滚动，能有效达到家庭资产积累的目标。当然，也有少量资金投入基金，但毕竟风险不好控制，只能占收入很小的比例，约为5%，用作基金定投。此外，大病险是不能少的，每年几千元，作为医保的补充，能让我们更安心。

家庭2：各自为政型

管钱方式：各自管自己的收入，但两人又有一定的分工。譬如丈夫负责养车和生活开支，而妻子则负责购物等一些不固定的支出。虽没把钱放在一起，但彼此间了解对方的收入和支出。两人都有自己的存款，当家里需要大的开支，如买房等，夫妻俩则一起商量，共同承担。

体会：这种方式较适合互相信任又比较节俭的家庭。虽然平时各自管理自己的收入，也有自己的存款，但当存款到一定程度时，就会拿出来放在一起作为家庭金库，存成定期，或购买分红及万能险，保证未来孩子的教育费用或养老支出。平时相互不会太多干预，彼此很轻松。

家庭3：精打细算型

管钱方式：夫妻双方各拿出一定比例的收入作为家庭公用款。比如丈夫会拿出收入的80%，妻子拿出70%左右。剩余部分就作为各自的私人小金库，自由支配。每个月的房贷、生活费、保险费及基金投资等，都是从大金库里支出，积余的钱作为家庭存款。

体会：这种管钱方式会保证每分钱都尽其用。当然很多时候，夫妻会有效利用信用卡，积累到一定程度后，利用积分换取免费礼品，刷卡后可在网上查到明细，能掌握每笔花销，以减少无效支出。另外，全家都买了寿险，可以增加对未来的保障。

家庭 4：随意自然型

管钱方式：没有明确的模式。丈夫定期拿出一笔数万元的资金卡，由妻子打理，譬如定期投入基金或定期存款。对于日常开销、孩子托费和保姆费等固定支出，一般是夫妻俩谁碰上谁付。

体会：这种方式适合比较随意的人。对于存钱，一般会将钱打成几个"包"，有些数额大、近期又不会用的存成三年整存整取；而有一些紧急备用金就买入货币基金或存成三个月到半年定期，这样比较灵活，又不会损失利息。

家庭 5：完全信任型

管钱方式：妻子将自己的收入 80% 交给丈夫，由他安排日常开销、存款和投资的比例。家里还有个账本，每天的开支都记录在案，清晰明了。

体会：丈夫是个理财高手，妻子非常信任他。虽然丈夫投资股票，却一向头脑清醒，没有赌徒心理。为防止跟风炒作，丈夫每月拿出一个固定数额存入妻子的户头，来规避风险。他们还经常定期归纳收支信息，让两人对家庭的消费都了如指掌，每月都设定一个消费底线，以便约束行为，避免过多应酬和购物。

单元三　编写理财规划建议书

学习目标

识记能力目标：理财规划建议书的内容和格式。

理解能力目标：能够完成理财规划建议书封面和前言，并对客户所处的经济环境做出适当假设；能够完成客户的资产负债分析报告；能够完成客户的现金流量分析报告；能够完成客户的财务比率分析报告。

应用能力目标：能够完成客户的财务状况预测和总体财务评价。

◆理财故事　　"大话西游"之理财有道

"你挑着担，我牵着马，迎来日出送走晚霞。踏平坎坷成大道，斗罢艰险又出发……一番番春秋冬夏，一场场酸甜苦辣。敢问路在何方，路在脚下。"——电视剧《西游记》主题歌词。其实，家庭理财之路正如歌中所唱一样，并非是一帆风顺的，除克服理财市场波动带来的风险之外，一些突发的事件我们也不能不防，如何让自己的资产有一把"保护伞"呢？本文通过无厘头式的故事为您展示理财中要注意的一些细节。

黑风洞遭黑熊盗宝——贵重财物和银行卡丢失

唐僧师徒 4 人跋山涉水来到了一个山林，投宿于山林中的一间寺庙。当他们打算再次踏上取经之路时却发现寺庙里那位住持神秘地失踪了，同时消失的，还有那件观音送给唐僧的袈裟以及他们的"银行卡"……悟空在多方打探下弄清楚了失踪住持的底细，原来他是太白金星的坐骑黑熊妖。师徒四人商议后决定，由悟空前去求助太白金星。

太白金星支着：

锦囊 1：手头留有应急资金

发生意外情况时，人们会想到有一笔充足的资金应急是非常必要的。每个家庭现金的比重或许不相同，但一般都不能低于 1 个月的生活开销，特别是在紧要关头，现金是最好的金融资产。对于像八戒这样的投资者而言，在紧急情况下，如碰上交易所停牌、房屋暂停买卖等情况，提现就存在相当的困难。如果将全部身家投入到这些投资中，如发生意外，生存都存在压力了。

锦囊2：合理配置家庭资产

家庭资产配置需要遵循四大理财定律：一是"4321定律"，即家庭资产合理配置比例是，家庭收入的40%用于供房及其他方面投资，30%用于家庭生活开支，20%用于银行存款以备应急之需，10%用于保险；二是"80定律"，即股票占总资产的合理比重=80-年龄（单位%），比如30岁时股票可占总资产50%，45岁时股票占总资产的35%为宜；三是房贷"三一定律"，即每月房贷金额以不超过家庭当月总收入1/3为宜；四是家庭保险"双十定律"，即家庭保险设定的恰当额度为家庭年收入的10倍，保费支出的恰当比重应为家庭年收入的10%。

锦囊3：贵重物品银行保管

出于投资和爱好，越来越多的家庭开始购入古董、字画等价值贵重的收藏品，还有一些家庭储备了贵重的珠宝、黄金等。但一旦遭遇自然灾害，在保护生命安全的同时，可能难以顾及家中这些价值不菲的收藏和储备。目前多家银行均开设了保险箱服务。根据保险箱的型号不同，收费也存在差异，但通常每年的租金在200~1000元。值得注意的是，有人喜欢在自家买个保险箱。

锦囊4：给家庭资产做备份

不少个人并没有为自家资产做记录或备份的习惯。如今居民的金融资产越来越多样化，储蓄、债券、银行理财品……没有一个妥善的记录，那么多不同的账号，很难全部记清楚。遇到突发事件时，连实际损失是多少都不清楚。因此最好给家庭资产做一个备份，将家庭中的主要资产通过电子文档的方式进行记录，比如银行账户信息等可以保存在随身携带的U盘、手机内存卡中。比如地震过后，客户知道自己的账户信息，凭身份证就可以前往银行取款。

盘丝洞取钱又犯难

拿着太白金星给的锦囊，唐僧师徒4人又一次上路了。就在盘丝洞里，他们见到了紫霞的挚友白骨精。白骨精了悟空一盘紫霞魂飞魄散前刻录的DV，悟空将її放入掌上宝，紫霞苍白的脸渐渐浮现，悟空终于有机会再次听到紫霞的声音："曾经有一个绝好的机会放在我面前，而我没有珍惜，当我失去时才后悔莫及。如果上天再给我一个重来一次的机会，我会对那个人说三个字：去取钱。"拿着从白骨精那里得到的紫霞的存折，悟空想把这笔钱以紫霞的名义捐出去，但紫霞已死，他虽有紫霞的存折却没有密码，这又该如何是好呢？一直沉默的小沙终于开口了："去找找九天玄女吧！她应该能帮助你。"

九天玄女听了悟空的叙述后，当即给了悟空一张纸，上面清清楚楚地写明悟空要做的事：先挂失密码，再办理取款。按照银行规定，悟空可以持紫霞存折、本人身份证、紫霞的身份证及紫霞的死亡证明到银行先办理挂失密码，等密码挂失期完结后，再到银行办理取款。在此期间，悟空应该到公证部门办理一份继承权公证书，以证明自己为紫霞遗产的合法继承人身份。在办理挂失密码业务需要的所有证明资料的基础上，银行确认继承权公证书、户口簿以及银行需要的其他资料属实后，就会把钱支付给悟空。但值得注意的是，银行要求取款人必须是储户的合法继承人。

此外，九天玄女还提醒，如果只知道死者在银行有存款，而取款人既没有存折，也没有密码，在这样的情况下，按照人民银行的有关规定，出于保护储户隐私的考虑，只有工商、法院、检察机关等部门才能依法办理查询、扣划、冻结储户。但银行在严格确保储户的钱不被冒领的情况下，只要这位取款人出示继承人公证书、被查询人的死亡证明、户口簿等证明材料，可以酌情帮其查询，只要查明死者真有存款，其合法继承人可按规定办理取款。

◆ 案例引入　　　　　**理财建议书到底有多重要？**

理财师对建议书的态度无非有两种：

一是理财建议书没有用处；

二是理财建议书很有用。

但就从形式来看，理财建议书作为一份面谈到促成成交的载体，还是对理财业务非常重要的。它的功效如何取决于以下几个方面：

1. 篇幅要少，最好只有3~4页（包括封面和封底），内容集中，方案要有可行性。

2. 外形美观！至少设计、排版要让人眼舒服。我曾看过一些建议书，大大小小的字体有五六种，图案丰富但有大有小、文字间的间距也不统一，另还有一堆的各样式的项目编号，足以让我眼花缭乱。

3. 文字精简、到位，通俗易懂，勿带有太多的专业术语。

4. 产品方案要详细列上，但购买的理由，用口头表达。我也曾看过这样的建议书，花了大量笔墨来说明客户为什么要做理财规划，理财的缺口有多少，让人看得很累。要知道客户的时间有限，他没有时间去读一堆的为什么，还不如你和他面谈。

5. 做综合理财建议书，各规划的篇幅都要一样，厚此薄彼的方案会让客户觉得你在敷衍他。

6. 理财建议书的成功还有赖于精彩的演示，事半功倍。

7. 理财建议书至少有些地方显示个性化，例如统一称呼，多使用"您"这样的字眼，说到单一规划的时候，要用一两句话来说明一下客户的情况。

【任务】 编制理财规划书

思考题：

1. 理财规划书包括哪些项目？哪些项目可以略去？

2. 理财规划师能否以个人名义而不是公司名义来出具理财规划建议书？

3. 理财规划建议书的假设前提应该有哪些？

4. 理财规划建议书最重要的部分应该是哪个部分？为什么？

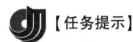 【任务提示】

理财规划建议书是对客户的家庭情况、财务状况、理财目标及风险偏好等详尽了解的基础上，通过与客户的充分沟通，运用科学的方法，利用财务指标、统计资料、分析核算等多种手段，对客户的财务现状进行描述、分析和评议，并对客户财务规划提出方案和建议的书面报告。理财规划建议书的内容具体包括封面、前言、假设前提、正文等。

一、封面

封面的内容一般包括标题、方案的执行单位、出具报告日期等。

标题通常包括理财规划的对象名称及文种名称两部分，比如，××家庭理财规划建议书。单位名称为理财规划师所在单位的全称。依照《理财规划师工作要求》的规定，理财规划师不得单独从业，而必须以所在机构的名义接受客户的委托，因此封面上必须注明受托单位名称，也可注明具体设定该项理财规划的理财规划师的名字，但不可仅注明理财规划师姓名，而缺少单位。日期应以最后定稿，并经由理财规划师所在机构决策人员审核并签章，同意向客户发布的日期为准。封面样式如表10-10所示。

表10-10　理财规划建议书封面

个人理财规划建议书
PERSONAL FINANCIAL PLANNING REPORT
××家庭如何规划"钱程"
理财机构：
理财经理：
编写日期：　　　年　　　月　　　日

二、前言

前言一般包括致谢、资料来源、建议书的由来等。

（一）致谢

致谢是对客户信任本公司并选择本公司的服务表示谢意。它应该写在建议书的开头部分。具体的写法是：抬头内容为敬语+客户的称谓，如"尊敬的××女士/先生"；接下来换行并空两格开始写致谢词，在致谢词中可简要介绍公司概况，如执业年限与经历、下属的理财规划师的资历，表达对客户信任本公司的感谢；最后可以提出与客户保持长期合作关系的愿望。

（二）资料来源

理财规划师在制定理财规划的过程中必然会收集各种资料，包括客户自己提供的资料、理财规划师通过其他途径搜集到的客户资料以及相关的市场、政策资料，因此需列举出这些资料的来源，以使客户知晓理财规划的最终方案是可信的，并非凭空捏造。

（三）建议书的由来

这部分内容需写明接受客户委托的时间，并简要告知客户本建议书的作用。

（四）公司和客户的义务

在建议书的前言里，有必要写明公司和客户双方的权利与义务，这有利于在将来遇到矛盾或争端时，能够准确划分双方的责任。

（五）免责条款

免责条款是指双方当事人事前约定的，为免除或限制一方或者双方当事人未来责任的条款。

（六）费用标准

这部分需写明公司各项理财规划的收费情况，让客户做到心中有数，从而能够及时缴纳费用。

三、假设前提

假设前提包括通货膨胀率、收入增长率等变量的假设。

理财规划方案是基于多个假设前提的，包括未来年均通货膨胀率，客户收入的年均增长率，定期及活期存款的年利率，股票型基金投资年均回报率，债券型基金投资年均回报率，货币型基金投资年均回报率，投资连结型保险年均回报率，债券投资年均回报率，房产的市场价值、汽车的市场价值、子女教育经费的年均增长率，个人所得税及其他税率等。理财规划师需在充分分析市场状况的基础上，一一列出这些项目的预期数值，便于在接下来的具体理财规划中运用。

四、正文

正文一般包括家庭基本情况、客户理财目标分析、财务状况分析、当前理财建议等内容。

正文部分是整个理财规划建议书的核心部分，它记录了理财规划师的调查与分析结果，而且这部分也是客户最关心的部分，任何数据都可能会给客户未来的决策和行为产生影响。

【工作任务】编写理财规划建议书

活动：根据案例为张先生编写理财规划建议书

案例 10.3.1：张先生为某外企高层管理人员，税后年收入约为 30 万元，今年 40 岁；张太太为国企职员，税后月工资收入约 6 000 元，年终奖 5 万元，今年 36 岁；家中有一个男孩。夫妇俩拥有一套总价为 90 万元的复式住宅，该房产还剩 10 万元左右的贷款未还，张先生没有提前还贷的打算。夫妇俩在股市投资 70 万元，银行存款 25 万元；另外，张先生还有一处 50 平方米的出租住房，每月租金收入 2 000 元（含房租税），房产的市场价值 60 万元。每月用于补贴双方父母约 2 000 元，每月房屋按揭还贷 2 000 元，家庭每月日常开销在 4 000 元左右，孩子教育费用平均每月 1 000 元左右，每年旅游花费约 12 000 元。

张先生现有家庭保险理财产品现金价值 8 280 元，在未来有购买住房的计划（价格预计 80 万元）。请为张先生编制一份理财规划建议书。

（一）家庭基本情况

1. 家庭成员基本情况及分析

对家庭成员的介绍须具体到家庭每一位成员的姓名、年龄、职业、收入，如表 10-11 所示。

表 10-11　家庭成员资料

家庭成员	姓名	年龄	职业	年收入/万元
父亲	张先生	40	外企职员	30
母亲	张太太	36	国企员工	12
儿子	张×	—	学生	—

2. 客户本人性格及投资偏好分析

客户本人往往是家庭中的决策者，因此可以制定一张调查问卷，总结客户对理财方面的性格表现，性格可分为乐观型、主导型、谨慎型、自我型、成就型、协调型等。此外，还要了解客户的风险态度，方便客户选择合适的投资渠道。

（二）客户理财目标分析

可以把客户的所有目标进行分类，例如分为短期目标（5 年内）、中期目标（10~20 年）、长期目标（20~30 年），还可以按照目标在客户心中的重要性程度来进行分类，如表 10-12 所示。

表 10-12　理财目标

目标分类	目标内容
最大目标	送孩子出国留学
1	购买家庭住宅
2	买车
3	旅游

（三）财务状况分析

1. 家庭资产负债表

张先生的家庭资产负债表如表 10-13 所示。

表 10-13　张先生的家庭资产负债表　　　　　　　　　　元

客户：张先生		日期：	
资产		负债	
金融资产	金额	流动负债	金额
现金		公共事业费用	
活期存款	250 000	租金支出	
定期存款		医药费用	
货币市场基金		银行信用卡支出	
股票	700 000	旅游和娱乐支出	
债券		汽车和其他支出	
储蓄产品（>1 年）	8 280	其他消费支出	
基金		税务支出	
其他		保险费	
金融资产合计	958 280	其他短期负债	
实物资产		短期负债合计	
主要住房	900 000	长期负债	
第二处住房	600 000	主要住房贷款	100 000
其他		第二处住房贷款	
汽车		房地产投资贷款	
珠宝和收藏品		汽车贷款	
房屋内设施摆设		家具/用具贷款	
运动器材		房屋装修贷款	
衣物		教育贷款	
实物资产合计	1 500 000	长期负债合计	
资产合计	2 458 280	负债合计	100 000

　　家庭资产负债表需要客户填写的资产价值是该资产现时的市场价格。这一数值和客户在购买该资产时付出的成本可能会有很大不同，但能够真实地反映客户财富的价值。

　　通常情况下，客户的总资产要大于其负债。如果客户的总资产小于其负债总额，则证明该客户的现时财务状况相当糟糕，理财规划师应该建议客户立即采取措施来改善现状，否则该客户将面临被债权人清算的危险。而短期债务则反映对客户资产的流动性要求，因为这些债务都需要客户在一年之内偿还，一旦客户资产的流动性不足，则可能引起暂时性的财务危机。

　　为了更真实地反映客户的收支现状，理财规划师有时还需要帮助客户估计一些数额尚未确定的债务，如当期应纳税金额、当期应付水电气费、信用卡透支额等。在估计时，理财规划师应该采取谨慎原则，尽量使用较大的估计数值，以避免低估债务而使客户理财规划的实施受到影响。

2. 收入支出表

张先生的家庭收入支出表如表 10-14 所示。

表 10-14 张先生的家庭收入支出表 元

客户：张先生		日期：20 /01/01—20 /12/31	
收入项目	金额	支出项目	金额
常规收入		固定支出	
工资	372 000	餐饮费用	40 000
奖金和津贴	42 625	交通费用	
租金收入	22 560	子女教育费用	10 000
有价证券的红利		所得税	5 000
银行存款利息		医疗费	5 000
债券利息		人寿和其他保险	4 500
信托基金红利		房屋保险	
其他固定利息收入		房屋贷款偿还	24 000
常规收入小计		个人贷款偿还	
临时性收入		固定支出小计	
捐赠收入		临时支出	
遗产继承		衣服购置费用	
临时性收入小计		父母养老津贴	24 000
收入总计	437 185	电器维修费用	
		捐赠支出	
收入总计（+）		旅游费用	12 000
支出总计（-）		临时支出小计	
盈余	312 685	支出总计	124 500

从人出生到死亡的一生中，都有取得收入和进行支出的活动。怎样才能够保持收入大于支出，或者至少做到收支平衡呢？这需要了解收入是如何来的，又是如何花出去的。收入支出表反映了客户在一段时间内的财务活动状况，它使得客户可以将实际发生的费用和支出与预算的数字对比，从而采取必要的调整措施以消除两者之间的差异。

收入支出表的三个主要组成部分为：收入即所获得的现金收入；支出即现金支出；现金盈余或者赤字即收入和支出之间的差额。差额大于零时，表示现金盈余；差额小于零时，表示现金赤字。

现金盈余或者赤字将对资产负债表产生一定的影响。现金盈余将增加资产负债表中的净资产；反之，现金赤字则减少资产负债表中的净资产。

第一次买房子或者汽车，如果是现金开支，记录在现金流量表中，将极大地影响到净现金流，而这笔钱并不是来源于当期收入，因此建议家庭将购买汽车或者住宅记录在资产负债表中，而不记录在现金流量表中。但对这两种资产的维护和其他辅助支出则记入日常开支中。

开支可以分为两类：可以控制的开支和不能控制的开支。不能控制的开支主要是债务的偿还。可以将等额还款分为还本和付息，将本金看作是资产负债中的负债减少，而把利息看作日常开支，明确为理财支出。可以控制的开支是诸如家具、照相机、旅游等项目的支出，可以实现而又不是生活必需的。一个家庭最容易改变的习惯就在这一类中，这些开支数额相对较大而又不是生活必需的。总之，为了控制预算的目的，一个家庭要自己选择哪些是必要开支或日常开支，哪些是可以控制的开支，哪些是不可控制的开支。

3. 分析客户家庭财务比率数值

理财规划师应对客户家庭的财务比率数值，如资产负债率、负债收入率、结余比率、流动性比率等进行计算和列示，列明通用的数值范围，并进行比较，从而分析客户现有财务状况是否合理，以及对不合理的状况应怎样改进，并对客户财务状况作出预测和总体评价。

张先生的家庭各财务比率可以计算如下：

结余比率＝年结余÷年税后收入×100%＝312 685÷437 185×100%＝71.52%

投资与净资产比率＝投资资产÷净资产×100%＝1 308 280÷2 358 280×100%＝55%

清偿比率＝净资产÷总资产×100%＝2 358 380÷2 458 280×100%＝96%

张先生的清偿比率达到96%，反映其资产负债情况极其安全，同时也说明张先生可以更好地利用杠杆效应以提高资产的整体效益。

负债比率＝负债总额÷总资产×100%＝100 000÷2 458 280×100%＝4%

负债收入比率＝24 000÷437 185×100%＝5.49%

负债收入比率反映客户偿债能力的强弱，临界值为40%，说明客户的短期偿债能力得到保证。

流动性比率＝250 000÷9 120＝27%

流动性比率反映客户支付能力强弱，张先生该指标为27%，说明其流动性资产可以支付未来三个月的支出。

（四）当前理财建议

1. 现金方面

首先，列举出家庭现金储备的种类，即可能用到现金的各方面，一般包括日常生活开支、意外事项开支等。其次，详细列明现金储备的来源，如定期存款、股票套现、信用卡额度等。最后，说明现金储备的使用和管理，如将其转化为活期存款、期限较短的定期存款和货币市场基金等。

2. 消费支出方面

消费支出方面规划的内容包括购房规划、购车规划、信用卡与个人信贷消费规划三大块。购房规划中，应首先分析购买一套新房所需的费用，并需注明如面积、地域、每平方米价格、装修费用等因素。其次，考虑申请何种类型的银行贷款，需写明贷款总额、贷款期限、贷款利率、月供金额等。理财规划师还可根据现行的楼盘状况，并综合考虑环境、交通等多方面因素，给予客户购买某处及适当大小住房的合理建议。

购车规划部分首先分析购车所需的费用及其车型、牌照费、车辆购置税、耗油量、养路费、车位费等，然后考虑申请的贷款类型，应注明贷款总额、贷款期限、贷款利率、月供金额等。

3. 教育方面

教育规划是指在收集客户的教育需求信息、分析教育费用的变动趋势，并估算教育费用的基础上，为客户选择适当的教育费用准备方式及工具，制定并根据因素变化调整教育规划方案。在制定教育规划时需列明客户子女将来所需的各项教育费用。如果希望子女出国留学，则应列示国外学校每年的学费、生活费、学费的年上涨率、汇率风险等；如果希望子女在国内深造，则应写明国内学校每年的学费、生活费以及学费的年上涨率等。分别汇总每种方案的不同支出总额，设定教育储备计划。教育储备计划应包括储备基金的投向及数额、收益率、投资年限等。

4. 保险方面

首先，将客户家庭已有的保险种类列举出来；其次，对每个家庭成员所需保险种类进行具体分析，比如，家庭的支柱成员应拥有什么样的保险，子女所需保险品种如何设计，应给老人们购买哪些保险；最后，与现有的保险品种进行对比，得出应补充购买的保险品种。

5. 投资方面

投资方面包括金融资产规划和实物资产规划两方面。理财规划应分别说明金融资产和实物资产包括哪些内容，对包括股票、债券、基金在内的金融产品和住房、首饰、收藏品等实物资产的风险及收益进行评估，并给出合理的投资组合计划。

6. 退休养老方面

养老规划中，首先，需列示客户的预计退休年龄、退休后每月的退休金额、每年的生活开支、医疗费用等条件。其次，理财规划师通过计算得出客户退休后的支出总额及可从社保基金处得到的退休金总额，二者差额则是客户从现在开始需建立的养老储备基金。为了帮助客户储备足额的养老基金，理财规划师需通过计算分析得出一个投资方案，并写明这一投资方案的月供款、年回报率、投资时限等。

五、分析理财方案的预期效果

理财规划师按照调整后的财务状况编制资产负债表、收入支出表来说明理财规划方案的预期效果。此表中可同时列示调整前的数字，使客户能够直观地看到理财规划给其财务状况带来的改进。此部分还应给出调整后的财务比率数值，如资产负债率、负债收入比率、储蓄比率、流动性比率等，同时给出国际通用的这些比率的合理数值范围以及调整前的比率，使客户得知通过调整自身财务状况可以达到怎样的水平。

六、完成理财方案的执行与调整

完成以上各步骤后，理财规划师需编制一个具体执行的时间计划，明确各项工作的前后顺序，以提高方案实施的效率，节约客户成本，并应一一列明参加方案实施的人员。如对一个退休客户的方案，则可能需要配备保险专家或税务专家。最后还需向客户说明：如果客户的家庭及财务状况出现变动，影响理财规划方案的正确性，则应按什么程序进行方案调整；方案调整的注意事项；理财计划实施中的争端处理等。

◆理财技巧

学生理财秘诀（上）

虽然有爸妈每月生活费养着，但大学生也要学会理财。暂且说能省能赚的本事，毕竟半只脚已经踏入社会的大学生总要脱离"母体"独立生活，说不定功成名就之后，这些"绝招"仍是他们亲密的"伙伴"。

即将踏入社会的大学生，如何理财？对此，有的人会嗤之以鼻："除了每月的生活费，我根本就没钱，还理什么财？"错！教给你"学生理财着数"，保证让你过得比以前好。

一、制订每月支出计划

案例：谢非花钱向来是"今朝有酒今朝醉"。每月5日（父母发薪）是他的欢乐日，因为他可以从父母那里得到当月的生活费。接下来的日子，邀朋友吃饭、买软盘，他出手很阔绰。但这样的好日子维持不了几天，通常是每个月不到一半，钱包就见底了，后半个月只能以方便面为主食。谢非也想改掉这个毛病，但是钱放在口袋里他就没有节制，为了制约自己，他办过好几张银行卡，可是从来就没搞清过哪张卡里有钱，哪张卡里没钱，时间一长甚至连几张卡的密码都忘了，只好再到银行去查。

着数：谢非的这个毛病是很多大学生的通病。如果你讨厌记账，那么至少在你拿到钱以后，好好规划一下本月的大致支出，然后分门别类将费用划分好。不要嫌麻烦，多花个三五分钟，必定能省去日后不少麻烦。怕用钱过度的话，不妨把钱存入银行，或者每天限制带钱；最土的办法就是把钱分门别类装入信封，要用才拿。

二、不贪便宜，只买适合自己的东西

案例： 舒丽和所有女孩子一样喜欢逛街，也同样容易对打折、优惠的商品怦然心动。有一次在淮海路上，她看到过去一向可望而不可即的名牌服装居然有几款对折出售，大喜过望，毫不犹豫地买了两件（其实也要200多元钱一件）。但回寝室后，同学们都说衣服的颜色不适合她穿，样子好像也不是很好。小舒心情沮丧的同时，也开始考虑后半月的生活费问题。

着数： 其实，这个毛病不仅在女同学中有，在男同学中也相当普遍，以后工作后也会经常遇上。所以，你应该在购物前写张清单，外面的诱惑实在太多，完成任务后就应该马上"打道回府"。如果遇到实在喜欢的东西，就问自己，现在必须要用吗？如果不是，就安慰自己等一次打折的时候再来买；如果看见商家打出什么跳楼价、清仓之类的广告，就对自己说，别把自己的寝室当成商家的仓库。

三、身上不带大额钞票

案例： 袁砚出去逛一次街，总要花掉两三百元钱。百元大钞就像流水一样没了。

着数： 为了避免"一时兴起"的大额消费，不要轻易带大额的现钞（如50元、100元）。经验告诉我们，花掉十张十元钱比花掉一张一百元要慢得多。

四、利用专业知识投资炒股

案例： 唐棠是某名牌大学经济系学生，某年他参加了一个风行一时的模拟炒股大赛，结果两个月内收益率达到180%，一举夺冠。于是次年年初，他向父母借款10 000元正式进入股市，入市第一年收益率为40%，把一年学费赚到了手。第三年下半年大盘持续下跌，好在他懂得止损，损失不大。现在他已经洗手不干，一心一意地准备GRE考试。

着数： 死钱不如活钱，如果你身边有一大笔现金，放在身边还不如让它们钱生钱。利用自己的专业知识为自己创造财富，是最恰当不过了；有时间看盘的话，可以选择一些短线投资；时间不允许的话，就选择中长线操作或购买投资基金。

五、努力学习，获得奖学金

案例： 陆绣是老师和同学们眼中"好学生"的代表。从大一到大三，他一直将主要精力放在了学习上。在过去的两年多时间里，他先后获得了三次一等奖学金（1 500元/学期）、一次二等奖学金（1 000元/学期）。此外，他还获得了校内的"光华自立奖"（4 000元/年）、校外的"董氏奖学金"（4 000元/年）以及"香港人士赞助奖学金"（4 000元/年）各一次。这样，截止到目前，他获得奖学金的总额为17 500元，而他每年需要缴纳的学费是3 800元。也就是说，他现在获得的奖学金，已经足够支付他四年的学费。从这个意义上来说，他接受的是免费的大学教育。

着数： 强力推荐"努力学习"这一招。暂且不说学习是在为将来投资，就是每学期末有数千元奖学金的回报这点，也是很诱人的。常常听说，某某寝室的所有成员，一学期获得的奖学金总额突破了万元大关。况且，对学习热情投入的一个直接结果，就是导致你没有过多的时间去校外消费，无形中又帮你省了一笔巨大的开销。

实训六　家庭理财规划——理财组合设计

实训资料：

蔡先生45岁，房产上市公司部门经理，蔡太太32岁，银行职员，他们有一个4岁的儿子。

蔡先生月收入 2 万元（税后 16 320 元），年奖金 8 万元（税后 67 840 元）。蔡太太月收入 5 000 元（税后 4 320 元）。家庭现有住房 90 平方米，市值 50 万元，无贷款。另有定期存款 20 万元，股票型基金 10 万元，股票市值 5 万元。夫妻合计住房公积金账户余额 5 万元，养老金账户余额 12 万元。蔡先生的公司另提供企业年金计划与团体保险计划。企业年金单位与个人各提 5%，团体寿险保额为月薪的 30 倍。

蔡先生一家月生活支出 3 200 元，另每月给蔡先生父母赡养费 800 元，交儿子幼儿园学费每月 900 元，其他支出每月约 500 元。

家庭理财目标：

① 参与公司提供的以 80 万元购买价值 100 万元的期房优惠方案，旧房换新房。

② 儿子完成大学教育后出国留学，给儿子准备足够的教育基金。

③ 退休后希望家庭维持现在的生活水平，保证自己的生活质量，且继续支付父母的赡养费 10 年。

④ 退休后希望和妻子花三年的时间在国内旅游。

实训方式：根据所给的资料进行分析，并综合运用各种理财工具设计出比较完善的理财方案。

实训内容：家庭资产图和家庭收入分配图。

实训步骤：分小组讨论资料，按照资料要求进行家庭理财规划方案的设计。

实训要求：

① 设计出详细的理财规划方案。

② 设计理财规划方案的理由。

需要详细说明所选用的理财工具的特点和各自的优缺点，并把前次实训中选用的理财产品的风险收益情况以及特点进行归纳阐述，使本设计的方案更具备可行性。

③ 填写资产负债表、年度收支表并进行分析。

④ 画资产和收入分配的饼图。

⑤ 完成一份完整的理财方案。

小资料：

如何画资产和收入分配的饼图

1. 打开 Excel。

2. 新建一张工作表。

3. 输入项目和数据。

4. 计算数据所占比例。

5. 选中全部项目和数据。

6. 单击“插入”→“图表”→“饼图”选项。

7. 单击“系列产生在列”选项。

8. 在“图表标题”中键入“资产安排图”（或“年收入分流图”）。

9. 单击“作为新工作表插入”选项。

10. 完成。

经过上述操作，可得到图 10-1 和图 10-2。

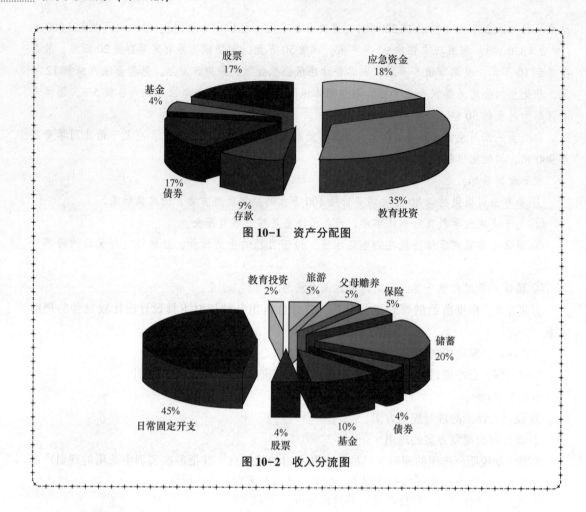

图 10-1　资产分配图

图 10-2　收入分流图

◆理财技巧

学生理财秘诀（下）

六、最大限度地利用免费资源

案例：杨森过去常在考前或平时去麦当劳温习功课。当然，午餐+晚餐就都在那里开销了，一天花个二三十元。后来他逐渐发现，麦当劳虽然有宜人的温控环境、悦耳的音乐和优质的服务，但是周围人声实在太嘈杂，并不是复习的好去处。与其去麦当劳，倒不如去图书馆的阅览室或去学校的通宵自修教室，因为那里环境安静，而且无论坐多少时间都是免费的——只要你出示学生证，那里甚至还免费供应茶水，如果想查阅什么资料也相当方便。

着数：可能连你自己也没感觉到，你的学生身份也是一种宝贵的资源。充分利用你的学生身份，你可以享受到许多方面的实惠。上文中的小杨同学，就发现在学校图书馆的阅览室学习与在麦当劳学习相比较，效率高且成本低。

我们还可以列举许多学校提供的免费（或收费相对低廉的）资源：图书馆是一个聚宝盆，对一些不太常用的参考书，与其去书店买不如去学校图书馆借来看来得划算。还有计算机房、语音室、文印中心……这些场所的功能你有没有好好开发过呢？

你的学生身份还可以在校外的许多场所享受到优惠：大学生凭学生证可以享受学校至家庭所在地假期火车票的减价优惠；大学生去博物馆或科技馆参观，凭学生证票价是可以打折甚至免费的；校外各种形形色色的培训班，对前来报名的学生族，在学费上也有不同程度的优惠。

七、自己动手，创造财富

案例：小崔在本市一所高校的计算机系学习，因为他的动手能力强，在购买电脑时，朋友们一直请他帮忙。经过大学专业深造后，小崔的手艺又高了一层，朋友们干脆请他装电脑，一台电脑完工后就给他几百元的"手工费"。因为同样配置的品牌电脑要比组装机贵 1 000 多元呢！朋友乐得这样做，小崔也不推辞。

着数：现在流行的就是 DIY（Do It Yourself）。男生可以自己装配电脑，同理，女生与其去买价格不菲的中国结作为饰物或礼物，为什么不学着自己编一个呢？老话说得好："自己动手，丰衣足食"。在当今社会，用自己的手艺赚钱是光荣的事。

八、减少不必要的聚会

案例：陈冈在班级里是班干部，交友广泛，又参加了许多社会活动，因此平日里同学、朋友之间的聚会总是少不了。各种聚会又都是在茶坊、KTV 等场所举行，实行 AA 制。他虽然不太富裕，但由于聚会时有许多他相熟或不相熟的朋友在场，碍于情面，他的花费自然也是水涨船高。一个月聚会那么几次，他的生活费上就亮起了"红灯"。

着数：作为联络感情、互通信息的一种方式，同学、朋友之间的聚会当然是必要的。但一些纯粹为了找个理由吃一顿的聚会，你若是囊中羞涩，不去也罢。还有一点不得不提：要想既不委屈自己的钱包又不伤朋友感情，有时候不得不学会一些善意的谎言。

九、充分了解市场，进行二手交易

案例：同学们对顾已一致的评价是"精明"，因为他常常能用半价从网上"淘"来一些八九成新的书籍。上学期小顾同学报了英语高级口译的培训班，考试结束后，他也没忘了在学校的 BBS 上发一个帖子："出售高级口译全套教材及电子版资料，价格从优，有意者请致电××"。他所在寝室的电话从当天晚上开始就响个不停，听着别人不同的报价和询价，顾同学有了一种招标者的感觉。经过一番比较，他将原价 185 元的教材及电子版材料以 100 元价格出手。那位买主当然对他感激不已，他摆摆手说："别客气，我们是双赢。"

着数：用过的课本、TOEFL、GRE 参考书……对自己可能用处不大了，但可能正是别人苦苦寻觅的东西。以相对便宜的价格转让，既充实了自己的钱袋，又造福了别人。

至于沟通信息的渠道，最佳途径当然是网络。可以利用校园网来发布交易信息，搞个"网络跳蚤市场"，也可以利用现有的 C2C 电子商务网站，如易趣网等发布并获得信息。双方在网上达成交易，然后约定时间地点，在网下完成交易，这种方式在大学生中已日益普及。

另外，有一些大型的二手交易活动也不可错过。几乎每所大学在毕业生离校前都会举办毕业生跳蚤市场，在那里可以"淘"到大量的旧书、自行车，甚至电脑。当然，有朝一日等你成了毕业生，你也可以在那里把你的旧货卖个好价钱，让它们继续"发挥余热"。

十、尝试做点小生意

案例：大学生小徐和小陶是两位武侠迷，各自收藏了全套的金庸、古龙名著及其他数百本武侠小说。一天他们忽然受到校外租书摊的启发，决心充分利用丰富的武侠资源，办一个校租书点。没想到，由于价格优势，租书点一炮打响。在丰厚回报的鼓舞下，他们继续瞄准校内市场需求，往返学校与各批发市场之间，经营起了出租书籍、出售打折手机充值卡等各项业务。

去年，他们看准了准信用卡这一新鲜事物，在校内做起了准信用卡的代理人。没想到这次败走麦城，两个月里只办理了 7 张卡，到手的提成还抵不上他们为此制作广告的成本。他们懊丧之余分析原因，认为办准信用卡要缴纳 20 元年金、20 元担保费和 20 元上门服务费，透支额度却只有 1 000 元，经济困难的同学不愿意缴纳这 60 元，条件较好的同学又认为透支额度太小，准信用卡在校内没有什么市场。看来，生意还真不是随随便便就能做好的，里面的学问大着呢。

着数：学校是个小社会，学校里同样商机无限。筹措一笔启动资金，自己做个小老板，说不定还真能在校园开创自己的一份产业。不过最好从一些风险小的生意做起，如代理产品等。在学校里做小生意，盈利多少并不重要，重要的是从中学到了一种经营意识和市场意识，学会主动地了解市场，并根据市场的变化作出决策，学会"像企业家一样思考"，这才是最重要的。

小结

本项目要求学生掌握客户信息的分类方法和内容、客户理财目标的内容以及制定理财目标的原则和影响风险承受能力的因素；初步了解收集客户信息的内容和方法；掌握一些适用于个人/家庭财务状况的财务比率，并运用其作简单的分析，能够进行简单的现金预算分析，基本能够衡量客户的风险承受能力；能够完成理财规划建议书封面和前言；能够完成客户的资产负债分析报告、现金流量分析报告和财务比率分析报告；能够通过自己设计的客户信息调查表来收集客户的量化信息；掌握编制和分析个人/家庭资产负债表和现金流量表的方法；能够完成客户的财务状况预测和总体财务评价。

习题

一、案例分析题

案例一：夏某夫妇计划于明年生育一个宝宝，请理财规划师为其调整家庭的风险管理和保险规划。

1. 目前，夏先生有很好的社会保障，但夏太太没有社会保障，只有一份卡式的人身意外伤害保险。考虑到即将发生的怀孕分娩相关费用和可能出现的一些对夏太太健康状况不利的意外情形，理财规划师需要立即为该家庭增加的保险产品为（　　）。
   A. 夏先生的人寿保险　　　　　　　　B. 夏先生的意外伤害保险
   C. 夏太太的健康保险　　　　　　　　D. 夏太太的责任保险

2. 夏某夫妇的孩子平安出生后，在活泼好动的中小学阶段，理财规划师需要为家庭增加的保险产品为（　　）。
   A. 孩子的意外伤害保险　　　　　　　B. 孩子的人寿保险
   C. 夏先生的意外伤害保险　　　　　　D. 夏太太的人寿保险

3. 夏某夫妇关心孩子的教育问题。如果考虑从保险的角度解决夏先生夫妇的子女教育规划问题，理财规划师需要为家庭增加的保险产品为（　　）。
   A. 孩子的意外伤害保险　　　　　　　B. 孩子的教育储蓄保险
   C. 孩子的人寿保险（死亡保险）　　　D. 孩子的健康保险

4. 夏太太的朋友计划届时为自己的孩子购买和夏太太孩子相同的保险，由于夏太太的朋友工作繁忙，约定请夏太太在购买自己孩子保险的同时，也以投保人的身份为夏太太朋友的小孩购买保险产品，夏太太的朋友提前支付保险费用给夏太太，对于这一约定，理财规划师的建议是（　　）。
   A. 没有问题，可以实行
   B. 可以实行，但要以合同的方式约定保险费用的给付
   C. 不可以实行，该约定违反保险的最大诚信原则
   D. 不可以实行，该约定违反保险的可保利益原则

案例二：现年28岁的路先生在某进出口贸易公司担任高级职员，每月税前收入为9 000元。路先生的妻子黄女士今年27岁，在一家外资企业担任文员，每月税前收入为5 500元。他们有一个宝贝女儿，今年3岁，正在上幼儿园。路先生夫妇刚刚购买了一套价值60万元的住房，贷款总额为40万元，贷款利率5.5%，20年还清，他们采取的是等额本息还款方式，刚刚还款一个月。路先生目前在银行的存款有10万元，其中包括银行利息约1 200元（税后）。由于路先生认

为投资股票的风险比较高，所以路先生除银行存款外只有总值 5 万元的债券基金，包括全年取得的收益 2 100 元。路先生并无其他投资。

为应付日常开支需要，路先生家里常备有 3 000 元的现金。除了每月需要偿还的房贷以外，路先生一家每月的生活开支保持在 3 500 元左右。去年，路先生一家除全家外出旅游一次花销 6 000 元外，并无其他额外支出。由于路先生夫妇所在单位为他们提供了必要的社会保障，因此他们尚未对购买商业保险形成足够的认识。考虑到以后子女教育是一项重要的支出，路先生决定从现在开始就采取定期定额的方式为孩子储备教育金。

注：各项财务信息截至当年 12 月 31 日，数据采集时间为次年 1 月 10 日。

5. 客户资产负债表编制的直接基础通常是（　　）。
    A. 客户陈述与会谈记录　　　　　　　B. 客户登记表
    C. 客户现金流量表　　　　　　　　　D. 客户数据调查表

6. 客户资产负债表反映的是客户个人资产负债（　　）的基本情况。
    A. 某一时期　　　　B. 上一年度　　　　C. 上一年末　　　　D. 某一时点

7. 路先生家庭的资产负债表中"现金与现金等价物小计"一栏的数值应为（　　）元。
    A. 103 000　　　　B. 153 000　　　　C. 100 000　　　　D. 3 000

8. 路先生家庭的资产负债表中"其他金融资产小计"一栏的数值应为（　　）元。
    A. 150 000　　　　B. 50 000　　　　C. 100 000　　　　D. 500 000

9. 路先生家庭的资产负债表中"净资产"一栏的数值应为（　　）元。
    A. 365 630　　　　B. 315 682　　　　C. 355 752　　　　D. 353 918

10. 黄女士的年税后工资收入总额应为（　　）元。（个人所得税每月税前费用减除标准为 800 元）
    A. 52 334　　　　B. 50 392　　　　C. 59 040　　　　D. 61 248

11. 路先生家庭的年现金流量表中"经常性收入"一栏的数值应为（　　）元。
    A. 155 760　　　　B. 153 960　　　　C. 151 860　　　　D. 166 650

12. 由于路先生采用的是等额本息还款方式，则路先生家庭的年现金流量表中"还款支出"一栏的数值应为（　　）元。
    A. 2 052　　　　B. 2 752　　　　C. 2 725　　　　D. 2 545

13. 路先生家庭的年现金流量表中"经常性支出小计"一栏的数值应为（　　）元。
    A. 46 752　　　　B. 42 000　　　　C. 44 752　　　　D. 75 019

14. 路先生家庭的年现金流量表中"支出总计"一栏的数值应为（　　）元。
    A. 52 752　　　　B. 48 000　　　　C. 81 019　　　　D. 50 752

15. 路先生家庭的现金流量表中"结余/超支"一栏的数值应为（　　）元。
    A. 74 741　　　　B. 107 760　　　　C. 71 989　　　　D. 105 008

16. 按新修订的个人所得税每月费用减除标准 1 600 元计算，路先生每年将增加收入（　　）元。
    A. 1 920 元　　　　B. 1 120 元　　　　C. 1 105 元　　　　D. 1 512 元

17. 路先生家庭的结余比率为（　　）。
    A. 0. 53　　　　B. 0. 69　　　　C. 0. 45　　　　D. 0. 52

18. 路先生家庭的投资与净资产比率为（　　）。
    A. 0. 25　　　　B. 0. 22　　　　C. 0. 12　　　　D. 0. 14

19. 路先生家庭的负债比率为（　　）。
    A. 0. 53　　　　B. 0. 46　　　　C. 0. 59　　　　D. 0. 24

20. （　　）作为金融产品，最适用于现金管理。
    A. 定期存款　　　　　　　　　　　　B. 货币市场基金
    C. 投资分红险　　　　　　　　　　　D. 资金信托产品

21. 综合考虑，路先生家庭中存在的下列问题中应当首先解决（　　）问题。

    A. 金融投资不足　　　　　　　　　　　B. 日常保留现金额度过大

    C. 贷款还款方式选择不当　　　　　　　D. 风险管理支出不足

22. 假定现在大学四年的全部花费为 8 万元，并且每年以 2.8% 的幅度上涨，则 15 年后大学四年的学费需要（　　）元。

    A. 150 897　　　　　B. 109 034　　　　　C. 121 056　　　　　D. 131 078

23. 接上问，假定投资收益率为 6%，则路先生每月应投入（　　）元。

    A. 416　　　　　　　B. 394　　　　　　　C. 518　　　　　　　D. 522

24. （　　）作为金融工具，最适于子女教育金储备。

    A. 原油期货　　　　B. 活期存款　　　　C. 平衡型基金　　　　D. 成长型股票

25. 除了上述资金准备外，路先生还准备为孩子在未来开设一个教育储蓄账户，其额度最高可达（　　）元。

    A. 5 000　　　　　　B. 10 000　　　　　C. 20 000　　　　　D. 50 000

26. （　　）是不属于教育储蓄优惠的。

    A. 储蓄利息免交个人所得税　　　　　　B. 零存整取但可享受整存整取利率

    C. 可优先申请助学金贷款　　　　　　　D. 可延长国家助学贷款还款期限

27. 如果采取的是等额本金还款方式，则路先生下月（即第二个月）的还款支出为（　　）元。

    A. 3 609　　　　　　B. 3 492　　　　　　C. 2 956　　　　　　D. 3 157

28. 贷款期满后，等额本金还款方式与等额本息还款方式支出的总利息差额为（　　）元。

    A. 32 953　　　　　B. 31 651　　　　　C. 39 455　　　　　D. 37 545

29. 关于路先生家庭保险规划的说法错误的是（　　）。

    A. 路先生的保额应当最大

    B. 应该优先给孩子买保险

    C. 路先生应当综合考虑购买人寿险、意外险和健康险等

    D. 不能因为参加社会保障就忽视商业保险

二、实训操作题

目标：帮助个人及家庭进行寿险投保、理赔实务操作。

任务：用理财规划理论完成保险产品的理财规划。

要求：在了解保险学基础知识以及掌握投资型寿险产品的种类和特点的基础上，针对个人和家庭资产状况，通过投资型保险产品的组合实现家庭保障和投资理财规划。

参考文献

［1］理财规划师专业委员会. 投资规划［M］. 北京：中国金融出版社，2020.

［2］理财规划师专业委员会. 家族财富规划［M］. 北京：中国金融出版社，2020.

［3］理财规划师专业委员会. 家庭财务规划［M］. 北京：中国金融出版社，2020.

［4］理财规划师专业委员会. 风险管理与保险规划［M］. 北京：中国金融出版社，2020.

［5］理财规划师专业委员会. 理财规划基础［M］. 北京：中国金融出版社，2020.

［6］北京东方华尔金融咨询有限责任公司. 助理理财规划师专业能力［M］. 5版. 北京：中国财政经济出版社，2013.

［7］胡君晖. 个人理财规划［M］. 2版. 北京：中国金融出版社，2017.

［8］雷冰. 家庭投资理财规划一本通［M］. 北京：中国宇航出版社，2014.

［9］银行业专业人员职业资格考试应试指导编写组. 个人理财［M］. 北京：中国财富出版社，2019.

［10］古洁，陈惠芳. 个人理财［M］. 2版. 大连：大连理工大学出版社，2014.

［11］陶永诚. 理财通识教育［M］. 北京：高等教育出版社，2014.

［12］成蕴林. 理财综合实训［M］. 北京：北京理工大学出版社，2014.

［13］廖旗平，刘美荣. 个人理财［M］. 2版. 北京：高等教育出版社，2016.

［14］中国人民银行. http://www.pbc.gov.cn.

［15］和讯网. http://www.homeway.com.cn.

［16］全国职业院校技能大赛. http://www.chinaskills-jsw.org.

［17］泰康珞珈（北京）科学技术研究院. https://www.tkluojia.com/index.php.